DELIUS KLASING

TÖRNFÜHRER

Jan Werner

DÄNEMARK 2

Fünen · Seeland · Lolland,
Falster · Møn · Bornholm

DELIUS KLASING VERLAG

Der Autor wie der Verlag übernehmen für Irrtümer, Fehler oder Weglassungen keinerlei Gewährleistung oder Haftung.
Die Pläne dienen zur Orientierung und nicht zur Navigation; sie ersetzen also keineswegs Seekarten oder andere offizielle nautische Unterlagen.

Von Jan Werner sind im
Delius Klasing Verlag folgende Titel erschienen:
Dänemark 1: Jütland, Anholt, Læsø
Dänemark 2: Fünen, Seeland, Lolland, Falster, Møn, Bornholm
Ostseeküste 1: Travemünde bis Flensburg
Ostseeküste 2: Travemünde bis Stettiner Haff
Nordseeküste 1: Cuxhaven bis Den Helder
Nordseeküste 2: Elbe bis Horns Rev
Holland 1: Zeeland und die südlichen Provinzen
Holland 2: Das IJsselmeer und die nördlichen Provinzen

Die Deutsche Bibliothek – CIP-Einheitsaufnahme

Werner, Jan
Dänemark: Jan Werner. – Bielefeld: Delius Klasing
(Törnführer)
Bis 5. Aufl. u. d. T.: Werner, Jan: Segeln in Dänemark
2. Fünen, Seeland, Lolland, Falster, Møn, Bornholm. – 6., aktualisierte Aufl. – 2001
ISBN 3-7688-0393-7

6., aktualisierte Auflage
ISBN 3-7688-0393-7

Umschlagfotos: Titel: Schloss Kronborg, Helsingør (Dänisches Fremdenverkehrsamt/T. Nebbia),
Rückseite: Ærøskøbing und Christiansø (Jan Werner)
Pläne und alle übrigen Fotos: Jan Werner
Layout: Karin Buschhorn
Druck und Bucheinband: Kunst- und Werbedruck, Bad Oeynhausen
Printed in Germany 2001

Delius Klasing Verlag, Siekerwall 21, D-33602 Bielefeld
Tel.: 0521/559-0, Fax: 0521/559-113
e-mail: info@delius-klasing.de
http://www.delius-klasing.de

Inhalt

Einführung

Der Törnführer »Dänemark« erscheint in zwei Bänden. Band 1 enthält neun Törnvorschläge: entlang den Küsten Jütlands, von Fünen und Als, durch den Limfjord, nach Samsø, Anholt und Læsø. In Band 1 ist eine ausführliche Einführung für das Segeln in Dänemark enthalten. Um Wiederholungen zu vermeiden, wird in diesem Band auf eine so umfangreiche Einführung verzichtet und stattdessen nur noch das Allerwichtigste vermittelt.

Personalpapiere
Für einen Aufenthalt in Dänemark genügt der *Personalausweis* (natürlich auch der *Reisepass*). Kinder bis zu 16 Jahren, die nicht im Paß des begleitenden Erwachsenen eingetragen sind, benötigen einen *Kinderausweis*, der ab dem 10. Lebensjahr ein Passfoto enthalten muss. Die Papiere müssen bei der Einreise noch mindestens drei Monate gültig sein.
Es hat sich bewährt, von den Ausweispapieren Fotokopien anzufertigen und sie an sicherer Stelle an Bord zu verwahren; im Falle eines Verlustes der Originalpapiere ist es dann leichter, Ersatz zu bekommen.

Bootspapiere/Scheine
Man benötigt lediglich ein Dokument, mit dem nachgewiesen werden kann, dass man rechtmäßig im Besitz des Bootes ist. Das kann der *Kaufvertrag* sein oder das *Schiffszertifikat* oder der *Chartervertrag* oder, wenn man das Boot ausgeliehen hat, das *schriftliche Einverständnis* des Eigners. Oder aber der *Internationale Bootsschein für Wassersportfahrzeuge.*

Bootsführerscheine
werden in Dänemark nicht verlangt.

Bootsversicherung
Es besteht keine Verpflichtung, für das Befahren der dänischen Gewässer eine Haftpflichtversicherung abzuschließen. Wer jedoch eine hat, sollte für den Fall der Fälle die Police bzw. eine Kopie davon mitführen.

Krankenversicherung
Normalerweise gilt der gleiche Versicherungsschutz wie zu Hause auch. Gerade im Ausland können jedoch Sonderleistungen anfallen, die nicht immer von der Versicherung abgedeckt werden. Zum Beispiel ein Heimtransport per Flugzeug oder Krankenwagen. Hierzu kann es ratsam sein, zusätzlich eine besondere Reiseversicherung abzuschließen. Man sollte sich vorher von seiner Versicherung entsprechend beraten lassen.
In Dänemark selbst ist es so: Man hat als Ausländer grundsätzlich ein Recht auf Behandlung in den Krankenhäusern oder Unfallstationen. Sollten andere Leistungen (ärztliche Behandlung, Medikamente, stationäre Behandlung) notwendig werden, wende man sich an einen vertraglich gebundenen praktischen Arzt. Die Behandlung ist dann kostenlos, wenn vor Behandlungsbeginn der Vordruck E 111 vorgelegt wird, den man sich vor Beginn der Reise bei seiner deutschen Krankenkasse beschaffen kann. Dort erhält man auch das »Merkblatt für Versicherte, die sich vorübergehend in Dänemark aufhalten«.
Medikamente, auch solche, die bei uns rezeptfrei sind, bekommt man nur in den Apotheken, und dann meist auch nur auf Rezept.
Außerhalb der normalen Sprechzeiten (0800 – 1600) und am Wochenende kann man unter der Tel.-Nr. 38 88 50 41 den nächsten *ärztlichen Notdienst* erfahren.

Gelingt es in einem Krankheitsfall nicht, einen Arzt zu erreichen, wählt man die *Notrufnummer* 112 (der Anruf ist kostenlos).

Zoll

Vorab das Wichtigste: Es bedarf keiner Formalitäten für das Boot, wenn es nicht länger als zwölf Monate in dänischen Gewässern bleibt. Erst danach benötigt man eine Zollgenehmigung, und die würde dann auch längstens für zwei Jahre ausgestellt. Aber das ist abwegig für einen normalen Urlaubstörn von ein paar Wochen, und es wird nur der Vollständigkeit halber erwähnt.

Einklarieren ist nur erforderlich, wenn man etwas zu verzollen hat. Darüber gibt es immer wieder Diskussionen, unnötigerweise. Also: Wer etwas zu verzollen hat, muss einklarieren, wer nichts zu verzollen hat, braucht es nicht zu tun. Wer allerdings zollpflichtige Waren an Bord hat, muss von sich aus Kontakt mit dem nächstgelegenen dänischen Zollamt aufnehmen; er kann nicht darauf warten, dass sich irgendwann einmal ein Zollbeamter um ihn kümmert.

- Bei der Einreise aus einem EU-Land dürfen alle Waren für den persönlichen Gebrauch eingeführt werden.
- Einschränkungen gibt es bei den hochversteuerten Waren wie *Alkohol* und *Tabak*. Davon dürfen zollfrei eingeführt werden:
  - 1,5 l Spirituosen mit mehr als 22 % vol
  - 300 Zigaretten oder 150 Zigarillos oder 75 Zigarren oder 400 g Pfeifentabak

Das Mindestalter ist bei der abgabenfreien Einfuhr von alkoholischen Getränken und Tabakwaren auf 17 Jahre begrenzt, bei der Einfuhr von Kaffee und Tee auf 15 Jahre.

- *Treibstoff:* In festen Behältern (Rumpftanks) eingeführter Treibstoff bleibt zollfrei, in tragbaren Behältern (Kanister) jedoch nur bis zu 10 l.

Der dänische Zoll ist bekannt dafür, dass er sehr gründlich kontrolliert. Solche Kontrollen können entweder in den Häfen oder in den dänischen Gewässern vorgenommen werden. Letzteres geschieht durch Zollkreuzer, erkenntlich an der dänischen Kriegsflagge, die zusätzlich mit der schwarzen Aufschrift »Kgl. Toldflag« versehen ist.

Als **Zollgebiete** gelten die Landgebiete, die inneren Territorialgewässer (Fjorde) und die Küstengewässer in einer Breite von 4 sm von der sogenannten Basislinie aus gerechnet: Diese Basislinie ist zumeist identisch mit der Küste, teilweise verläuft sie aber auch davor, etwa wenn sie küstennahe Inseln mit einschließt.

Es kann einem aber auch passieren, dass man außerhalb dieser Viermeilenzone, und zwar bis zu 12 sm (= dänische Hoheitsgewässer) vor der Basislinie, von einem Zollkreuzer kontrolliert wird. Dazu ist der Zoll berechtigt, wenn ein Schiff/Boot sich »offensichtlich mit Alkoholschmuggel« befasst. Dieses »offensichtlich« ist natürlich so und so auslegbar. Im Zweifel wird man sich fügen müssen.

Verstöße gegen die Zollbestimmungen werden erfahrungsgemäß sofort und rigoros geahndet. Die Strafen sind empfindlich.

Zollhäfen

Esbjerg, Fredericia, Frederikshavn, Haderslev, Holstebro, Horsens, Kolding, Randers, Sønderborg, Thisted, Vejle, Ålborg, Århus, Odense, Svendborg, Helsingør, Kalundborg, Kopenhagen, Korsør, Køge, Næstvet, Rødby Havn, Rønne, Christiansø

Öffnungszeiten der Zollämter: 0700 bis 1700

Tiere

nach Dänemark mitzunehmen, ist nicht so kompliziert wie in den anderen skandinavischen Ländern, wo es erfahrungsgemäß praktisch unmöglich ist. Für Hunde und Katzen benötigt man in Dänemark den *Internationalen Impfausweis* (Gelber Impfpass), aus dem hervorgeht, dass das Tier mindestens einen Monat zuvor und längstens ein Jahr zuvor gegen Tollwut geimpft worden ist.

Chartern

In und für Dänemark besteht ein sehr großes Angebot an allen nur denkbaren Bootstypen und praktisch für alle Reviere. Die Zeitschrift YACHT bringt im Anzeigenteil immer ein großes Angebot an Charterfirmen.

Die Sicherheitsvorschriften für Charterboote sind in Dänemark verschärft worden. Für Sportboote, die kommerziell verchartert werden, ist

eine Genehmigung der Staatlichen Schiffskontrolle erforderlich. Bevor man also einen Chartervertrag unterschreibt, sollte man sich vergewissern, ob für das betreffende Boot diese Genehmigung vorliegt.

Devisen
Es bestehen bei der Einfuhr keine Beschränkungen, ob man nun deutsches Geld mitnimmt oder dänische Kronen oder auch Schecks.

Nautische Unterlagen
Bei den Törnvorschlägen ist das notwendige Kartenmaterial angegeben. Bei den Revierbeschreibungen wird immer wieder auf »Wegpunkte« (WP) hingewiesen; das ist für alle diejenigen wertvoll, die mit GPS ausgerüstet sind. Diese WPs sind nummeriert, ihre Position entnimmt man Beiheften, etwa »Wegpunkte Ostsee«, oder »Waypoints i dankse farvande«. Bei den Delius-Klasing-Sportbootkarten sind die WPs auf der Rückseite des jeweiligen Deckblattes abgedruckt.

Schifffahrtsvorschriften
Die Grenzen der *Sperr- und Übungsgebiete* sind aus den Seekarten ersichtlich. Schießübungen in diesen Gebieten werden in der dänischen Presse, im dänischen Seewarndienst und über den Rundfunk bekanntgegeben. Da man als Fahrtensegler sich wohl kaum regelmäßig aus diesen Quellen informiert, sollte man auf die entsprechenden Signale achten. Sperrzeiten werden auch in den Nachrichten für Seefahrer (NfS) im Teil »Bekanntmachungen« veröffentlicht, doch auch die wird kaum ein Segler abonniert haben. Das einfachste aber ist es daher, sich vor dem Auslaufen beim Hafenmeister zu erkundigen, denn der weiß sicher Bescheid. Boote, die ein gesperrtes Gebiet trotz Fahrverbots befahren, müssen damit rechnen, aufgebracht und empfindlich bestraft zu werden.

- Schiffe, die das *Fahrwasser kreuzen*, müssen Schiffen, die es in Längsrichtung befahren, ausweichen.
- *Ankern* in engen Fahrwassern, besonders in den Linien der Richtfeuer und Leitsektoren, ist verboten. Man muss als Ankerlieger tagsüber den Ankerball setzen und nachts

ein weißes Rundumlicht zeigen. In der unmittelbaren Nähe von *Kabeln* darf man unter keinen Umständen ankern. Unterwasserkabel gibt es natürlich sehr viele in Dänemark. Baken an den Ufern zeigen an, wo ein Kabel ins Wasser führt. Diese Baken sind in den Karten vermerkt und so auch recht gut als Navigationshilfen zu gebrauchen. Man muss beim Ankern von einer Kabelführung einen Abstand von mindestens 200 m einhalten.

Hafenordnung
Anmelden beim Hafenmeister ist nicht erforderlich (dies gilt nicht in allen Häfen; wo Anmeldung verlangt wird, wird in den Hafenbeschreibungen darauf hingewiesen).
Ankern ist in den Häfen verboten, ebenfalls das Baden. Aufforderungen des Hafenmeisters, an einem bestimmten Platz festzumachen, ist Folge zu leisten.

Flaggengebräuche
sind so wie bei uns auch: Nationale und Gastlandflagge (Danebrog) führt man tagsüber und holt sie abends ein; den Danebrog fährt man unter der Steuerbordsaling.

Rettungswesten
müssen in passender Größe für jedes Besatzungsmitglied an Bord sein. Tragepflicht besteht nicht. Man sieht aber, dass dänische Segler grundsätzlich die Rettungsweste tragen.

Häfen und Liegeplätze
Innerhalb der einzelnen Törnvorschläge sind von allen wichtigen Häfen Pläne abgedruckt. *Die Wassertiefen sind nur dann angegeben, wenn sie weniger als 3 m betragen.* Heckpfähle sind nicht eingezeichnet; man kann davon ausgehen, dass man in fast allen Häfen in Boxen liegen wird.
In allen dänischen Häfen wird Liegegeld erhoben, dessen Höhe unterschiedlich ist. Generell aber kann man davon ausgehen, dass die Hafengebühr – wie bei uns auch – relativ hoch ist, was im übrigen ein Grund mehr sein sollte, so oft wie möglich zur Nacht vor Anker zu liegen.
Ist im Yachthafen eine Box für längere Zeit frei, so hängt am Steg in der Regel ein grünes Schild, auf dem zumeist auch noch vermerkt ist, bis wann der Eigner die Box nicht braucht (»Fri til...«). Ist das Schild rot, so bedeutet das, dass der Eigner die Box nur kurzfristig verlassen hat; hier darf man also nicht festmachen (»Optaget«).
Das Liegegeld berechtigt zum Benutzen der sanitären und sonstigen Einrichtungen des Hafens. Warme Duschen sind fast nur noch mit Hilfe eines Münzautomaten zu benutzen. In vielen Yachthäfen gibt es auch Waschmaschinen und Küchen.
Ist ein Hafen gesperrt, so wird dies tagsüber mit einem schwarzen Ball, nachts mit drei roten Lichtern übereinander angezeigt.

Ankerbojen
An ausgesuchten Stellen hat der Dänische Seglerverband (Dansk Sejlunion) Anlegebojen ausgebracht. Die Bojen sind gelb, mit der schwarzen Aufschrift »DS«. An diesen Tonnen darf man als Ausländer nicht festmachen, es sei denn, man wäre Mitglied in einem dänischen Segelclub (was man werden kann).

Öffnungszeiten
Läden: montags bis donnerstags von 0900 (1000) bis 1730 (1830), donnerstags oder freitags bis 1900, mancherorts bis 2000, samstags bis 1200 oder 1400. Bäcker- und Smørrebrød-Läden sowie Kioske haben manchmal auch am Samstagnachmittag und sonn- und feiertags geöffnet.
Banken: sehr unterschiedlich, im allgemeinen von Montag bis Freitag von 0930 bis 1600, donnerstags bis 1800.
Post: Montag bis Freitag von 0900 (1000) bis 1700 (1800). Samstag von 0900 bis 1200.

Notfälle
Auf See: Die dänischen Gewässer werden ohne Unterbrechung von Lyngby Radio und den Küstenfunkstellen (s. Karte Seite 10) überwacht; man kann also über Funk Hilfe herbeirufen. Für UKW ist der Notruf- und Abhörkanal der Kanal 16.
Notraketen und andere Notsignale bewirken den sofortigen Einsatz des Seenotrettungsdienstes.
Signalpistolen dürfen mit nach Dänemark genommen werden; es ist allerdings verboten,

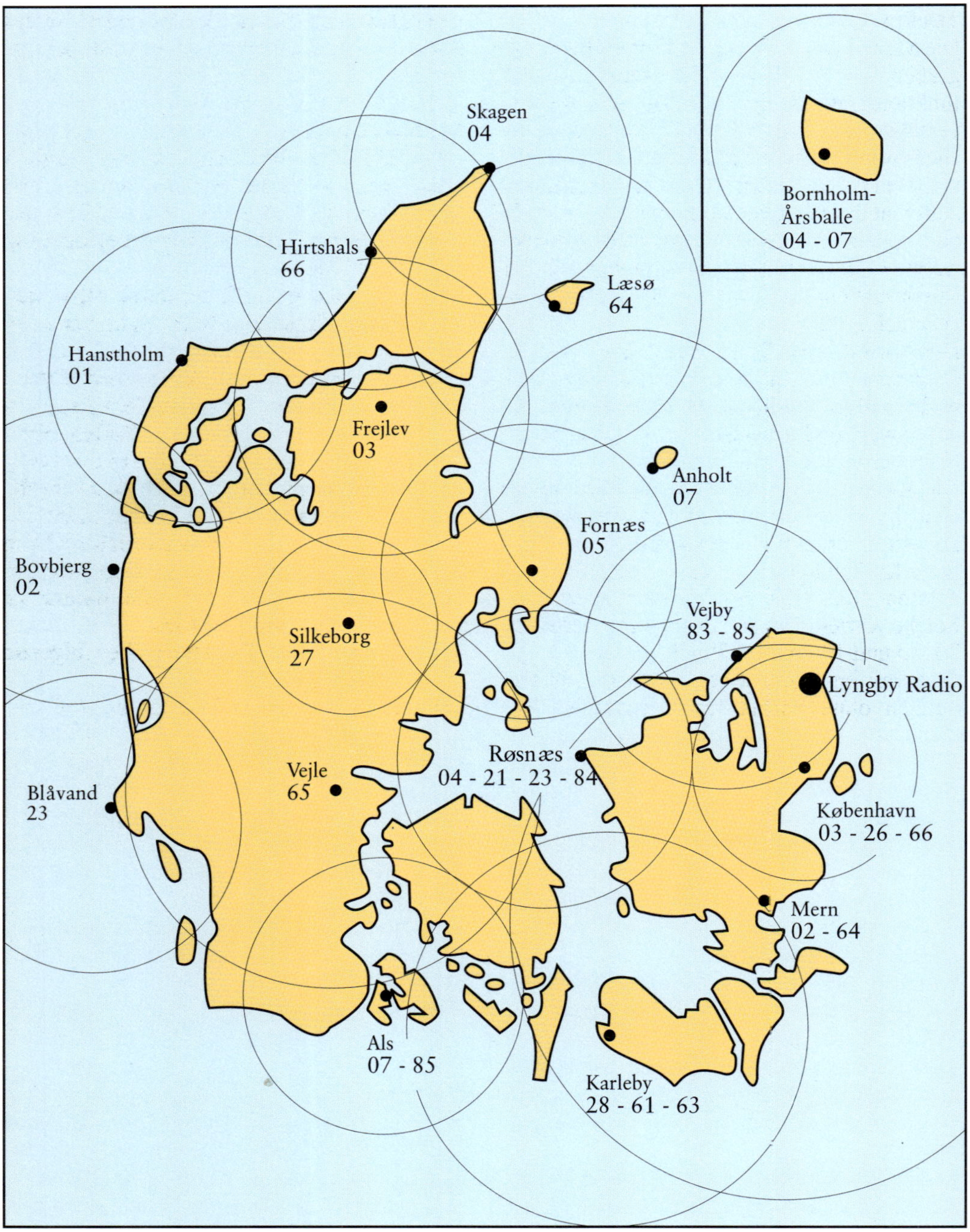

UKW-Küstenfunkstellen

sie von Bord zu bringen. Die Waffenbesitzkarte muss griffbereit sein.

An Land: Über den Notruf 112 kann man von jeder Telefonzelle aus die Alarmzentrale erreichen, die dann rasche Hilfe organisiert. Dieser Anruf funktioniert ohne Münzeinwurf.

Telefon

Die Münzautomaten sind schlimme Groschengräber, wenn man nicht weiß, wie sie funktionieren. Denn Geld, das einmal darin verschwunden ist, fällt nicht mehr heraus – auch wenn keine Verbindung zustande gekommen ist. In diesem Falle aber speichert der Automat das Geld; man braucht ihn also nicht von neuem zu füttern, wenn man abermals wählt. Man fängt am besten immer mit der Mindestsumme an. Das sind für ein Auslandsgespräch 5 dkr.

Die Vorwahl für Deutschland ist 0049, für Österreich 0043, für die Schweiz 0041; danach wählt man die Ortskennzahl, lässt aber die Null davor weg, und anschließend die gewünschte Nummer.

Die meisten dänischen Telefonzellen haben eine eigene Rufnummer, so dass man sich von zu Hause zurückrufen lassen kann.

In vielen Telefonzellen können auch dänische Telefonkarten (Danmønt) verwendet werden. Solche Karten sind an Kiosken im Werte von 20, 50 und 100 dkr erhältlich.

Mobiltelefone: Solche des D- und E-Netzes können ohne Formalitäten eingeführt und benutzt werden, solche des B- und C-Netzes dürfen zwar eingeführt, aber nicht benutzt werden.

Wetterberichte

Das dänische Wetteramt bringt täglich Wetterberichte (leider nur in Dänisch), und zwar um 0545, 0845, 1145, 1745 und 2245 auf den Frequenzen 245 kHz (Langwelle) und 1062 kHz (Mittelwelle)

In Deutsch kann man ständig den aktualisierten Wetterbericht unter der Telefonnummer 1854 abhören.

Hinweis: Der Deutsche Wetterdienst (DWD) bringt in unregelmäßigen Abständen ein auf dem neuesten Stand gehaltenes Faltblatt über alle nur denkbaren Möglichkeiten, Wetternachrichten zu empfangen, heraus. Dieses Faltblatt »Sturmwarnungen und Seewetterberichte für die Sport- und Küstenschifffahrt« kann beim Deutschen Wetterdienst, Geschäftsfeld Seeschifffahrt, unter der Telefonnummer 040/6690-1896 bestellt werden.

Zugriff auf die aktuellen Daten über folgende Internet-Adresse:

www.dwd.de/services/gfsf/sf_home.html

Im dänischen Inselmeer

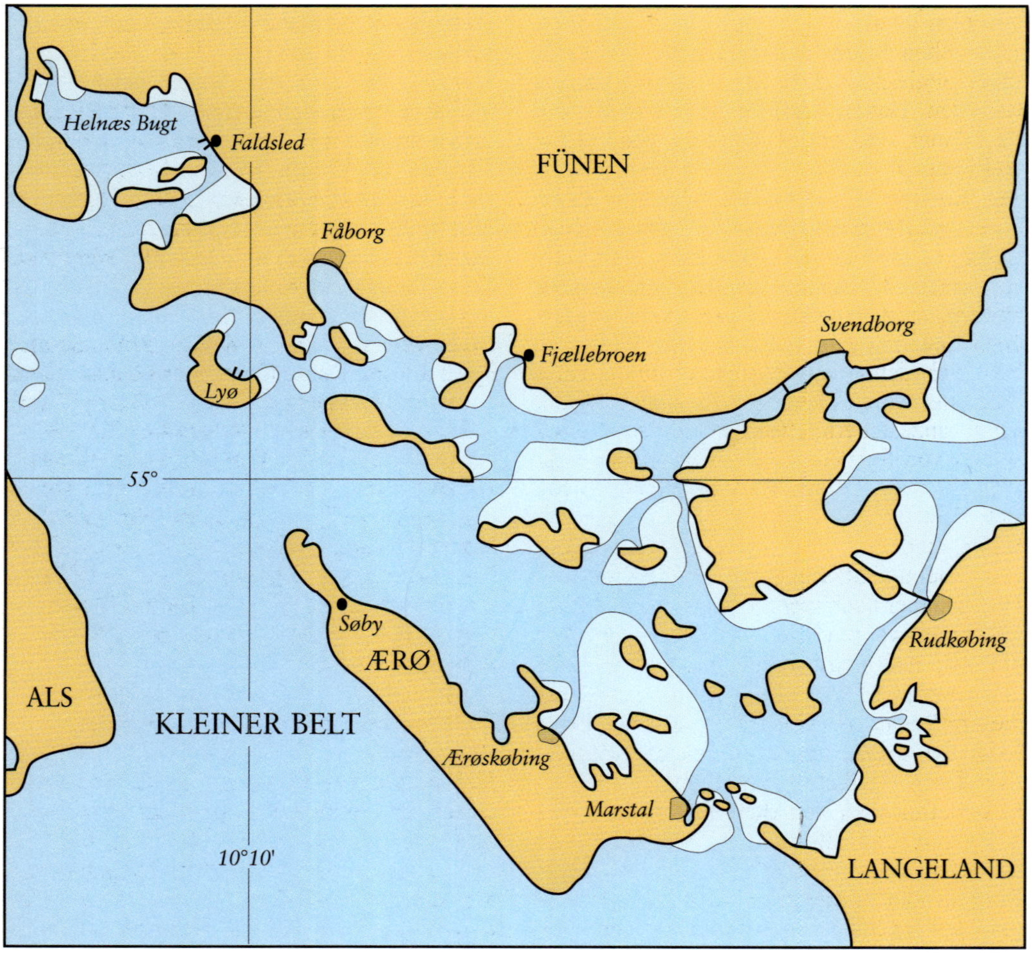

Törnvorschlag 1:

Von der Helnæs Bugt nach Rudkøbing

Die Gewässer südlich von Fünen mit ihren zahlreichen Inseln und Inselchen, von deutschen Seglern als *dänische Südsee* gepriesen, von den Dänen treffender als Inselmeer bezeichnet, sind gerade für den, der sein Boot und sich erproben will – um das Wort Anfänger zu vermeiden –, ein schlechthin ideales Revier. Einerseits so geschützt, dass auch kleinere Boote es gut befahren können, andererseits aber wegen der vielen Flachs auch nicht ganz einfach, so dass man sich gut in Navigation üben kann.

Wer sich schon etwas sicherer fühlt, kann durchaus einmal versuchen, einen Hafen nachts anzusteuern, etwa Søby, dessen Revier so frei von Schifffahrtshindernissen ist, dass ein Fehler nicht gleich schlimme Folgen nach sich zieht.

Häfen gibt es in diesem Revier massenhaft: einige richtige Stadthäfen, mit gut geschützten Becken, aber noch mehr Inselhäfen. Trotzdem wird man während der Hochsaison zusehen müssen, daß man abends in einem Hafen unterkommt. Meiner Erfahrung nach gibt es in diesem Revier nur vier Häfen, wo man keine Liegeplatzsorgen zu haben braucht: Fåborg, Svendborg, Rudkøbing und Søby.

Man befreit sich von dem Zeitdruck, rechtzeitig in einem Hafen zu sein, wenn das Boot mit einem guten Ankergeschirr ausgerüstet ist. Denn es gibt in diesen Gewässern zahlreiche gute Ankerplätze, auf die im einzelnen noch hingewiesen wird. Führt man außerdem ein Dingi mit, so kann man sowieso alle Liegeplatzprobleme vergessen.

Weil dieses Revier so nahe und günstig liegt, ist es im Sommer proppenvoll. Die große Stille und Einsamkeit sucht man hier dann vergebens. Wer seinen Urlaub unabhängig von den Ferienterminen planen kann, der sollte im Spätsommer hierher kommen – dann hat das dänische Inselmeer seine schönste Zeit.

Seekarten und Seebücher: Delius Klasing-Sportbootkarten »Rund Fünen (Fyn) – Dänische Südsee« oder dänischer Sportbootkartensatz Serie A: »Kleiner Belt und Fahrwasser S-lich Fünen (mit Flensburger Förde)«. Leuchtfeuerverzeichnis Teil II: Westliche Ostsee und Ostseezufahrten.

Distanzen: Bøjden – **Faldsled** (Route Sønder Fjord 3,5 sm, Route Nørre Fjord 6 sm) – **Lyø** (11 sm) – **Dyreborg** (3,5 sm) – **Fåborg** (2 sm) – **Bjørnø** (1,5 sm) – **Avernakø** (3,5 sm) – **Revkrog** (4,5 sm) – **Fjællebroen** (3,5 sm) – **Drejø** (6 sm) – **Søby** (von Revkrog 5 sm) – **Ærøskøbing** (7,5 sm) – **Birkholm** (5 sm) – **Marstal** (6 sm) – **Ristinge** (6 sm) – **Lindelse Nor** (4,5 sm) – **Strynø** (2 sm) – **Hjortø** (13 sm) – **Skarø** (4,5 sm) – **Ballen** (1,5 sm) – **Svendborg** (6 sm) – **Troense** (2,5 sm) – **Rudkøbing** (7 sm).

Erstaunlicherweise wird die malerische

Helnæs Bugt recht wenig von Yachten angesteuert, und wenn schon, dann läuft man zu der bekannten *Bøjden Bro,* obwohl sich gerade das am wenigsten lohnt. Die Helnæs Bugt liegt nun mal ein bisschen abseits, und das mag der Grund sein, weshalb sie inmitten der vielbefahrenen Reviere um Als, des Kleinen Belts und vor allem des dänischen Inselmeeres eine Oase der Ruhe geblieben ist.

Dabei findet man ganz leicht zu ihr:

Kommt man von Süden aus dem Kleinen Belt, so braucht man – etwa von Mommark aus – immer nur Kurs Nord zu laufen. Während die Ufer von Als mehr und mehr zurückweichen,

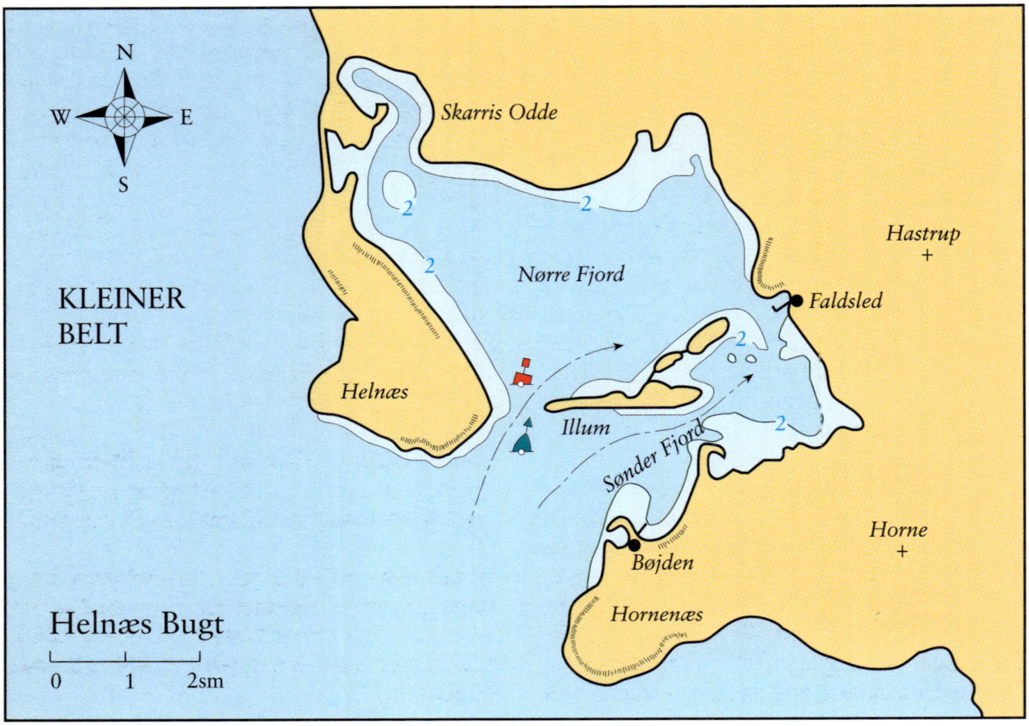

wird man bald der lehmbraunen Steilufer von *Hornenæs* ansichtig werden, hinter denen sich die schwarzblauen Berge der Fünschen Alpen in den Himmel erheben. Wahrscheinlich wird auch die schwarz-weiße Fähre auf dem Weg dorthin mehrfach unseren Kurs kreuzen, die ständig zwischen *Fynshav* und *Bøjden* hin und her pendelt. Ansonsten wird man selten einem größeren Schiff begegnen, denn dieser Teil des Kleinen Belts ist doch recht wenig befahren.

Genausowenig wie der Schiffsverkehr verlangt einem die Strömung an Aufmerksamkeit ab: Sie läuft hier, anders als im nördlichen Kleinen Belt, ziemlich schwach, so dass man sie vernachlässigen kann. Lediglich in der Ansteuerung der Helnæs Bugt selbst muss man bei Windstärken ab Bft 6 mit einem Strom zwischen 3 und 4 kn rechnen, und zwar bewirken dann starke Winde aus WSW einen aus der Bucht heraussetzenden Strom, und solche aus ENE lassen ihn in die Bucht hineinlaufen. Doch kann man wohl in den Sommermonaten davon ausgehen, dass solche Verhältnisse eher selten auftreten.

Aus dem *Als Fjord* kommend, ist die Ansteuerung der Helnæs Bugt genauso einfach: Man rundet die Nordspitze von Als, läuft am Leuchtturm von *Nordborg* vorbei und weiter bis zur schwarz-gelben Tonne *Tranesand* und geht hier auf Kurs E, der einen 10 sm lang quer über den Kleinen Belt auf die Ansteuerung der Bucht zuführt. Sollte man gezwungen sein zu kreuzen, so achte man auf die südlich von diesem Kurs gelegenen Untiefen *Hesteskoen* **(WP 013)** und *Søndre Stenrøn* **(WP 301)**.

Die beiden Flachs am Ausgang der *Helnæs Bugt*, *Helnæshoved Flak* und *Middelgrund,* haben Wassertiefen um 4 m; man kann sie also vernachlässigen, außer bei stärkerem Seegang, da sich dann hässliche Grundseen darauf bilden können.

Zu achten hat man allerdings auf die Stellnetze, die sich vom *Hornenæs*-Ufer weit in die Bucht hinein erstrecken; zum Teil verdecken sie sogar die Tonnen.

Genau besehen besteht die Helnæs Bugt aus zwei Gewässern, die noch dazu sehr verschieden sind: Das südliche und kleinere ist

zum Kleinen Belt hin ziemlich offen und deshalb wenig geschützt und auch ohne sonderliche Reize – der *Sønder Fjord.*
Vor dem nördlichen, dem inneren Revier, das *Nørre Fjord* heißt, schiebt sich quer über die Bucht ein schützender Riegel aus drei Inselchen, die teilweise von weit ausgreifenden Flachs umgeben sind. Da hindurch führen zwei Passagen in den *Nørre Fjord:* die eine zwischen *Illum* und *Helnæs* und die andere im Osten des *Sønder Fjords,* die einen direkt zum Hafen von *Faldsled* bringt (s. Plan und Beschreibung auf Seite 17). Beide sind problemlos zu befahren. Wenn Segler früher überhaupt die Helnæs Bugt ansteuerten, dann zumeist nur, um vor der

Bøjden Bro zu liegen. Dagegen lässt sich auch wenig sagen, nur, dass eben der stille, einsame Nørre Fjord sehr viel schöner ist. Um zur Bøjden Bro zu kommen, hält man sich schon am Eingang der Bucht mehr an die hohen Ufer von Hornenæs – so wie die Fähren auch. Der Fährhafen von Bøjden darf von Yachten unter keinen Umständen angelaufen werden, wird also passiert.
Danach kommt es darauf an, sauber und mit nicht zu knappem Abstand das große, teilweise trockenfallende *Kalvøre Rev* zu runden, denn dahinter erst liegt die Bøjden Bro. Die beiden grünen Spieren, die die Kante des Flachs markieren, sind, weil so klein, nicht gut auszumachen. Hat man die zweite grüne Spiere erreicht, so sieht man auch die »Hafenanlagen« von Bøjden liegen. Man läuft mit Kurs SSW darauf zu, wobei es jedoch ratsam ist, einen kleinen Bogen nach Osten zu fahren, weil das Flach doch etwas mehr nach Osten ausgreift, als es auf der Karte den Anschein hat.
Obwohl ein Platz nicht ohne Charakter, lohnt sich meiner Meinung nach ein Anlaufen – wenn überhaupt – nur für kurze Zeit. Am Ufer ein paar Häuser, dicht dabei ein großer Campingplatz, der nahe Fährhafen, ein mäßiger Sandstrand – das wär's denn auch schon.

Liegeplatz und Versorgung: *Wenig Platz, das vorab. Man kann praktisch nur an den Kopf der Brücke gehen. Das geschütztere »Becken« westlich davon ist voll von kleinen Fischerbooten. An dem Holzsteg im Osten haben einheimische Segler auf einer Wassertiefe von 1,2 m ihren festen Platz. Hafengeld (auch wenn man nur für eine Teepause festmacht). Wasser, Toiletten (in einem braunen Holzcontainer). Treibstoff bei einer Straßentankstelle in Bøjden By, ein paar hundert Meter weiter vom Hafen. Im Ort auch Lebensmittel, genauso wie auf dem Campingplatz. Wer an der Brücke keinen Platz findet, kann in der Bucht davor auf 7 m Wassertiefe gut ankern, aber hier wie auch an der Brücke ist kein ruhiges Liegen bei stärkeren Winden aus NW über N bis E.*
Die Wassertiefe vor der Brücke unterliegt Veränderungen; man steuere den Hafen deshalb mit der gebotenen Vorsicht an.

Wasserstand: Tidenhub 0,2 m. Wind aus ENE hebt den Wasserstand um 1 m, Wind aus WSW kann ihn um ebenfalls 1 m senken.

Wegen des Hafens lohnt der Abstecher nach Bøjden nicht, ein kleiner Ausflug von Bøjden aus zu der Kirche von *Horne* allerdings schon, zu der ein schöner Spazierweg von einer Stunde Dauer führt:

Das Dorf Horne, von dem die große Halbinsel Horneland ihren Namen hat, liegt ziemlich zentral und hoch auf diesem Land. Hier steht die einzige Rundkirche Fünens, von denen es in ganz Dänemark sowieso nur noch sieben gibt. Auf Bornholm sind sie ein vertrautes Bild, anderswo aber eine Seltenheit. Die Rundkirche von Horne ist als solche auf den ersten Blick gar nicht zu erkennen, denn im Laufe der Jahrhunderte wurde soviel angebaut, dass ein ganz sonderbares architektonisches Gebilde entstanden ist.

Die Rundkirche, als ältester Teil der Anlage, steht jetzt inmitten des Langschiffs; sie wurde im 12. Jahrhundert erbaut und diente ursprünglich den in der damaligen Zeit typischen Zwecken: Unten wurde die Messe gefeiert, im Stockwerk darüber wurde verteidigt. Zumeist gegen die Wenden, die immer wieder über die südlichen Gestade Dänemarks herfielen. Die Mauern der Rundkirche sind massive zwei Meter dick und aus Findlingen gebaut. Der Turm mit seinen schönen Ziergiebeln, das Schiff, der Chor und die Rotunde wurden nach und nach an die Rundkirche angebaut. Im Innern ist diese größte Dorfkirche Fünens ziemlich einheitlich klassizistisch geprägt; der große dänische Bildhauer Bertel Thorvaldsen hat eigens dafür einen Taufstein geschaffen.

Wie schon gesagt: Der Nørre Fjord ist der sehr viel bessere Teil der Helnæs Bugt, und zudem hat er mit Faldsled einen guten, wenn auch kleinen Hafen. Aber wie kommt man dorthin? Von *Bøjden* aus führt der logische Weg durch den Sønder Fjord (s. Plan Seite 14): Wem eine Wassertiefe von 2,8 m reicht, der kann von der westlichen der beiden grünen Tonnen, die vor dem *Kalvøre Rev* liegen, mit Kurs NE direkt auf das erste Spierenpaar (grüne Spiere **WP 317**) zuhalten. Entfernung etwa 1,3 sm. Danach immer im Tonnenstrich weiter nach *Faldsled.* Die schwarz-gelb-schwarze Tonne, östlich von Vigø, lässt man an Bb und hält gleich auf die gelb-schwarze zu, die südlich von *Bjergkamer* ausliegt. Hier wird es nun ziemlich flach: Also nicht zu nahe an diese Tonne heran, sondern, sobald man die Einfahrt von Faldsled querab hat, darauf zu und hinein in den Hafen!

Will man durch den *Nørre Fjord* nach Faldsled segeln, so läuft man zunächst auf die Westhuk von Illum zu, die in einem markanten Sandkliff endet.

Vorsicht ist wegen der vielen Fischstöcke

geboten. Zwischen Illum und Helnæs führt eine inzwischen nur noch 2,3 m tiefe Rinne in den Nørre Fjord. Die grüne Spitztonne **(WP 321)** ist ziemlich mickrig und vor den Fischstöcken schwer auszumachen. Während sie die südliche Einfahrt in die Rinne markiert, bezeichnet die rote Spiere deren nördliches Ende.

Von da aus segelt man nun mit Kurs ENE und damit in sicherem Abstand parallel zu den Inseln *Illum, Horsehoved* und *Vigø* auf *Faldsled* zu. Nicht lange, und man wird der weißen Häuser von Faldsled ansichtig. Sobald man die schwarz-gelbe Tonne querab hat, kann man auf die gut sichtbare, hellbraune Mole des Hafens zulaufen. Im Zweifel hält man etwas mehr nach Osten, auf den grünen Hügel *Bjergkamer* zu, denn davor fällt der Landgrund steil ab, während das Flach vor *Vigø* doch sehr weit nach Osten ausgreift. Man hat also die Schwarz-Gelbe an Stb und steuert auf die Gelb-Schwarze zu: ihr nicht zu nahe kommen und hinein in den Hafen!

Die Schwarz-Gelb-Schwarze und die vielen grünen und roten Spieren, die man im Süden vor sich sieht, sind auf diesem Kurs ohne Belang; sie markieren die Passage durch den *Sønder Fjord* (s. o.).

Gleichgültig, ob man durch den Sønder oder den Nørre Fjord nach Faldsled segelt, es empfiehlt sich, das Echolot eingeschaltet zu haben.

Der Hafen von **Faldsled** präsentiert sich als gute, fast komfortable Anlage. So hübsch Dorf und Umgebung auch sind: Die eigentliche Attraktion ist der »Faldsled Kro«, dem der Ruf vorausgeht, eines der besten, wenn nicht überhaupt das beste Restaurant in Dänemark zu sein. Essen wird hier zelebriert. Der Küchenchef berät den Gast am flackernden Kaminfeuer, und später wird man feierlich zu Tisch gebeten, wo man sich an mehreren Gängen bester französischer Küche delektieren kann.

Ursprünglich war es ein Kaufmannshof, dann wurde daraus eine »Königlich-privilegierte Gastgeberei«. Im französischen Landhausstil eingerichtet, ist im »Faldsled Kro« alles sehr exquisit, einschließlich der Preise. Man sollte sich dem Stil des Hauses anpassen und nicht gerade in Seestiefeln und Seglerkluft aufkreuzen.

Man würde dem Dörfchen aber Unrecht tun, hielte man den Kro für das einzig Besuchenswerte: Es hat sehr schöne Badestrände. Man kann auf die Fünschen Alpen wandern, und zur Kirche von Horne ist es von hier nicht viel weiter als von Bøjden aus. Dann kann man zum schönen Schlösschen Løgismose spazieren, dessen Zwiebeldach man ansonsten vom Wasser her nur aus den Bäumen lugen sieht.

Faldsled hatte früher eine nicht geringe Bedeutung als Getreideumschlagplatz; dafür wurde der Hafen auch gebaut. Aber die Packhäuser und Lagerschuppen, die noch zu

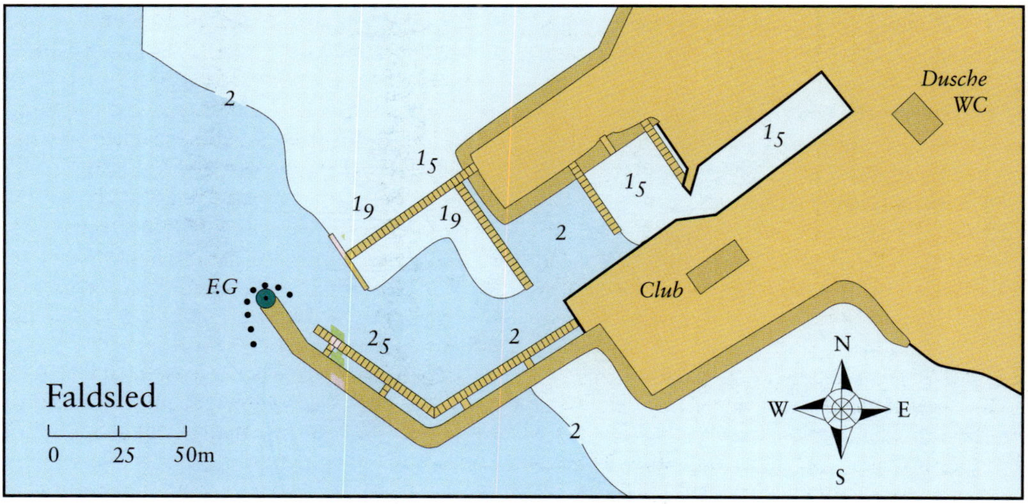

Beginn unseres Jahrhunderts rings um den Hafen standen, sind längst abgerissen. Das nahe Fåborg hatte den Kornhandel an sich gezogen, und Faldsled mit seinem schwer anzusteuernden Hafen konnte auf die Dauer nicht dagegen ankommen. Erstaunlicherweise hatte der Ort in seiner Blütezeit eine Flotte von 30 Schiffen, zwar nur kleine Schoner und Galeassen, aber immerhin.

Liegeplatz und Versorgung: *Gastyachten bleiben wohl im vorderen Becken. Die besten Plätze findet man gleich nach der Einfahrt rechter Hand, die zumeist auch freigehalten werden. Ansonsten muss man nach einer freien Box Ausschau halten. Hafengeld ist im Gemischtwarenladen »Karens Butik« zu bezahlen. Auf den Stegen Wasser- und Stromanschlüsse. Ordentliche Duschen und Toiletten, wenn auch alles sehr klein. Treibstoff von einer Straßentankstelle. 2,5-t-Kran, Mastenkran, kleinere Reparaturen. Lebensmittel, Bäckerei usw. im Dorf.*
Wer im Hafen keinen Platz mehr findet, der kann etwa 120 m S- bis SE-lich davon auf gut 4 m Wassertiefe ankern (Grund Sand, Schlamm, auch Steine).
Die weite Bucht nördlich vom Hafen, auf Bjergkamer zu, ist absolut untief, fällt auch bei entsprechenden Winden bis auf die Anfahrt zum Hafen trocken!

Wasserstand: Tidenhub 1,0 m. Wind aus NE kann den Wasserstand um 0,5 m heben; Winde aus SW senken ihn um ebenfalls 0,5 m.

Nautischer Hinweis: Faldsled kann bei Nacht nicht angelaufen werden. Einer der Pfähle vor dem Kopf der Westmole trägt zwar ein grünes Festfeuer, die Bretterwand an der Nordmole ist auch weiß angestrahlt, aber dennoch geht hier gar nichts, weil man ja mangels Befeuerung überhaupt nicht bis zum Hafen gelangt.

Faldsled ist ganz sicher (schon wegen seines Kros) kein übler Hafen; das Beste aber sind weder Faldsled noch die Bøjden Bro, sondern die unendlich vielen und guten **Ankerplätze in der Helnæs Bugt.** Einige seien hier genannt:

- Die Bucht südlich von Faldsled wurde schon erwähnt, ebenfalls die nördlich von Bøjden Bro.
- Bei Winden aus nördlichen Richtungen findet man viele gute Plätze vor der **Südküste von Illum.** Die 2-m-Linie verläuft dicht am Ufer (Grund Sand).
- Bei Südwind sollte man an die **Nordküste von Illum** verlegen. Dabei nimmt man die schon beschriebene Passage vor der Westspitze der Insel. Der beste Platz ist der vor dem Pfahlwerk, an dem das Postboot aus Faldsled anlegt (Grund Sand). Hier hat man auch eine gute Ausgangsposition, um die Insel selbst zu erkunden: Das sehr flache, schmale und kaum von höherwachsenden Bäumen bestandene Illum wird von zwei Bauernfamilien bewohnt, die auch den größten Teil der Insel unter Pflug genommen haben. Der Rest ist bedeckt von Mooren, Heideflächen und windzerzaustem Buschwerk. Obwohl die Ufer nirgendwo besonders hoch sind, wirken sie mit ihren gelben Klippen doch ziemlich steil und beeindruckend.
  Die Passage zwischen Illum und Helnæs war früher gesperrt. Das weiß man, seitdem eine aus der Wikingerzeit stammende Schiffssperre gefunden wurde. Wahrscheinlich war der Nørre Fjord um diese Zeit, also um 1000 n. Chr., eine geschützte und Fremden schwer zugängliche Flottenbasis der Wikinger. An die Zeit der Wikinger erinnert auch ein Hügelgrab an der schmalsten Stelle von Illum. Man kann zu der Insel rudern, darf sie auch betreten.
- Landschaftlich vielleicht noch schöner als Illum sind ihre beiden östlichen Schwestern, **Horshoved** und **Vigø**; auch hier kann man gut ankern. Beide Inseln sind unbewohnt, dafür aber Brutplätze von unzähligen Schwimm- und Stelzvögeln.
- Bei Westwinden liegt man ruhig vor dem Steilufer von **Helnæs**, und zwar unterhalb des Helnæs Skov (Wald). Die 2-m-Linie verläuft hier ca. 200 m vor dem Ufer (Grund Sand und Kies). Helnæs – das ist eine weltabgeschiedene Gegend mit windzerzausten Hecken und sattgelben Feldern im Sommer. Helnæs By besteht aus ein paar

Häusern und der alten Windmühle. Etwas nördlich von diesem Ankerplatz fallen die Klippen von Hvidklint schroff zum Wasser ab. Fährt man daran vorbei, so findet man an diesem Ufer einen zweiten guten Ankerplatz, der sich zudem gut zum Baden eignet, weil das klare Wasser bis 100 m vom Ufer weg nur knietief ist.

- Auf der Karte wirkt die kleine Bucht nördlich von **Agernæs** am besten. Ich rate ab. Denn der Weg dorthin, vorbei an vielen Flachs, wenn auch immer auf mindestens 5 m Wasser, ist beschwerlich und nervenaufreibend. Und hat man dann endlich Skarris Odde gerundet, so sieht man, dass man in einer wenig attraktiven Bucht angekommen ist, die nicht nur geringen Schutz bietet, sondern zudem an ihrem Nordufer dicht mit Sommerhäusern bebaut ist. Ich bin das einmal mit viel Zittern gefahren, um schließlich enttäuscht feststellen zu müssen, dass es sich nicht gelohnt hat.

Rundet man die Kliffküste von Hornenæs, so gelangt man in den *Lyø Krog*, der sich zwischen *Horne Land* und *Lyø* dahinwindet. Hier fängt die »dänische Südsee« erst richtig an. Der Sund ist sehr tief und hat eine Breite von etwa 1,5 sm.
Voraus liegt wie ein großer, flacher Schild die Insel

Lyø mit der flügellosen Windmühle obendrauf – heute eine Bauerninsel, früher aber dicht mit Wald bewachsen und als Krongut Jagdrevier der dänischen Könige.
Die Insel ist umgeben von einem ziemlich gleichmäßigen Landgrund; lediglich an ihrer Ostseite liegt ein größeres Flach: der *Lyø Sand*. Das ganze Land der Insel, die im Norden eher flach ist und nur nach Süden zu etwas ansteigt, ist kultiviert. Lediglich schnurgerade Schutzhecken ziehen sich zwischen den Feldern dahin, mit Gruppen mächtiger Silberpappeln darüber. Zwischen den zwei Hügeln der Insel, die beide 24 m hoch sind, liegt *Lyø By*, der einzige Ort der Insel, ein Dorf mit 190 Einwohnern, sehr idyllisch mit seinen strohgedeckten Fachwerkhöfen rund um den Ententeich und den vielen Stockrosen vor den Häusern.

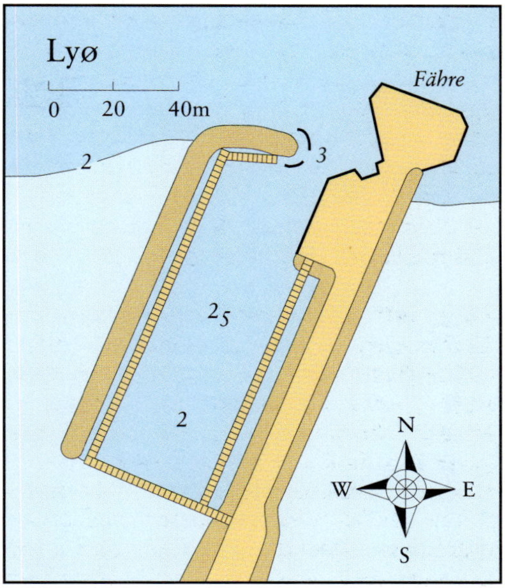

Diese wohl schönste der kleinen Inseln in diesem Revier hatte früher nur eine Anlegebrücke mit einem 30 m breiten Brückenkopf. Inzwischen ist ein ziemlich großes Becken dazugebaut worden. Dieser schöne Hafen befindet sich an der Nordseite, in der weitgeschwungenen Bucht *Lyø Havn,* die schon früher ein gesuchter und guter Ankerplatz war. Hier lagen auch die Schiffe des Königs, wenn er mit seinem Gefolge zur Jagd auf der Insel weilte.
Aus dem Lyø Krog kommend, rundet man die schmale Nordspitze der Insel, die sich kaum über das Wasser erhebt; am auffälligsten sind noch die Masten der Stromleitung, die zum Leuchtfeuer *Lyø Rev* (Fl. 5s) führen.
Nach Osten zu erstreckt sich von hier das Flach *Lyø Trille,* bezeichnet mit einer grünen Spiere. Hat man die passiert, so kann man auf den Hafen zusteuern, der am Scheitel der Bucht vor dem *Badsted Huse* liegt. Mit Kursen zwischen 160 und 267° lässt sich Lyø Havn immer und mit einem Tiefgang bis zu 1,8 m auch ohne Probleme anlaufen.

Strom kann vorkommen, der dann entweder nach N oder S setzt. Der Nordstrom ist der härtere und tritt auf bei Winden aus NE bis SE, Südstrom bei Winden aus SW bis W.

Liegeplatz und Versorgung: *Nur der Brückenkopf ist wenig geschützt, wo man an der Ostseite zwischen Pfahl und Brücke festmachen kann. Im neuen Becken liegt man ruhig und sicher; es ist der beste Platz. WCs und Duschen am Ende des Dammes, Lebensmittel (auch Bäcker) im Dorf am Ententeich.*
Ankerplätze *findet man überall in der Bucht. Bevorzugt wird die Stelle südöstlich der Brücke, so nahe an Land, wie es der Tiefgang des Bootes zulässt. Man beachte das Kabelfeld, das hinüber nach Horne Land führt: Seinen Verlauf kann man an den Baken am Ufer erkennen. Eben östlich von Lyø Trille zwei gelbe »DS«-Ankerbojen.*

Wasserstand: Tidenhub 0,5 m. Winde aus E können den Wasserstand um bis zu 1,5 m (!) erhöhen, Winde aus W ihn um 1,2 m senken.

Zu den Zeiten, als die Insel noch Krongut war und die dänischen Könige zur Jagd nach Lyø kamen, stand hier kein Haus. Lyø war von dichten Wäldern bedeckt, in denen Jagd auf den Damhirsch gemacht wurde. Diese Wildnis, die sich im Laufe der Jahrhunderte zur heutigen Inselidylle gewandelt hat, war vor knapp 800 Jahren Schauplatz einer Untat, die Dänemark an den Rand des Ruins bringen sollte.
König Valdemar II. (1202–1241), der den Beinamen »der Sieger« trug und wegen seiner glücklichen Hand in Kriegs- und Regierungsgeschäften allseits verehrt wurde, kam im Mai des Jahres 1223 mit seinem vierzehnjährigen Sohn und einem Jagdgefolge nach Lyø. Die Jagdgesellschaft war von Fåborg aus herübergerudert. In Lyø Havn lagen die Boote und Schiffe vor Anker. In der Nacht vom 6. auf den 7. Mai stieg im Zelt des Königs ein Gelage – die Jagd war gut gewesen, die Herren mächtig durstig. Unter den Gästen befand sich auch Heinrich, der Graf von Schwerin, zu der Zeit ein Lehensmann des dänischen Königs. In seiner Trunkenheit machte der König anzügliche Bemerkungen über die Frau des Grafen. Der glaubte, herauszuhören, dass Valdemar mit der Gräfin beim Reichstag in Nyborg ein Verhältnis angefangen hatte. Der Graf geriet über diese Spötteleien so in Wut, dass er vorzeitig das Fest verließ und sich mit seinem Gefolge auf sein Schiff begab.
Als es im Lager des Königs ruhig geworden war, schlich der Graf sich mit seinen Männern zurück, drang in das Zelt des Königs ein, überwältigte ihn und schleppte ihn zusammen mit dessen Sohn auf sein Schiff. Dann setzte er die Segel und fuhr durch den Kleinen Belt heimwärts nach Mecklenburg. Im Lager, wo das Gefolge des Königs trunken unter den Tischen lag, hatte niemand etwas gemerkt – man hätte auch nur wenig helfen können, denn bevor der Graf ablegte, ließ er noch schnell alle dänischen Boote und Schiffe leckschlagen.
Valdemars Gefangennahme traf das Land wie ein Schock. Aber mehr als empören konnte man sich nicht, denn da der König gefangen war, fehlte ein Anführer, und außerdem war es nicht einfach, den starken Grafen von Schwerin anzugreifen. So tat man etwas typisch Dänisches: Statt sich zu schlagen, verhandelte man.

Dyreborg.
Am Hafen.

Das zog sich hin. Drei Jahre lang saß Valdemar gefangen im Schloss Dannberg im Mecklenburgischen. Dann endlich hatte man sich auf ein Lösegeld geeinigt. Es war von solch immenser Höhe, dass der dänische Staat darüber bankrott ging. Aber Valdemar und der Prinz waren nun wenigstens frei. Der König kehrte als gebrochener Mann heim in sein Reich.
Hier in der stillen Bucht Lyø Havn fand die große Valdemar-Zeit ihr Ende (s. auch Vordingborg, S. 119).

Ob es sich lohnt, wegen der 3 sm bis *Dyreborg*, unserem nächsten Hafen, die Segel zu setzen, mag jeder für sich entscheiden.
Verlässt man Lyø mit Kurs E, so hat man einigen Grund, sich bei dem Flach *Lyø Sand* vorzusehen, denn die grüne Tonne **(WP 314)**, die dieses Flach markiert, steht etwas unglücklich, nämlich an der Ostkante: Das Flach selbst ragt noch ein schönes Stück nach Norden. Man darf also die Tonne nicht direkt anliegen, sondern muss sich etwas nördlich davon halten.
Man schippert nun beschaulich am hohen, gelbbraunen Steilufer der Halbinsel *Knolden* entlang, hinter der unser Ziel Dyreborg liegt, das aber von hier noch nicht zu sehen ist.
Zwischen *Knolden* und der Insel *Bjørnø* liegen die Flachs *Knaste-Grund, Lille-Grund* und der *Knoldsand*. Alle drei haben Wassertiefen unter 1 m, sind aber gut betonnt, so dass es egal ist, wie man an ihnen vorbeisegelt, wenn man sie nur sorgfältig im Auge behält und dann den einmal gewählten Kurs beibehält, ohne sich von nicht dazugehörigen Tonnen irritieren zu lassen.
Der kürzeste Weg wäre der zwischen Knolden und dem Knaste-Grund; den Lille-Grund ließe man so ebenfalls im Osten und würde entlang den roten Tonnen am Knoldsand vorbei auf Dyreborg zu segeln.
Bei allen diesen Untiefen stehen die Schifffahrtszeichen ganz dicht vor den Flachs. Schnippeln und ähnliches funktioniert hier also nicht. Über dem Knoldsand stehen zumeist nicht mehr als 30 cm Wasser, und das will beachtet sein, wenn man beispielsweise in der *Dyreborg Vig* ankern möchte – zieht sich der Knoldsand doch bis an die Südmole des Hafens hin (man beachte die 2-m-Linie im Hafenplan).

Dyreborg wird gern als Hafen im Wald bezeichnet, jedenfalls sieht das bei der Ansteuerung so aus, wenn man ihn vor sich unter dem hohen Buchenwald von Sisserodde liegen sieht. Das Hafenbecken ist winzig, der Hafen wegen seines Milieus trotzdem – oder gerade deshalb – bei Seglern sehr beliebt. Und deshalb muss man ihn schon früh am Nachmittag ansteuern, wenn man noch ein Plätzchen finden will. Ansonsten ankert man in der *Dyreborg Vig* vor dem Hafen. Idyllisch bei wenig Wind. Bei Gewitter aber fegen Böen aus dem Wald. Wäre nicht die Welle der Fåborg-Fähre, so läge man besonders gut unterhalb des bewaldeten *Alsgårdshoved* (auf 3 m Wassertiefe, Grund Sand und Tang).
Die beiden Brücken südlich vom Hafen kann man nicht anlaufen, weil sie schon auf dem flachen Knoldsand liegen. Der Hafen selbst müsste im Sommer mit einem Tiefgang bis zu 2 m immer anzusteuern sein.

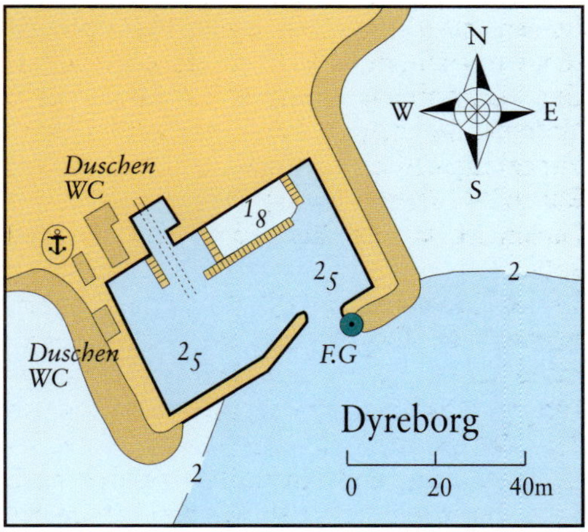

Das Beste an Dyreborg sind sein Hafen und seine Lage. Am Hafen findet man noch ein paar besonders hübsche Fachwerkhöfe, dahinter den mächtigen Dyreborg Skov, einen eingezäunten Tierpark.

Liegeplatz und Versorgung: *Der nordöstliche Teil des kleinen Beckens ist den Fischern vorbehalten, Yachten sollen nach Möglichkeit an die Südwestmole gehen, mit dem Bug zum Kai und vor Heckanker, sonst längsseits an der*

Südmole. Beim Ankerwerfen muss man einige Vorsicht walten lassen, weil die Schienen der Helling weit in das Hafenbecken hineinführen. Am Hafen Wasser, 25-t-Helling und 1,5-t-Kran. Toiletten und Duschen siehe Plan.
Ein wirklich schöner Hafen und auch ruhig bis auf Starkwind aus SE, der das Liegen etwas unruhig werden lässt.

Wasserstand: Tidenhub 0,9 m! Winde aus NE können den Wasserstand um 1 m erhöhen, Winde aus NW ihn um 1 m senken, starker Westwind sogar um bis zu 1,5 m.

Der

Fåborg Fjord wirkt weniger wie ein Fjord, sondern eher wie ein breites und in sich geschlossenes Gewässer: Im Süden liegt wie ein Wellenbrecher die Insel Bjørnø davor, und im Osten schiebt sich von eben dieser Insel ein beträchtliches Flach hinüber zum Ufer nach Fünen.
Die Küstenlinie ist eher niedrig; erst hinter Fåborg steigt das Land zu den Hügeln der Fünschen Alpen an.
Der Fjord hat zwei Zugänge: Im Osten führt über das schon erwähnte Flach eine schmale, nur 3,4 m tiefe Fahrrinne, das *Grydeløb*. Von Süden zwängt sich die Hauptpassage zwischen der Insel Bjørnø und Horne Land in den Fjord hinein – etwas kritisch, wenn einem hier die mächtige rote Gelting-Fähre begegnet. Das schöne

Fåborg, das sich am ganzen Nordufer des Fjords hinzieht, steht etwas im Schatten von Ærøskøbing, Marstal und Svendborg, aber ganz zu Unrecht. Es gibt hier zwei Häfen: einmal den alten Handelshafen, wo man fast

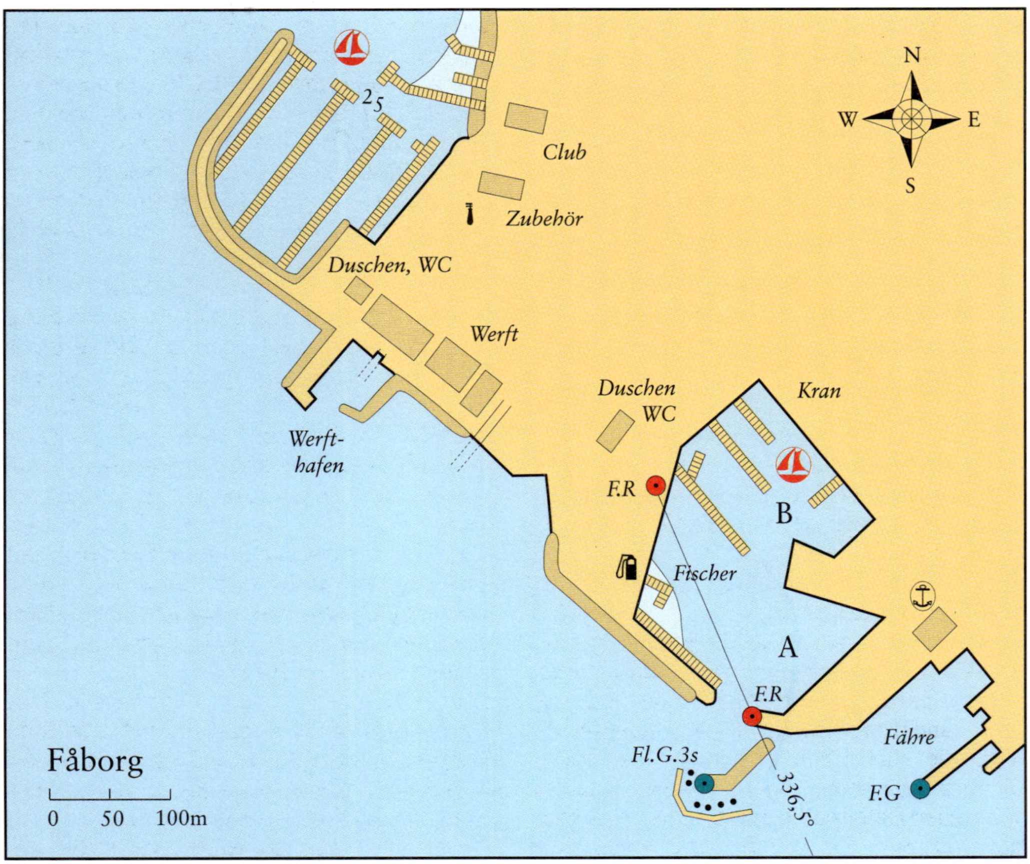

Fåborg.
Im Stadthafen.

mitten in der Stadt liegt, und etwa 500 m weiter nordwestlich den Yachthafen von Lillestrand, wo, nach allem, was man hört, Gastyachten schwer unterkommen, was allerdings nicht weiter schlimm ist, denn der große Handelshafen hat unendlich viel Platz und vor allem Atmosphäre – ein echter Hafen. In den Werfthafen, der dazwischen liegt, darf man nicht, es sei denn zur Reparatur.

Das alte Handelsstädtchen – es ist das kleinste auf Fünen – liegt auf ziemlich flachem Land. Mehr noch: Es ist eigentlich in den Fjord hineingebaut, der das – flach, wie er ist – ja geradezu begünstigt hat.

Fåborg wurde erstmals 1229 erwähnt, aber da muss die Stadt schon länger bestanden haben, denn in dieser Urkunde wurden ihr vom König ihre Handelsprivilegien nur noch bestätigt; sie wird sie also schon früher erhalten haben. Fåborg war eine der typischen kleinen dänischen Hafenstädte mit der dafür typischen Entwicklung: Die Stadt hatte ein großes Agrargebiet im Rücken, dessen Überschüsse exportiert wurden, nach England, nach Deutschland und auch nach Norwegen, das bis 1814 zum dänischen Königreich gehörte. So entstanden also zwangsläufig ein Hafen, eine eigene Flotte und endlich auch Werften, auf denen man die Schiffe der Stadt baute, vor allem Barken und Galeassen, später auch Rahsegler, die im 19. Jahrhundert zu allen Häfen der Welt segelten, sogar nach China und Australien.

Die Stadt wurde schon um 1400 stark befestigt, denn sie lag doch ziemlich exponiert. Feste Wälle mit Mauern und Palisaden umgaben sie, wuchtige Tore öffneten sich nach außen, von denen das eindrucksvolle Vesterport als einziges noch steht. In der unseligen Grafenfehde (1534–1535) wurde die Stadt gestürmt und geplündert. Ähnlich litt Fåborg in den Schwedenkriegen; und im Nordischen Krieg (1709–1720), wieder gegen den schwedischen Erbfeind, wurde die Schifffahrt schwer behindert. Dazwischen brannte die Stadt auch mehrmals ab. Dass sie sich trotzdem – wenigstens teilweise – noch ein so schönes mittelalterliches Milieu bewahren konnte, grenzt an ein kleines Wunder, denn die Gegend um Vesterport oder den Klokketårn, den Glockenturm der im 16. Jahrhundert abgebrannten Nicolaj-Kirche, ist doch noch recht stimmungsvoll.

Das Handelsstädtchen an der Südküste von Fünen war schon von seiner geographischen Lage her nach Süden orientiert. Mit Mommark auf Als bestand bereits von 1400 an eine feste Fährverbindung, die erst 450 Jahre später, nachdem 1864 Als zusammen mit Ærø und Nordschleswig deutsch geworden war, eingestellt wurde. Fåborg war durch den Verlust dieser Gebiete, die bis 1920 deutsch blieben, von seinen natürlichen Handelswegen abgeschnitten. Als dann die verlorenen Gebiete wieder an Dänemark kamen, wurde als erstes die Fährverbindung zwischen Mommark und Fåborg wieder eingerichtet.

Fåborg, obwohl weniger märchenhaft und weltentrückt als Ærøskøbing, hat eine ganz besondere Atmosphäre, auch oder gerade weil es kein bewohntes Museum, sondern eine lebendige, funktionierende Stadt ist.

Am Ende der Fußgängerzone, der Østergade,

Fåborg.
Der Glockenturm, Wahrzeichen der Stadt.

stößt man auf ein zwischen andere Häuser eingezwängtes merkwürdiges Gebäude: das Fåborg-Museum, das mit seinem säulengeschmückten Eingang im wahrsten Sinne des Wortes ein Musentempel ist. Das Museum, das als wichtiges Werk der dänischen Neoklassik gilt, wurde der Stadt von dem Etatrat und Fabrikherrn Mads Rasmussen 1910 geschenkt. In der Vorhalle, unter einer düsteren blauen Kuppel, steht sein Denkmal: ein königlicher Kaufmann, ein Mann, der wusste, dass Geld und Reichtum Macht geben. In dem schmalen, schlauchförmigen Museumsbau findet man Maler der sogenannten Fünschen Schule, von denen einige wohl noch zu entdecken wären, und dazu viele Werke des bedeutenden dänischen Bildhauers und Malers Kai Nielsen. Der in Dänemark sehr populäre Schriftsteller Poul Ørum lässt eines seiner Bücher hier in Fåborg spielen – eine spannende, krimiähnliche Geschichte (»Was ist Wahrheit?«). Selten wohl sind Leben und Atmosphäre in einem dänischen Provinzstädtchen besser beschrieben worden als hier. Mit dem Buch in der Hand kann man all die Gassen und Plätze abgehen, wo Ørum die Geschichte spielen lässt.

Liegeplatz und Versorgung: *Den Yachthafen lasse ich jetzt einmal weg, weil man im alten Handelshafen immer einen schönen Platz finden wird, zumal neue Plätze für Yachten geschaffen wurden. Man kann sich entweder in den Außenhafen (**A** im Plan auf S. 22, allerdings nur Boote über 12 m) legen und hier wiederum an dessen Ostseite oder in den Innenhafen (**B**, nach Möglichkeit an die Stege), der um ein Geringes geschützter ist, dafür aber lauter wegen der vorbeiführenden Straße. Im »Havnehuset«, wo auch das Hafenkontor untergebracht ist, einfache Duschen und WC; neue sanitäre Anlagen beim Liegeplatz B (mit Münzwasch). Treibstoff siehe Plan. Auf dem Weg zum Yachthafen eine Werft mit 40-t-Slip, auch eine Motorenwerkstatt. Beim Yachthafen das Zubehörgeschäft »Båd og Motor«, das beste in diesem Revier, mit Motorenwerkstatt; Reparaturwagen kann bestellt werden (Tel. 09/610820). Im Städtchen Läden aller Art und auch viele gemütliche Kros und Kneipen.*

Wasserstand: Tidenhub mit 0,1 m minimal. Winde aus N können den Wasserstand um 1 m erhöhen, Winde aus SW ihn um ebenfalls 1 m senken (alles nur relevant für den Yachthafen).

Die Insel

Bjørnø ragt wie ein flacher Buckel aus dem Wasser – alles Bauernland –, nur nahe beim Dorf steht ein kleiner, dunkler Wald. Bjørnø gibt sich bescheiden, und das wohl auch zu Recht, obwohl es so übel gar nicht ist, wenn man es sich näher besieht. An Land kommt man nur über die Brücke, die sich ziemlich in der Mitte des Nordufers befindet: Man kann sie mit einem Tiefgang bis zu 2 m problemlos ansteuern, jedenfalls ihren Kopf; dahinter nimmt die Wassertiefe rasch ab. Wenn man also schon von ferne sieht, dass Yachten am Kopf der Brücke liegen, hat es wenig Sinn, auch noch dorthin zu laufen. Außen am Kopf legt das Postboot aus Fåborg an; da kann man für kurze Zeit festmachen, muss aber rasch wieder weg, wenn es naht. Ungestört liegt man links und rechts vom Kopf; hier beträgt die Wassertiefe 3 m, nimmt allerdings rasch ab. Man geht hier mit dem Bug an die Brücke und bringt den Heckanker aus (Grund Sand, Steine).

Versorgung: *Wasser könnte man sich im Kanister von einem Haus in der Nähe holen. Lebensmittel bekommt man beim Kaufmann im Dorf, dort auch Treibstoff in geringen Mengen. Man tut gut daran, sich alles Notwendige schon vorher in Fåborg zu beschaffen.*

Wandert man über die Insel, so findet man die interessantesten Punkte nahe der Südhuk: einmal die gelbe Kliffküste, wo auch das weiße Leuchthaus *Bjørnø* steht (mit rotem Band), und noch etwas weiter östlich das Flach *Bjørnøholme,* das mit der Insel durch ein schmales Steinriff verbunden ist. Weil nur ganz selten jemand hierher kommt, können dort Unmengen von Vögeln ungestört brüten.

Wir verlassen den Fåborg Fjord mit Kurs Ost durch das schmale, gut 3 m tiefe *Grydeløb* – die einzige Möglichkeit, gut über das große Flach zwischen Bjørnø und dem Ufer von Fünen zu kommen. Das Grydeløb ist gut betonnt mit zwei grünen Spieren an der Nordseite des Fahrwassers und zwei roten an seiner südlichen Begrenzung. Vor uns liegt die

Hansebugt, ein weder problematisches noch aufregendes Gewässer. Man wird hier wohl ohne Aufenthalt seinen Weg fortsetzen wollen, es sei denn, es zieht einen zu einem Ankerplatz, und da gibt es einen recht guten in der lagunenartigen Bucht nördlich der Insel *Store Svelmø* (Grund Sand und Mudd). Außer bei Westwind liegt man hier geschützt. Store Svelmø ist über einen Ebbweg mit dem Festland verbunden; auf der Insel steht ein einsames Haus.
Im Süden liegt wie ein schützender Wall vor der Hansebugt die 8 km lange, schmale Insel

Avernakø, die vieles mit Bjørnø gemeinsam hat, jedoch eigentlich aus zwei Inseln besteht: Im Westen liegt die größere Hauptinsel, die mit ihrer Nachbarinsel im Osten durch eine schmale Landbrücke verbunden ist. Eine Insel nicht ohne Reiz, zumeist Bauernland, mit nur ganz wenig Wald, dafür aber überall mit den typischen Schutzhecken zwischen den Feldern. Die Insel hat drei Orte: im Westen Avernak By und Munke, zwei beschauliche Dörfer, und im Osten Korshavn, von dem man das nicht so ohne weiteres sagen kann, weil es etwas öde wirkt.
An dieser entlegenen Insel mit ihrer Handvoll Bewohnern sind die großen Ereignisse der Geschichte vorbeigegangen. Kein einziges Mal wurde sie in kriegerische Auseinandersetzungen verwickelt, obwohl sie schon seit der Vorzeit besiedelt ist. Im Jahre 1658 fand man in der Nähe von Munke sechs aus Gold getriebene Schalen aus der Bronzezeit. Der merkwürdige Name der Insel kommt von dem alten Wort »Arre«, was nichts anderes als Hafer

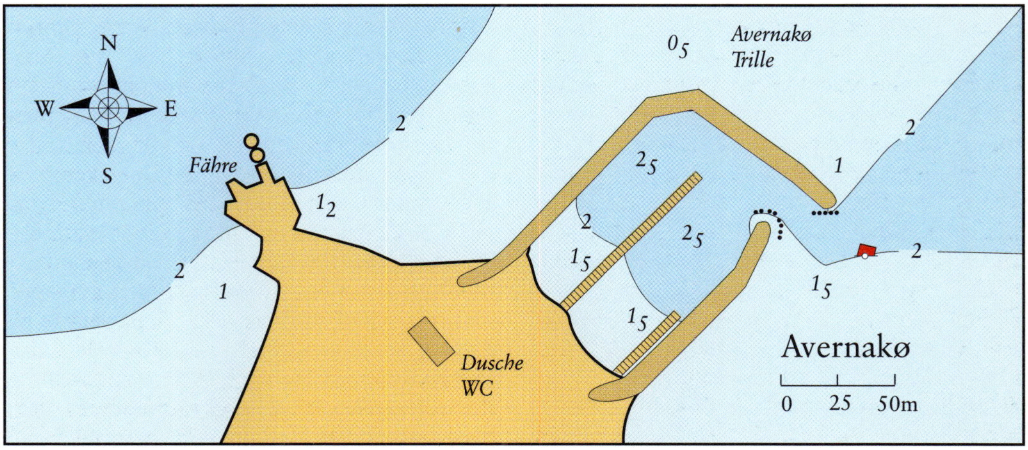

bedeutet und einen Hinweis darauf gibt, dass auf der Insel schon in früher Zeit Landwirtschaft betrieben wurde.

An der Nordwesthuk liegt sehr exponiert die

Avernakø Bro mit dem Yachthafen, der mit seinen 50 Liegeplätzen sehr guten Schutz bietet. Kommt man von Osten, so muss man auf den Stein *Avernakø Trille* achten (0,2 m), der dicht neben dem tiefen Wasser liegt. Die grüne Tonne **(WP 312)** davor passiert man, in welche Richtung man auch fährt, immer im Norden.

Versorgung: *Wasser- und Stromanschlüsse, WCs und Duschen.*

Wasserstand: Tidenhub 0,2 bis 0,5 m. Winde aus E können den Wasserstand um bis zu 1 m erhöhen, Winde aus SW ihn um bis zu 0,5 m senken (man beachte die Wassertiefe an der Ostseite der Brücke!).

Sehr viel einfacher ist das ebenfalls an der Nordseite der Insel, schon nahe ihrer Ostspitze gelegene

Korshavn. Von Deutschen noch kaum entdeckt, wird Korshavn viel von dänischen Seglern besucht, vor allem von Fåborgern, die am Wochenende mal schnell hierher segeln.

Liegeplatz und Versorgung: *Bester Platz, soweit die Wassertiefe ausreicht, innen an der Westmole **(B)**, zwischen Brücke und Pfahl. Sonst außen an der Nordmole **(A)**; die hohe Bretterwand hier ist nicht weiter hinderlich, da die Erbauer sinnvollerweise Öffnungen eingelassen haben. Schließlich außen an der Westmole **(C)**. Versorgung schlecht. Wasser und WC siehe Plan. Lebensmittel können am Hafen bei einem fahrenden Købmand bestellt werden. Bei entsprechendem Wetter kann man vor dem Hafen gut ankern (Grund vorwiegend Sand).*
Ansteuerung bei Nacht: *Nicht möglich, da keine Befeuerung.*

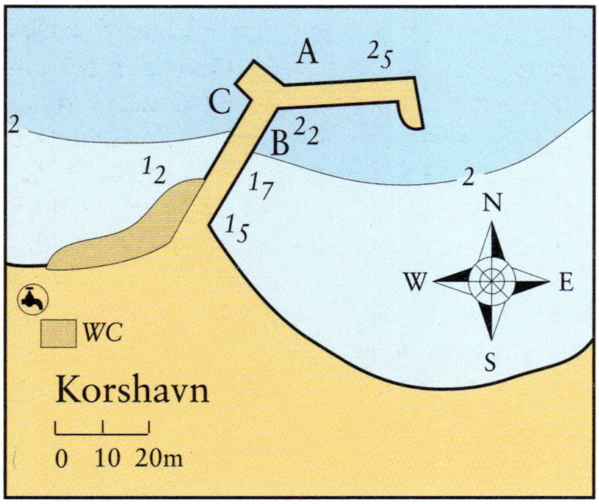

Wasserstand: Sturm (!) aus NE kann den Wasserstand um 1,2 m erhöhen, Sturm aus W ihn um 1,7 m (!) senken.

Das Beste von Avernakø, trotz Korshavn, sind seine Ankerplätze im Osten der Insel, südöstlich von Nakkeodde. Besonders der

Revkrog gilt von alters her als ganz vorzüglicher Naturhafen: eine von einer flachen, kieseligen Landzunge sichelförmig umschlossene Bucht (gelbe »DS« -Ankerbojen).
Trotzdem: Mir gefällt die namenlose Bucht nördlich davon, die sich bis Nakkeodde hinzieht, noch besser. Sie bietet mit ihrem fast senkrecht abfallenden Steilufer, über dem sich ein verwilderter, undurchdringlicher Wald erhebt, auch beträchtlich mehr Schutz.
Zwischen dem Revkrog und dieser namenlosen Bucht liegt

Mœrsk Møllers Havn, bei dem es sich angeblich um Dänemarks kleinsten Hafen handelt. Mœrsk Møller, der große Reeder und Schiffbauer aus Svendborg, hat sich hier ein Landhaus gebaut und einen kleinen Hafen gleich dazu. Der Hafen ist mehr oder minder versandet; schon deswegen und nicht nur weil er in Privatbesitz ist, darf man ihn nicht anlaufen. Das graue Haus darüber wird immer noch von der Familie Møller bewohnt.
Meine schon erwähnte Lieblingsbucht liegt nördlich davon. Sie ist eine spröde Schöne, und man tut gut daran, sich ihr mit Respekt zu nähern. Kommt man von Norden, so hat man auf das teilweise überspülte Steinriff zu achten, das sich von *Nakkeodde* aus ziemlich weit nach Osten erstreckt. Und in der schönen Bucht

selbst liegen ebenfalls große Findlinge, was jedoch kein Grund zur Besorgnis zu sein braucht, stellt man nur einen Mann als Ausguck in den Bugkorb; denn in dem klaren Wasser sind alle Hindernisse gut zu sehen.

Ebenfalls mit überraschenden Untiefen muss man zwischen dieser Bucht und dem Revkrog rechnen, etwa auf der Höhe von Mœrsk Møllers Havn. Vorsicht also, wechselt man von der einen zur anderen.

Wen ein Unwetter von hier vertreibt oder wer einfach wieder einmal in
einem richtigen Yachthafen liegen will, der braucht nur gut 3 sm nordwärts zu fahren, wo er am Ostufer des *Nakkebølle Fjords* den gemütlichen, wenn auch bescheidenen Hafen von

Fjællebroen findet. Der Fjord ist zum großen Teil untief. Um nach Fjællebroen zu gelangen, muss man sauber in der etwa 3 m tiefen Rinne fahren, am besten unter Motor, denn für Segelmanöver ist nirgendwo Platz, schon gar nicht im Hafen. Noch vor wenigen Jahren bot der kleine Fischerhafen ein trauriges Bild, als er einem unaufhaltsamen Verfall entgegenzugehen schien. Vor einiger Zeit aber ist er wieder in Schuss gebracht und zu einem kleinen ländlichen Bootshafen ausgebaut worden. Mit einem Tiefgang bis zu 2 m müsste man ihn immer anlaufen können, nicht jedoch bei Nacht, obwohl am Anfang des Tonnenstrichs zwei Leuchttonnen ausliegen. Die Anfahrt ist wegen der gegeneinander versetzten Tonnen schon bei Tag verzwickt. Bei schlechter Sicht sollte man es ganz lassen.

Gute Landmarken geben die weißen Werkstatthallen in Verbindung mit dem großen Windmotor ab.

Die unmittelbare Umgebung des Hafens mit der kleinen Fabrik ist nicht sonderlich bemerkenswert, sein Hinterland mit der Obstplantage und dem Nakkebølle Fjord dagegen schon mehr. Wer nicht viel Zeit hat, kann sich den Hafen schenken.

Liegeplatz und Versorgung: *Es hat keinen Sinn, in dem engen Hafen nach einer freien Box zu suchen. Man geht an die Pier bei der Tankstelle (große Boote immer) oder an den Kopf eines der Stege. Sonst wie üblich: grüne Schilder in den freien Boxen. 10-t-Slip,*

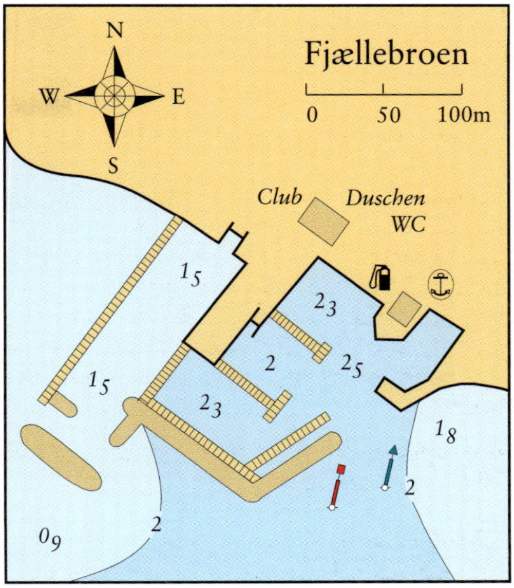

Mastenkran, Treibstoff, Toiletten und Duschen siehe Plan. Lebensmittel beim Kaufmann, etwa 100 m vom Hafen. Essen in »Fjællebroens Gastgiveri« ebenda.

Wasserstand: Tidenhub 0,3 m. Winde aus E können den Wasserstand um 1,2 m erhöhen, westliche Winde ihn um ebenfalls 1,2 m senken.

Der

Nakkebølle Fjord hat seinen Namen von dem etwa 2 km landeinwärts gelegenen Ort gleichen Namens. Früher reichte der Fjord bis dorthin; jetzt aber erinnern daran nur noch das sumpfige Gelände und ein kleiner See bei Nakkebølle, wo auf einer kleinen Insel ein Schlösschen aus dem 16. Jahrhundert steht. Ein lohnenswerter Spaziergang, genauso wie der zu dem 3 km entfernten Rittergut Rødkilde, das an der in den Fjord mündenden Hundstrup Å liegt, einem der ältesten Güter Fünens, das bis auf das 14. Jahrhundert zurückgeht. Als der Wasserstand im Nakkebølle Fjord noch höher war, war die Bucht vor dem großen Enemærket Skov ein gesuchter Winterliegeplatz für kleinere Segler.

Auf dem Weg nach Süden mit Kurs auf Ærø

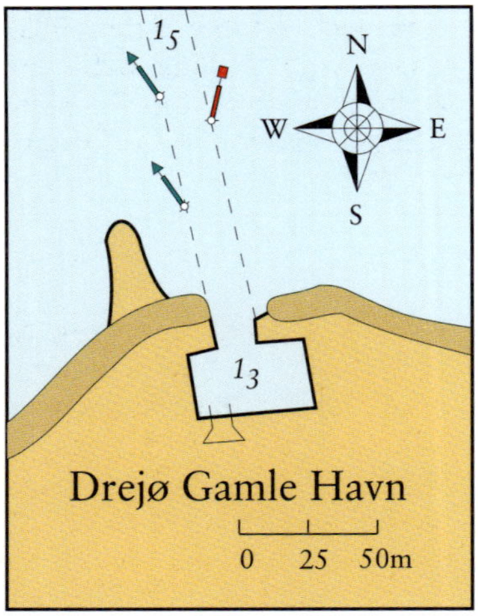

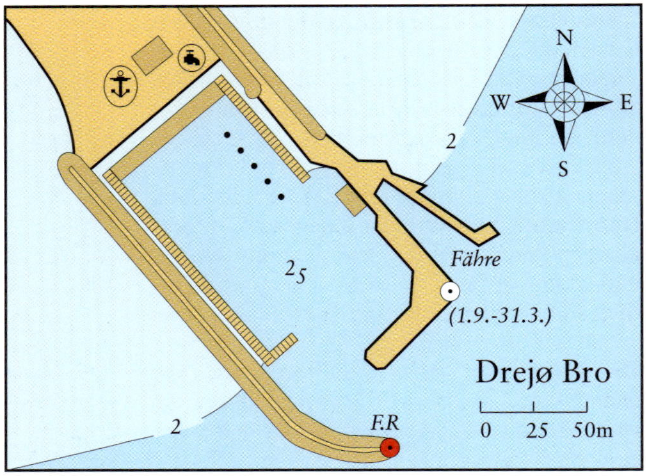

zu muss man über das große Flach zwischen den Inseln Avernakø und Drejø, über das dicht an der Ostspitze von Avernakø, nahe der Ankerbucht Revkrog, eine betonnte Passage mit einer Wassertiefe von gut 3 m führt. Die rote Tonne steht mehr im Norden, weiter im Süden, schon am Ende des Flachs, die grüne **(WP 338)**. Voraus hat man nun tiefes Wasser bis hin nach Ærø.

Wer aber ein Boot mit einem Tiefgang von nicht mehr als 1 m hat, der kann den idyllischen, allerdings auch winzigen Hafen von

Drejø anlaufen. Er liegt am Nordufer der flachen Insel, und deshalb muss man ihn vom Nakkebølle Fjord kommend sehr viel früher ansteuern. Am besten liegt man zuerst die grüne Tonne **(WP 339)** an der Nordwestkante des Flæksholm Flaks an. Von da sollte man etwa 1 sm exakt Kurs E laufen; dann kann man auf Kurs SSE gehen und auf die Kirche von Drejø zuhalten. Man kommt damit an den Anfang der »Pappelallee« , die einen auf wenig Wasser, aber dank der vielen grünen Spieren an Steuerbord sicher in den Hafen führt – immer vorausgesetzt, der Tiefgang des Bootes beträgt nicht mehr als 1 m, bestenfalls.
Die Insel Drejø liegt ziemlich zentral auf dem großen Flach zwischen Avernakø im Westen, Tåsinge im Osten und dem östlichen Ærø im Süden. Sie hat zwei Anlegemöglichkeiten: den Winzling am Nordufer (Drejø Gamle Havn) und einen richtigen Yachthafen an ihrer Südostseite (Drejø Bro), den man auch mit einem größeren Tiefgang ansteuern kann.

Liegeplatz und Versorgung im Drejø Gamle Havn: *Im Hafen wird man maximal 1,3 m Wassertiefe vorfinden. In einem Haus in der Nähe Wasser, Duschen und WC. Platz für 15 Boote. Lebensmittel in sehr beschränkter Auswahl in Drejø By.*

Wasserstand: Tidenhub 0,3 m. Winde aus E können den Wasserstand um 1,5 m erhöhen, südwestliche Winde ihn um ebenfalls 1,5 m senken, was bedeutet, dass der Hafen trockenfällt und damit auch die Rinne, die zu ihm hinführt.

Die Hauptinsel Drejø ist mit der Nachbarinsel Skoven im Westen durch die schmale Landbrücke *Drejet* verbunden. Die ganze Insel ist sehr flach, Deiche müssen das fruchtbare Land gegen die See schützen. Nur an der Westseite von Skoven steigt das Land etwas an, um steil zum Wasser hin abzubrechen. Der größere Teil der Insel ist kultiviert. Daneben gibt es Moore, Schilffelder und nur ganz wenige Bäume, Silberpappeln zumeist. Man kann sich schwer vorstellen, dass in dem kleinen Hafen früher einmal seegehende Schiffe lagen, die die Landprodukte bis hinauf zum norwegischen Sørland brachten. Heute lebt auf der Insel nur noch eine Handvoll

Menschen, und wie man so hört, soll die Zahl der Bewohner immer weiter zurückgehen. Wahrscheinlich ist es den meisten hier zu einsam. Wer etwas erleben will, der muss mit dem Fährboot hinüber nach Svendborg fahren.

Yachten, die wegen ihres großen Tiefgangs den Hafen am Nordufer nicht aufsuchen können, ist es möglich, die Insel trotzdem anzulaufen, und zwar, indem sie den neuen, an ihrer Südosthuk gelegenen Yachthafen

Drejø Bro ansteuern. Das geht mit einem Tiefgang bis zu 2 m sehr gut. Der neue Bootshafen ist an der alten Fährbrücke einfach angebaut worden. Im gut geschützten Becken finden 35 Boote Platz. Am Ende des Hafendamms hat Hafenmeister sein Kontor. Dort auch WCs und Duschen.

Wasserstand: Tidenhub 0,5 m. Winde aus N erhöhen den Wasserstand um bis zu 1 m, Winde aus S senken ihn um ebenfalls bis zu 1 m.

Die große Insel

Ærø liegt wie ein schützender Wall vor der »dänischen Südsee« und hält das rauhere Wasser der Ostsee und des Kleinen Belts von ihr fern. Sie zieht sich von NW nach SE auf einer Länge von 25 km hin. 9000 Menschen leben hier, trotz des Tourismus immer noch zum größten Teil von der Landwirtschaft, die jedes Fleckchen der Insel ausnutzt. Wälder gibt es kaum mehr, nur noch die typischen Schutzhecken zwischen den Feldern. Ursprünglich waren es – wie so oft hier im Archipel – zwei Inseln: Das flache Skovland im Osten, dort, wo auch die Stadt Marstal liegt, war einst von der Hauptinsel durch einen Sund getrennt. Als sich in der Steinzeit das Land hob, wurde aus dem Sund ein Sumpf, das Gråsten Nor, das später von den Bauern trockengelegt und kultiviert wurde. Im Süden der Insel gibt es – bis auf die niedrige Küste von Skovland – fast durchgängig steil abfallende gelbe Kliffe, die Ærø sein unverwechselbares Aussehen geben. Nirgendwo an dieser Südküste findet man eine Bucht oder wenigstens einen geschützten Ankerplatz. Die befinden sich alle an der Nordseite der Insel, wo auch die drei Hafenstädte von Ærø liegen: das geschäftige Søby im Westen, der märchenhafte Hauptort Ærøskøbing in der Mitte und Marstal, die alte Seglerstadt, im Osten.

Das erste, was man von

Søby ausmachen kann, ist neben der hoch oben stehenden Windmühle das grauweiße Kornsilo im Osten des Hafens; später erkennt man dann etwas westlich davon eine merkwürdige, halbrunde, gelbliche Halle: die Werft von Søby. Mit einem Kurs zwischen 155 und 225° kann man ohne Probleme auf Søby zulaufen. Keine Untiefen, nur muss man zu beiden Seiten des Hafens mit Grundstellnetzen und anderen Fischereigeräten rechnen. Der 4 m hohe, weiße Leuchtturm (Iso.WR.2s) steht auf dem Kopf der Ostmole. Bevor man einläuft, sollte man Ausschau nach den Fähren halten. Sie legen rückwärts an und kommen, um manövrierfähig zu bleiben, mit ziemlichem Speed durch die schmale Einfahrt gedampft. Bei Starkwind setzt Strom von spürbarer Stärke quer zur Einfahrt: bei Winden aus NE bis SE südwärts, bei Winden aus SW bis W nordwärts. Selbst »Butterdampfer« schaffen es bei Starkwind manchmal nicht, in den Hafen zu gelangen!

Dennoch ist Søby – auch nachts – ein leicht anzulaufender Hafen, der für ein Boot mit einem Tiefgang bis zu 3 m keine unlösbaren Probleme parat hält. Die früher so leidigen Liegeplatzprobleme gibt es nicht mehr. Seit der neue Yachthafen fertig ist, findet man hier immer ein Unterkommen. Der Hafen liegt in Lee für Winde aus S, W und E. Nordwind, aber erst ab Bft 6, bringt einige Unruhe auch in den inneren Hafen.

Søby, die »Seestadt«, ist der jüngste Hafenplatz nach Ærøskøbing und Marstal. Als diese schon eine sehr lange Seefahrtstradition hatten, war Søby nicht mehr als ein Dorf. Seinen Hafen bekam es gar erst 1897. Das Städtchen mit den 1000 Einwohnern liegt recht hübsch und vor allem geschützt hinter den Hügeln am Nordufer. Ansonsten lässt es sich nicht mit Marstal oder Ærøskøbing vergleichen. Sehenswürdigkeiten, die damit wetteifern könnten, hat es keine. Søby lebt von seiner Werft und der

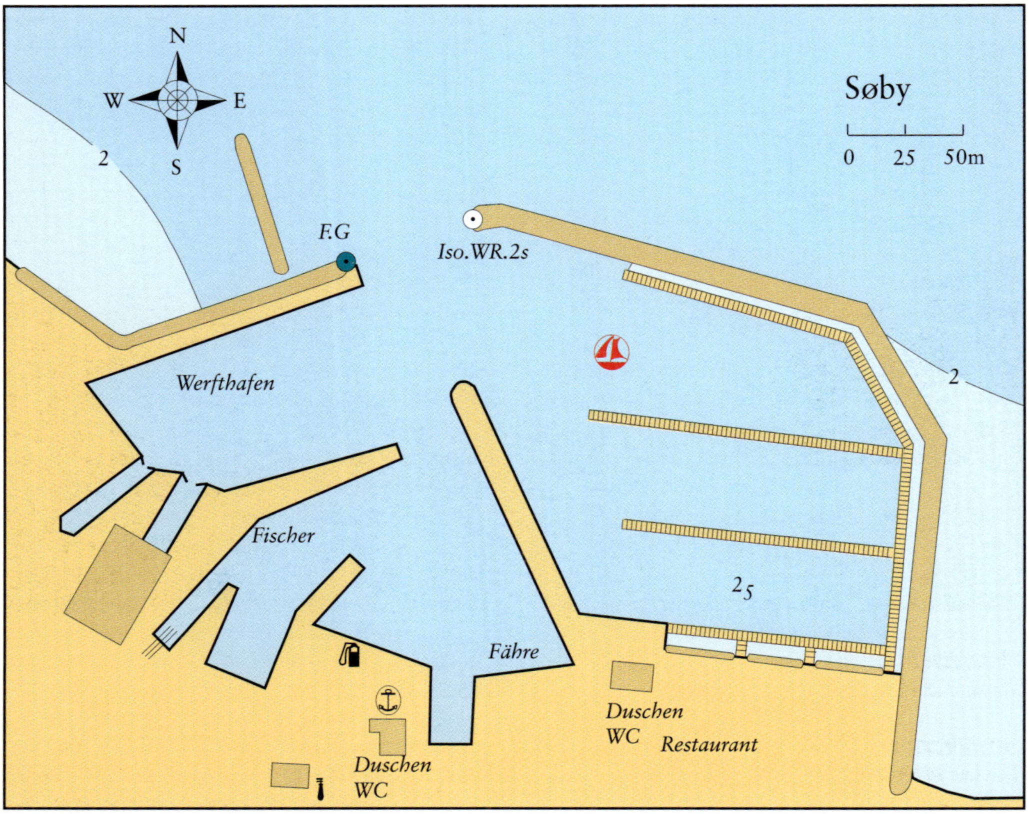

Maschinenfabrik, seiner Kutterflotte und dem Fährbetrieb.

Wenn man Lust hat, kann man zu der ein Stündchen entfernt gelegenen Søby-Mühle wandern, die südöstlich von hier auf einem 50 m hohen Hügel steht: Von dort oben hat man einen weiten Blick auf Ostsee und Kleinen Belt und nach Norden auf den Archipel der »dänischen Südsee«.

Etwas südlich der Mühle macht man einen merkwürdig geformten Hügel aus, der sich bei näherer Betrachtung als Rest einer mittelalterlichen Festung erweist; unterhalb dieses Hügels zieht sich zum Westufer von Ærø ein flaches sumpfiges Land hin: Vitsø. Es war einst eine mit Wasser gefüllte Bucht und so tief, dass Schiffe bis zur Burg laufen konnten. Unterhalb des Hügels steht in einem Wald mächtiger Bäume ein verfallenes, unheimlich wirkendes Schloss, einst Sitz der Herzöge von Schleswig: der Søbygård.

Liegeplatz und Versorgung: *Man sollte gleich in den neuen Yachthafen fahren, der auf 2,5 bis 3,5 m Wassertiefe Plätze für gut 200 Boote hat. Aufpassen muss man auf den ziemlich großen Versorger (Coaster), der hier auch festmacht und beim Ablegen in der Einfahrt dreht, wobei er sie ganz versperrt. Am alten Hafen Wasser, Treibstoff, Schiffszubehör, 150-t-Helling und 34-t-Kran. Reparaturen von der Werft, dazu noch am Fischerhafen eine Motorenwerkstatt. Lebensmittel in einem Supermarkt, ebenfalls am Hafen. Saubere Duschen und WC. Im Yachthafen Wasser an den Stegen, Tankstelle sowie WC und Duschen (beim Restaurant).*

Wasserstand: Tidenhub 0,1 m. Wind aus E und NE kann den Wasserstand um 1,4 m erhöhen, Winde aus W, SW, oder S können ihn um ebenfalls 1,4 m senken.

Ærøskøbing.
Kurz vor dem Hafen.

Ansteuerung bei Nacht: *Das ist hier, in diesem Revier, einmal ausnahmsweise sehr leicht. Das stärkste Feuer steht 2,5 sm nordwestlich von Søby auf der NW-Huk der Insel: der Leuchtturm Skjoldnæs, ein 22 m hoher, runder Turm aus grauem Granit (LFl.30s) mit Nebelschallsender (N-S.(1)60s). Auf dem Kopf der Ostmole des Hafens brennt in einem weißen, 4 m hohen sechseckigen Turm ein Sektorenfeuer (Iso.WR. 2s). Am Kopf der Westmole F. G. Der Leuchtturm am Hafen hat auch einen Nebelschallsender (N-S.(2)60s), der allerdings nur eingeschaltet ist, wenn eine Fähre oder ein anderes Schiff erwartet wird.*

Ankerplätze: *Man kann nordwestlich oder nordöstlich vom Hafen ankern. Der Landgrund ist jedoch ziemlich schmal, zudem muss man auf Netze achten. Lee bei Winden aus W und S, aber bei West wird eine unangenehme Welle aus dem Kleinen Belt bis hierher laufen – also nur bedingt zu empfehlen.*
Einen guten, wenn nicht sogar hervorragenden Ankerplatz findet man in der 5 sm weiter östlich gelegenen Bucht Revkrog (nicht zu verwechseln mit dem gleichnamigen, doch unvergleichlichen Revkrog von Avernakø) . Hier liegt man – bis auf Winde aus W – gut geschützt. Bei West rollen die Wellen aus dem Kleinen Belt bis hierher. Grund in der Bucht Sand, zum Teil Lehm und, dichter am Ufer, auch Steine.

Nach

Ærøskøbing, dem Hauptort der Insel, ist es von der Bucht Revkrog aus nur noch ein Katzensprung. Man segelt um die bizarre Halbinsel *Urehoved* herum und sieht dann schon voraus im Süden zwischen dem Grün der Bäume und Hügel die roten Dächer hervorlugen. Die Ansteuerung verläuft von Nord nach Süd durch eine betonnte, 3,8 m tiefe natürliche Rinne, das *Møllegab.* Von der rot-weißen Mitte-Schifffahrtsweg-Tonne **(WP 344)** aus ist es nicht mehr als 1 sm bis zur Hafeneinfahrt. Man hat theoretisch die Wahl zwischen dem Handelshafen und dem neuen Yachthafen, praktisch aber wird man in den Urlaubswochen froh sein, wenn man in dem hoffnungslos vollen Ærøskøbing überhaupt irgendwo einen Platz findet. Der Bezeichnungen für dieses kleine Juwel gibt es viele: Märchenstadt, Rosenstadt, Spielzeugstadt und was sich die Fremdenverkehrsexperten sonst noch so ausgedacht haben mögen – und alles stimmt. Man kann sich in das Jahrhundert Hans-Christian Andersens zurückversetzt fühlen, wenn man durch die Gassen mit dem Kopfsteinpflaster und den kleinen bunt angemalten Fachwerkhäusern schlendert, die zumeist so geduckt sind, dass man mit der Hand die Dachrinne greifen kann. Ærøskøbing ist schon ein kleines Wunder.

Liegeplatz und Versorgung: *Liegeplatz entweder im Handelshafen oder im Yachthafen. Gemütlicher ist ohne Frage der Handelshafen. Sowohl hier wie dort optimale Versorgung. Werft mit 450-t-Slip und 6-t-Kran. Servicekai mit Tankstelle vor dem Hafenkontor. Der Hafenmeister kann auf den UKW-Kanälen 16, 12 und 13 angerufen werden.*

Ankerplätze: *Wer in einem der Häfen nicht unterkommt, braucht auf einen Besuch des Städtchens keineswegs zu verzichten, sofern er ein Dingi mitführt. Es gibt dicht vor dem Hafen viele Ankerplätze, wo man zuzeiten auch sehr viel angenehmer liegt als in den überfüllten Häfen selbst. Zunächst aber gilt es, ein Ankerverbotsgebiet zu beachten: Es wird begrenzt von der Linie Kopf der Ostmole Handelshafen zur Insel Drejø, nach Westen zu auf Bjærgene auf der Halbinsel Urehoved, von dort zurück zum Fähranleger.*
Ansonsten kann man sich einen Platz zwischen Urehoved und dem Ostufer des Klov Fjords suchen (Wassertiefen s. Seekarte), wobei man im Klov Fjord noch auf ein Kabel zu achten hat, das hinüber nach Birkholm führt. Grund Schlamm und Lehm, auch Tang kommt vor. Bei aufbrisendem Wind allerdings unruhig. Wer einen optimal geschützten Platz sucht, der sollte in die Bucht Kløven fahren, allerdings nur, wenn der Tiefgang nicht mehr als 1,6 m beträgt. Man bleibt in der schmalen Bucht frei von allen Untiefen, wenn man die Ommel Kirke

Ærøskøbing.
So leer ist der Handelshafen nur außerhalb der Saison.

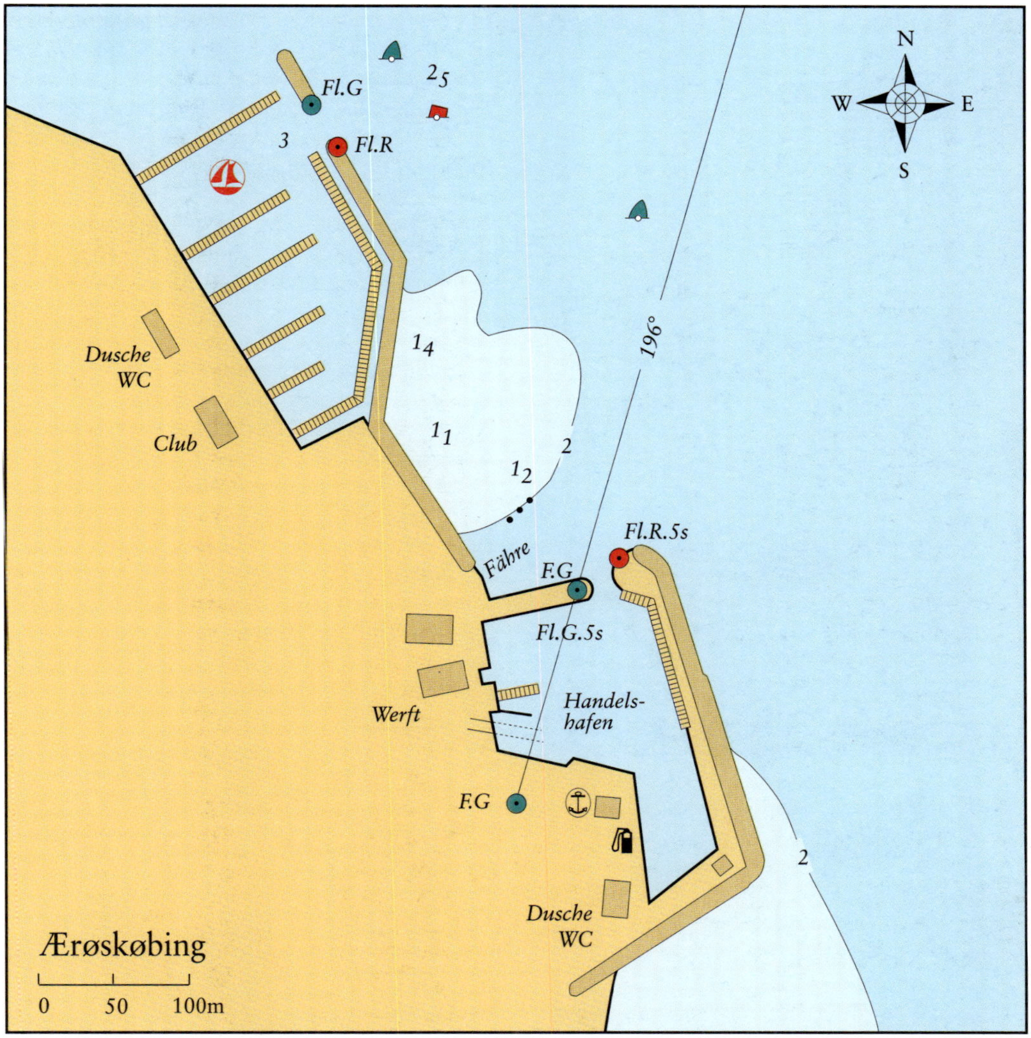

in Peilung hat mit der Marstal Mølle. Am Ostufer der Bucht gibt es einen winzigen Bootshafen mit Wassertiefen von maximal 1 m.

Wasserstand: Tidenhub 0,1 m. Winde zwischen E und SE können den Wasserstand um bis zu 2,5 m (!) erhöhen, Sturm aus E bis SE um bis zu 2 m erhöhen, Sturm aus SW bis W ihn um 2 m senken.

Einheimische Segler steuern das

Mørkedyb quer über das *Egholm Flak* an, aber darauf sollte man sich als Revierfremder nicht einlassen. Von Ærøskøbing aus geht es zunächst auf die schwarz-gelbe Tonne *Egholm Flak* **(WP 336)** zu und von da weiter auf die rot-weiße Mitte-Schifffahrtsweg-Tonne **(WP 332)** vor dem Mørkedyb. Das Mørkedyb ist eine 4 sm lange, gut befahrbare, natürliche Rinne. Die Wassertiefe nimmt von N nach SE beständig ab, beträgt am südöstlichen Ausgang jedoch immer noch gut 2 m. Die Rinne ist betonnt, aber auch sehr schmal mit einem steil ansteigenden Landgrund – zum Kreuzen ganz sicher zu eng, so dass man zuzeiten nicht umhin kann, unter Motor zu laufen. Die Tonnen stehen stellenweise weit auseinander, sind auch zum

Ærøskøbing.
Die Märchenstadt.

Teil etwas mickrig, so dass man aufmerksam steuern muss, um nicht unversehens auf den steinigen Grund zu laufen.

Strom: Er setzt ziemlich beständig, wenn auch mit einer Geschwindigkeit von nicht mehr als 1 kn. Bei Starkwind erreicht er jedoch bis 4 kn. Er folgt dann überwiegend dem Wind, läuft jedoch erfreulicherweise in der Richtung der Rinne.

Wer Lust hat, mag das Mørkedyb bald verlassen und den Hafen der flachen Insel

Birkholm ansteuern. Obwohl ausgebaut, ist er immer noch recht klein, und obwohl es so gut wie keine Versorgungsmöglichkeiten gibt, im Sommer von Yachten gern besucht – eine Einöde nahe am Fahrwasser. Mit einem Tiefgang von nicht mehr als 1,8 m ist der Hafen ohne Schwierigkeiten anzulaufen. Vom Mørkedyb aus führt eine auf 2 m ausgebaggerte, etwa 10 m breite Rinne dorthin. Am Hafen stehen zwei Lichtmasten. Wenn man die in Peilung 029° hat, kommt man sicher vor die Einfahrt. Sie ermöglichen – theoretisch – auch ein Anlaufen bei Nacht, obwohl der Hafen selbst nicht befeuert ist. Nach einer längeren Starkwindperiode kann die Rinne versandet sein; erfahrungsgemäß sollte man sie nur unter Motor befahren und dabei eifrig das Lot benutzen.

Liegeplatz und Versorgung: *Man macht an der Westseite, im neuen Teil des Hafens, zwischen Pfahl und Steg fest. Der Hafen liegt in Lee für Winde aus N bis E, aber selbst bei Winden aus SW bis W wird man in dem kleinen Becken noch ruhig liegen. Wasser kann man sich von einem Haus im Dorf holen, und beim Postboot, das im Sommer von Marstal herübergetuckert kommt, lassen sich Lebensmittel bestellen. Zwei Holzhütten dienen als Toiletten. Fische kann man vom Kutter kaufen, dessen Kapitän gleichzeitig als »Hafenmeister« amtiert.*

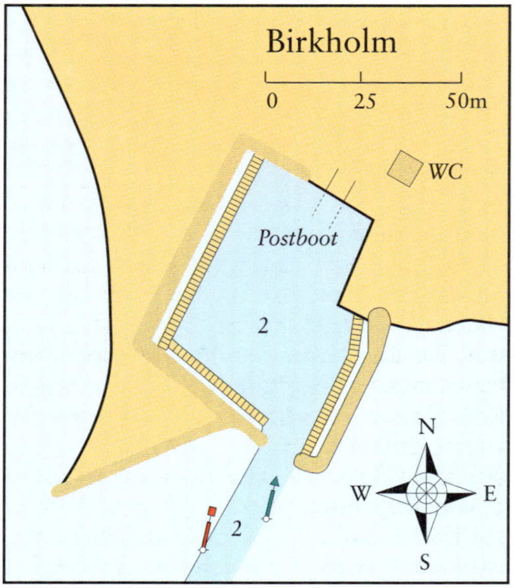

Wasserstand: Tidenhub 1 m. Winde aus NE können den Wasserstand um 1 m erhöhen, Winde aus SW ihn um ebenfalls 1 m senken.

Die flache, waldlose Insel ist an mehreren Stellen mit Deichen gegen die See geschützt. Nur noch ganz wenige Menschen leben dauerhaft hier; früher waren es mehr, aber viele verlassen diese einsame Bauerninsel, um anderswo ein leichteres Leben zu haben. Die meisten Häuser sind nur noch zur Ferienzeit bewohnt. Sie drängen sich in der Mitte der Insel zusammen, eingefriedet von Büschen. Der höchste Punkt der Insel, Hyldsbakke, liegt nicht mehr als 2,5 m über dem Meeresspiegel.

Wir fahren weiter mit Kurs SE durch das Mørkedyb, das auf der Höhe der gelb-schwarzen Tonne *Grenshage* endet; hier findet auch der Seitenwechsel der Betonnung statt. Knapp 1 sm voraus sieht man die rot-weiße Mitte-Schifffahrtsweg-Tonne **(WP 342)**, die ums Eck herum nach

Marstal führt, dessen hohe, filigrane Werftkräne man schon lange vorher über das flache Land emporragen sieht. Die Rinne zum Hafen hat 3,6 m Wassertiefe, ist gut betonnt und auch befeuert.
Kein Segler, der seinen Kurs nach Dänemark absetzt, sollte die Schifferstadt Marstal auslassen. Zwar ist die Zeit der berühmten Marstalschoner längst vorbei, aber immer noch strahlt der Ort die Atmosphäre jener Tage aus, als »Männer aus Stahl auf Schiffen aus Holz« die Weltmeere befuhren.
Den Hafen von Marstal wird man als etwas merkwürdig empfinden: ein langer Schlauch, der gegen Osten mit einer schier endlosen Steinmauer geschützt ist. Vielleicht ist der Hafen nur deshalb in dieser Form entstanden, weil ihn die Bürger von Marstal ganz allein bauen mussten: Nachdem sie 40 Jahre lang in Kopenhagen vergebens vorstellig geworden waren, griffen sie zur Selbsthilfe und bauten sich ihren Hafen im Jahre 1825 allein. Nun ist er allerdings etwas unglücklich geraten, denn zur Hälfte, und zwar in seiner ganzen Länge, ist er untief, so dass man sich schwer vorstellen kann, wie früher die Segler, die manchmal zu Hunderten hier lagen, überhaupt manövrieren konnten.
So merkwürdig wie der Hafen ist auch die Entstehungsgeschichte der Stadt, die an einer für eine Hafenstadt doch wenig günstigen Stelle liegt. Als 1625 eine verheerende Sturmflut, ähnlich der von 1872, über die dänischen Inseln hinwegrollte, wurde ein Ort auf Møn namens Bronnehoge, den es heute nicht mehr gibt, besonders betroffen. Die meisten Häuser wurden weggeschwemmt, der Hafen zugespült. Bronnehoge, das etwa dort lag, wo sich heute südlich von Møns Klint das Bjelkes Flak erstreckt, hatte keine Zukunft, nachdem sein Hafen nicht mehr angelaufen werden konnte. Die Überlebenden zerstreuten sich in alle Winde; einen Teil von ihnen verschlug es hierher an die Ostspitze von Ærø, wo sie das fortsetzten, womit sie in Bronnehoge aufgehört hatten: Schiffe zu bauen und mit ihnen zur See zu fahren.
Marstal hatte seine größte Zeit um die Jahrhundertwende. Von den 5000 Menschen fuhr ein Drittel zur See. 414 Segler, zumeist Dreimastschoner und Barkentinen, hatten hier ihren Heimathafen. Ihre Gesamttonnage betrug wie

Marstal.
Der Kalkofen, das Wahrzeichen der Stadt.

auch heute noch 80000 t, aber jetzt bringen dies 50 Schiffe.
Als der Erste Weltkrieg ausbrach, war das der Anfang vom Ende der Seglerherrlichkeit. An die 130 Schiffe aus Marstal gingen verloren, und dies, obwohl Dänemark neutral geblieben war – sie waren das Opfer von Minen und Torpedos, die auch Schiffe unter neutraler Flagge trafen, nachdem die Kaiserliche Marine den uneingeschränkten U-Boot-Krieg erklärt hatte. Trotz der schweren Verluste lag der

Marstal.

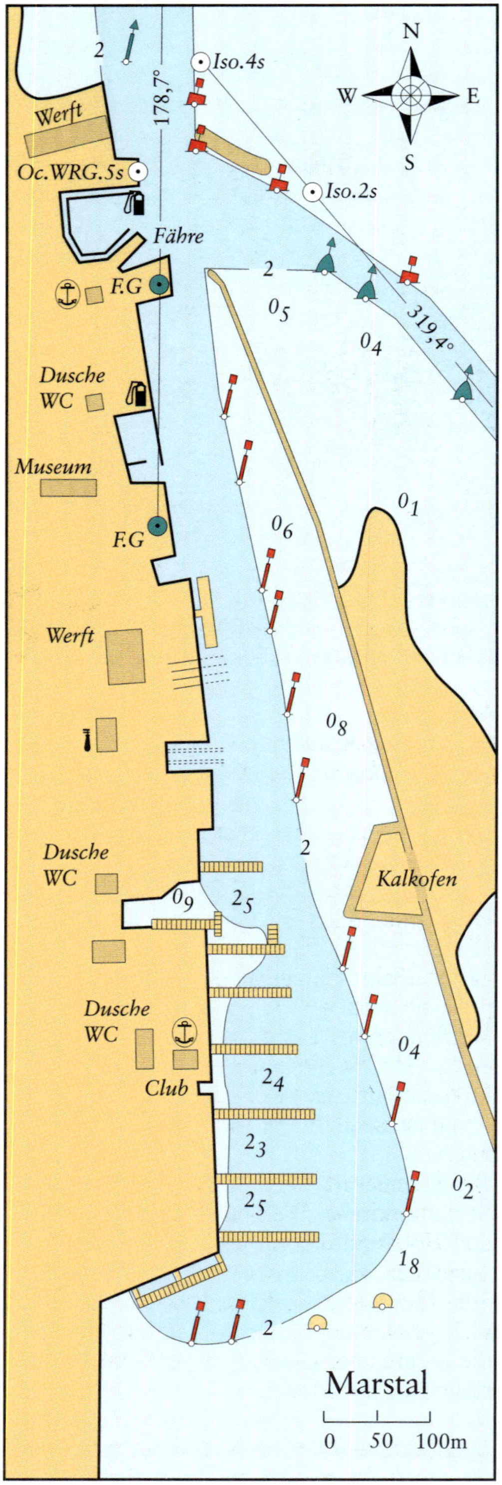

Hafen von Marstal bei Kriegsende voller prächtiger Segelschiffe, die aber nun zumeist vergebens auf Beschäftigung warteten: Die Zeit der Segler näherte sich ihrem Ende, obwohl noch in den dreißiger Jahren Marstalschoner von Neufundland aus Fische ins Mittelmeer fuhren, und zwar allein unter Segel. Sie hatten deshalb keine Maschine, damit der Fang nicht etwa Ölgeruch annehmen konnte.
Das Seefahrtsmuseum von Marstal bewahrt die Zeugnisse jener Vergangenheit in einer verschwenderischen Fülle auf, ob es nun alte Logbücher sind oder Seekarten, ob nautische Instrumente, Schiffbauzeichnungen oder Kapitänsbilder – das alles liegt hier zuhauf wie in einer Schatzkammer. Bisher hat offensichtlich noch niemand die Zeit gefunden, diese Schätze zu ordnen, sodass man wie beim Trödler stundenlang darin stöbern kann. Es gibt so viele prächtige Stücke, dass Marstal eines der besten Seefahrtsmuseen der Welt haben könnte – aber vielleicht ist es auch gut, wenn man alles so lässt, wie es ist. Schiffsmodelle findet man auch anderswo, aber selten so viel Dokumentarisches wie hier in Marstal.

Marstal.
Segler müssen sich mit den großen Schiffen arrangieren. Im Hintergrund die Hafenmauer, die diesen merkwürdigen Hafen schützt.

Anders als Ærøskøbing ist Marstal eine nüchterne Stadt, nicht schön, aber interessant; hier hatten die Leute keine Zeit für Schnörkel und Ornamente. Wie sollten sie auch? Sie hatten alle Hände voll zu tun, um ihre Schiffe für die nächste Fahrt klarzumachen. Auch heute noch prägt die Seefahrt die Stadt. Man sieht es an den Werften, an der Motorenfabrik, die in der Art eines Handwerksbetriebes unverwüstliche Motoren baut, und auch am Hafen, der keine Idylle ist, sondern ein Ding, das funktionieren muss.
Bemerkenswert die Kirche der Stadt, eine Seefahrerkirche. Die Schiffer brachten Steine und Holz und bauten selbst den 35 m hohen Turm, der mit der nachts beleuchteten Uhr als Schifffahrtszeichen diente. Im Inneren gibt es viele genaue Kopien von Marstal-Schiffen. Für die Figuren der Apostel am Altar saßen Marstaler Schiffer Modell.

Liegeplatz und Versorgung: *Gastyachten fahren durch das Becken, ganz nach Süden; dort sind drei Stege für sie reserviert. Man liegt zwischen Steg und Pfahl. Wer hier keinen Platz findet, darf für kurze Zeit an dem Kai rechter Hand von der Hafeneinfahrt festmachen. Wer im Hafen überhaupt nicht unterkommt, kann sich draußen auf Marstal Red einen Platz zum Ankern suchen (Grund Sand). Versorgung hervorragend. Besonders bei Ebbes Bådebyggeri (Werft), direkt an der Hafeneinfahrt. Hafenamt UKW-Kanäle 16 und 71.*

Wasserstand: Tidenhub 0,5 m. Sturm zwischen NE und E kann den Wasserstand um 1,2 m erhöhen, Sturm aus SE bis SW ihn um ebenfalls 1,2 m senken.

Strom: In der Einfahrt kann bei viel Wind ein starker Strom stehen. Im Marstal Søndre Løb können sogar Stromstärken von 3 bis 4 kn auftreten: Bei südlichen bis westlichen Winden setzt dieser Strom südwärts, bei östlichen nordwärts.

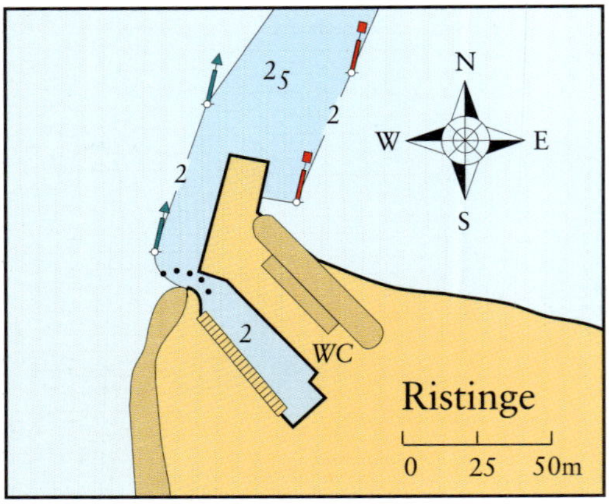

Wer Lust und auch viel Zeit hat, kann dem winzigen Hafen

Ristinge, der auf Langeland liegt, einen Besuch abstatten. Man läuft von der rot-weißen Mitte-Schifffahrtsweg-Tonne *Marstal* **(WP 342)** aus mit Kurs SE auf die gut 3 sm entfernte Rinne zu, die in den Hafen hineinführt (200°). Problem: Der Kurs führt hart an einem 0,5-m-Flach vorbei; besser etwas nordwärts halten. Am Beginn der betonnten Rinne steht eine rot-weiße Tonne. Mit einem Tiefgang bis zu 2 m kann man die gut markierte Rinne ohne Risiko befahren und den Hafen anlaufen; mit mehr jedoch besser nicht, weil immer wieder Versandungen auftreten.
Der kleine Hafen und das gleichnamige Dorf liegen inmitten einer eigenartigen Natur, eigentlich auf einer Insel, denn das *Ristinge Nor* war ursprünglich ein Sund, der Ristinge von Langeland trennte, bis das Land sich wie überall hier in der Gegend hob und aus dem Sund ein Moor wurde. Im Westen steigt das Land sogar bis auf eine Höhe von 30 m an, um nach Südwesten zur Marstal Bugt steil abzufallen. Die Hügel sind mit Büschen und Heidekraut bewachsen. Schmale Pfade führen zum Ristinge Klint, das unter Naturschutz steht und von dem aus man einen weiten Blick über die Ostsee hat. Ein eigenartiger, verwunschener Platz.
Vom Hügel aus sieht man, wie sich das *Ristinge Løb* zwischen *Ristinge Hale* und dem Inselchen *Storeholm* hindurchzwängt. Es hat bis zu 5 m Wassertiefe, aber an den Barren stehen nur noch 0,5 m, und deshalb ist es auch nicht zu befahren.

Liegeplatz und Versorgung: *Im Hafenbecken ist es zu eng, es ist auch meist dicht belegt. Am besten liegt man außen, an der Ostseite der Brücke. Das tiefe Wasser ist mit zwei roten Spieren markiert. Am Hafen Treibstoff, Wasser, Toiletten. Lebensmittel im Ort, 500 m weit weg. An der Ostseeküste hinter Ristinge ein guter Badestrand, ca. 15 Minuten zu gehen.*

Wasserstand: Tidenhub 0,3 m. Winde aus NE bis N können den Wasserstand um 1,5 m erhöhen, Winde aus SE bis SW ihn um ebenfalls 1,5 m senken.

Läuft man von Ristinge – das man nicht unbedingt besuchen muss – am Ufer von Langeland nordwärts, so stößt man bald auf das

Lindelse Nor, eine fast 2 sm weit ins Land einschneidende Bucht mit mehreren kleinen Inseln. Weil nicht betonnt, ist sie unter Seglern eher berüchtigt, und zumeist wird sie nur von Einheimischen angesteuert, die sich dort einen Ankerplatz suchen. Die Bucht weist viele Untiefen und Steine auf, das ist schon richtig, hat aber doch auch zahlreiche Ankerplätze in einer eigenartigen, herben Landschaft. Gäbe es das gewaltige Betonsilo nicht, wäre es eines der schönsten Fleckchen in diesem Revier, das übrigens unter Naturschutz steht. Duckdalben und Pfähle erinnern an die Zeit, als sich hier der Winterliegeplatz für die Schiffe aus Rudkøbing befand.
Sofern der Tiefgang des Bootes nicht größer als 1,5 m ist, kommt man ziemlich gefahrlos weit in die Bucht hinein, wenn man sich an den folgenden Peilungen orientiert: Die Linie A auf dem Plan führt einen an allen Untiefen vorbei bis nahe zum Ostufer; man findet sie, wenn man die Kirche von Fuglsbølle in 078° peilt. Man läuft auf diesem Kurs bis kurz vor das Steilufer von *Højklint*, und zwar bis man die Westkante des Inselchens *Eskildsø* genau in Süd peilt. Dann geht es mit Kurs S (Linie B) weiter, etwa 0,3 sm. Danach vor *Eskildsø* auf die Linie C = Peilung *Store Vejlebjerg* frei von *Kullebanke* (etwa 220°). Kurs gut 0,5 sm beibehalten. Östlich der bewohnten Insel *Langø*

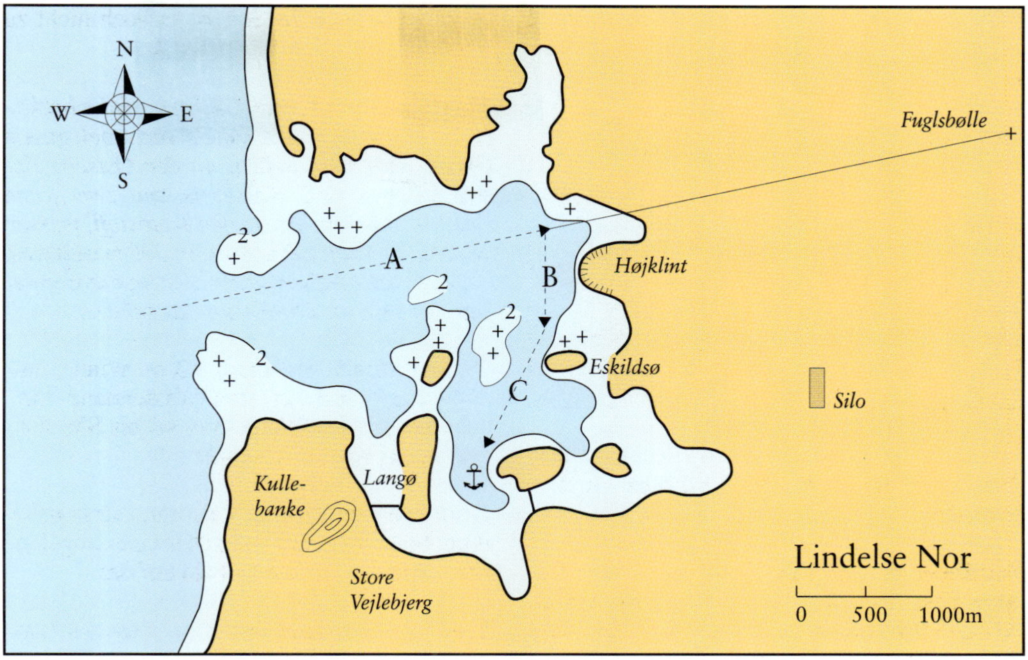

kann man auf gut 2 m Wassertiefe ankern. Man liegt hier absolut ruhig in einer verzauberten einsamen Landschaft unter den typischen grünen Hügeln Langelands.
Ein verzwickter Kurs, der zu fahren ist, aber hohe Konzentration verlangt!
Bei Starkwind aus SW bis NW wird man freilich Schwierigkeiten haben, gegen Wind und Strom aus der Bucht wieder herauszukommen, auch mit einer starken Maschine.
Man verlässt das Lindelse Nor auf der Linie A, also aussteuernd etwa 260°, und lotet fleißig, bis man wieder 3 m Wasser unter dem Kiel hat. Dann kann man die gegenüberliegende Insel

Strynø ansteuern, eine der fruchtbarsten des Landes. Ihre Anlegebrücke, die Grevenbro, die an ihrem Kopf ein kleines Becken hat, liegt gut sichtbar an der Ostküste. Strynø lässt sich mit einem Tiefgang bis zu 1,8 m ziemlich problemlos anlaufen. Lediglich auf die Fähren sollte man achtgeben, auch auf Fischernetze, die beiderseits der Brücke ausliegen, und unter Umständen noch auf den Strom, der immer quer zur Einfahrt setzt: Winde aus NW bewirken südlaufenden Strom, Winde aus NE nordlaufenden.

Strynø ähnelt in vielem Birkholm. Es ist ebenfalls ziemlich flach, ein Bauernland, wenn auch beträchtlich größer. Nur noch wenige Menschen leben hier in verstreut liegenden Höfen. Kein Wald, nur Pappelalleen, die sich entlang den schnurgeraden Wegen hinziehen. Außer der Ruhe der Landschaft keine besondere Attraktion.

Liegeplatz und Versorgung: *Man geht in das sehr schmale Becken südlich vom Kopf der 300 m langen Brücke und macht je nach Tiefgang des Bootes dort fest, wo ein Platz frei ist. Versorgungsmöglichkeiten schlecht, nur jenseits der Brücke im kleinen Dorf: Kro, WC und Duschen.*

Wasserstand: Sturm aus NE kann den Wasserstand um 1,2 m erhöhen, Sturm aus SW ihn um 0,9 m senken.

Nach Strynø kann das Abenteuer

Knudedyb beginnen, wenn man nicht die übliche Route durch das Højestene Løb (s. unten) wählt. Vorab: Man sollte dieses Gewässer nur befahren, wenn der Tiefgang des Bootes

nicht mehr als 1,5 m misst. Außerdem müssen die Umstände günstig sein, also gute Sicht und glattes Wasser; bei Nacht geht es überhaupt nicht.
Der Törn soll bei der rot-weißen Mitte-Schifffahrtsweg-Tonne *Rudkøbing S* (**WP 331**, LFl. 10s) beginnen. Hier geht man auf Kurs NW, um so freizubleiben von der 1,4-m-Untiefe, die nördlich von *Øksenæbbe* liegt. Diesen NW-Kurs hält man 1,3 sm bei, bis man die Nordspitze von *Vogterholm* in Deckung bringt mit der Südosthuk *Sandhoved* von Birkholm (ca. 270°). Jetzt auf das gelbe, auffallende Steilufer von *Vårø Knude* (Tåsinge) zu, aber etwas südlich davon bleiben.
Hinter Vårø Knude liegt ein flaches Stück Land, zum Teil moorig, Manen oder Monnet genannt, bevölkert nur von Hasen und von Vögeln – ein Stück Urnatur. Mit dem Dingi käme man hin.
Man fährt weiter nach der Karte, das Knudedyb ist hier sehr breit. Das Echolot lässt man mitlaufen. Auf der Linie Insel *Odden-Skovballe Skov* (Tåsinge) wird es sehr schmal; das ist die kritischste Stelle überhaupt, auch wenn die Wassertiefe auf fast 10 m zunimmt. Der Landgrund steigt in steilen Stufen an, sodass einen das Lot nicht mehr warnen kann; man muss also sehr vorsichtig fahren. Das Knudedyb verläuft nun nahe und parallel zum Ufer von Tåsinge. Bei der gelb-schwarz-gelben Tonne **(WP 334)** an der Ostseite der Fahrrinne vor *Vornæs Pynt* hat man den *Svendborg Sund* erreicht und, von Strynø aus gerechnet, 10 sm spannende und, zugegeben, etwas riskante Seefahrt hinter sich gebracht.
1 sm südlich der gelb-schwarz-gelben Tonne schneidet vor dem schönen *Vornæs Skov* eine schmale Bucht in das Land von Tåsinge ein. An ihrem Scheitel liegt der winzige *Vornæs Havn,* in dessen Becken man angeblich eine Wassertiefe von 1 m vorfindet, eine Angabe, der man aber nicht unbedingt trauen sollte: Nur ganz flachgehende Boote mit einem Tiefgang von nicht mehr als 0,5 m können ihn sicher anlaufen.

Wer die Route durch das Knudedyb nicht fahren will, der läuft sicher durchs *Højestene Løb* in den Svendborg Sund. Der Weg nach Marstal durch das Mørkedyb wurde schon beschrieben (s. S. 33). Würde man von der rot-weißen Mitte-Schifffahrtsweg-Tonne **(WP 332)** seinen NW-Kurs fortsetzen, so liefe man damit genau auf die Brücke von Drejø zu (s. S. 29). Biegt man aber nach 1,5 sm nach NE ab, so kommt man exakt zum

Højestene Løb, einer 2,5 sm langen, 30 m breiten und 3,5 m tiefen Rinne, die über das große Flach führt, das sich zwischen den Inseln Drejø, Skarø und Hjortø ausbreitet. Die Rinne ist befeuert, lässt sich also auch nachts befahren. Der Strom, der fast immer quer zur Fahrtrichtung setzt, kann bei Starkwind beträchtliche Geschwindigkeiten erreichen. Richtung und Stärke lassen sich am besten daran erkennen, wie die Tonnen durchs Wasser »fahren«; da es sonst keine Angaben und offensichtlich auch keine Regelmäßigkeit gibt, ist man auf die eigene Beobachtung angewiesen.
Die großen Fähren zwischen Svendborg und Ærøskøbing benutzen das Højestene Løb und müssen sich wegen ihres Tiefgangs in der Mitte des Fahrwassers halten.
Ziemlich nahe der südlichen Einfahrt in das Højestene Løb befindet sich im Osten das stille, abseits gelegene Inselchen

Hjortø. Um zu seinem Hafen zu gelangen, sollte man von dem grünen Leuchtpfahl *Højestene SW* (Fl(3)G.10s) aus knapp 1 sm weit in das Højestene Løb hineinfahren und dann mit Kurs SSE auf die 2 m tiefe und mit grünen

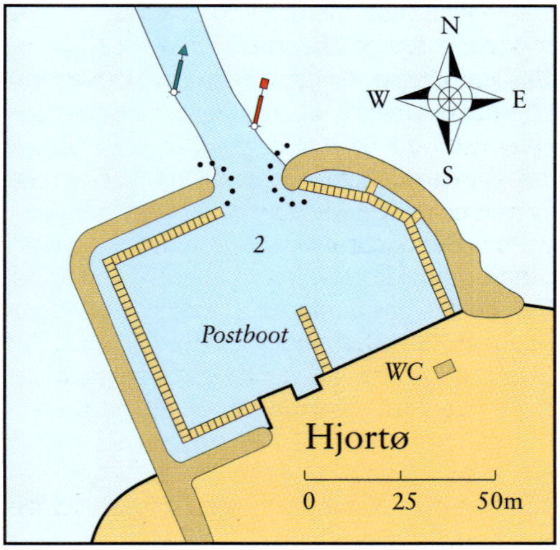

und roten Spieren gekennzeichnete Baggerrinne zuhalten. Der Hafen ist auf 2 m ausgebaggert. Bei einem Tiefgang des Bootes bis zu 1,7 m sollte er immer anzusteuern sein; es kann aber auch – nach längeren Starkwindperioden – Versandung auftreten. Neben der Rinne sind die Wassertiefen gering, und sie ist nicht so breit, dass man einem größeren Boot ausweichen könnte. Man sollte deshalb darauf achten, ob nicht das Postboot entgegenkommt. Der Hafen ist zwar nicht befeuert, ließe sich bei guter Sicht aber auch nachts ansteuern. Am Hafen stehen zwei Lichtmasten.

Liegeplatz und Versorgung: *In diesem von dänischen Yachten gern angelaufenen Hafen liegt man recht gut. Er ist in tadellosem Zustand und einer der besten aller Inselhäfen in diesem Revier. Nur Wind aus NW bringt etwas Unruhe in das kleine Becken. Der Mittelsteg ist dem Postboot vorbehalten; Yachten legen sich in dem westlichen Teil des Beckens an den Steg. Vor dem östlichen Steg ist mit geringeren Wassertiefen zu rechnen. Das Hafengeld wirft man in einen Kasten. Wasser kann man sich von einem Bauern holen, Lebensmittel in sehr beschränkter Auswahl beim Kaufmann im Dorf.*

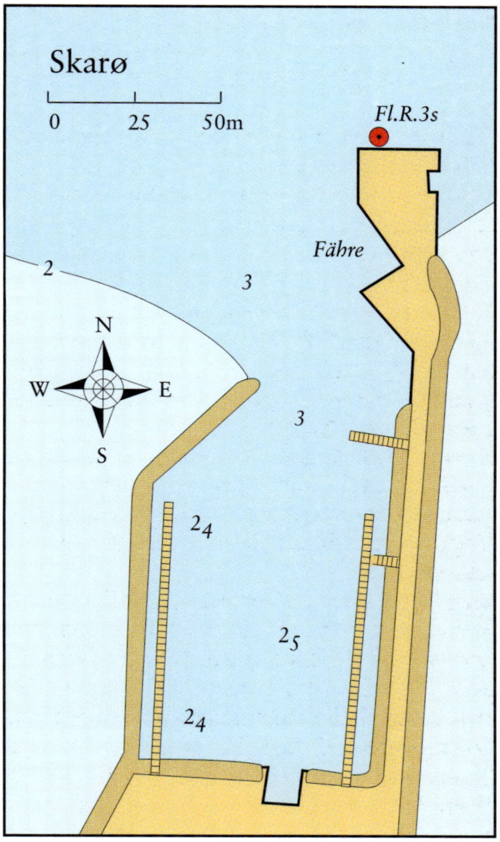

Wasserstand: Tidenhub 0,6 m. Winde aus NE bis E können den Wasserstand um 1,1 m erhöhen, Winde aus W ihn um ebenfalls 1,1 m senken.

Das flache Inselchen Hjortø (Hirschinsel) ist in vielem seinen Nachbarn Drejø und Skarø ähnlich: ebenso flach, ebenso ein Bauernland und ebenso wenig besiedelt. Die Nebeninsel Hjælmshoved ist durch ganz flaches Wasser von Hjortø getrennt; dort lebten bis vor einigen Jahren noch drei Menschen, jetzt ist sie unbewohnt. Bei Niedrigwasser kann man hinüberwaten. Um Hjortø zieht sich ein 2 m hoher Deich, der das Land vor Überschwemmung schützen soll. Das kleine Dorf in der Mitte der Insel mit seinen Fachwerkhäusern rings um den Dorfteich wirkt noch ziemlich idyllisch.

Bevor man seine Fahrt zum Svendborg Sund hin fortsetzt, kann man noch einen kleinen Abstecher zu der Insel **Skarø** machen, die an ihrer Nordseite eine Anlegebrücke mit einem kleinen Yachthafen daneben hat. Von SE her macht das Anlaufen keine Schwierigkeiten (bei einem Tiefgang bis 1,7 m). Man kommt auf diesem Kurs dem großen, teilweise nur 0,2 m tiefen Flach *Skarø Rev* nicht nahe; es sei denn, eine durch einen harten NW verursachte Strömung würde einen unversehens dorthin versetzen. Man läuft zunächst auf die rot-weiße Mitte-Schifffahrtsweg-Tonne und von da mit Kurs SW auf den gut sichtbaren Hafen zu (s. Plan).

Liegeplatz und Versorgung: *Der kleine Hafen liegt gut geschützt. Es gibt ein Toilettengebäude mit Duschen. Wasser ist zu erhalten. Strom an den Stegen. Im nahen »Skarø-Grillen« kann man essen; dort gibt es manchmal im Sommer Live-Musik. Hafenmeisterpaar Eva und Frede Andersen freuen sich auf Seglergäste.*

Svendborg.
An der Seglerbrücke im Südhafen.

Wasserstand: Tidenhub 0,5 m. Winde aus N können den Wasserstand um 1 m erhöhen, Winde aus S ihn um ebenfalls 1,4 m senken.

Skarø ist genauso flach und waldlos wie Hjortø und Drejø. Das meiste Land wird bewirtschaftet. Eine Handvoll Menschen lebt hier. Das Dorf um den Ententeich mit seinen Pappeln – ein friedliches Idyll.

Der nördlich von Skarø am Ufer von Fünen gelegene Yachthafen

Ballen ist eine kleine, ordentliche, eher ländliche, aus privater Initiative geschaffene Anlage. Der halbkreisförmige Hafen (Wassertiefen zwischen 1,5 und 2,5 m) hat Platz für etwa 70 Boote, davon zehn Gastplätze. Guter Service. Ruhiges Liegen bis auf Wind aus SE. Vom Kopf der Südmole aus erstrecken sich Fischernetze ziemlich weit nach Süden; dort stehen auch Pfähle im Wasser. Die Hafeneinfahrt öffnet sich nach E!

Wasserstand: Tidenhub 0,4 m. Dreht der Wind von W auf E, so kann der Wasserstand um 1m, steigen, starker Westwind kann ihn um 1 m senken.

Bei gutem Wind und günstigem Strom, der etwas mitschiebt, könnte man den nur 6 sm langen

Svendborg Sund leicht in einer Stunde durchsegeln. Aber das wäre zu schade. Der Sund, eines der am meisten befahrenen dänischen Segelreviere, windet sich wie ein Fluss zwischen Fünen sowie den Inseln Tåsinge und Thurø – eine Park- und Ferienlandschaft von großer Schönheit.
Der an sich schon nicht breite Sund hat vor beiden Ufern einen breiten Landgrund, sodass das gut betonnte und befeuerte Fahrwasser an manchen Stellen nicht mehr als 50 m breit ist. Die Tonnen stehen zuweilen hart neben den Untiefen. An vielen Stellen fällt der Landgrund bei bestimmten Windverhältnissen trocken. Man muss sich also exakt in der Fahrrinne halten.

Wahrschau: Vor Svendborg wechselt die Fahrwasser-Betonnung: Von Westen kommend, hat man die roten Tonnen bis hierher an Bb, danach an Stb.

Stromverhältnisse: Ziemlich kompliziert, obwohl die Richtung des Stroms stets dem Fahrwasser folgt: Sturm aus NW bewirkt westlaufenden Strom, der 6 kn (!) Geschwindigkeit erreichen kann; gleichzeitig sinkt der Wasserstand unter diesen Umständen um 1,25 m. Sturm aus E verursacht ostlaufenden Strom von der gleichen Stärke, und der Wasserstand erhöht sich um ebenfalls 1,25 m. Doch diese Verhältnisse dürften in den Sommerwochen kaum vorkommen. Normalerweise setzt im Sund ein Strom von 2 bis 3 kn, und der wechselt alle sechs Stunden seine Richtung. Das ist also eine kleine, angenehme Hilfe, wenn man in der richtigen Richtung segelt.

Ankerplätze im Svendborg Sund. Von den unendlich vielen – Ankergrund zumeist Sand – seien hier nur einige erwähnt, und zwar von West nach Ost:

- Westlich der Untiefe **Iholm Vesterrøn** findet man einen Platz vor dem Ort Bækkehave. Man verlässt vor der grünen Tonne die Fahrrinne und läuft mit Kurs E auf das Ufer von Tåsinge zu. Etwa 300 m davor kann man auf 3 m Wassertiefe ankern. Windgeschützt bei S und E, aber nur bedingt ruhig wegen des nahe vorbeiführenden Schiffsverkehrs.
- Etwas weiter östlich und noch näher an der Fahrrinne ankert man vor dem **Inselchen Iholm** auf dem Iholm Flak, südlich der grünen Fahrwassertonne. Wassertiefe jedoch nur gut 2 m (Grund Sand und Lehm, stellenweise auch Tang).
- Die wirklich guten Ankerbuchten findet man erst im östlichen Teil des Sundes. Da wäre zuerst die geschützte **Bucht Pilekrog** nördlich des kleinen Hafens von Troense – immer auch eine Ausweichmöglichkeit, wenn man in Troense keinen Platz mehr gefunden hat. Man beachte die unterschiedlichen Wassertiefen in der Bucht! Yachten mit geringem Tiefgang können sich dicht unter den hohen Buchenwald am Nordufer legen – ein einmaliger Platz.
- Der **Thurø Bund,** der in der Steinzeit nach Osten hin noch offen war, bietet unendlich viele Ankermöglichkeiten. Man hat bei seiner Ansteuerung lediglich auf die gelb-schwarz-gelbe Tonne zu achten, die an der Westkante des *Kidholm Flaks* steht: Man muss sie also einlaufend an Steuerbord haben.
- Weniger geschützt und auch weniger empfehlenswert ist der Ankerplatz südlich des Flachs **Troense Hage.** Man ankert vor Eghavn auf gut 2,5 m Wassertiefe (Grund Sand). Die 2-m-Linie verläuft etwa 200 m vor dem Ufer. Hier macht sich allerdings bereits die rauhere Welle aus dem Lundeborg Belt bemerkbar, ganz abgesehen von den ziemlich nahe vorbeilaufenden Schiffen. Die kleinen Brücken am Ufer stehen schon im seichten Wasser.

Am westlichen Eingang des Svendborg Sunds liegt am Nordufer hinter einer mächtigen Steinmole der kleine Yachthafen

Rantzausminde, wo man bis auf Winde aus SE immer ruhig liegt. Eigentlich sind es zwei, der eine hat seine Einfahrt im Westen, der andere im Osten. Wenig Platz für Gäste. Man sollte erst einmal an die Pier beim Mastenkran gehen (Wassertiefe 2 bis 3 m) und dann weitersehen.

Versorgung: *Wasser, Treibstoff, Reparaturmöglichkeiten. Lebensmittel ganz in der Nähe.*

Wasserstand: Tidenhub 0,6 m. Westliche Winde können den Wasserstand um 1 m erhöhen, östliche ihn um ebenfalls 1 m senken.

Voraus sieht man schon die hohe, elegante Autobrücke über den Svendborg Sund. Sie hat eine 80 m breite Durchfahrt und eine Durchfahrtshöhe von 33 m.

Am Nordufer des Sunds gibt es bis hin zum Yachthafen von Svendborg eine Menge kleiner und größerer Anlegebrücken; zumeist sind sie in Privatbesitz. Unruhig liegt man an allen, zum Teil hat man davor auch nur geringe Wassertiefen. Man sollte also einfach daran vorbeilaufen.
Dieses möchte ich – ohne den Segelkameraden von Svendborg nahetreten zu wollen – auch bei dem

Svendborg Yachthafen empfehlen: zwei Becken, kreisrund das eine, viereckig das andere. Der Hafen, der auf einer Halbinsel liegt, schiebt sich weit in den Sund hinein. Erstes Problem: Boxen nicht breiter als 2,5 m. Zweites Problem: zumeist ziemlich unruhig. Dafür guter Service. Vor allem eine leicht anzufahrende Tankstelle; wenn man Treibstoff bunkern muss, dann hier, nicht im Handelshafen von Svendborg. Zur Stadt Svendborg etwa zehn Minuten zu gehen.

Dicht östlich der Brücke, am Südufer des Sunds, liegt der kleine ehemalige Fährhafen

Vindeby, den zuallererst ein schöner Blick auf das gegenüberliegende Svendborg auszeich-

Svendborg.
Hafen hinter der Seglerbrücke. Wenn man Glück hat, kommt man hier unter.

net, sonst aber wenig. Ein einfacher Hafen, Wassertiefe mindestens 2,5 m.

Schon am Yachthafen beginnt

Svendborg, obwohl man zunächst nicht viel mehr sehen wird als die Werften und Fabrikhallen auf der Insel Frederiksø. Diese Insel gibt dem Handelshafen, in den wir wollen, perfekten Schutz. Svendborg, eine Stadt von 25000 Einwohnern, wirkt vom Wasser her geradezu mediterran: Vielleicht liegt es an dem Gewimmel um den Hafen, vielleicht auch an seiner Lage – oder an beidem.
Man läuft aber zunächst – von Westen kommend – an Svendborg vorbei, passiert den *Søndre Havn* (Südhafen), läuft an Frederiksø mit seinen gigantischen Trockendocks entlang und dreht danach in den *Østre Havn* ein, der in das geschlossene Becken des *Nordre Havn* führt. Ein wirklich schöner, lebendiger Hafen. Man liegt absolut ruhig, was Wind und Welle angeht, aber nicht so sehr im Hinblick auf das etwas turbulente Treiben rund um den Hafen. Trotzdem: der beste Platz in Svendborg.
Svendborg, von dem seine Bewohner meinen, es sei die schönste Stadt des Landes, ist ein Muss für jeden, der nach Dänemark segelt – eine Stadt mit einer langen und berühmten Seefahrtstradition. Ursprünglich lag an der kleinen Bucht hinter der (ehemals) sumpfigen Grasinsel Frederiksø nur ein Fischerdorf. Als aber die räuberischen Wenden, die am anderen Ufer der Ostsee, an der Küste von Pommern, saßen, die Gestade des friedlichen Dänemark immer unsicherer machten, entwickelte sich der Sund zu einem wichtigen, weil etwas entlegenen Schifffahrtsweg. Der musste nun natürlich auch noch verteidigt werden, und so legte man hier um 1100 eine Burg an, die Swineburgh, um die dann im Laufe der Jahrhunderte das Handels- und Hafenstädtchen Svendborg wuchs. Das »Svend« hat also gar nichts mit dem skandinavischen Vornamen zu tun, sondern ist eine Verballhornung des Wortes »Swine«. Die Burg hatte ihren Namen

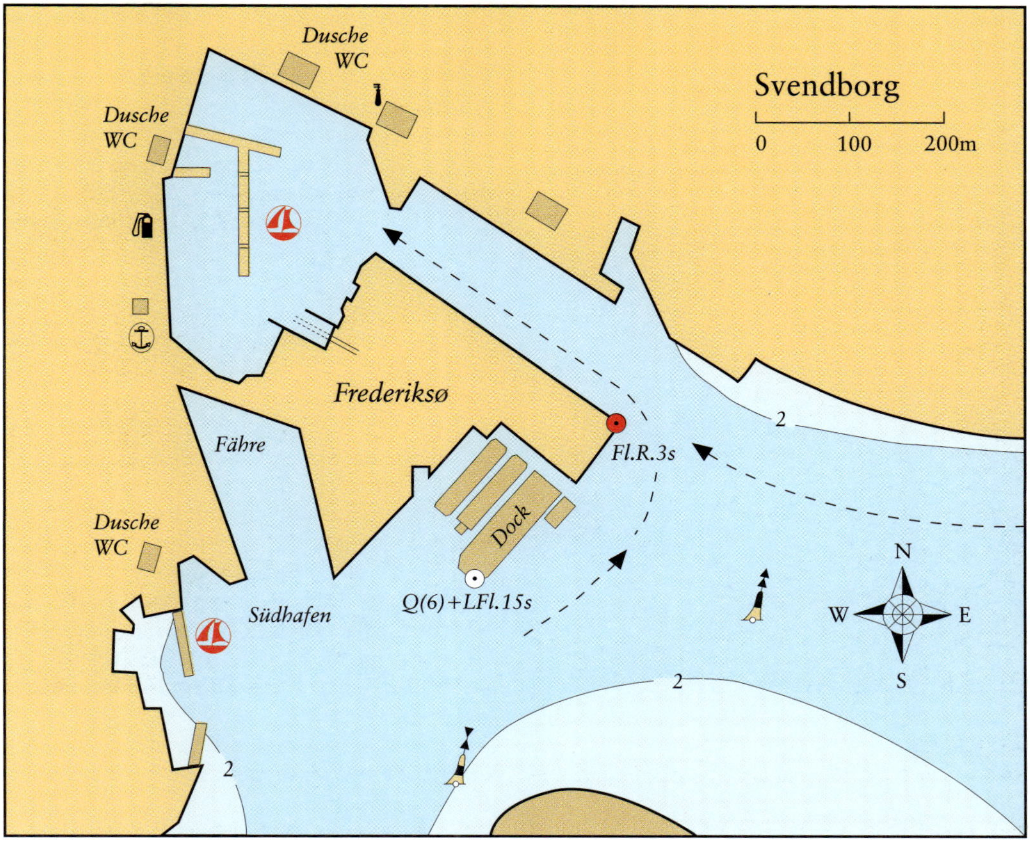

von den vielen Wildschweinen, die es in dieser Gegend im frühen Mittelalter gegeben haben soll.

Durch den Schiffsverkehr erhielt die Stadt die wichtigsten Impulse. Ihre größte Zeit aber hatte sie erst im 19. und zu Beginn des 20. Jahrhunderts, als ihre Werften einen sehr guten Ruf genossen. Der berühmte dänische Reeder A. P. Møller gründete hier nicht nur seine »Dampskibsselskap af 1912«, er baute vier Jahre später auf Frederiksø auch die »Svendborg Skibsværft og Maskinbyggeri«, direkt neben der berühmten Holzschiffswerft des Ring Andersen.

Wenn das 900 Jahre alte Svendborg so wenig alte Gebäude hat, so deshalb, weil es in seiner langen Geschichte trotz seiner Wälle und Gräben und auch der Swineburgh eigentlich in jedem Krieg, in den Dänemark verwickelt war, erobert und geplündert wurde. Sei es – mehrfach – durch den schwedischen Erbfeind, sei es durch die Hanse oder auch durch den Königsmörder Marsk Stig, der 1290 von seiner Räuberburg auf der Insel Hjelm im Kattegat hierher gesegelt kam, um das wohlhabende Handelsstädtchen auszuplündern.

Ziemlich übel erging es der Stadt im Zweiten Weltkrieg; sie war, wie ganz Dänemark, von deutschen Truppen besetzt. Als dänische Widerstandskämpfer ein neues Schiff versenkten, das auf Frederiksø für die Deutschen gebaut worden war, kam es zu massiven Vergeltungsaktionen, was natürlich noch mehr Widerstand auslöste. Spitzel, die im Dienst der Besatzungsmacht standen, wurden ermordet. Die älteren Leute in Svendborg haben die Geschehnisse jener Zeit nicht vergessen.

Liegeplatz und Versorgung: *Das Hafenamt kann auf den UKW-Kanälen 16, 13 und 12 angerufen werden. Man dürfte in diesem großen Hafen immer einen Platz finden, zumal*

Svendborg.
Der Motorsegler läuft mit Kurs West zum Svendborg Sund und auf die große Brücke zu.

die Hafenverwaltung in den Urlaubswochen noch Pontonbrücken auslegt. Treibstoffversorgung etwas schwierig; man holt ihn entweder im Kanister von der BP-Tankstelle oder fährt ihn in einem kleinen Tankwagen selbst zum Boot. Geschäfte aller Art in der Stadt. Sämtliche Reparaturmöglichkeiten. Malerisch die Liegeplätze hinter der Sejlskibsbroen im Südhafen, leider selten etwas frei.
Nur der Vollständigkeit halber sei darauf hingewiesen: Etwa 1 sm ESE-lich der Stadt liegt am Eingang zum Skårupøre Sund die Svendborg Marina mit ihren Terrassenhäusern, eine fraglos gute Anlage, ehemals das Gelände der Sagitta-Bianca-Werft. Dort ebenso wie im westlich gelegenen Yachthafen aller Service.

Wasserstand: Tidenhub 0,5 m. Winde aus N können den Wasserstand um 1,5 m erhöhen, südliche ihn um ebenfalls 1,5 m senken.

In den *Skårupøre Sund,* eine natürliche Verbindung nach Osten zum Großen Belt, kann man nicht segeln; ein Damm mit einer Brücke versperrt ihn schon nach 0,5 sm. Die Brücke hat eine Durchfahrtshöhe von nur 2,5 m.
Besser ist es, ohne Verzug weiterzulaufen in den jetzt sehr schmalen Sund zwischen Tåsinge und Thurø auf die – abgesehen von Svendborg selbst – beiden schönsten Plätze des Svendborg Sunds zu.
Voraus liegt am Südufer einer sanft in die Insel Tåsinge hineinschwingenden Bucht der alte Seglerhafen

Troense. Der Middelgrund, der sich davor ausbreitet, hat Wassertiefen von gut 3 m, und so kann man schon querab von *Mårodde* das Fahrwasser verlassen und mit Kurs S direkt auf Troense zulaufen.
Troense hat eine »Dampskibsbro«, an der man im Sommer wegen des alten Sundbootes HELGE nur nachts festmachen darf, und einen kleinen »Lystbådehavn«, in dem man bis auf Winde aus N und E ruhig liegt, sofern man an diesen offenen Stegen einen freien Platz findet. Ansonsten ankert man direkt davor. Ein sehr schöner Platz unter dem Steilufer mit den mächtigen Eichen.
Der Ort Troense mit seinen 600 Einwohnern ist eine idyllische Mischung aus alt und neu: Das Alt überwiegt. Überall stößt man noch auf die rot oder gelb angemalten Fachwerkhäuser, die einstmals den Segelschiffskapitänen gehörten. Von ihren Fenstern oben in der Grønnegade aus konnten sie immer einen Blick auf ihre Schiffe werfen, die entweder im Pilekrog oder im Thurø Bund vor Anker lagen. Neben dem kgl. privilegierten Kro von 1678 sollte man sich die alte Reitschule von 1790 ansehen mit ihrem kupfergedeckten Dach, denn hier hat der bekannte dänische Schiffshistoriker Holm Pedersen eine der größten maritimen Privatsammlungen Skandinaviens zusammengetragen (auch Buddel- und Modellschiffe).
Etwas südlich von Troense, an der Südostspitze von Tåsinge, steht das Valdemar-Schloss. Man wandert dorthin durch eine Allee prächtiger Silberpappeln. Ursprünglich hat es der große Baumeisterkönig Christian IV. für seinen Sohn gebaut, aber dieses Lustschlösschen, das auf

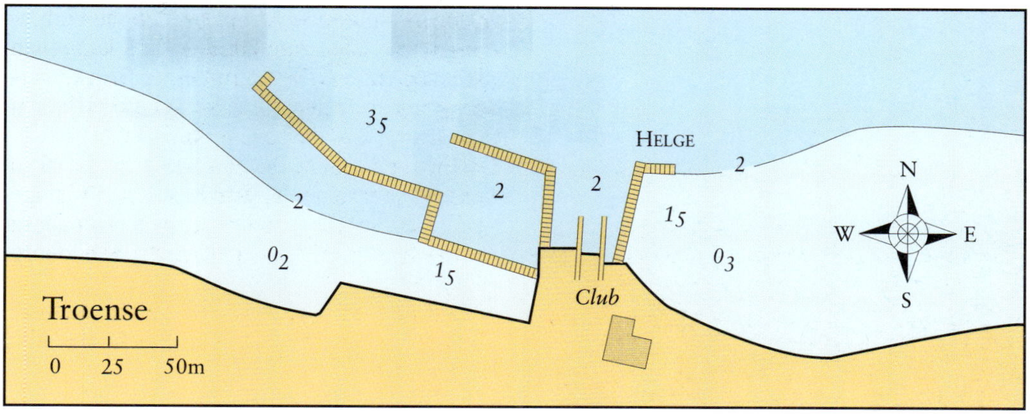

der Ruine der Burg Kærholm entstand, wurde schon kurz nach seiner Erbauung von schwedischen Truppen unter Karl X. Gustav zerstört, von den gleichen, die die ganze Insel Tåsinge in den Jahren 1658–1660 auf das schlimmste verwüsteten. In seiner jetzigen Form wurde das Valdemar-Schlösschen von dem berühmten dänischen Admiral Niels Juel im Jahre 1678 erbaut, in einem schönen, ausgewogenen Renaissancestil. Niels Juel konnte sich das dank der Prisengelder, die er im Krieg mit den Schweden verdient hatte, ohne weiteres leisten. Später kamen zu dem alten Bau noch Nebengebäude im Rokoko-Stil: Die ganze Anlage mit ihrem Schwanenteich atmet Harmonie und Ruhe – siehe Foto nächste Seite.

Troense.
Unterhalb eines Steilufers gelegener, gut geschützter Hafen.

Troense.
Immer einen Landgang wert, das Valdemar-Schlösschen mit seinem Schifffahrtsmuseum.

Abgesehen von der Schönheit der Bauten und der Beschaulichkeit des Parks lohnt ein Besuch des Schlösschens auch wegen des »Orlogs Museet« (Kriegsmuseum), das jetzt darin untergebracht ist. Man sieht da Seeschlachtenbilder, besonders aus der Schlacht in der Køge Bugt (s. S. 137), durch die Niels Juel berühmt wurde, Modelle von Orlogschiffen und Geschütze von früher. In einem Nebengebäude kann man sich königliche Schaluppen, Admiralitätsgigs usw. ansehen.
Nicht wegen seines Seefahrtsmuseums – obwohl auch das sehenswert ist –, sondern wegen des phantastischen Blicks, den man von dort hat, sollte man von Troense aus noch einen Spaziergang (von vielleicht einer Stunde) zu dem Ort Bregninge Kirke machen: Er liegt auf dem mit 74 m höchsten Punkt der Insel Tåsinge. Man blickt weit über das dänische Inselmeer und hinüber zum Großen Belt.

Liegeplatz und Versorgung: *Man kann keine Empfehlung geben; wo ein Platz frei ist, macht man nach Rücksprache mit dem Hafenmeister fest. Will man an die Landseite des südlichen Stegs, dann halte man sich beim Anfahren an die Steckpfähle, zum Land hin wird es arg flach. Größere Boote dürfen zur Nacht auch am HELGE-Steg bleiben. Der Dampfer kommt allerdings schon morgens um 1030 (und abends zuletzt um 1830). Wasser auf den Stegen. Das alte weiße Haus wurde zu einem geschmackvollen Clubhaus umgebaut, mit tadellosen Toiletten und Duschen. Kaltwasserduschen auch auf den Stegen. Portalkran von 3 t. Treibstoff muss man sich mit dem Kanister holen. Lebensmittel, Segelmacher im Ort. Motorreparaturen möglich. Hafenmeister Ernst Rabjerg, Troense Strandvej 9, T. 62/225939.*

Wasserstand: Tidenhub 0,6 m. W-liche Winde erhöhen den Wasserstand um 1 m, E-liche senken ihn um ebenfalls 1 m.

Der gegenüber von Troense zwischen Thurø und der waldbestandenen Halbinsel Grasten gelegene

Thurø Bund diente genauso wie der kleinere Pilekrog als Winterlagerplatz für die Schiffe aus dem Svendborg Sund. Der eher flache nördliche Teil der Insel Thurø hat im Gegensatz zu Grasten, das das Südufer der Bucht bildet, kaum mehr Wälder. Die schwammen einst als schöne Segler auf allen Meeren der Welt. Denn die großen Wälder der Insel wurden im Laufe der Jahrhunderte abgeholzt und zu Planken in den Werften von Thurø verarbeitet.
Die Inselbewohner waren ein Volk von Schiffbauern und Seefahrern; die »Turineren«, wie

man sie nannte, waren in allen Häfen der Welt zu Hause und überall ging ihnen der Ruf voraus, ganz ausgezeichnete Seeleute zu sein. Um die Wende des vorigen Jahrhunderts lebten auf der Insel 1500 Menschen, heute sind es mit 2000 nicht viel mehr. In den Jahrzehnten zwischen 1850 und dem Ende des Ersten Weltkriegs wurde auf den Werften, die sich alle entlang dem Nordufer des Thurø Bunds befanden, die unglaubliche Zahl von 200 Schiffen gebaut. Obwohl Dänemark im Ersten Weltkrieg neutral war, gingen viele Schiffe aus dem Thurø Bund verloren, nachdem die Kaiserliche Marine zum unbegrenzten U-Boot-Krieg übergegangen war. Als der große Krieg endlich vorbei war, lagen im Thurø Bund an die 100 Segelschiffe vor Anker, bereit, wieder auf große Fahrt zu gehen. Aber nicht mehr lange, denn die »Turineren« mussten einsehen, dass die Zeit der Segelschiffe unaufhaltsam ihrem Ende entgegenging. Damit endete auch die Blütezeit der Werften am Thurø Bund. Heute gibt es hier keine einzige mehr, die große Schiffe baut, nur noch zwei Yachtwerften. Thurø selbst ist zu einer Ferieninsel geworden. Thurø und Grasten waren vor langer Zeit selbständige Inseln; erst als sich in der Steinzeit das Land langsam hob, tauchte aus dem Wasser die Landbrücke auf, die Grasten und Thurø heute verbindet; so entstand dann dieser idyllische Naturhafen.
Wer in den Thurø Bund einläuft, sollte es so machen wie die Seglerkapitäne von früher auch: sich einen Ankerplatz abseits vom Getriebe der Welt suchen. Wer hingegen mal wieder Land unter den Beinen haben will, der kann auch die Stege der am Nordufer des Thurø Bunds gelegenen Yachthäfen

Thurø und **Gambøt** ansteuern, beides schöne Anlagen, wo man fast immer ruhig und geschützt liegt, falls man einen Platz finden sollte. Vorne befindet sich die Bootswerft Walsted, und weiter östlich sieht man die hellblauen Hallen der Thurø Bund Yacht- und Kutterwerft; ganz zum Schluss kommt dann der Gambøt-Yachthafen. Diesel gibt es bei Walsted, auch einen Mastenkran. Gute Versorgung (neben Liegeplätzen) bei der Yacht- und Kutterwerft Thurø Bund (Slip 40 t, Mastenkran, Portalkran für Boote bis 40 Fuß Länge, Motorreparatur und Tankstelle). Der Thurø Sejlklub hat ein Haus mit Duschen und WC. Gästeplätze am hinteren Steg, Ostseite. Ein schönes Fleckchen Erde mit den reetgedeckten Hütten zwischen Steilufer und Wasser.

Wasserstand: Tidenhub 0,5 m. Winde aus N verursachen ein Steigen des Wassers um 0,5m, Winde aus S ein Fallen um ebenfalls 0,5 m.

In der

Lunkebugt am östlichen Ausgang des Svendborg Sunds findet man viele gute Ankerplätze (Grund Sand, aber auch Steine und Tang).

Wahrschau: Die Stromverhältnisse in dem Gewässer zwischen Thurø, Tåsinge und Langeland sind ziemlich kompliziert und zuweilen auch ausgesprochen unangenehm. Aus dem Svendborg Sund läuft ein ostsetzender Strom, der sich mischt mit einem nordsetzenden, der aus dem Rudkøbing Løb kommt. Die Folge ist eine kurze, steile, kreuz und quer laufende Welle.

Das

Rudkøbing Løb ist eine teils natürliche, teils gegrabene Rinne, die zu der Stadt Rudkøbing und weiter nach Süden zwischen Strynø und Langeland hindurchführt. Sie ist gut betonnt und befeuert, die Tonnen liegen allerdings nicht selten dicht neben den vielen flachen Gründen. Im nördlichen Teil, bis hin nach Rudkøbing, misst die Wassertiefe 5 m, südlich davon aber nur noch 3,2 m. Von Norden kommend, sollte man ruhig die rot-weiße Mitte-Schifffahrtsweg-Tonne **(WP 330)** anliegen. Die Rinne ist streckenweise sehr schmal, begegnet man einem größeren Schiff, ist Vorsicht angebracht.

Strom: Er wechselt bei ruhigem Wetter alle sechs Stunden seine Richtung, wobei er unter diesen Umständen nicht schneller als 2 kn wird. Bei Sturm und auch noch längere Zeit danach kann er aber eine Geschwindigkeit von 4 bis 5 kn erreichen; Winde aus NW verursachen eine südliche, Winde aus NE eine nördliche Strömung.

Das Fahrwasser wird knapp nördlich von Rudkøbing von der weithin sichtbaren Langelandsbrücke überspannt, die auf schlanken, hohen Pfeilern ruht. Sie hat in der 80 m breiten Durchfahrt eine Durchfahrtshöhe von 26 m.

Rudkøbing ist für Segler ein vorzüglicher Ausgangspunkt für eine Fahrt nach Norden mit Kurs auf den Großen Belt (s. Törnvorschlag 2, S. 53) oder auch nach Süden zur »dänischen Südsee«. Zudem hat die 4000 Bewohner zählende Stadt ausgedehnte Hafenanlagen, deren größter Vorzug darin besteht, dass man immer einen guten Liegeplatz finden wird. Ebenso gut sind die Versorgungsmöglichkeiten, besonders am Yachthafen.

Rudkøbing, Hauptort der Insel Langeland, liegt auf eher flachem Gelände. Die Stadt ist dank der Langelandsbrücke und der Svendborg-Sund-Brücke zu einem wichtigen Verkehrspunkt geworden. Ursprünglich war sie ein Fährort. Im Mittelalter verdiente sie gutes Geld mit dem Handel von Pferden, die auf den umliegenden Inseln gezüchtet wurden; Abnehmer war vor allem Deutschland. 1590 erhielt Rudkøbing vom König das Privileg, Ochsen zu exportieren. Das war ein einträgliches Geschäft, denn in ganz Dänemark hatte die Krone dies außer Rudkøbing nur den Städten Ribe, Assens und Kolding gestattet.

Christian IV. (1588–1648), der Baumeisterkönig, ließ die Stadt 1644, also mitten im Dreißigjährigen Krieg, mit Mauern und Wällen befestigen – ein weitsichtiges und dennoch nutzloses Unterfangen, denn im kurz darauf folgenden Schwedenkrieg (1658–1660) wurde die Stadt trotz der Wälle und Mauern von den Schweden erstürmt und bis zum Ende des Krieges besetzt. Als die Schweden abzogen, war Rudkøbing genauso wie die ganze Insel Langeland völlig verwüstet.

Ein Hafen wurde erst 1821–1826 angelegt, das heutige Südwestbecken im Handelshafen; vorher konnten die Schiffe nur an einer Brücke festmachen. Mitte desselben Jahrhunderts wurden die Wälle geschleift, damit die Stadt Platz bekam, um sich auszudehnen. So entstanden um ihren alten Kern herum auch bald kleinere Industrien.

Der Stadtkern mit seinen alten gelben, roten und weißen Fachwerkhöfen ist auf das beste restauriert.

Rudkøbing.
Massenhaft Platz, nicht nur im hervorragenden Yachthafen. Im Hintergrund die Langelandsbrücke, die hinüber nach Troense führt.

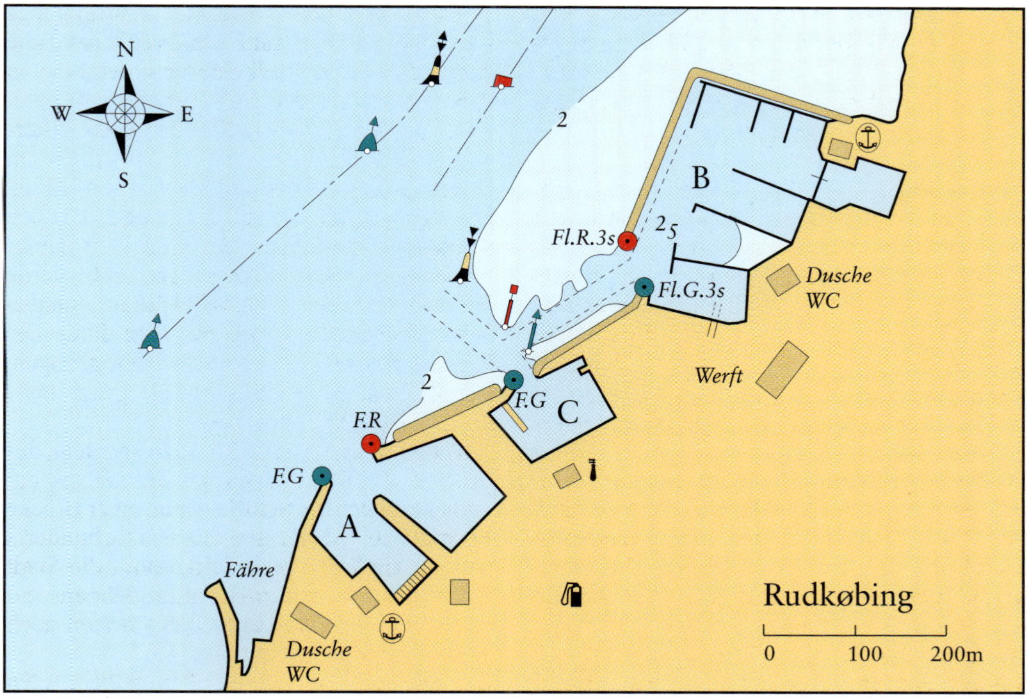

Liegeplatz und Versorgung: *Man kann hier noch festmachen, wo es einem gefällt, also entweder im Handelshafen **(A)**, wo Stege gebaut worden sind, oder im Yachthafen **(B)** und selbst im Fischerhafen **(C)**. Am besten – schon wegen des Service – im neuen Yachthafen, einer architektonisch gelungenen Anlage mit allem Komfort und jedem Service. Die gelben und roten Holzhäuser sind von weit her zu sehen. Man liegt überall ruhig, nur Winde aus NW bringen im Handelshafen viel Unruhe. Beim Einsteuern in den Handelshafen darf man den Molenköpfen nicht zu nahe kommen, da man hier mit starkem Neerstrom zu rechnen hat. Wasser, Werft, Helling, Mastenkran, Mobilkran und Tankstelle am Yachthafen, dort auch Duschen und Toiletten sowie Hotel und Schwimmhalle.*

Wasserstand: Tidenhub 0,1 m. NW- bis NE-liche Winde können den Wasserstand um 0,6 m erhöhen, S- bis W-liche Winde können ihn um 1,2 m senken.

Landgang: Ein lohnenswerter Ausflug mit dem Fahrrad führt zum Schloss Fårevejle, 3 km südlich von Rudkøbing, und noch ein Stückchen weiter zu der schönen Bucht Lindelse Nor, wenn man es nicht vorzieht, sie mit dem Boot aufzusuchen, so wie auf S. 38 beschrieben.

Auf Kreuzkurs durch den Großen Belt

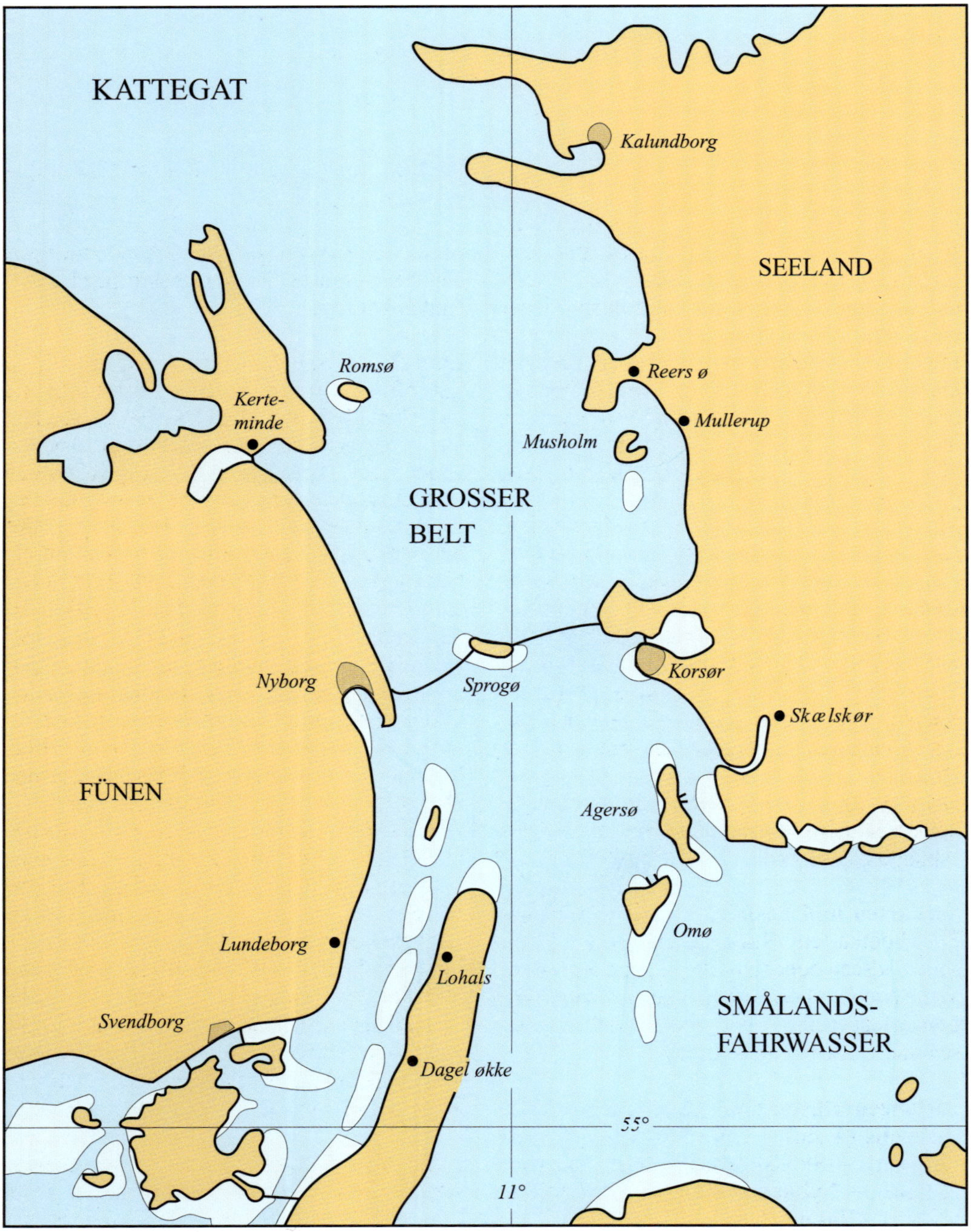

Törnvorschlag 2:

Vom Svendborg Sund nach Kalundborg

Zum Großen Belt sollten nur Boote fahren, die seetüchtig sind. Dies gilt nicht für seinen friedlichen Teil, den Lundeborg Belt, der dem dänischen Inselmeer in vielem ähnlich und auch genauso geschützt ist. Schwächere Boote sollten also bis Nyborg segeln und dann wieder umkehren.
Für größere Yachten ist der Große Belt die klassische, weil schnellste und direkte Passage nach Norden: Ob man nach Samsø will oder ins Kattegat oder auch entlang Seelands Nordküste ostwärts – man wird den kurzen Weg durch den Großen Belt wählen.
Mit diesem Törnvorschlag soll gezeigt werden, daß dieses – zugegeben nicht einfache und manchmal raue – Gewässer mehr sein kann. Denn es gibt hier durchaus kleine, ruhige Häfen neben denen, die man üblicherweise anläuft, wie Nyborg, Kerteminde, Korsør oder Spodsbjerg. Die anderen, Musholm, Mullerup, Reersø, Agersø und Omø, lohnen sehr wohl einen längeren Aufenthalt als nur für eine Nacht.
Der südliche Teil des Großen Belts, der Langelands Belt, wird nicht hier, sondern im Törnvorschlag 3 beschrieben.

Seekarten und Seebücher: Delius Klasing-Sportbootkarten »Rund Fünen (Fyn) – Dänische Südsee« oder dänischer Sportbootkartensatz Serie C: »Großer Belt und Samsö Belt«. Leuchtfeuerverzeichnis Teil II: Westliche Ostsee und Ostseezufahrten.

Distanzen: Dageløkke – **Lundeborg** (5,5 sm) – **Lohals** (4 sm) – **Omø** (12 sm) – **Agersø** (7,5 sm) – **Skælskør** (6,5 sm) – **Korsør** (10 sm) – **Nyborg** (13 sm) – **Kerteminde** (17 sm) – **Romsø** (6 sm) – **Musholm** (13 sm) – **Mullerup** (3,5 sm) – **Reersø** (2,5 sm) – **Kalundborg** (22 sm).

Einen treffenderen Namen hätte man für diese handtuchschmale, langgestreckte Insel kaum finden können:

Langeland. Von Norden nach Süden mißt sie gut 50 km, in ihrer Breite schwankt sie zwischen 11 und nur 3 km. Das Land ist flacher, als es von See her wirkt, aber da sich immer wieder die typischen vulkankegelförmigen Langelandhügel erheben, hat man doch den Eindruck, die Insel sei ziemlich bergig. Der höchste dieser Hügel misst 37 m, der Fakkebjerg an der Südspitze der Insel. Er trug das erste Leuchtfeuer von Langeland, einen Kohlehaufen zwar nur, der 1805 das erstemal angezündet wurde, aber doch ein halbes Jahrhundert lang den Seefahrern die Einsteuerung in den Großen Belt wies. Erst 1855 wurde ein Leuchtturm gebaut, der das Kohlefeuer vom Fakkebjerg überflüssig machte und noch heute seinen Dienst tut: der Leuchtturm von *Keldsnor.*
Die Felder werden immer wieder von Hecken und Gehölzen und auch zusammenhängenden Waldgebieten unterbrochen, sodass die Insel von See her wie eine Waldinsel wirkt, was sie aber gar nicht ist.
Langeland teilt den südlichen Teil des Großen Belts in zwei Fahrwasser: Östlich der Insel verläuft der nach ihr benannte *Langelands Belt,* das Hauptfahrwasser und benutzt von den großen Schiffen; westlich erstreckt sich, begrenzt von Fünen, der

Lundeborg Belt, ein eher seenartiges Gewässer, das fast ganz den Yachten gehört, denn Frachtschiffen, größeren gar, wird man nur

Lundeborg.
Das alte Packhaus mit seinem roten Fachwerk, eine unverwechselbare Landmarke. Ein gemütlicher Fischerhafen, aber mit wenig Platz.

ganz selten begegnen. Von Rudkøbing aus oder auch vom Svendborg Sund her ist dieses Gewässer die natürliche Passage für eine Fahrt nach Norden, zum »eigentlichen« Großen Belt, oder noch weiter zum Kattegat.

Ein angenehmes Segelrevier, ziemlich geschützt und auch ohne nennenswerte Untiefen, sieht man einmal von dem langen Riff vor dem Ufer von Langeland ab, das auf der Höhe von Dageløkke beginnt und sich 6 sm nordwärts über die Nordspitze von Langeland hinauszieht. Über dieses Riff führen drei Passagen, die alle gut betonnt sind: eine vor *Dageløkke,* eine zweite vor *Lohals* und eine dritte nördlich davon, das *Kobberdyb.* Obwohl es zwischen den vielen, sehr flachen Stellen von 0,6 m und weniger der Karte zufolge solche mit scheinbar ausreichender Wassertiefe gibt, sollte man nur in diesen drei Passagen über das Riff fahren.

Strom: Die Stromverhältnisse im Lundeborg Belt sind ungemein kompliziert; teils werden sie wie üblich vom Wind beeinflusst, teils aber unterliegen sie auch jenen im Svendborg Sund, im Rudkøbing Løb und in den anderen Teilen des Großen Belts. Man müsste schon die Erfahrung eines Einheimischen haben, um diese Ströme ausrechnen und für sich nutzen zu können. Als revierfremder Fahrtensegler nimmt man die Strömung so, wie sie kommt; gefährlich ist sie in den Sommermonaten aller Erfahrung nach ohnehin nicht.

Segelt man nordwärts, an der schönen Westküste von Langeland entlang, deren grünes Waldufer immer wieder von gelben Kliffküsten unterbrochen wird, so läuft man fast automatisch auf den kleinen Hafen von

Dageløkke zu, der mit seinen vielen Ferienhäusern dahinter im übrigen auffallend und unverwechselbar daliegt. Hier nun führt die erste Passage über das Riff, das *Egeløkke Rev* – ein Tor, gebildet aus einer schwarz-gelben Spiere im Süden **(WP 359)** und einer gelbschwarzen im Norden des Fahrwassers. Kommt man sehr früh im Jahr nach Dageløkke, dann kann es sein, dass diese Tonnen noch nicht ausliegen; in diesem Falle würde ich aber auch nicht über das Rev fahren wollen. Hinderlich sind die vielen Fischernetze auf dem Riff. Die Wassertiefe in der Passage beträgt 3 m. Direkt voraus, schon nahe am Hafen, macht man eine rote und eine grüne Spiere aus, durch die hindurch man auf die Hafeneinfahrt zuläuft. Bei der grünen muss man mit Versandungen rechnen, sodass man hart die rote Spiere anfahren sollte.

Wahrschau: Der Strom vor Dageløkke läuft entweder nord- oder südwärts, also immer quer zur Riffpassage und zur Hafeneinfahrt. Winde aus NE bewirken zumeist eine nördliche, Winde aus NW eine südliche Strömung. Bei auflandigem Starkwind wird es sehr schwer, den Hafen über das Riff hinweg wieder zu verlassen; unter solchen Umständen kann man in dem geschützten Lundeborg Belt regelrecht einwehen.

Dageløkke war ursprünglich ein Fischerdorf und diente dann als Ladeplatz für das Schloss Tranekær. Seitdem die Güter über die Straße transportiert werden, laufen den Hafen nur noch ein paar Fischerboote und im Sommer massenhaft Sportsegler an. Der Ort wird geprägt von der Feriensiedlung samt den dazugehörigen Einrichtungen, wie Hallenbad, Sporthalle, Tennis und Badminton sowie Sauna. Ein kleiner, frischer Hafen, den man gerne besucht.

Liegeplatz und Versorgung: *Der 1898 erbaute kleine Fischerhafen war lange arg vernachlässigt. Dank des »Dageløkke feriecenter« ist er aber auf das beste renoviert, auch tiefer gemacht worden. Größer freilich ist er dadurch nicht geworden. Man muss sehen, wo man einen Platz findet. Die Versorgung ist recht gut: Wasser und Strom an den Stegen; 40-t-Helling. Diesel, großzügige Waschräume. Am Hafen auch Proviant, ein Restaurant, Fischräucherei, Münzwasch und dazu noch das Restaurant »Lanternen«.*

Wasserstand: Tidenhub 0,2 m. Winde aus N können den Wasserstand bis zu 1,2 m erhöhen, Winde aus S und SE ihn um 0,9 m senken.

Der Ort Dageløkke ist, sieht man einmal von dem Feriencenter mit seinem Freizeitangebot ab, nicht sonderlich attraktiv. Wer etwas von der Insel sehen will, der sollte sich am Hafen ein Fahrrad leihen und – als Vorschlag – etwa 10 km nach Süden fahren, wo auf einem gewaltigen Hügel das größte und älteste Schloss von

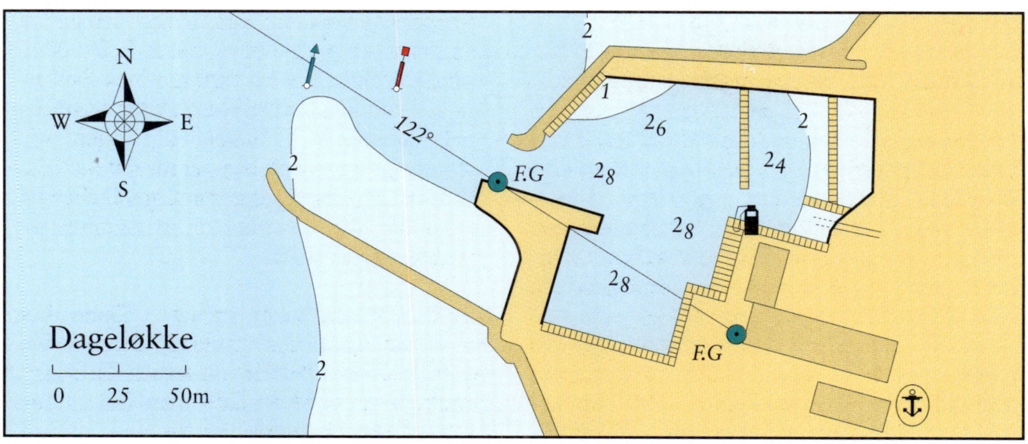

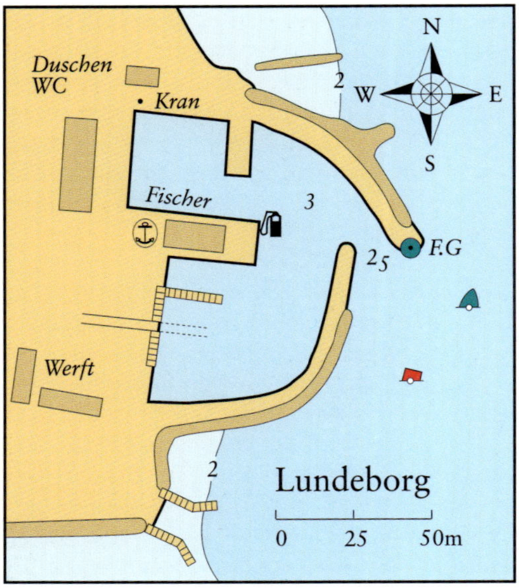

Langeland steht: das rote Tranekær. Man nimmt an, dass sich schon zu Zeiten der Wikinger hier eine befestigte Anlage befand. Von 1672 an saßen hier die Lehnsgrafen von Ahlefelt, die Langeland autonom regierten, ohne dass sie sich vom König in Kopenhagen hätten viel sagen lassen. Die Insel wurde deshalb zu dieser Zeit auch »Königreich Langeland« genannt, eine Periode, die erst nach dem 1. Weltkrieg mit einer Bodenreform zu Ende ging. Außer seinem schönen großen Park hat Schloss Tranekær noch etwas anderes zu bieten: in dem ehemaligen Reithaus einen sehr guten Kro, der für seine Wildspezialitäten wie Fasan, Ente und Reh weithin bekannt ist.

Nordwestlich von Dageløkke, jedoch am Ufer von Fünen, liegt der idyllische Hafen von

Lundeborg, dessen stattliches weißes Packhaus mit dem roten Balkenwerk den Blick auf sich zieht. Ein sehr guter, aber kleiner Hafen in einer schönen Lage mit Sandstrand und Waldufer. Anders als Dageløkke hat dieser Hafen noch eine echte Aufgabe: Hier geben die Fischer immer noch den Ton an, genauso wie sie auch den Hafen selbst unterhalten. Im Sommer, in den Urlaubswochen, herrscht ein ziemlicher Rummel, weil dann viele Touristen mit dem Auto hierher fahren, um sich an der stimmungsvollen Atmosphäre des Hafens zu erfreuen.

Die Ansteuerung ist nicht schwer: Das weiße Fachwerkhaus ist die beste Landmarke und der Landgrund durchweg rein, bis auf einen Stein (1,8 m) etwa 90 m südlich der Hafeneinfahrt.

Liegeplatz und Versorgung: *Wer sich nicht ärgern will, sollte früh am Nachmittag kommen. Wasser überall am Kai; Treibstoff, WC, Duschen s. Plan. 15-t-Slip und 3-t-Kran, Werft.*

Ankerplatz: *Wer im Hafen nicht unterkommt, der findet knapp 1 sm nördlich davon, unterhalb des schönen Purreskov (Wald) einen recht ordentlichen Liegeplatz, der jedoch nur bei West wirklich Schutz gibt. Die 2-m-Linie verläuft ca. 200 m vor dem Ufer (Grund Sand).*

Wasserstand: Tidenhub 0,6 m. Winde aus N und NW können den Wasserstand um 0,6 m erhöhen, südliche Winde ihn um 0,5 m senken.

Strom: Er läuft hier genauso wie vor Dageløkke, maximal erreicht er eine Geschwindigkeit von 1,5 kn.

Wer Lust auf einen Landausflug verspürt, sollte zu dem nahen *Hesselager Gård* wandern; schon der Weg dorthin durch den Wald ist eine Erholung. Das Schlösschen selbst mit seiner märchenhaften Architektur steht in einem See, umgeben von einem verwilderten, verwunschenen Park. Wer kräftig zu Fuß ist, kann noch ein Stückchen weiter nordwärts wandern: Bei dem Ort *Stokkebæk* stößt man auf Dänemarks größten Findling, einen 1000 Tonnen schweren, 12 m hohen Stein, der vor Urzeiten mit dem Eis aus dem norwegischen Urgebirge hierher gewandert ist.

Ziemlich genau gegenüber von Lundeborg liegt am Westufer von Langeland der nördlichste Hafen dieser Insel,

Lohals, dessen großes Hotel von weitem auszumachen ist. Man steuert mit Kurs E über den Lundeborg Belt, bis man nach 2,5 sm auf die erste rote Tonne des *Smørstakke Løbs* trifft, das über den ziemlich breiten und teilweise auch trockenfallenden *Rødgrund* führt. Das Fahrwasser hat an seiner Südseite nochmals eine rote und an der Nordseite eine grüne Tonne; beide sind weit gegeneinander versetzt. Die grüne, eine Leuchttonne (Fl. G. 5s), heißt, nach der flachen Sandinsel nördlich davon, *Smørstakken*, und wenn man sie erreicht hat, ist man auch schon jenseits des Riffs. Achtung: Läuft man von Westen durch das Smørstakke Løb, so hat man die roten Tonnen an der Steuerbordseite!

Strom: Er läuft hier wie zumeist im Lundeborg Belt entweder nord- oder südwärts und erreicht eine Geschwindigkeit von maximal 2 kn, dies aber sehr selten. Auch im Smørstakke Løb setzt er quer zur Passage, und da die Tonnen hart an den Untiefen ausliegen, empfiehlt es sich, dies beim Steuern zu berücksichtigen.

Es ist wirklich Geschmacksache, wo man sein Boot festmachen will, im Yachthafen oder im Fischerhafen. Der alte Fischerhafen hat mehr Atmosphäre; dafür ist es da etwas unruhiger. Die Fähre nach Korsør, die früher oft die Einfahrt versperrte, verkehrt nicht mehr. Dafür gibt es jetzt eine kleine Personenfähre, die zwischen Lohals und Lundeborg verkehrt.
Lohals ist ein winziger, gemütlicher Ort, in dem 600 Menschen leben, aber ohne Sehenswürdigkeiten, lässt man die schöne Umgebung einmal außer acht. Es lohnt sich ein (langer) Spaziergang zur Nordspitze von Langeland, von deren Steilküste aus man einen weiten Blick über den Großen Belt und gleichzeitig die Möglichkeit hat, sich schon einmal das Gewässer anzusehen, zu dem uns unser weiterer Törn bald führen wird.

Liegeplatz und Versorgung: *Im Fischerhafen* ***(A)*** *legt man sich entweder längsseits an die Außenmole oder zwischen Pfahl und Steg. Man liegt ruhig, außer bei Starkwind aus SW, der einige Unruhe selbst im Hafenbecken schafft. Im Yachthafen* ***(B)*** *macht man an einem der beiden ersten Stegen fest: Sie sind für Gäste reserviert und bieten 60 Booten Platz. Die Brücke dazwischen ist für Jollen reserviert. Sanitäre Anlagen Mehrere gute Restaurants. 20-t-Slip, 8-t-Kran, Werkstatt, Diesel.*

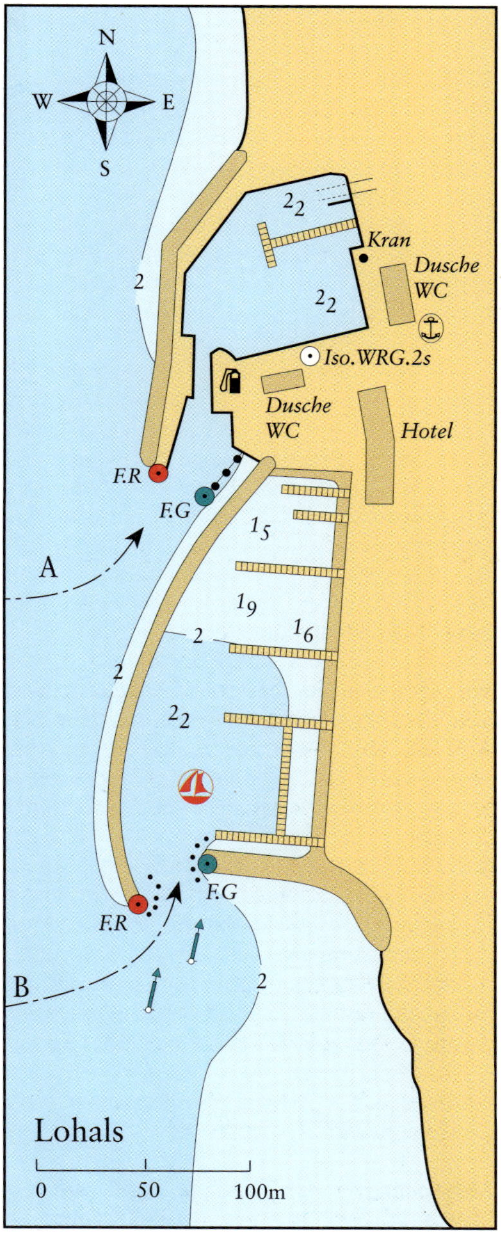

Wasserstand: Tidenhub 0,3 m. Winde aus NE können den Wasserstand um 1,5 m heben, Winde aus SW ihn um 1,2 m senken.

Obwohl der Lundeborg Belt ein Teil des Großen Belts ist, passt er als kleines und geschütztes Gewässer seinem Charakter nach nicht recht dazu.

Der »richtige«

Große Belt ist nicht allein ein rauhes Gewässer, das man tunlichst nur mit einem seetüchtigen Boot befahren sollte, sondern auch eine regelrechte Großschifffahrtsstraße – die einzige zwischen der Ostsee und dem Kattegat.
Geht man von der Nord-Süd-Richtung des Fahrwassers aus, dann beginnt der Große Belt auf der Linie *Fyns Hoved – Røsnæs* und führt bis zum südlichen Ende von Langeland und Lolland.
Für Yachten stellen die großen Schiffe ein beträchtliches Problem dar, denn die fahren auf *ihren* Wegen mit einigem Speed und haben dabei im allgemeinen wenig Platz zum Ausweichen. Durch den Großen Belt führt der Weg T (Betonnung »DW«), der bei *Skagens Rev* beginnt und vom Großen Belt aus weiter südostwärts verläuft. Man entnehme den Verlauf dieses Weges der Seekarte. Für Sportboote ergibt sich daraus folgendes:

- Yachten dürfen diesen Weg unter keinen Umständen befahren. Quert man den Weg T, so möglichst mit der Kielrichtung im rechten Winkel; den großen Schiffen muss man ausweichen: Rechts vor links gilt hier nicht.
- In dem engen Fahrwasser zwischen Korsør und Sprogø (Østerrenden) führt der Weg T durch ein Verkehrstrennungsgebiet. Darunter versteht man einen Schifffahrtsweg, der durch Trennlinien oder Trennzonen in Einbahnwege unterteilt ist und auf dem jeweils nur in der Fahrtrichtung rechts der Trennlinie oder Trennzone gefahren werden darf. Yachten dürfen in diesen Gebieten nicht kreuzen.

Man studiere sorgfältig die Seekarte und vergegenwärtige sich vor dem Auslaufen, mit welchen Einschränkungen und Vorschriften man zu rechnen hat!
Die Küsten des Großen Belts bieten im allgemeinen wenig Schutz, und es gibt deshalb – den Lundeborg Belt ausgenommen – nur ganz wenige brauchbare Ankerplätze. Bei Starkwind sollte man sie verlassen, erst recht solche vor einer Leeküste, und einen Hafen aufsuchen. Auf der anderen Seite gibt es am Großen Belt einige Häfen, und zwar recht gute, sodass man immer rasch unterkommen dürfte.
Das Fahrwasser des Großen Belts ist seinem Charakter als Großschifffahrtsweg entsprechend perfekt befeuert. Es würde zu weit führen, die zu seiner Durchsteuerung notwendigen Feuer aufzuführen. Man entnehme das der Seekarte und dem Leuchtfeuerverzeichnis.
Wer nachts durch den Großen Belt fährt, sollte sich zwar am Tonnenstrich, aber doch außerhalb des Fahrwassers halten. Wenn es, aus Zeitgründen etwa, sein muss, dann kann man eine Nachtfahrt machen; wegen des Schiffsverkehrs aber ist sie nicht ohne Risiko.

Strom: Die Stromverhältnisse sind eine Wissenschaft für sich, und was im folgenden gesagt wird, ist sehr grob gezeichnet: Bei ruhigem Wetter wird ein schwacher Strom nordwärts setzen – eine Oberflächenströmung aus dem weniger salzhaltigem Wasser der Ostsee. Bei Wind werden die Stromverhältnisse im Großen Belt deshalb so kompliziert, weil sie auch von jenen der umgebenden Gewässer beeinflusst werden. Allgemein kann man sagen:

- Nordwärts setzt der Strom bei Winden aus NNE über E und S bis WSW.
- Südwärts setzt der Strom bei Winden aus Richtungen zwischen W und NNE.

Erfahrungsgemäß tritt Nordstrom in zwei Dritteln des Jahres auf, oder anders: Man kann damit rechnen, dass ein nordwärts setzender Strom doppelt so häufig vorkommt wie der nach Süd setzende. Dafür ist der Südstrom der stärkere: Er erreicht im Jahresmittel eine Geschwindigkeit von 1,2 kn – im Vergleich zu 1 kn des Nordstroms – und eine maximale Geschwindigkeit von 3,5 kn gegenüber 3,3 kn des Nordstroms.
Der Nordstrom läuft stärker in der Østerrenden, dem Fahrwasser östlich von Sprogø, und der Südstrom vice versa stärker in der Vesterrenden, zwischen Nyborg und Sprogø.
Neerstrom tritt bei Nordstrom auf entlang der Kerteminde Bugt, und zwar bis hinauf nach Knudshoved, und dann wieder entlang der Ostküste von Langeland, etwa ab Tranekær bis zur Südspitze der Insel.

Fahrtenstrategie: Wer nordwärts durch den Großen Belt und sich dabei den Strom zunutze machen will, der sollte bei Nordstrom durch Østerrenden laufen; diesen Kurs sollte er auch bei einem an sich ungünstigen Südstrom wählen, denn der setzt in der Østerrenden immer noch schwächer als in der Vesterrenden. Wer nach Süden will, halte sich am Ufer von Fünen; dann hat er mitschiebenden Strom und nutzt ihn hier am besten. Läuft ihm aber ein Nordstrom entgegen, so geht er ihm mit diesem Kurs nicht nur aus dem Wege, sondern kann sich sogar noch den Neerstrom zunutze machen.

Die Grenze zwischen Hauptstrom und Neerstrom lässt sich an Stromkabbelungen, aber auch an treibendem Tang und anderem schwimmenden Zeug erkennen, wodurch eine ziemlich scharfe Linie gezeichnet wird.

Ob man von Lohals zuerst nach Nyborg (S. 67) segelt oder einen Schlag quer über den Großen Belt macht, wird wohl vom Wind abhängen. Ich gehe jetzt einmal davon aus, dass er günstig für eine Überquerung des Großen Belts steht:
Am Sektorenfeuer *Frankeklint* (Oc.RG.5s) vorbei, einer weißen Hütte am Steilufer der Nordspitze von Langeland, sollte man ruhig bis zu der schwarz-gelben Tonne *Hov Sand N* (**WP 387**, Q) laufen, auch wenn der *Hov Sand* für Yachten ausreichende Wassertiefen hat; nicht nur, weil man so freibleibt von den Stellnetzen, die es auf *Hov Sand* massenhaft gibt, sondern auch, weil man von dieser Tonne aus mit Kurs E ziemlich exakt zur Ansteuerung des Hafens von Omø kommt, einer kleinen Insel an der gegenüberliegenden Seite des Großen Belts.
Sobald man sich nach gut 3 sm – von der Tonne *Hov Sand* aus gerechnet – der grünen Leuchttonne DW 37 (**WP 381**, Fl(3)G.10s) nähert, ist größte Aufmerksamkeit geboten, denn nun kommt man ins Gebiet der großen Schifffahrtswege, die hier von Süden kommend aufeiander zulaufen, um sich zwei Seemeilen weiter zum Weg T zu vereinen. Erst nach 2 sm ist man darüber weg und aus dem Bereich der Großschifffahrt.

Die beiden Inseln *Omø* und *Agersø* wirken von Westen her so, als wären sie eine: Den *Omø Sund,* der sie trennt, kann man von hier nicht klar erkennen; dafür ragen hinter den Inseln die mächtigen Raffinerieanlagen von *Stigsnæs* in den Himmel – die steuert man zunächst einfach an.
Eine ebenfalls sehr auffallende Landmarke stellt der 22 m hohe gelbe Leuchtturm (Oc(2)WRG.12s) auf der äußersten Westspitze von Omø dar. Sobald man ihn in Süd peilt, sollte man seinen Kurs von E auf SE ändern, um damit auf den kleinen Hafen von

Omø zuzulaufen, der allerdings von hier nur schwer oder gar nicht auszumachen ist. Er liegt eben westlich des auffallenden Hügels *Skovbanke*. Bei der Ansteuerung des Hafens muss man auf Stellnetze achten, die sich von seiner Schutzmole aus weit nach NW erstrecken.
Der Ort um den Hafen heißt Kirkehavn und ist ziemlich öde, im Gegensatz zum Hauptort der Insel, Omø By, der recht zentral auf ihrem mehr flachen Teil liegt. Omø hat eine merkwürdige und deshalb auffallende Form: Im Süden ist die Insel sehr flach, da muss die Westküste sogar mit Deichen gegen das raue Wasser des Großen

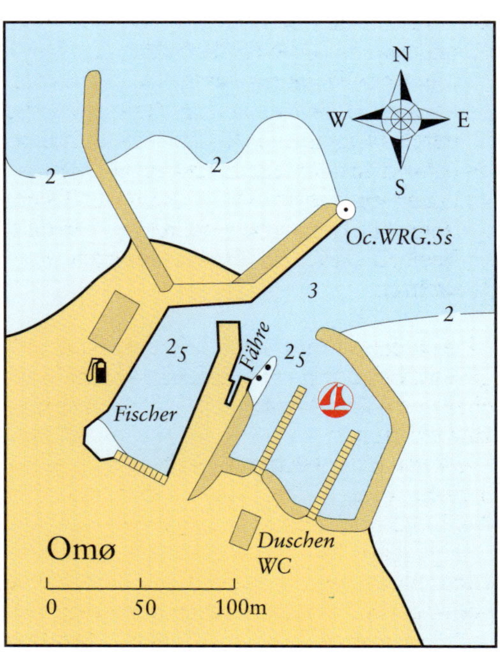

Belts geschützt werden. Nach Norden zu steigt sie beträchtlich an, bis sie mit dem waldlosen, grasgrünen Hügel Skovbanke mit 24 m ihre größe Höhe erreicht.
Die landschaftlich sehr reizvolle Insel ist von einem gewaltigen Flach umgeben, das sich einmal nach NE, zum Omø Sund hin, erstreckt und dann besonders weit nach Süden, wo es gewissermaßen eine Art Barriere zwischen Großem Belt und dem Smålandsfahrwasser bildet. Zum größten Teil ist dieses Flach von einer Yacht zu befahren, es gibt aber dazwischen Stellen mit nur 0,5 m Wassertiefe.

Liegeplatz und Versorgung: *130 Plätze hat der Yachthafen; dennoch wird man manchmal Mühe haben, einen Platz zu finden, so beliebt ist diese schöne Insel. Dann sollte man sich – wie früher – an der Außenmole (unruhig) längsseits legen oder sich im alten Fischerhafen einen Platz suchen. Zur Not lässt sich auch östlich und westlich vom Hafen auf Sandgrund ankern, was bei einer stabilen Wetterlage und wenig Wind gar keine so schlechte Sache ist. Treibstoff, WC und Duschen s. Plan. Kran (1 t). Lebensmittel am Hafen, Bank usw. im 1,5 km entfernten Omø By. Nahe am Hafen, dicht am Nordufer, ein schön gelegenes Restaurant.*

Ankerplatz: *Nicht nur als Notlösung bei Liegeplatzmangel im Hafen bietet sich ein schöner Ankerplatz unter der Kliffküste des Skovbanke im Osten der Insel an. Er gewährt Schutz bei Winden aus SW bis N (Grund Sand); die 2-m-Linie verläuft etwa 100 m vor dem Ufer. Bei der Ansteuerung halte man die Kirche von Omø By frei von der südlichen Abbruchkante des Kliffs; südlich davon schöner Sandstrand.*

Wasserstand und Strom: Tidenhub 0,2 m. Winde aus NE können den Wasserstand um 1,2 m erhöhen, Winde aus SW ihn um ebensoviel senken. Der Strom folgt im Allgemeinen der Windrichtung.

Der

Omø Sund, der die Inseln Omø und Agersø trennt, ist ein nicht sonderlich breites Gewässer, das gefahrlos befahren werden kann, wenn man sich in der tiefen Rinne hält. Das Fahrwasser ist jedoch so sparsam betonnt, dass man sehr darauf achten muss, nicht aus dieser Rinne zu geraten, denn der Landgrund steigt extrem steil an: Dicht neben der 25 m tiefen Fahrrinne gibt es 1,5-m-Stellen. Ob man bis zur Ansteuerung des Omø Sunds laufen soll, um zum *Agersø Sund* überzuwechseln, oder ob man schon vorher über das große *Helleholm Flak* fährt, wie es die Omø-Fähre tut, hängt einmal vom Tiefgang des Bootes, dann aber auch von den Seeverhältnissen ab. Bei ruhigem Wasser kann man die Südspitze von Agersø, die Halbinsel *Helleholm*, in einer Distanz von etwa 0,5 sm passieren. Auf dieser Landspitze steht der gleichnamige 12 m hohe, weiße Leuchtturm (Oc(3)WRG.15s), an dem man sich gut orientieren kann.
Voraus hat man, jenseits des Agersø Sunds, schon am Ufer von Seeland, den gewaltigen Kraftwerks- und Raffinerie-Komplex von Stigsnæs, der mit seinen Fabrikanlagen und den hellgrauen Öltanks alles ringsum zu erdrücken scheint.

In vielem ähnelt der

Agersø Sund dem Omø Sund. Auch er ist sehr tief, hat einen breiten, zumeist abrupt ansteigenden Landgrund und ist ähnlich sparsam betonnt, sodass es wegen der Richtfeuer fast leichter ist, ihn nachts zu befahren als tagsüber bei schlechter Sicht. Vorsicht ist geboten, wenn ein großer Tanker angerauscht kommt, der die Ölpiers von Stigsnæs ansteuern will.

Ankerplätze im Agersø Sund:

- **SE-lich vom Hafen;** die 2-m-Linie verläuft etwa 200 m vor dem Ufer, jenseits davon viele Steine! (Grund Sand, auch Tang und Steine.) Doch Vorsicht: Fischstöcke!

- Bei Wind aus E, aber nur E, liegt man recht ordentlich auf **Skælskør Red**, zwischen dem *Lindeskov Flak* und *Tudsehage* (Grund Sand, teilweise auch Schlamm).

- Bei Wind aus E, N und SE ankert man **außen vor Espe,** zwischen dem *Lindeskov Flak* und dem Landgrund nördlich davon

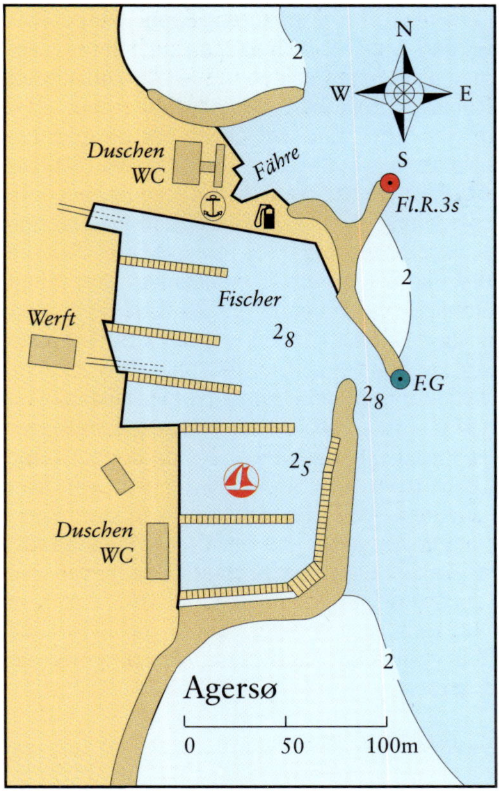

(Grund Sand, Lehm). Die 2-m-Linie verläuft etwa 100 m vor dem Ufer.

- Bei Wind aus W, N und S empfiehlt sich die **Bøgevig,** und zwar näher der waldigen Insel *Egholm* zu (Grund Schlamm, Sand). Bei der Ansteuerung achte man auf flache Stellen, deren Lage aus der Seekarte ersichtlich ist. Nahe dem Ufer zwei gelbe »DS«-Ankerbojen (nicht festmachen!).

Die Insel

Agersø und ihr kleiner nördlicher Trabant Egholm liegen sehr flach am Rande des Großen Belts. Eine grüne Insel, deren Bewohner vom Ackerbau und Fischfang und zunehmend vom Tourismus leben; viele Männer fahren auch hinüber nach Stigsnæs zur Arbeit. Der Hafen befindet sich an der Ostseite, am Ufer des Sunds, unverwechselbar mit der Holländermühle und der Ulmenallee, die zum Dorf hochführt.

Mit einem Tiefgang bis zu 2 m bereitet das Anlaufen keine Schwierigkeiten; man sollte so lange im tiefen Wasser des Agersø Sunds bleiben, bis man den Hafen in W peilt; dann einfach darauf zu! Die rot-weiße Mitte-Schifffahrtsweg-Tonne liegt 300 m vor der Hafeneinfahrt.

Liegeplatz und Versorgung: *Ein rundum guter, wenn auch sehr kleiner Hafen; hätte man nicht immer Stigsnæs vor Augen, könnte man ihn auch als idyllisch bezeichnen. Seit er nach Süden erweitert wurde, findet man schon eher einen Platz, dennoch ist der Hafen häufig schon am Nachmittag überfüllt. Treibstoff s. Plan. Wasser und Strom an den Stegen. Gute sanitäre Einrichtungen (auch Wäscherei) beim Yachthafen. 40-t-Helling, Werft, 5-t-Kran. Zum Bäcker nur ein paar Schritte. Lebensmittel, Bank usw. im nahen Dorf.*

Wasserstand und Strom: Tidenhub 0,2 m. Wind aus NE kann den Wasserstand um 1,2 m erhöhen, Wind aus SW ihn um ebenfalls 1,2 m senken. Der Strom folgt der Richtung des Agersø Sunds, setzt also immer quer zur Hafenansteuerung. Wind aus NE über S bis WSW verursacht einen nord-, Wind aus W und SW einen südsetzenden Strom.

Die Insel Agersø kann einem recht gut gefallen, wenn man wohl auch nicht allzu lange bleiben wird, schon um einem anderen nicht den Platz im Hafen wegzunehmen. Im Westen, am schnurgerade von Norden nach Süden verlaufenden Ufer, wo die Natur geprägt ist von dem rauhen Wasser des Großen Belts, findet man einen guten Badeplatz. Eine schöne Wanderung kann man zu der bewaldeten, menschenleeren Insel Egholm machen, die mittels eines Damms mit Agersø verbunden ist. Lohnend auch ein Spaziergang zu der einsamen, ganz flachen Halbinsel Helleholm im Süden, wo als Zeugnis der Vergangenheit ein Bautastein steht: einer jener schlanken, hohen Steine, die die Wikinger an auffallenden Stellen zu errichten pflegten. Man weiß nicht, zu welchem Zweck, nimmt aber an, dass es sich um Landmarken gehandelt hat. Der Bautastein von Helleholm soll von norwegischen oder schwedischen Wikingern stammen.

Die Einfahrt in den nur 2,5 sm langen

Skælskør Fjord ist nicht ganz leicht zu finden. Man sollte nach Möglichkeit nach Norden fahren, bis man die rot-weiße Mitte-Schifffahrtsweg-Tonne **(WP 540)**, die nicht sehr groß ist, genau in E peilt, weil man auf diese Weise dem Flach *Tudsehage* fernbleibt. Über die Barre, die im Westen durch einen niedrigen, schnurgeraden Steindamm geschützt ist, führt die Rinne in den Fjord. Versandungen treten so häufig auf, dass man sich nicht auf die von den zwei Baken (Dreiecke, rot-weiß, waagerecht gestreift) markierte 156°-Linie verlassen sollte. Besser ist es, sich nur nach den Tonnen zu orientieren und natürlich nach der Wassertiefe; man sieht an der hellen Färbung sehr gut, wo es – rasch! – untief wird. Was für den Tag gilt, gilt noch mehr für eine nächtliche Ansteuerung des Fjords. Die Baken tragen das Richtfeuer (156°) *Gedehave* O (U-F. und O-F.: F.R), das einen freilich auch nicht vor einer Grundberührung bewahrt, ganz abgesehen davon, dass damit die Befeuerung des Fjords bereits aufhört: Man kann ihn also nachts nicht befahren.

Der äußere Teil des Fjords ist von einer eigenartigen Landschaft geprägt: Die inzwischen nur noch 2,1 m tiefe Rinne windet sich zwischen Sandbänken dahin, die zum Teil trockenfallen und auf denen Unmengen von Steinen liegen. Sie ist mit dicht an dicht stehenden Stangen markiert, die als Toppzeichen rote Eimer bzw. grüne Kegel tragen. Man kann sich schwer vorstellen, dass hier größere Schiffe durchkommen, was aber der Fall sein muss, denn wozu sonst hätte Skælskør einen so großen Hafen?

Strom: Er läuft im Fjord im Sechs-Stunden-Rhythmus und erreicht selten eine höhere Geschwindigkeit als 3 kn; hat man ihn gegenan, wird man wohl unter Motor laufen müssen. Bei längeren Starkwindperioden wurden bis zu 5 kn gemessen; da möchte ich nicht mehr durch den Fjord fahren, auch nicht mit Maschinenkraft.

Die nahe der Fjordmündung am Nordufer gelegene

Vasebro mit ihren 50 m Länge wird fast nur

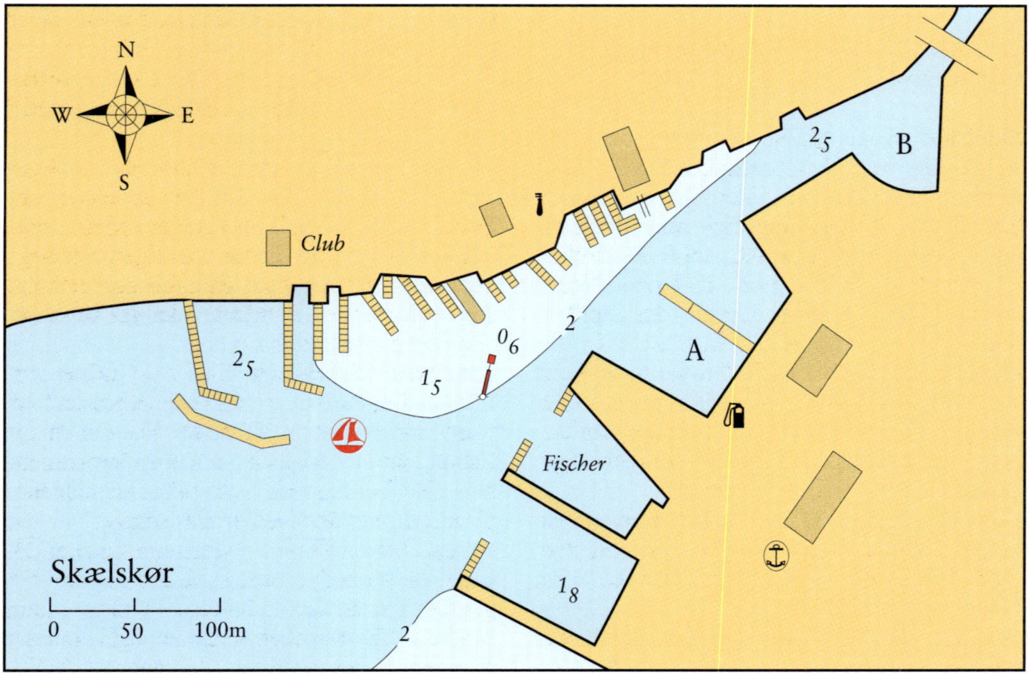

Skælskør.
Lange im Abseits, hat sich das Hafenstädtchen inzwischen fein herausgemacht. Gute Liegeplätze, aber eine etwas lange und umständliche Anfahrt.

von Fischern benutzt – für eine Yacht eine etwas kitzlige Sache schon beim Anlegen, wegen des Stroms. Vor dem 14 m breiten Kopf der Brücke findet man noch gut 2 m Wassertiefe vor. Hier macht man fest. Ein rauer, unter der Woche einsamer Platz. Keinerlei Versorgungsmöglichkeiten. Kaum Schutz vor Winden.

Sobald man die Huk *Slagternæse* gerundet hat, sieht man voraus

Skælskør liegen, das mit seiner roten Backsteinkirche über den Hausgiebeln aus dieser Entfernung keinen schlechten Eindruck macht, bei näherer Betrachtung sich aber doch als etwas langweilig erweist. 4500 Menschen leben hier zwischen Fjord und dem Noret, einem flachen Moorsee jenseits der Straßenbrücke. Der westliche Teil der Stadt ist der ältere. Hier steht auch die Kirche St. Nikolaj aus dem Jahre 1300. Skælskør hatte früher einmal eine gewisse Bedeutung als Fährplatz, konnte sich aber gegen das sehr viel günstiger gelegene Korsør nicht behaupten.
Dass Skælskør so umständlich anzusteuern ist, hat sein Gutes, denn so findet man in dem großen, leer wirkenden Hafen immer einen Platz.
Schön ist das nahebei gelegene Renaissanceschloss Borreby, auf das man einen Blick erhascht, wenn man um die Huk Slagternæse fährt: eine wuchtige Anlage, umgeben von Wassergräben und Mauern. H. C. Andersen hat eine Geschichte geschrieben, die hier spielt.

Liegeplatz und Versorgung: *Am Fischerhafen vorbei fährt man in das große Becken des Yderhavns **(A)**, wo eigens für Gastyachten ein Schwimmsteg ausgelegt ist. Genausogut kann man sich in den Inderhavn **(B)** legen, an dem allerdings die Autostraße dicht vorbeiführt und wo auch das Fährboot festmacht. Hier setzt spürbar Strom, der nahe der Brücke ziemlich schnell wird (bis zu 5 kn!). Boote mit einem Tiefgang bis zu 2 m können in den Yachthafen. Der Hafenmeister weist einen Platz zu, zumeist an der Bb-Seite der Anlage. Treibstoff s. Plan. Läden aller Art rechter Hand von der Brücke.*

Wasserstand: Tidenhub 0,5 m. Winde aus Richtungen zwischen NW und NE können den Wasserstand um 1 m erhöhen, Winde zwischen SE und SW ihn um 0,6 m senken.

Beherrschend liegt

Korsør, die bis zum Bau der großen Brücke bedeutendste Fährstadt Dänemarks, auf einer weit nach Westen ragenden Halbinsel am Ostufer des Großen Belts – eine so hervorragende Lage, dass an dieser Stelle zwangsläufig ein Hafen entstehen musste.
Für Yachten ist Korsør deshalb ein wichtiger Platz, weil die Stadt den besten Hafen am Ostufer des Großen Belts hat, der zudem ziemlich auf der Mitte dieses wichtigen Seewegs liegt und der sich auch dadurch auszeichnet, dass er ohne viel Umstände oder gar Umwege angefahren werden kann.
Man wird nur wenige Städte in Dänemark finden, die derart auf ihren Hafen hin orientiert waren wie Korsør: Auf Anhieb fiele mir da nur Esbjerg ein. Aber das ist nun alles Vergangenheit. Der Verkehr, ob Auto oder per Schiene: alles rollt nun über die große Brücke.
Angesichts der Silos, Schornsteine und der Öltanks rings um den Hafen sollte man gar nicht glauben, dass das nüchterne Korsør noch schöne, stille Eckchen hat, aber dafür müsste man sich dann schon etwas Zeit nehmen. Male-

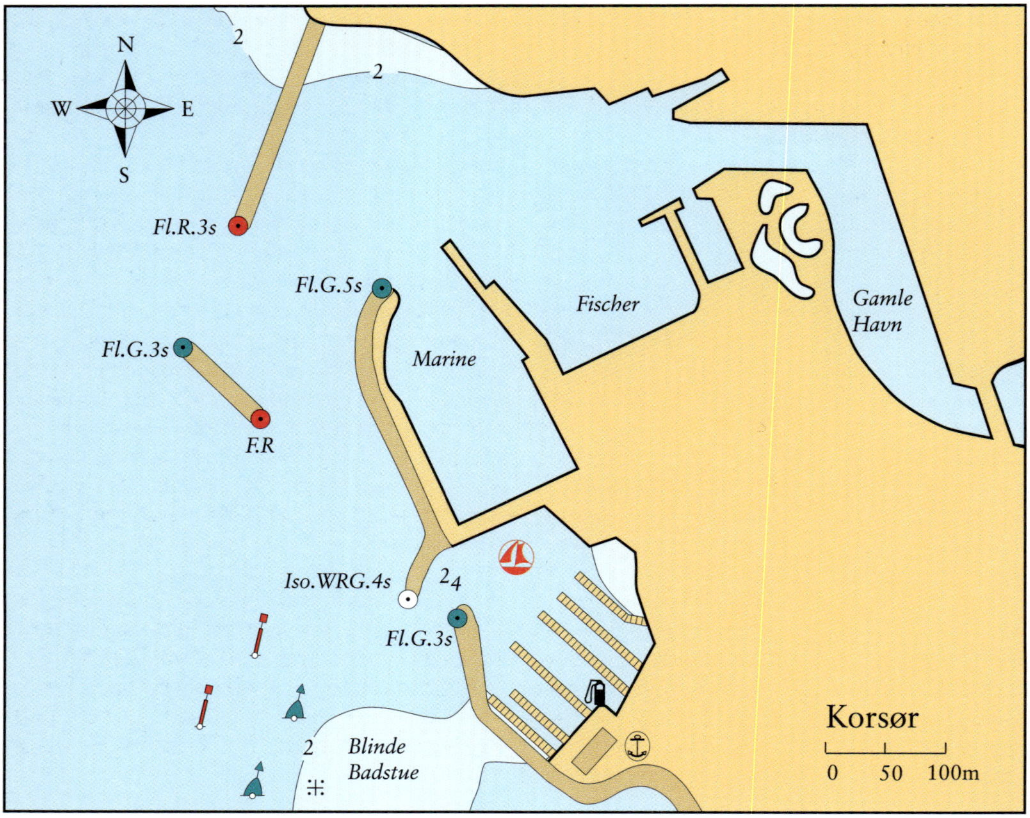

risch ist das putzige Kastell mit der Seebatterie und dem wuchtigen Turm aus der Valdemar-Zeit, umgeben vom Wassergraben und den baumbestandenen Wällen.

Korsørs Ursprung reicht in das 13. Jahrhundert zurück. Da gab es hier eine kleine Burg, die, wie so viele im südlichen Dänemark, Schutz gegen die räuberischen Wenden geben sollte. Seine so günstige Lage ließ den Ort rasch zu einer wohlhabenden Hafen- und Handelsstadt werden. Skælskør, der ältere Konkurrent im Süden, war schnell ausmanövriert, und bald besaß Korsør zusammen mit Nyborg das Monopol der Überfahrt zwischen Fünen und Seeland. Als Erik von Pommern (1412–1430) abdankte, weil er keine Lust hatte, dem Adel zu viele Zugeständnisse zu machen, da wählten hier in Korsør die Großen des Reiches seinen Neffen, Christoph von Bayern (ausgerechnet!), zum König von Dänemark. Dies freilich blieb eine Episode. Ansonsten hielten sich die Könige nur dann in Korsør auf, wenn sie es bei schlechtem Wetter nicht wagten, über den Belt zu setzen. Dann wohnten sie zumeist im »Kongegård«, einem prächtigen, schlossähnlichen Kaufmannshof in der Algade, der dort bis auf den heutigen Tag steht.

Ansteuerung: *Von den großen Schiffen abgesehen, die durch die Østerrenden ziehen, nicht schwer, wenn auch etwas verwirrend. Man sollte einfach auf die beherrschend daliegende Stadt zufahren, bis man eindeutig das Leuchtfeuer Korsør identifiziert, das auch tagsüber eine gute Landmarke ist: ein roter Gittermast auf einem weißen Sockel nahe vor der Hafeneinfahrt. Von da aus hinein in den Yachthafen (s. Plan). Gastboote an Bro 5! Wichtig, dass man – von Süden kommend – dem Flach Blinde Badstue fernbleibt, das sich südwestlich vom Yachthafen erstreckt und teilweise trockenfällt. Hält man sich westlich der beiden grünen*

Spitztonnen, die die Riffkante markieren, dann kann gar nichts passieren.

Liegeplatz und Versorgung: *Obwohl die unmittelbare Umgebung des Yachthafens etwas kahl wirkt, sollte man ihn und nicht den unruhigen Handelshafen ansteuern. Gäste machen am obersten Steg fest (Bro 5). Boote mit einem größeren Tiefgang als 2 m fahren besser gleich in den Gamle Havn, der Atmosphäre hat, aber auch unruhig und mit seinen hohen Kais für eine Yacht ziemlich unkomfortabel ist. Den Fischerhafen muss man meiden, da die Fischer jedes Plätzchen brauchen. Am Yachthafen saubere Duschen und WC. Eine Cafeteria, in der man recht ordentlich essen kann. Wasser an den Stegen. Diesel-Tankstelle, mit Mastenkran daneben. Ein Autokran kann bestellt werden. Reparaturmöglichkeiten aller Art sind gegeben; der Hafenmeister hilft mit Rat und Tat. Lebensmittel usw. in der nahen Algade.*
Im Yachthafen mit seiner verqueren Einfahrt wird man immer ruhig liegen, auch dann, wenn ein harter West die Gischt über die Mole treibt. Hafenamt UKW-Kanäle 16, 12 und 13.

Wasserstand und Strom: Tidenhub 0,3 m. Sturm zwischen NW und NE kann den Wasserstand um 1,3 m erhöhen, Sturm aus S ihn um 0,9 m senken. Der Strom spielt vor dem Yachthafen keine große Rolle, obwohl man die verwinkelte Einfahrt zügig passieren sollte. Anders im Handelshafen: Hier setzt immer Strom, verursacht durch die Wasserstandsveränderungen im Korsør Nor. Dieser Strom bewegt sich im Rhythmus der Gezeiten und erreicht bei ruhigem Wetter eine Geschwindigkeit von etwa 2 kn. Bei länger anhaltenden Starkwindperioden muss man mit Stromgeschwindigkeiten von bis zu 4 kn rechnen.

Unser 10 sm langer Weg westwärts hinüber nach Nyborg verläuft quasi immer parallel zur großen

Belt-Brücke. Das gigantische Bauwerk hat eine Länge von insgesamt 18 km. In der Mitte stützt sie sich auf das Inselchen Sprogø. Die Westbrücke überquert die *Vesterrenden*. Sie ist fest, ruht auf 63 Pfeilern und hat eine Länge von 6,6 km; es ist eine kombinierte Auto- und

Großer Belt.
Die gewaltige Brücke über den Großen Belt. Voraus die Hauptdurchfahrt für die Großschifffahrt. Es ist Abend. Der Segler nimmt Kurs auf Korsør.

Eisenbahnbrücke. Die Ostbrücke überquert die *Østerrenden;* sie ist 6,8 km lang und nur noch für den Autoverkehr da. Die Eisenbahn verschwindet auf Sprogø in einem Tunnel und taucht erst nach 8 km wieder auf Halskov auf. Die Arbeiten an diesem beeindruckenden Bauwerk begannen am 23. Juni 1988 und wurden – fast auf den Tag genau zehn Jahre danach – am 14.6.1998 fertig. Gekostet hat das alles rund 22 Milliarden dänische Kronen. Nachdem jetzt auch die Brücke über den Öresund fertig ist – zwischen Malmö und Kopenhagen –, kann man »trockenen Fußes« über Dänemark bis nach Schweden gelangen. Am beeindruckendsten ist die Ostbrücke. Sie hat 22 Pfeiler. An den beiden 254 m hohen Pylonen ist eine Hängebrücke befestigt, die eine 1624 m freie Breite überbrückt und eine Durchfahrtshöhe von 65 m hat. Darunter verläuft der **Weg T,** den die großen Schiffe nehmen.

Hinweis: Wer UKW hat, sollte die Verkehrs- und Sicherheitsinformationen auf Kanal 16 mithören (Great Belt Traffic). Boote, deren Masthöhe 15 m übersteigt, müssen sich bei Great Belt Traffic Control (Kanal 11) melden.

Passage Vesterrenden. Die nordwärts gehende Passage verläuft zwischen den Pfeilern 34 und 35 und hat eine Durchfahrtshöhe von 16,9 m. Die gleiche Höhe hat die südwärtige Passage, die zwischen den Pfeilern 37 und 38 verläuft. Man sollte immer die richtige Passage nehmen. Die nordwärtige beginnt bei der rot-weißen Mitte-Schifffahrtsweg-Tonne (**WP 373**, Iso. 4s), die südwärts verlaufende bei der rot-weißen Mitte-Schifffahrtsweg-Tonne (**WP 372**, Iso.4s). Die Durchfahrt zwischen den Pfeilern ist 70 m breit. Man kann auch zwischen anderen Pfeilern die Brücke passieren:

Pfeiler	**Durchfahrtshöhe in Meter**
Sprogø	
02 – 03	5,5
03 – 04	6,2
04 – 05	6,9
05 – 06	7,6
06 – 07	8,3
07 – 08	8,9
08 – 09	9,5
09 – 10	10,1
10 – 11	10,7
11 – 12	11,2
12 – 13	12,0
13 – 14	12,0
14 – 15	12,4
15 – 16	12,9
16 – 17	13,3
17 – 18	13,7
18 – 19	14,1
19 – 20	14,5
20 – 21	14,8
21 – 22	15,1
22 – 23	15,5
23 – 24	15,5
24 – 25	15,8
25 – 26	16,0
26 – 27	16,2
27 – 28	16,4
28 – 29	16,5
29 – 30	16,6
30 – 31	16,7
31 – 32	16,8
32 – 33	16,9
33 – 34	16,9
34 – 35	16,9
35 – 36	16,9
36 – 37	16,8
37 – 38	16,8
38 – 39	16,6
39 – 40	16,5
40 – 41	16,3
41 – 42	16,1
42 – 43	16,1
43 – 44	15,8
44 – 45	15,6
45 – 46	15,3
46 – 47	15,0
47 – 48	14,7
48 – 49	14,4
49 – 50	14,0
50 – 51	13,3
51 – 52	13,2
52 – 53	13,2
53 – 54	12,6
54 – 55	12,1
55 – 56	11,6
56 – 57	11,1

57 – 58	10,6
58 – 59	10,0
59 – 60	9,4
60 – 61	8,8
61 – 62	8,1
62 – 63	7,5
Knudshoved	

Passage Østerrenden. Es ist der Hauptschifffahrtsweg T, er wird unter der Brücke durch das Verkehrstrennungsgebiet »Between Sprogø and Korsør« geleitet. Die Trennzone ist 0,1 sm breit; sie wird in der Mitte von rotweißen Tonnen markiert. Der Weg T darf, sollte aber von Yachten nicht befahren werden. Es ist ja auch genug Platz zwischen den anderen Pfeilern. Sie können entweder westlich oder östlich vom Hauptschifffahrtsweg durch die Brücke fahren. Dabei muss zu den größten Brückenpfeilern ein ordentlicher Abstand gehalten werden, denn einige ruhen auf großen Steinbetten, auf denen unter Umständen weniger als 2 m Wasser stehen. Bei Starkwind und entsprechendem Strom bildet sich eine steile, unangenehme Welle, auch Grundseen können entstehen. Am kritischsten sind die Durchfahrten zwischen den Pfeilern 10 und 14 sowie 19 und 20. Wer östlich des Hauptfahrwassers die Brücke passiert, kann es gut zwischen den Pfeilern 7 und 8 auf einer Wassertiefe von 5 m machen. Wer westlich des Hauptfahrwassers fährt, am besten zwischen den Pfeilern 22 und 23 auf 7 m Wassertiefe. Bei wenig Verkehr ist es am einfachsten, jeweils zwischen den Pylonen und den (dreieckigen) Ankerblöcken zu fahren.

Hinweis: Wer unsicher ist, kann über Telefon 0045-58 37 68 68 Vessel Traffic Service anrufen: Auskünfte in Dänisch und Englisch, wenn man Glück hat, auch in Deutsch.

Pfeiler	Durchfahrtshöhe in Meter
Halsskov	
02 – 03	8,0
03 – 04	11,5
04 – 05	15,0
05 – 06	18,5
06 – 07	22,0
07 – 08	25,5
08 – 09	29,0
09 – 10	32,5
10 – 11	36,0
11 – 12	39,5
12 – 13	43,0
13 – 14	46,5
Hängebrücke	
19 – 20	44,0
20 – 21	40,0
21 – 22	36,0
22 – 23	32,0
23 – 24	28,0
24 – 25	24,0
25 – 26	20,0
Sprogø	

Kommt man von Korsør her, so ist die auffallendste Landmarke am Ufer von Fünen das gelbe Steilufer Knudshoved mit dem gleichnamigen, 12 m hohen, weißen Leuchtturm darauf. Auf den hält man zu, um danach die flache, stellenweise mit Wald bewachsene Halbinsel *Østerø* zu runden, womit man dann auch schon an der Mündung des

Nyborg Fjords angelangt wäre, einem trichterförmigen, sich 2 sm nach NW erstreckendenGewässer, das eher die Bezeichnung Bucht verdiente, mit einem zumeist sehr breiten und unregelmäßigen Landgrund.

Nyborg genießt einen großen Ruf als alte und geschichtsträchtige Stadt; im Hafen aber, der den Charme von Duisburg-Ruhrort hat, merkt man davon so gut wie nichts. Diese sehr günstig gelegene Stadt, ein bisschen versteckt im Fjord, der mit seinen Untiefen von einem Ortsfremden nicht leicht zu befahren und doch von See her schnell zu erreichen war, wenn man sich auskannte, war im frühen Mittelalter praktisch die Hauptstadt des Reiches, sicher aber sein politisches Zentrum, jedenfalls für die Zeit, da auf Schloss Nyborg der Danehof tagte. Hier hatte der König mit dem Adel und der Geistlichkeit einmal im Jahr zusammenzutreffen, um die Reichsangelegenheiten zu beraten. Der Danehof, wir würden sagen: Reichstag, trat in Nyborg erstmals 1282 zusammen, nachdem der Adel dem schwachen König Erik Klipping weitgehende Rechte abgetrotzt

hatte, und von da an regelmäßig jedes Jahr, bis 1413.
Die »handfæste«, die Handfeste, die diese Beratungen genau regelte, bezeichnet man als die dänische Magna Charta oder das Grundgesetz des Reiches. Es war ja nicht so, dass die Könige unumschränkte Herrscher gewesen wären, vielmehr standen sie in ständigen Kraftproben mit dem Adel und der Geistlichkeit: Einer, Erik von Pommern (1397–1438), warf den Bettel hin und dankte, der ewigen Auseinandersetzungen müde, ab; ein anderer, Christian II. (1513–1523), der auf Schloss Nyborg zur Welt kam, wurde abgesetzt und bis an sein Lebensende eingesperrt. Erst Frederik III. (1648–1670) gelang es, die Macht des Adels zu brechen und mit der Lex Regia 1660 in Dänemark die absolute Monarchie einzuführen.
Die im Westen der Stadt gelegene, von einem Wassergraben umgebene Burg wurde um 1170 gegründet, wie Korsør gegen die Wenden. Daraus entstand Anfang des 13. Jahrhunderts ein wehrhaftes Schloss mit einem Palast des Königs und eben dem großen Ratssaal, in dem der Danehof tagte. Burg und Stadt wurden im Schwedenkrieg (1658–1660) erobert und schwer verwüstet. Die Burg wurde Anfang unseres Jahrhunderts behutsam restauriert, sodass man heute noch einen guten Eindruck von diesem geschichtsträchtigen Ort bekommt.
Nyborg war bis zu jenem für Dänemark so unglücklichen Schwedenkrieg die reichste Stadt des Landes: Bis zu 80 Prozent der dänischen Kornausfuhr liefen über sie, denn mit dem Fjord hatte sie einen guten Naturhafen. Die Schiffe lagen dort auf Reede und kamen nur zum Beladen an eine Brücke gesegelt, die sich dort befand, wo heute der Østerhavn ist. Einen richtigen Hafen bekam die Stadt erst um die Mitte des vorigen Jahrhunderts.
So chaotisch die unmittelbare Umgebung des Hafens ist, so verbaut ist auch die ganze Stadt. Man muss sich fast schon detektivisch auf die Suche nach ihren Sehenswürdigkeiten begeben. Neben dem Schloss sollte man sich die Vor Frue Kirke (Frauenkirche) ansehen, zu der die große Margarete 1388 den Grundstein legte, daneben den Korsbrødregård von 1396, wo Karl Gustav von Schweden logierte und den Übergang über den Belt plante. Wenn man schon am Schloss ist, kann man auch die paar Schritte zum Landporten mit seinen Wällen und Wassergräben machen, Dänemarks längstem Festungstor. Im schönsten Bürgerhof, Mads Lerckes Gård, ist das Stadtmuseum untergebracht.
Von Nyborg aus lassen sich Touren ins Innere

Nyborg.
Im Mittelalter Zentrum des Landes.
Im Schloss Nyborg tagte regelmäßig der »Danehof«, um mit dem König die Reichsangelegenheiten zu beraten.

von Fünen unternehmen, dieser Insel, die wie ein einziger Garten wirkt: etwa nach Egeskov (28 km), dem schönsten Wasserschloss Fünens, vielleicht sogar ganz Dänemarks, oder zum verwunschenen Hesselagergård bei Lundeborg (17 km) oder auch mit der Bahn nach Odense (20 km), der Hauptstadt von Fünen. Hat man wenig Zeit, so sollte man sich wenigstens Holckenhavn ansehen, einen großen Herrensitz, der gar nicht weit vom Hafen entfernt liegt.

Liegeplatz und Versorgung: *Man hat die Möglichkeit, in den neuen Yachthafen (Yachtsymbol), in den alten Bootshafen* ***(A)*** *oder in den Østerhavn (****B****, Foto nächste Seite) zu gehen. Der Yachthafen liegt im Schatten der Öltanks von Avernakke, der Østerhavn ist eingezwängt vom Rangierbahnhof, einer viel befahrenen Autostraße und einem riesigen Parkplatz, allerdings schön renoviert und für große Boote der beste Platz. Der Bootshafen könnte einem gut gefallen, aber der hat am wenigsten Platz. WC und Duschen s. Plan. Wasser an den Stegen. Diesel bekommt man im Bootshafen. 20-t-Travellift. 8-t-Mobilkran. Ein paar hundert Meter vom Bootshafen entfernt findet man einen guten Zubehörhandel, das »Marine-Center«. Werft mit großem Slip (17 t) am Bootshafen. Lebensmittel, Bank usw. in der nahen Fußgängerzone. Insgesamt gute Versorgung. Hafenamt UKW-Kanäle 16 und 12 (werktags zwischen 0700 und 1600).*

Wasserstand und Strom: Tidenhub 0,3 m. Sturm zwischen WNW und NE kann den Wasserstand um 1 m erhöhen, Sturm zwischen SSW und SE ihn um 0,7 m senken. Der Strom hat keine große Bedeutung; er läuft im allgemeinen mit der Windrichtung.

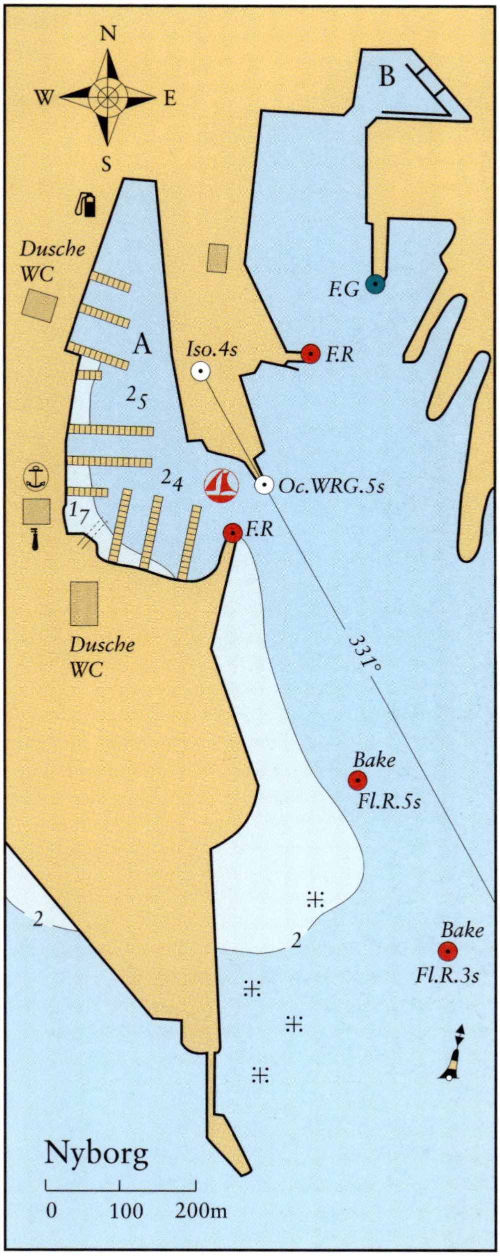

Nach Passieren der Brücke (s. S. 65) stellt einen der 10 sm weite Weg nordwärts nach Kerteminde nicht vor besondere Probleme. Der Große Belt wird nun immer breiter, das rauhere Kattegat wird zunehmend spürbar. Die Westküste, die wir hochschippern, hat einen gleichmäßigen, schmalen Landgrund.

Auf eines aber sollte man noch achten – den Strom: Setzt er südwärts, dann muss man sich damit abfinden. Setzt er aber nordwärts, dann sollte man ein bisschen aufpassen, damit man ihn auch richtig nutzt; denn nahe unter Land läuft uns ein Neerstrom in südlicher Richtung entgegen. Man muss also unter diesen Umständen dem Ufer möglichst fernbleiben (siehe auch S. 67).

Am Scheitel der *Kerteminde Bugt,* einem tiefen, reinen Gewässer, liegt der Fischerort

Nyborg.
Der Østerhavn (Osthafen) war lange Zeit ziemlich unruhig. Seit aber die Eisenbahnfähren stillgelegt sind, liegt man hier ruhig und angenehm.

Kerteminde, den man schon weit draußen im Großen Belt an seinem hohen, hellen Silo erkennen kann. Nähert man sich dem Hafen noch mehr, so wird man auch eines gigantischen Gebildes gewahr werden, das sich bald als der Portalkran der Lindø-Werft herausstellt, die sich aber nicht am Ufer des Belts, sondern westlich von Kerteminde am Odense Fjord befindet.
Sonderlich attraktiv wird man Kerteminde, einen Ort mit 12 000 Einwohnern, nicht finden. Heute ein bedeutender Fischerhafen, war die Stadt einst der Hafen von *Odense*, der Hauptstadt von Fünen, bis diese 1804 nach dem Bau des Kanals selbst zur Hafenstadt wurde (s. S. 166).
Der Ort liegt bretteben auf dem Land zwischen dem Kertinge Nor und der Kerteminde Bugt. Auf dem mit gerade 2,9 m höchsten Punkt steht die Skt. Laurentius Kirke, die um 1400 gebaut wurde. Das Städtchen wirkt wie auseinandergefallen: Nur im Bannkreis der Kirche findet man noch einige, allerdings sehr schöne Fachwerkhäuser, am Hafen aber nur weite, asphaltierte Parkflächen mit dem alles überragenden Silo.

Liegeplatz und Versorgung: *Die große, von Wellenbrechern gut geschützte Marina können Boote bis zu 15 m Länge anlaufen. Für sehr gut und praktisch halte ich den Holzsteg vor den Silos (allerdings sehr unruhig bei östlichen Winden); man hat hier alle Annehmlichkeiten des Yachthafens. Vorsicht beim Anlegen wegen des Stroms!*
Gute sanitäre Einrichtungen findet man im Yachthafen. Wasser und Strom an den Stegen. Diesel, Slip, Mastenkran s. Plan. Beim Yachthafen kann ein Autokran bestellt werden. Nahe ein vorzügliches Zubehörgeschäft, die »Fehr Marina«, mit Werkstattbetrieb; gleich daneben ein großer Supermarkt. Hafenbüro hält auf UKW-Kanal 16 täglich zwischen 1100 und 1200 Hörwache.

Wasserstand und Strom: Tidenhub 0,5 m. Winde von NW über N bis NE können den Wasserstand um 1 m erhöhen, südliche Winde ihn um 0,8 m senken.
Ziemlich problematisch kann der Strom werden, jedenfalls im Handelshafen. Das Kertinge Nor füllt und leert sich im Rhythmus der Gezeiten. Entsprechend läuft der Strom in den Hafen hinein bzw. wieder heraus und erreicht dabei eine Geschwindigkeit von etwa 3 kn, was beim Anlegen an den hohen Kais schon schwierig genug ist. Schlimm kann es bei Starkwind werden, denn dann rauscht nicht selten ein Strom von 5 kn durch den Hafen. Merke: Starkwind aus NW und N verursacht ein-, Starkwind aus S bis SW auslaufenden Strom von der eben beschriebenen Stärke.

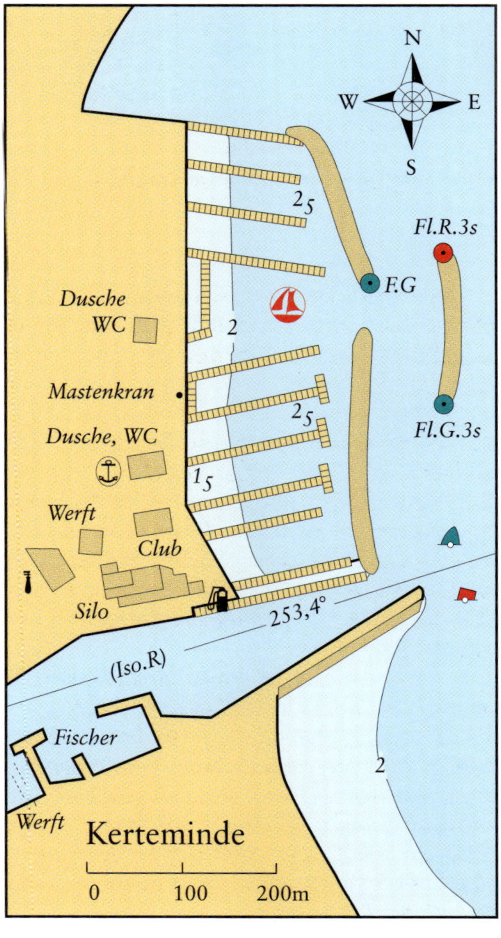

Kerteminde.
Die gewaltigen Silos sind von weit her zu sehen. Sie dominieren zwar den Hafen, der aber gute Liegeplätze bietet, entweder hier bei den Fischern oder im großen Yachthafen.

Sehenswürdigkeit: 4 km südwestlich von Kerteminde wurden 1935 die Reste eines Wikingerschiffes (Ladbyskibet) gefunden, das jetzt in dem beleuchteten Grabhügel ausgestellt ist. Wahrscheinlich handelte es sich bei diesem Schiff, das 21,6 m lang und nur 2,85 m breit war, um ein Kultschiff; wegen seines niedrigen Freibords dürfte es keinesfalls für die Hochseefahrt gebaut worden sein.

Die meisten Segler steuern von Kerteminde aus nordwärts in den Samsø Belt oder auch zu der eigenartigen Lagunenlandschaft von Fyns Hoved (s. S. 164). Mit diesem Törn soll der Große Belt jedoch einmal nicht nur als Passage benutzt, sondern voll ausgesegelt werden; deshalb geht es jetzt wieder hinüber zum Ostufer, und zwar zur Musholm Bugt.

Vorher aber noch ein kleiner Abstecher zu der idyllischen Insel

Romsø, die im Gegensatz zu den zumeist kahlen, nur mit Gras und Busch bewachsenen anderen Belt-Inseln mit einem dichten, hohen, dunklen Wald bestanden ist. Leider kommt man nur schlecht an diese Insel heran, die, obwohl in Privatbesitz, betreten werden darf, wenn auch nur von Sonnenaufgang bis Sonnenuntergang. Die Anlegestelle befindet sich an der Südseite: eine ziemlich wackelige Brücke, besser deshalb, davor zu ankern. Romsø gehört zu dem nahen Herrenhof Hverringe, ist aber schon seit längerem nicht mehr bewohnt.
Eine schöne, stille, unberührte Insel.
Man kann rings um Romsø ankern, aber nirgendwo liegt man sicher und bequem – am besten noch nördlich und südlich von Romsø W Rev.

Wer nordwärts will und durch den *Romsø Sund* fährt, sollte sich peinlich genau westlich von den roten Tonnen halten, die vor dem steinigen *Romsø W Rev* ausliegen.
Wer von Kerteminde aus auf geradem Kurs ostwärts segelt, der hat bis hin zur Musholm Bugt rund 15 sm vor sich: Nirgendwo ist der Große Belt breiter als hier. Man quert dabei – wieder einmal – den Weg T, ohne dass man dies erkennen könnte, denn die Tonnen, die ihn markieren, sind alle zu weit weg. Die

Musholm Bugt anzusteuern, würde nicht sonderlich lohnen, gäbe es hier nicht die Insel Musholm mit ihrer Ankerbucht, den rauhen Fischerhafen von Reersø und die kleine, aber feine Marina von Mullerup.
Die Ufer der Bucht sind leicht hügelig und steigen nach Osten zu immer mehr an; sie sind geprägt von Grün in allen Schattierungen.
Nur im Südosten, vor dem Ort Kongsmark, setzt eine gelbe Kliffküste einen deutlichen Akzent. Südlich davon mündet der Tude Å, jener Fluss, auf dem einst die Wikinger zur ihrer Trelleborg ruderten.

Das eigenartige Inselchen

Musholm ist an seiner senkrecht abfallenden, wenn auch nicht sehr hohen, gelben Kliffküste vom Großen Belt her leicht zu erkennen, seine sich nach Osten öffnende Bucht aber nicht ganz so leicht anzusteuern. Die Insel liegt auf dem

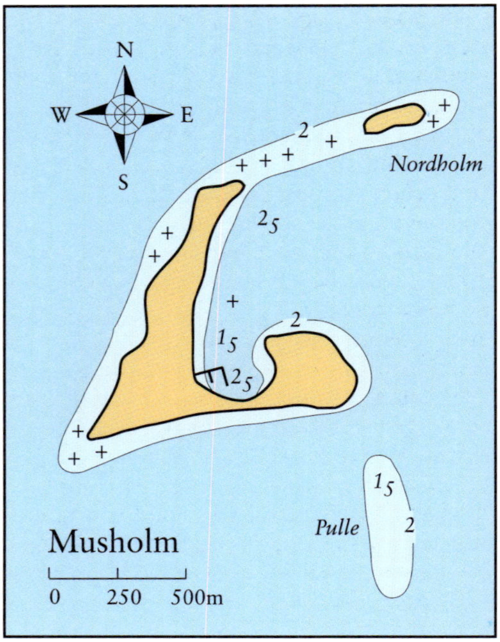

großen Landgrund, der sich von Reersø aus südwärts erstreckt und noch über die Insel hinausgreift. Im Grunde bleibt es sich gleich, ob man nord- oder südwärts an der Insel vorbeiläuft. Obwohl im Süden das berüchtigte Sandriff *Pulle* liegt, das schon unzähligen Yachten zum Verhängnis wurde, würde ich nicht zögern, die Ankerbucht von Süden her anzusteuern, weil es hier eine gute Peilmarke gibt, die einen sicher um *Pulle* herum und auch einwandfrei in die Bucht hineinbringt. Man sollte das Südufer der Insel in einem Abstand von mindestens 0,5 sm, besser aber 1 sm mit Kurs E passieren und diesen Kurs so lange beibehalten, bis man die Ostspitze von Nordholm in Deckung mit der Südwesthuk von *Reersø* hat. Auf diesem NNW-Kurs kann man nun eindrehen, bleibt frei von *Pulle* und kommt sicher zu der Bucht.
Die sich nach Osten öffnende Bucht der L-förmigen Insel kann man mit einem Tiefgang bis zu 2,5 m gut anlaufen; bei südlichen Winden muss man mit einem Sinken des Wasserstandes um 1 m rechnen. In der Bucht gibt es eine kleine Brücke, die am Kopf etwa 2 m Wasser hat. Sie gehört dem Segelclub Mullerup und ist dessen Mitgliedern vorbehalten. Besser aber, man ankert.

Man wird Segler beobachten können, die zwischen Pulle und dem Südufer von Musholm hindurchfahren. Dies kann ein Boot mit einem Tiefgang bis zu 1,8 m durchaus, wenn es sich mit dem Lot an der 2-m-Linie entlangtastet. Ich möchte aber dringend davon abraten: Es sind schon zu viele Schiffe auf *Pulle* festgekommen!
Die Insel ist menschenleer, öde und, da sie so sehr exponiert liegt, auch wenig bewachsen. Im Sommer kommen die Segler aus der Umgebung hierher und werfen in der Bucht den Anker. Die Insel steht unter Naturschutz, darf aber betreten werden (manche Teile während der Vogelbrutzeit jedoch nicht); sie befindet sich im Besitz des Gutes Mullerup Gård.
So einsam und schön Musholm sein kann, so rundum geschützt die Bucht auf der Karte auch aussieht: Eine wirklich gute Ankermöglichkeit bietet sie nicht. Die Insel ist zu niedrig, als dass sie einem bei jedem Wetter Schutz geben könnte; und wer hier zur Nacht liegen will, der sollte es nur tun, wenn er ein starkes Ankergeschirr zur Hand hat. Der weiche Grund besteht aus Schlick und Sand. Im südlichen Teil der Bucht mehrere Ankerbojen.
Keine Versorgungsmöglichkeiten.

Wasserstand: Tidenhub 0,5 m. N- bis NW-liche Winde können den Wasserstand um 1,4 m erhöhen, S- bis SE-liche ihn um 0,8 m senken.

Der kleine Yachthafen

Mullerup war eine Zeitlang etwas heruntergekommen, ist aber längst wieder gut in Schuss. Die Werft ist stillgelegt. Der graue Koloss der Halle ist von weit her gut zu sehen. Eine schöne Anlage mit den in sattem Ockergelb gestrichenen Häusern. Der Skipperkroen, einst Lagerhaus, ist geöffnet. Die Versorgung ist gut. Angenehme Atmosphäre, klein, aber zu empfehlen. Weiter Blick über den Großen Belt.

Wasserstand: Tidenhub 0,4 m. Sturm aus NW und N kann den Wasserstand um 1,3 m erhöhen, Sturm aus S und SE ihn um 0,8 m senken. Bei Starkwind aus S bzw. SW setzt hart der Nordstrom quer zur Hafeneinfahrt. Dann ist große Vorsicht geboten.

Der Mullerup nahe Fischerhafen

Reersø hat sich auch auf Yachten eingestellt. Wenn ihn von Jahr zu Jahr mehr Yachten ansteuern, so deshalb, weil er ein recht gemütliches Milieu hat. Der Hafen liegt in einer weiten, flachen Bucht mit sumpfigen, von Schilf bewachsenen Ufern. Wie überhaupt die Halbinsel sehr flach und moorig wirkt, obwohl sie nach Westen zu etwas ansteigt, um dann steil zum Meer hin abzufallen. Wegen der schönen, stillen Landschaft kommen viele Touristen hierher. Plan S. 74.

Liegeplatz und Versorgung: *Dies ist in erster Linie immer noch ein Fischerhafen, obwohl für Yachten einiges getan wurde. Man kann sich entweder an die neuen Stege außen vor dem Hafen oder (ruhiger) in den Hafen selbst legen. Wer im Hafen nicht unterkommt, kann Richtung NE davor ankern (Grund Sand, Tang kommt vor). WC und Duschen s. Plan, ebenso Tank-*

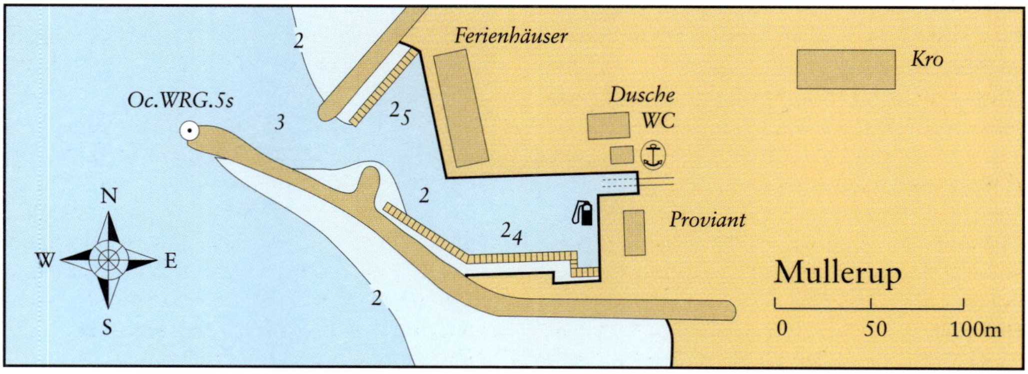

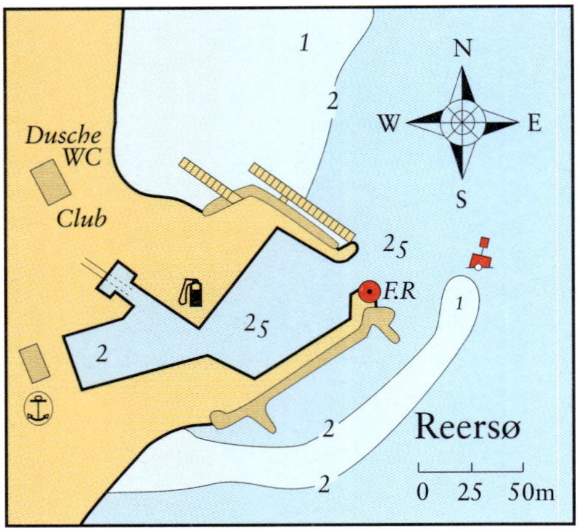

stelle. Wasser überall am Kai. Im nahen, schönen Fischerdorf Lebensmittel usw. Neben der Dorfkirche ein gemütlicher Kro.

Wasserstand: Tidenhub 0,5 m. Wind aus N hebt den Wasserstand um 1 m, südlicher senkt ihn um ebenfalls 1 m.

Warum die *Jammerland Bugt* so heisst, bleibt unerfindlich. Zu jammern hat der Seefahrer hier nichts, zum Jubeln aber besteht auch kein Anlass – eine gleichmäßige, eher flache, grüne Küste ohne Höhepunkte, ein Gewässer tief und ziemlich rein, das nur eine – eventuell – unangenehm werdende Untiefe aufweist: den Stein *Ursten* (2,1 m), gut 3 sm nördlich von Reersø.
Zwischen Jammerland Bugt und Kalundborg Fjord erstreckt sich in westlicher Richtung die schmale, bewaldete Halbinsel *Asnæs*, die beherrscht wird von dem gleichnamigen Kraftwerk am Südufer des Hafens Kalundborg. Bei all seiner Hässlichkeit stellt es eine hervorragende Landmarke dar, sogar nachts: Sein höchster Schornstein hat nämlich drei weiße Blitzfeuer (als Warnfeuer für die Luftfahrt). Dieses ständige Aufblitzen an dem hohen Schornstein ist eine nützliche Navigationshilfe im nördlichen Großen Belt, wobei allerdings das oberste Blitzfeuer sehr viel schwächer scheint und man deshalb von ferne nur zwei Blitze erkennen kann.

Trichterförmig und gut 7 sm tief schneidet der **Kalundborg Fjord** in die seeländische Küste ein; er ist durchweg rein und leicht zu befahren, indem man einfach auf das Asnæs-Kraftwerk zusteuert. Nähert man sich der Stadt, so macht man voraus, auf der flachen Halbinsel *Gisseløre,* die filigranhaften Funkmasten von Kalundborg Radio aus.
Der Strom folgt überwiegend dem Wind und spielt keine besondere Rolle. Bei westlichen Winden rollt bald eine beträchtliche Welle in den Fjord hinein und lässt ein Aufkreuzen zu einer ziemlichen Plackerei werden; schon mancher saß dann zähneknirschend in Kalundborg fest.
Große Aufmerksamkeit muss man der Schifffahrt widmen, nicht nur den großen Kohleschiffen und Öltankern, die das Asnæs-Werk ansteuern, auch den schnellen Fähren, die von Kalundborg aus nach Juelsminde und Århus fahren.
Am nördlichen Ufer, auf der Halbinsel *Røsnæs,* die im Gegensatz zum flachen Asnæs recht steil zum Wasser abfällt, ziehen sich die Vororte von

Kalundborg.
Die ganz unnordische Kirche, eher eine Kathedrale, die hoch über der Stadt liegt.

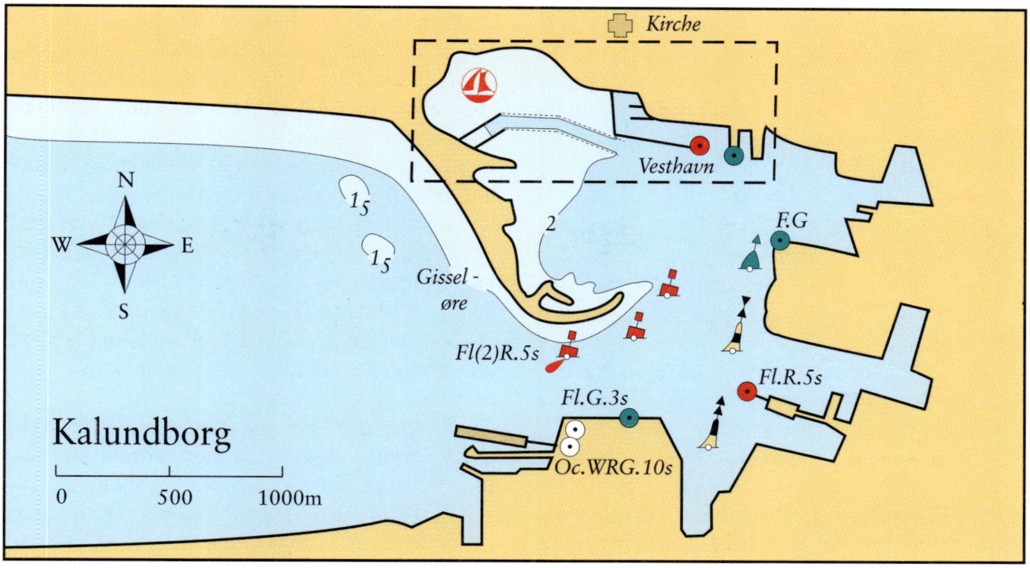

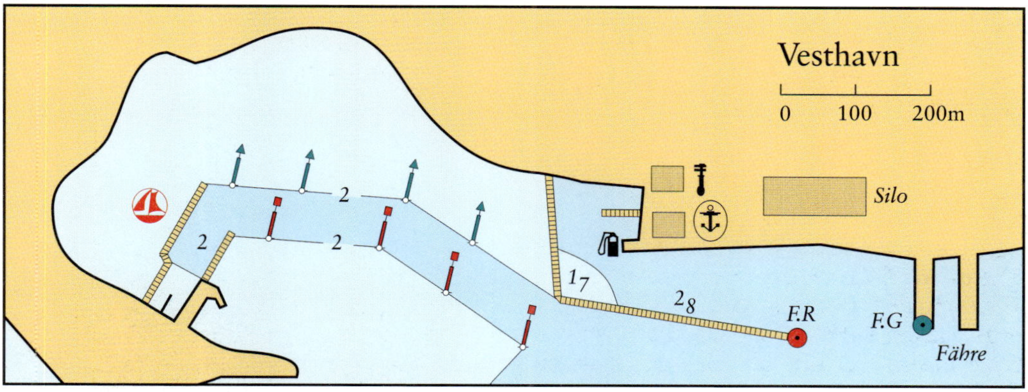

Kalundborg weit nach Nordwesten. Noch ehe man den jenseits von Gisseløre gelegenen Hafen genauer ausmachen kann, lenkt am Nordufer die berühmte Kirche von Kalundborg mit ihren fünf Türmen und den grün schimmernden Kupferdächern den Blick auf sich.

Man läuft in die Hafenbucht, durch die ein Tonnenstrich führt, und macht im Vesthavn fest.

Kalundborg mit seinen 19000 Einwohnern ist nicht nur wegen des alles beherrschenden Asnæs-Werkes eine bedeutende Industriestadt. Lange wird es einen deshalb hier nicht halten. Lediglich im Bannkreis der eigenartigen Kirche, die so gar nicht nordisch anmutet, kann man noch alte Viertel mit reichverzierten Fachwerkhäusern und kleinen idyllischen Plätzen finden. Das übrige Kalundborg ist eine Industriestadt wie viele andere auch, mit der unvermeidlichen Fußgängerstraße.

Adelgade und Præstogade führen vom Torvet auf die Kirche zu und begrenzen einen leicht ansteigenden Platz, der mit einer labyrinthisch geschnittenen Hecke bepflanzt ist. Die Kirche, die schlank und hoch in den Himmel wächst und sich so mächtig über den kleinen, alten Häusern erhebt, wirkt in ihrem Innern überraschend winzig, eher wie eine Kapelle. Ihr Grundriss in Form eines griechischen Kreuzes weist auf byzantinische Vorbilder hin. Der mittlere und gleichzeitig höchste Turm ruht auf vier Säulen aus Granit – eine ganz eigenartige und kunstvolle Konstruktion. Die Kirche wurde um 1170 gebaut, und zwar, wie die dicken Mauern mit ihren Schießscharten zeigen, nicht nur für den Gottesdienst; sie war Teil einer massiven Stadtbefestigung mit einem wuchtigen und wehrhaften Schloss im Osten: der Kalundborgh, von der die Stadt ihren Namen erhielt. Diese Burg wurde 1659, wie der Ort auch, von den Schweden gestürmt und geschleift, was der Stadt auf lange Sicht gesehen nicht schlecht bekam, denn so konnte sie aus dem Zwangskorsett der Stadtmauer ausbrechen und sich ungehindert nach Osten, dem heutigen Industriegebiet, ausdehnen.

Im Stadtmuseum, das im »Lindegården«, einem Kaufmannshof am Kirchplatz, untergebracht ist, sieht man an einem Modell, wie Stadt und Burg im Mittelalter ausgesehen haben. In der Burg, auf der mehrmals auch der Danehof tagte, saß übrigens bis zu seinem Lebensende der unglückliche Christian II. (1513–1523) gefangen. Die später überbaute Burgruine wurde zum Teil wieder freigelegt, sodass man eine kleine Vorstellung davon bekommt, wie monströs diese Festung einst war.

Kalundborg mit seinem exzellenten Naturhafen und seiner exponierten Lage an der Nordwestecke von Seeland war über Jahrhunderte ein bedeutender Handelsplatz, bis dann später die Industrie die Oberhand bekam. Doch der große Hafen mit seinen langen Kais wird erkennbar nicht mehr in dem Maße genutzt, wie es seine Kapazität erlauben würde.

Liegeplatz und Versorgung: *Beides gut, mit der Einschränkung, dass man nicht »schön« liegt. Man macht am besten zwischen Pfahl und Steg am südlichen Bollwerk des Vesthavns fest. Alle Plätze an diesem langen Steg sind Yachten vorbehalten, die freien Boxen sind mit einem grünen Schild markiert. Die Wassertiefen ent-*

Kalundborg.
Der Vesthavn (Westhafen). Hinter der langen Bretterwand liegt man recht gut, nur die gewaltige Industrie am anderen Ufer des Fjords stört doch ein wenig.

Kalundborg.
Bishops Huset, das Haus des Bischofs im Mittelalter.

nehme man dem Plan. Unruhig bei W, insbesondere NW.
In den Yachthafen auf Gisseløre, zu dem eine mit roten und grünen Spieren markierte Baggerrinne führt, würde ich nicht fahren, denn einmal wird man dort selten einen freien Platz finden, und zum anderen hat man es bis zur Stadt doch recht weit.
Sanitäre Einrichtungen findet man auch am Vesthavn, und zwar im Keller des Hafenkontors; tadellos und gut. Wasser gibt es überall am Steg. Treibstoff s. Plan. Am Fischerhafen eine sehr gute Werkstatt mit Zubehörhandel (Schierbeck Supply). Wenn man anderswo liegt und Hilfe braucht: Der Betrieb schickt einen Werkstattwagen (T. 53517272). Helling und Kran bis 25 t am Vesthavn. Am Yachthafen Mastenkran. Zum Zentrum der Stadt mit allen denkbaren Läden nur ein paar Schritte. Hafenamt täglich von 0700 bis 1530 zu erreichen auf den UKW-Kanälen 12, 13, 16.

Wasserstand: Tidenhub 0,4 m. Sturm aus NW kann den Wasserstand um 1,3 m erhöhen, Sturm aus SE ihn um 0,9 m senken.

Hinweis: *Fahrräder: Skibbrogade 17 (der Ladenbesitzer spricht Deutsch); wenn man in Kalundborg eingeweht ist, empfiehlt sich eine Fahrradtour zum Røsnæs-Leuchtturm; auf dem Weg dorthin findet man zahlreiche Dolmen.*

Zum Smålandsfahrwasser

Törnvorschlag 3:

Von Bagenkop nach Bisserup

Das große, buchtförmige westliche Smålandsfahrwasser erweckt leicht den Anschein eines geschützten und leicht zu befahrenden Gewässers, was aber nicht der Wirklichkeit entspricht. Lediglich in dem im Südosten gelegenen Insel-Archipel kann man auch mit einem nicht voll seetüchtigen Boot herumschippern. Aber selbst dieses geschützte Revier hat bei einem plötzlichen Wetterumschwung seine Tücken: Ich segelte einmal friedlich zwischen Vejrø und Femø bei nicht mehr als Bft 3, als der Wind plötzlich auf 6 auffrischte und binnen weniger Minuten sich das vordem so harmlose Gewässer in einen Hexenkessel verwandelte.
Dass man im Großen Belt mit seinem Großschifffahrtsweg ein seetüchtiges Boot braucht, nach Möglichkeit mit einer kräftigen Maschine, bedarf keiner weiteren Erläuterung.
Häfen gibt es auf diesem Törn massenhaft, wenn sie auch zumeist ziemlich klein und damit in den Sommerwochen überfüllt sind. Man kann sich jedenfalls sehr viel Zeit lassen, wenn man einen nach dem anderen ansteuern will.
Wenn man immer wieder hört, dass in dem flachen Revier um Femø und Fejø treibender Seetang Boote in Schwierigkeiten bringt, so vermag ich das aus eigener Erfahrung nicht zu bestätigen.
Vor dem Hafen von Kragenæs soll es sogar so schlimm sein, dass diese Seetangfelder die Einfahrt unpassierbar machen. Vielleicht ist es Seemannsgarn, vielleicht aber auch mehr – ich möchte jedenfalls nicht versäumen, darauf hinzuweisen.
Die meisten Segler nehmen das westliche Smålandsfahrwasser nur als Passage, um in das – landschaftlich schönere – östliche Smålandsfahrwasser zu gelangen und von da dann weiter zum Sund und nach Kopenhagen. Wer es so halten will, der sollte, anders als in diesem Törnvorschlag empfohlen, von Femø aus ostwärts auf die Storstrøm-Brücke zusteuern und weiterblättern bis Törnvorschlag 4.
Folgt man dem hier vorgeschlagenen Kurs, so findet dieser Törn seine logische Fortsetzung in einer Fahrt durch den nördlichen Großen Belt (Törnvorschlag 2) oder heimwärts durch den Lundeborg Belt und das dänische Inselmeer (Törnvorschlag 1).

Seekarten und Seebücher: Delius Klasing-Sportbootkarten »Rund Fünen (Fyn) – Dänische Südsee« und »Seeland–Schonen« oder dänische Sportbootkartensätze Serie C: »Großer Belt und Samsö Belt«, und Serie D: »Smålandsfahrwasser, Fakse Bugt«.
Leuchtfeuerverzeichnis Teil II: Westliche Ostsee und Ostseezufahrten.

Distanzen: Bagenkop – **Albue Havn** (21 sm) – **Langø** (3 sm) – **Nakskov** (5 sm) – **Spodsbjerg** (15 sm) – **Onsevig** (10 sm) – **Skalø** (13 sm) – **Fejø/Vesterby** (1,5 sm) – **Kragenæs** (1,5 sm) – **Bandholm** (8 sm) – **Sakskøbing** (7 sm) – **Askø** (8 sm) – **alternativ Blans** (9 sm) – **Fejø Havn (Dybvig)** (5 sm) – **Femø** (6 sm) – **Vejrø** (6,5 sm) – **Karrebæksminde** (13 sm) – **Næstved** (5 sm) – **Bisserup** (11 sm).

Der Fähr- und Fischerhafen

Bagenkop an der Südwestküste Langelands hat für Yachten in erster Linie eine Bedeutung als Zwischenstop auf dem Weg in den Großen Belt oder an Lolland vorbei ostwärts oder aber durch das Klørdyb in die »dänische Südsee«. Ansonsten bietet der an sich sehr gute Hafen

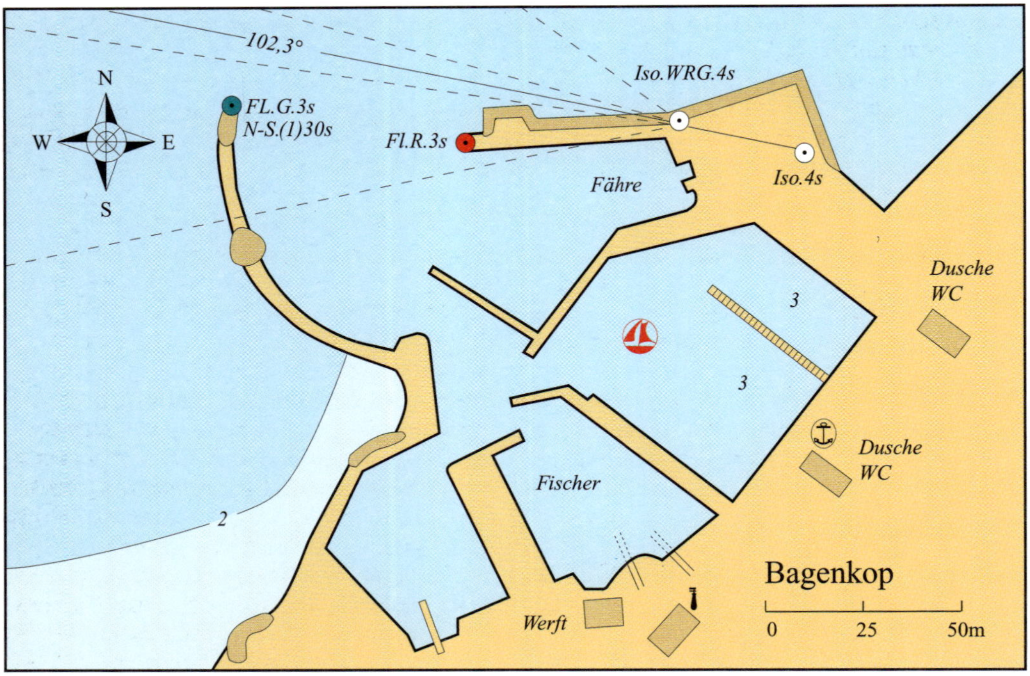

wenig Sehenswertes. In dem Ort leben etwa 1000 Menschen. Der Fischfang ist die traditionelle Einnahmequelle: Bagenkop liegt auf Rang fünf aller dänischen Fischerhäfen. Dazu kommt noch der Fährbetrieb Kiel– Langeland, dann etwas Industrie, von der man am Hafen aber kaum etwas merkt, und Tourismus.
Die Umgebung von Bagenkop ist nicht ohne Reize – vor allem das Naturschutzgebiet Ågap gleich nördlich vom Hafen, wo an Tümpeln und Sümpfen allerlei seltene Pflanzen gedeihen. Auch der feine Badestrand kann sich sehen lassen.

Liegeplatz und Versorgung: *Beides recht gut. Yachten sollten es immer zuerst im großen, östlichen Becken versuchen; es ist für Sportboote reserviert. Wer hier keinen Platz findet, kann sich auch in das westliche Becken legen, dann am besten mit dem Bug zur Mole und vor Heckanker. Das mittlere Becken, das für die Fischer reserviert ist, sollte man tunlichst nicht anfahren, es sei denn, man wollte zum Slip oder zur Werft. Der Hafen ist rundum gut geschützt, lediglich Starkwind aus N schafft im äußeren Becken etwas unruhiges Wasser. Wer im Hafen selbst nicht unterkommt, kann auch N- und S-lich der Ansteuerung auf Sandgrund ankern, aber einen geschützten Platz findet man hier nur bei Winden aus E und bedingt bei NE und SE.*
80-t-Slip und 8-t-Kran. Fahrräder Nordenbro 11 (sehr zu empfehlen: Radtour über südliches Langeland; Karte vom Hafenmeister). Hafenkontor auf UKW-Kanälen 16,13,12 und 09.

Wasserstand: Tidenhub zwischen 0,3 und 0,6 m. Sturm aus NE kann den Wasserstand um 1 m erhöhen, Wind aus SW ihn um ebenfalls 1 m senken.

Hinweise: Boote bis zu 3 m Tiefgang müssten den Hafen anlaufen können. – Der Strom folgt dem Wind. – Die blau-weiße Kiel-Langeland-Fähre hat immer Vorfahrt.

Ansteuerung bei Nacht: *Gut möglich. Das an der Südspitze Langelands brennende starke Feuer Keldsnor (Fl(2)20s) wird in der Ansteuerung von Bagenkop teilweise von Hügeln verdeckt. Die 102,3°-Linie des Richtfeuers Ba-*

genkop (U-F.: Iso.WRG.4s, O-F.: Iso.4s) führt einen genau zum Vorhafen. Am Kopf der Westmole ein Nebelschallsender (N-S. (1)30s), der jedoch nur in Betrieb ist, wenn ein Fischer oder eine Fähre erwartet wird. Auf den Molen der Hafeneinfahrt Fl.G.3s und Fl.R.3s.

Nun kommt ein ziemlich weiter Schlag, denn ob man nach *Nakskov* will oder nach *Spodsbjerg* – es sind doch immer gut 20 sm, und zwischen diesen beiden Häfen findet man keinen Platz mehr, wo man schnell unterschlupfen könnte.

Hinweis: Das Wichtigste über den Großen Belt wurde schon im Törnvorschlag 2 gesagt (s. S. 58). Man sollte sich das nochmals genau durchlesen, besonders was dort über den Tiefwasserweg und die Ströme steht. Zuzeiten kann der Große Belt ein recht ruppiges Gewässer sein.

Zunächst geht es mit Kurs S an der schönen, hohen gelben Steilküste von Gulstav Klint und Dovns Klint entlang. Wahrschau beim *Snekke Grund!* Querab des weißen Leuchtturms *Keldsnor* hat man den Großen Belt erreicht: Von da sind es nach Spodsbjerg 14 sm und zum Nakskov Fjord 11 sm.
Navigatorisch bringt die Einsteuerung in den Großen Belt keine Schwierigkeiten – man hat gute Landmarken wie den weißen Leuchtturm *Keldsnor* und nicht weit nördlich davon die Kirche von Magleby. Die Fahrwasser sind zudem – ihrer Bedeutung als Schifffahrtsweg entsprechend – ausgezeichnet betonnt und befeuert.
Steuert man den Nakskov Fjord an – was ich als nächstes vorschlagen möchte –, so halte man sich gut frei von den Gründen, die um die ellenbogenförmige Halbinsel *Albuen* liegen, denn die Wassertiefen sind veränderlich. Ich würde raten, zuerst die gelb-schwarz-gelbe Tonne **(WP 363)** anzuliegen, die knapp 1,5 sm westlich von *Albuen* ausliegt. Die Halbinsel selbst ist von weitem nicht mehr als ein dunkler Strich am Horizont. Lediglich um den kleinen Leuchtturm Albuen (Iso.WRG.8s) wachsen einige Bäume und Büsche, sonst liegt das Land ganz ohne Erhebungen da. Der

Nakskov Fjord ist ein breites, eher seenartiges Gewässer, in dem sich schlecht segeln lässt, denn der allergrößte Teil des Fjords weist Wassertiefen von nicht mehr als 1 m auf. Die Ufer scheinen sehr fern, so flach sind sie, nur manchmal mit Wäldern bewachsen, aber nirgendwo sehr auffallend – eine undramatische, etwas schwermütige Landschaft mit trockenfallenden Sänden und schilfigen Ufern.
Ohne Risiko ist der Fjord nur in den Rinnen zu befahren, dann aber können dies auch sehr große Schiffe, wie sich im Hafen von Nakskov zeigt.
Im Fjord gibt es mehrere Inseln, an die man alle nicht recht herankommt. Die größte von ihnen, das langgestreckte *Enehøje,* unterscheidet sich nicht nur durch ihre Größe, sondern vor allem auch durch ihre ganz untypische Höhe und durch die Tatsache, daß sie ziemlich dicht mit dunklem Wald bewachsen ist.
Zur Industriestadt Nakskov kommt man auch nachts, bei der Einsteuerung in den Nakskov Fjord hat man es freilich mit einem komplizierten System von Richtfeuern zu tun. Bei Tage schimmern die Untiefen dicht neben der Rinne durchs Wasser. Zuweilen – wenn der Wind entsprechend steht – fallen auch weite Teile des Fjords trocken, sodass man in der Fahrrinne bedrohlich nahe an Schlick- und Sandbänken vorbei schippert.

Ziemlich schwierig ist die Ansteuerung von

Albue Havn, der Bucht, die hinter der schmalen Landzunge liegt. Obwohl Albue Havn an sich ziemlich groß wirkt, ist doch nur ein schmaler Schlauch befahrbar, und das auch wiederum nur von Booten, die nicht tiefer als 1,8 m gehen (bestenfalls). Bei Winden aus S bis SW wird der Wasserstand sogar noch um 1 m niedriger als normal (Tidenhub 0,1 m); dann geht wahrscheinlich gar nichts mehr.
Die Ansteuerung ist unzulänglich markiert; es gibt auch keine brauchbaren Peilmarken. Man fährt zunächst auf die flache Landzunge *Sandodde* zu (Vorsicht vor Fischstöcken und Reusen!), und zwar östlich etwa 50 m bis zum Ufer hin und höchstens 100 m davon entfernt. Das muss man im Gefühl haben. Die Schwarz-Gelb-Schwarze lässt man einlaufend hart an Stb. Ein Mann muss in den Bugkorb und die Wassertiefe ausrufen; das ist besser als das

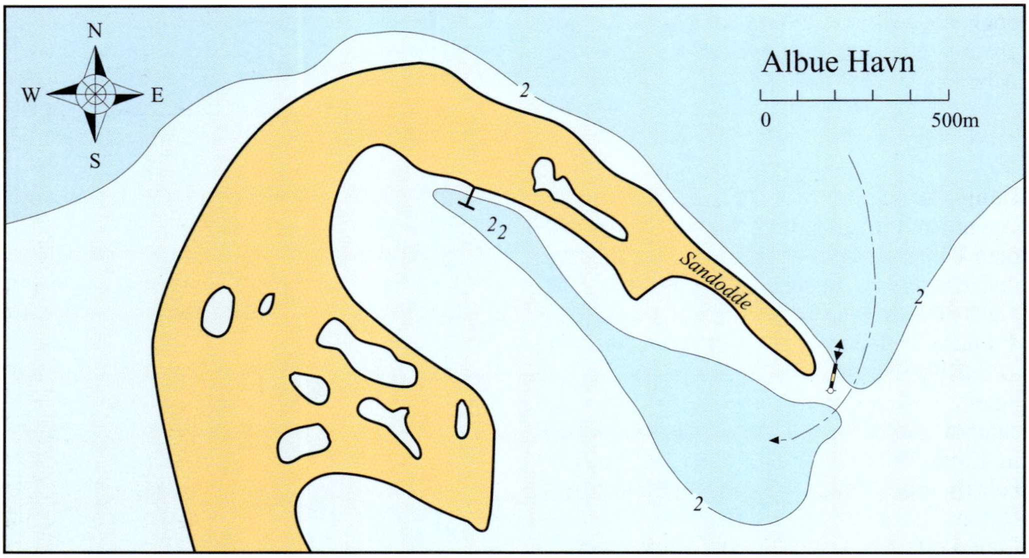

Echolot! Der Sandgrund täte beim Auflaufen nicht weh, aber leider liegen hier auch ziemlich viele Steine im Wasser.

Am Nordufer der Bucht gibt es zwei Holzstege: Der vordere ist für Segler, der hintere für Fischer und Motorboote. Der Seglersteg wurde vom Nakskov Sejlklub gebaut; wenn er von Clubyachten nicht gebraucht wird, darf man da festmachen. Am Kopf 2 m Wassertiefe, zum Ufer hin rasch abnehmend. Die Segler aus Nakskov haben auch ein kleines Clubhaus errichtet, eine Kinderschaukel aufgestellt und in der Heide zwei Klo-Häuschen. Das ist – bestenfalls – die ganze »Versorgung«.

Natürlich kann man auch ankern, muss dann aber den Grund sorgfältig ausloten (Sand, Schlamm, auch Steine und Tang) und auf die Stellnetze achten.

Albuen ist außerhalb der Saison – in der Saison vielleicht auch wochentags – ein ganz verwunschener Platz. Und wenn auch draußen im Großen Belt die großen Schiffe vorbeiziehen – hier in dieser kargen Heidelandschaft, wo nicht einmal ein Strauch sich behaupten kann, wird man sich ganz weltenfern fühlen. Außer Heidekraut wächst hier wenig, höchstens das nachgiebige Schilf und die Meerbinse. Und die paar Silberpappeln und Kiefern können dem Wind auch nur trotzen, weil sie sich an den Leuchtturm anlehnen.

An der Bucht wohnen nur noch ein paar Fischerfamilien, am Südufer auf der Halbinsel *Hornfiskenakke*. Albuen selbst hat keinen schönen Strand, er ist kieselig und sumpfig. Zum Nakskov Fjord hin und nach Süden zu findet man jedoch weite, feine Sandstrände.

Liegt man in dieser Einsamkeit, dann kann man sich schwer vorstellen, dass sich im Mittelalter hier ein ganz bedeutender Handelsplatz befand: Die Gewässer um Albuen galten nach Skanør als der ertragreichste Heringsfanggrund, und deshalb kamen zur Saison Schiffe aus Norddeutschland, aber auch aus England und Holland und sogar aus Frankreich hierhergesegelt, um den Fisch anzukaufen und ihre eigenen Waren anzubieten. Die Bucht von Albuen war damals um einiges tiefer als heute, aber die größeren Schiffe lagen trotzdem auf Albuen Red vor Anker. Der Ort war so bedeutend, dass die dänischen Könige hier ein festes Haus hatten, und einer von ihnen, Erik von Pommern, hat auf Albuen sogar Reichstage abgehalten (1418 und 1426). 1945 fand man bei Ausgrabungen Reste einer Kapelle und eines Begräbnisplatzes. Wer mit offenen Augen über die Heide wandert, der wird noch vielerorts auf Fundamente von Häusern aus jener Zeit stoßen.

In einem niederdeutschen Dokument von 1416 wird Albuen erwähnt als »Laalands Ellenboghen«, wobei Ellenbogen nichts anderes ist als die Übersetzung des dänischen Wortes Albuen.

Zu dem nahen

Langø zu segeln, einem Fischerdorf, gibt es eigentlich keinen rechten Anlass; es sei denn, man käme spätabends am Nakskov Fjord an und traute sich wegen des schlechten Lichts nicht mehr, Albue Havn anzulaufen, oder die 4 sm bis Nakskov wären einem zu weit. Der an sich gut geschützte Hafen lässt sich mit einem Tiefgang bis 2 m ohne Probleme ansteuern, auch nachts, denn ein Richtfeuer führt in Linie 169° (U-F. und O-F.: F.G) aus der Fahrrinne des Nakskov Fjords geradewegs zum Hafen.

Langø erlangte als Fischerhafen eine gewisse Bedeutung, weil es relativ nahe am Großen Belt liegt und auch ohne größere Schwierigkeiten von Fischerbooten angelaufen werden kann. Im Fjord macht man Jagd auf Krabben und den Hornhecht; draußen stellt man ganze Systeme von Grundstellnetzen auf, um den Aal zu fangen.

Die Umgebung von Langø ist typisch für Lolland: ein weites, flaches Land mit endlosen Zuckerrübenfeldern, nur ab und zu unterbrochen von Hecken und kleinen Wäldern.

Liegeplatz und Versorgung: *Boote bis 10 m Länge am besten im Yachthafen, wo 20 Plätze für Gäste freigehalten werden; größere in den Fischerhafen. Duschen und WC. Die Werft kann Holz- und Kunststoffboote reparieren, 3-t-Kran. Helling für Boote bis 15 m Länge und 40 t. Diesel. 200 m vom Hafen Kaufmann, der auch Sonntagvormittag offen hat.*

Wasserstand: Tidenhub 0,2 m. Winde aus N bis NE können 1 m Hochwasser bringen, Winde aus S und SW können den Wasserstand um 1 m senken.

Südlich von *Enehøje* teilt sich das Fahrwasser: Richtung Osten verläuft eine künstliche Rinne geradewegs auf Nakskov zu, nach Nordosten windet sich an Enehøje und *Slotø* vorbei die natürliche Fahrrinne. Sie führt auch nach Nakskov, nur dass sie etwas länger ist. Wir

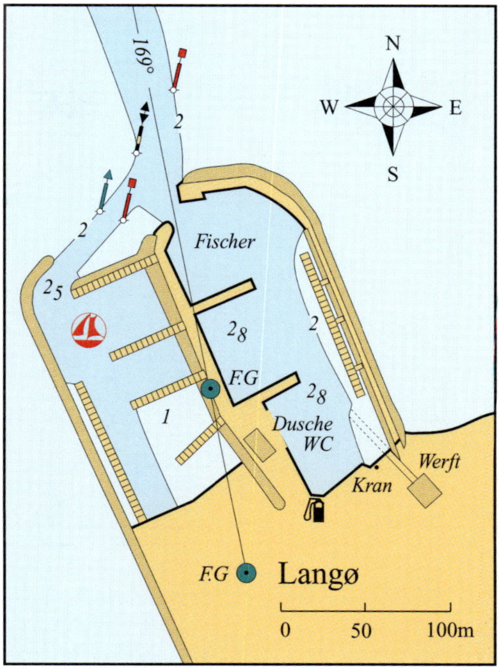

nehmen die in den Jahren 1914 bis 1919 gegrabene, schnurgerade Baggerrinne und halten uns wegen der Flachs an beiden Seiten peinlich genau an die Tonnen (Pfähle), bis zum Einlaufen in den Hafen von

Nakskov Man steuert durch den Vorhafen, die *Møllebugt.* Am südlichen Ufer befinden sich große Werftanlagen; die Anlegestege am Nordufer und auch vor den Silos interessieren uns als Liegeplätze nicht – teils sind die Wassertiefen zu gering, teils stehen die Heckpfähle zu eng beieinander.

Wir passieren das düstere Zollamtsgebäude und das nicht minder düstere Gebäude des alten Hafenkontors und laufen in den schmaler werdenden östlichen Teil des Hafens ein: An dessen Nordseite, vor der Havnegade, machen wir da fest, wo wir einen Platz finden, und den finden wir hier immer, denn so viele Yachten kommen nicht hierher.

Jetzt sieht man auch schon mehr von der Stadt: Von der vielbefahrenen Havnegade führen an schmalen, ehemaligen Kaufmannshöfen vorbei enge Gässchen hinauf zum Marktplatz mit der alten Backsteinkirche Skt. Nicolaj, die in

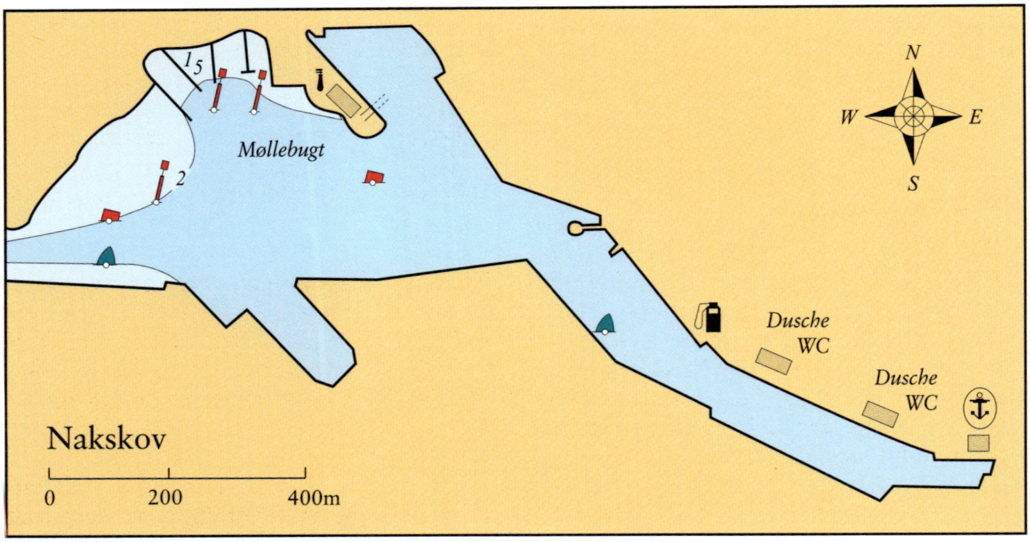

ihrem Kern auf das 13. Jahrhundert zurückgeht.

Nakskov hat heute 17 000 Einwohner; es ist die wichtigste Stadt Lollands und auch der wichtigste Hafen. Eine sehr alte Stadt, aber davon findet man nur noch wenige Spuren, denn sie wurde von Feinden des Landes mehrmals völlig dem Boden gleichgemacht.

Eine unrühmliche Rolle spielten dabei, wie so oft im südlichen Dänemark, die Lübecker. Der dänische König Hans hatte von 1508 bis 1510 draußen auf Slotø (daher der Name »Schlossinsel«) eine feste Burg mit einem wuchtigen Kanonenturm, die Engelsborg, anlegen lassen. Jedes Schiff, das nach Nakskov wollte, musste, der natürlichen Rinne folgend, an dieser kleinen Festung vorbei. Die – wie es die Dänen sahen – Seeräuberei der Hansestädte hatte so überhandgenommen, dass man sich vor den einst freundlichen Handelspartnern (s. Albuen) schützen musste.

An einem kalten Frühlingstag des Jahres 1510 kam mit einem frischen Westwind, der sie ganz unerwartet von Süden her an Slotø heranbrachte, eine lübische Flotte hereingesegelt, und zwar durch eine kleine Rinne, die noch heute Lübeckerrenden heisst (sie ist in der Seekarte nicht eingezeichnet). Die Angreifer blieben somit außerhalb des Bereichs der Kanonen der Engelsborg, die fest montiert in Richtung Norden wiesen, eben auf die natürliche Rinne hin. So konnten die Lübecker die Engelsborg unter Beschuss nehmen und danach unbehelligt nach Nakskov hineinsegeln, das selbst unbefestigt war, weil es sich ganz auf die Engelsborg verlassen hatte. Die reiche Handelsstadt wurde geplündert und niedergebrannt, und kurz darauf brachte eine günstige Winddrehung die Eroberer auch wieder wohlbehalten aus dem Fjord heraus. Dieses Ereignis führte dazu, dass die Stadt endlich befestigt wurde, was ihr aber später in den Schwedenkriegen das Schicksal einer erneuten Eroberung keineswegs ersparte.

Nakskov ist heute eine Industriestadt – ihre Zuckerfabriken sind weithin bekannt –, aber auch eine Einkaufsstadt für das weite Umland. Nicht übel, aber auch nicht von überragendem Interesse. Der Hafen stirbt. Ein Trauerspiel. Die große Werft ist schon tot. Auch der Zoll ist aufgelöst worden.

Liegeplatz und Versorgung: *Der Stadthafen am Ende des Hafenschlauchs, in dem wir vor der Havnegade liegen, ist an sich nicht für Yachten eingerichtet. Der Yachthafen, Hestehoved, liegt weiter westlich bei der Insel Barneholm. Auf dem Weg zur Stadt haben wir ihn passiert – eine sehr hübsche, in einem Park gelegene Anlage, aber zu weit vom Zentrum entfernt, auch eher etwas für kleinere Boote. Außer Wasser und Strom auf den Stegen keine*

Versorgungsmöglichkeiten, jedoch Cafeteria im Park (Toilette und Dusche), Campingplatz. In Nakskov selbst eine recht gute Versorgung: WC, Duschen, Reparaturen, Treibstoff. Nahe der Havnegade ein großer Supermarkt. Das Hafenkontor ist auf den UKW-Kanälen 16, 12 und 13 zu erreichen.

Wasserstand: Die in diesem Revier üblichen Veränderungen sind angesichts der Wassertiefen im Hafen unerheblich.

Wer Lust hat, kann auf dem Rückweg statt der Baggerrinne die natürliche Rinne nehmen. Der Weg um Slotø herum ist nur unwesentlich weiter, führt uns aber an einem wichtigen Zeugen der dänischen Geschiche vorbei:

Slotø. Die Insel ist sehr klein, ein Bauernhof steht heutzutage darauf. Erst wenn man sie gerundet hat, sieht man die vorher von Bäumen verdeckten Ruinen der Engelsborg und der Kriegsschiffswerft. Hier, an der Nordseite, gibt es auch eine kleine Anlegebrücke, die Boote bis zu einem Tiefgang von 3 m anlaufen können. Die Brücke, die über einen Steindamm mit der Insel verbunden ist, wird vom Besitzer der Insel unterhalten, der erfreulicherweise nichts dagegen hat, wenn Yachten sie benutzen, jedenfalls nicht, wenn es für kürzere Dauer ist. Man sollte allerdings seine Privatsphäre respektieren.
1510 kaufte König Hans die Insel und ließ sie zum Schutz von Nakskov befestigen (wie wir schon hörten, ohne allzu großen Erfolg); gleichzeitig entstand hier auch die erste Kriegsschiffswerft des Königreiches. Die Helling, die im spitzen Winkel auf den Turm zuführt, kann man noch deutlich erkennen. Auf dieser Werft wurden Schiffe gebaut, die bis zu 500 Mann Besatzung hatten, also gewaltig groß für damalige Zeiten waren. König Hans, der Gründer der Werft, und nach ihm der unglückselige König Christian II. (1513–1523) wohnten zeitweise auf Slotø, und selbst unter Christian IV. (1588–1648), also zu Zeiten des Dreißigjährigen Krieges, baute man hier noch Kriegsschiffe.

Enehøje. Im Gegensatz zu Slotø können die Brücken von *Vejlø* (1,2 m Wassertiefe) und *Enehøje* (1,4 m) nur von Booten mit geringem Tiefgang angelaufen werden; es wird aber von den Besitzern der Inseln nicht gern gesehen. Hingegen kann man vor dem Ostufer im Schutze der Waldinsel Enehøje sehr gut ankern, und zwar auf *Enehøje Red,* dicht neben dem Fahrwasser auf sandigem Grund (Tang kann vorkommen).

Nørredyb. Das Nørredyb, das vom alten Fahrwasser aus zwischen den Inseln Vejlø und Enehøje nordwärts führt, ist zwar betonnt, sollte aber von Ortsfremden gemieden werden, da Versandungsgefahr nicht auszuschließen ist.

Will man in den Bootshafen von *Tårs,* so bleibt einem also nichts weiter übrig, als durch den Nakskov Fjord den gleichen Weg zurückzufahren. Sobald man sich westlich von Enehøje befindet und die Ostspitze von Albuen in S peilt, kann man den Tonnenstrich verlassen und Kurs N laufen, vorausgesetzt, dass 2,5 m Wassertiefe ausreichen. Nach etwa 1,5 sm geht

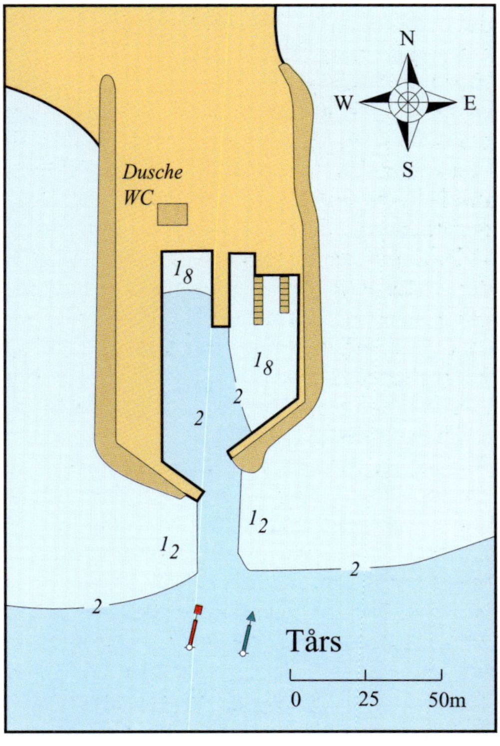

man auf Kurs E, wie die Fähre Spodsbjerg–Tårs auch, und läuft im Tonnenstrich auf den Fährhafen zu, in den man natürlich nicht hinein darf. Knapp 200 m davor verlässt man die Rinne und hält mit Kurs N auf den Bootshafen von

Tårs zu, einen winzigen Hafen, der lange versandet war. Am Hafen wird, in Eigeninitiative, viel gewerkelt. Alles etwas einfach; dennoch kein übler Platz – etwa die Kategorie Onsevig (Plan S. 85).

Liegeplatz und Versorgung: Im *Innenhafen festmachen. Nur etwas für Boote bis 10 m Länge. Wasser an den Stegen. WC und Duschen, sonst nichts.*

Wasserstand: Tidenhub 0,2 m. Sturm aus N kann den Wasserstand um 1 m erhöhen, Sturm aus SW ihn um ebenfalls1 m senken.

Natürlich wäre der logische Weg zum Smålandsfahrwasser vom Nakskov Fjord aus weiter entlang der Küste von Lolland. Ich möchte aber raten, nochmals quer über den Großen Belt zu laufen, um dem Hafen von

Spodsbjerg wenigstens zum Kennenlernen – einen Besuch abzustatten, nicht etwa wegen

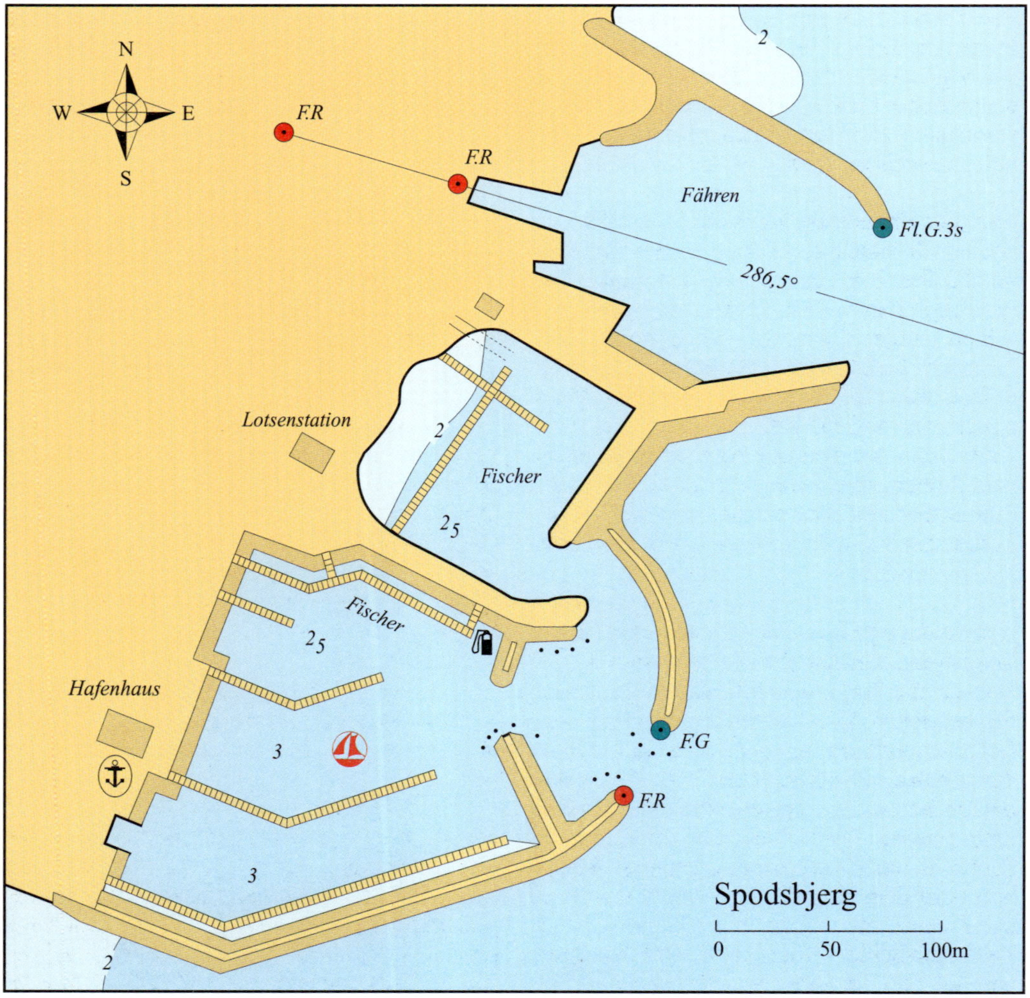

des Ortes, der ist unerheblich, sondern wegen des Hafens: Er ist der einzige an der 30 sm langen Ostküste Langelands und viel leichter anzufahren als Onsevig oder gar Nakskov. Kommt man in den rauhen Gewässern des Großen Belts einmal in die Situation, rasch einen Hafen anlaufen zu müssen, dann wird Spodsbjerg immer die erste Wahl sein, und unter solchen Umständen hat man einfach ein besseres Gefühl, wenn man einen Hafen schon kennt.
Bei Spodsbjerg handelte es sich ursprünglich um einen Fährhafen, einen sehr wichtigen; denn von hier aus geht der ganze Verkehr zwischen Fünen über Langeland nach Lolland und von dort aus weiter. Für die Fähren ist der nördliche Teil des Hafens reserviert, der von einer Yacht keinesfalls angelaufen werden darf.
In den südlichen Teil, den Fischerhafen, wo einige größere und viele kleine Fischkutter ihre festen Plätze haben, sollen Yachten nicht, denn es gibt ja – wiederum südlich – den guten Yachthafen (Spodsbjerg Turistbådehavn).

Strom: Er setzt die meiste Zeit des Jahres schwach nordwärts. Bei Starkwind aus NNE über E bis S wird er jedoch ziemlich kräftig; dann ist einige Vorsicht geboten, denn zusätzlich zu diesem nordwärts setzenden Hauptstrom tritt längs dem Ufer Neerstrom auf. Er ist zwar schwächer, setzt aber nach Süden, sodass man bei der Ansteuerung von Spodsbjerg mit zwei gegensätzlichen und quer zur Hafeneinfahrt laufenden Strömen zu rechnen hat. Südsetzender Strom kommt nur bei Winden aus W bis NNE vor.

Wäre nicht der Hafen, so gäbe es wenig Grund, Spodsbjerg anzulaufen: Das sind nur ein paar Häuser, die längs der zum Hafen führenden Straße stehen. Die Umgebung ist nicht ohne Reize: die typische Langeland-Landschaft mit den kleinen, vulkanförmigen Wald- und Grasbergen. Ist man hier eingeweht, lässt sich wenig unternehmen. Dann fährt man am besten mit dem Bus nach Rudkøbing oder nach Svendborg; auf dem Weg dorthin könnte man auch bei Troense aussteigen und sich das schöne Valdemar-Schloss mit seinem Marinemuseum ansehen (s. Törnvorschlag 1).

Der Hafen von Spodsbjerg hat eine ausnehmend gute Atmosphäre. Vom Cockpit aus kann man zusehen, wie draußen im Großen Belt die Riesenschiffe ruhig und majestätisch vorbeiziehen. Alle paar Minuten löst sich das rote Lotsenboot und prescht zu einem von ihnen hinaus, um die Lotsen zu wechseln. Die Lotsenstation von Spodsbjerg versorgt die großen Schiffe bis hinauf nach Skagen – ihr Turm steht bescheiden zwischen den Bäumen am Hafen und wirkt eher wie der Tower eines Provinzflughafens.

Liegeplatz und Versorgung: *Fischerhafen und Yachthafen haben zunächst die gleiche Einfahrt. Achtung: Eben südlich der Einfahrt Fischstöcke! Der Yachthafen ist hervorragend. Im »Hafenhaus« WC, Duschen, Küche, Waschmaschine. Am besten an die Stege in der Mitte des Hafens.*
Der Hafenmeister des Yachthafens ist auf den UKW-Kanälen 12 und 16 zu erreichen.
WC auch im Fährterminal, dort auch eine Cafeteria mit Kiosk. Etwa 500 m südlich vom Hafen findet man rechter Hand auf der Hauptstraße einen recht guten Supermarkt.

Wasserstand: Tidenhub 0,3 m. Sturm aus NE kann den Wasserstand um 1 m erhöhen, Sturm aus SW ihn um ebenfalls 1 m senken.

Ansteuerung bei Nacht: *Die perfekte Befeuerung des Großen Belts ist ein wesentlicher Pluspunkt für Spodsbjerg. Man orientiert sich zunächst an dem 1 sm südöstlich des Hafens befindlichen starken Feuer Spodsbjerg SE, einem Sektorenfeuer auf einem Pfahl mitten im Wasser (Fl.WRG.3s). Als Molenfeuer brennen am Kopf der Südmole ein F.R und an der Nordmole ein F.G.*

Den am anderen Ufer des *Langelands Belts* an der Nordwestecke von Lolland gelegenen Hafen von

Onsevig anzulaufen, lohnt, wenn man einen einfachen Seglerhafen mag. Er ist auch nur über einen Tonnenstrich zu erreichen, der über ein hässliches Flach führt. Eben östlich der Ansteuerung eine Unmenge weißer Windmotoren. Der Hafen liegt unscheinbar vor Lol-

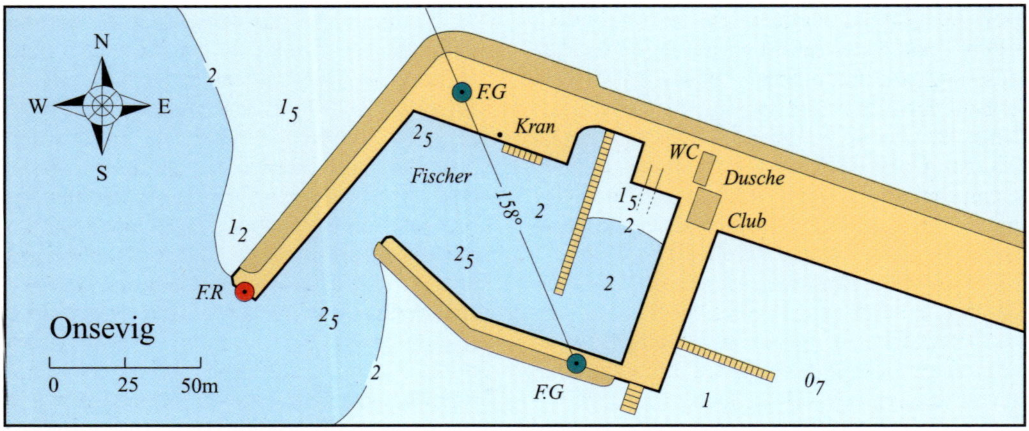

lands flacher Waldküste. Im Hafen Fischerboote und Yachten des Onsevig Sejlklubs. Hinter dem Wald versteckt einige Bauern- und viele Ferienhäuser.

Liegeplatz und Versorgung: *Man macht zwischen Pfahl und Steg an der Südmole bzw. dem mittleren Holzsteg fest. Ein Kiosk, Fischbude, WC und Duschen beim Clubhaus. Lebensmittel nicht in erreichbarer Nähe. Wo der Hafendamm am Wald endet, liegt der »Onsevig Kro« mit Swimmingpool. 6-t-Slip, Mastenkran.*

Wasserstand: Tidenhub 0,3 m. Wind aus N und NE kann den Wasserstand um 1 m erhöhen, Wind aus SW ihn um 0,7 m senken.

Ansteuerung: *Der Hafen ist von Booten bis zu einem Tiefgang von 2 m anzulaufen; man muss aber gerade vor der Außenmole mit Versandungen rechnen. Wichtig: Man halte sich exakt in der betonnten Rinne; dicht daneben liegen Steine im Wasser, von denen manche auch trockenfallen. Einlaufkurs +/– 160°. Wichtig: sich näher zu den grünen Tonnen halten!*

Wenig konturiert erscheint einem die Nordwestküste Lollands, der ein breites Flach vorgelagert ist. Nirgendwo Tonnen, sodass man vor allem bei Niedrigwasser, wenn man überall Steine im Wasser liegen sieht, mit etwas beklommenen Gefühlen hier entlangsegelt.
Der westliche Teil des **Smålandsfahrwassers** (dänisch: Smålandsfarvandet) wird begrenzt durch die Linie Onsevig – Omø – Agersø und im Osten durch den Längengrad 011°5´E. Charakteristisch für dieses bei Seglern sehr beliebte Revier ist das sich von Lollands und Falsters Ufern weit und breit nach NW erstreckende Flach mit mehreren Inseln und unzähligen Untiefen. Auf der Karte ist das absolut unübersichtlich: eine blaue Fläche mit vielen Tiefenlinien und massenhaft Tiefenangaben. Wer mit einer Wassertiefe von 2 m (normal) auskommt, der kann sich das um vieles einfacher machen, wenn er mit dem Bleistift die 2-m-Linien nachzieht; dann lässt sich mit einem Blick erkennen, wo man problemlos dahinschippern kann und wo man es besser lässt.

Strom: Er kann unter normalen sommerlichen Verhältnissen vernachlässigt werden. Der Ebbstrom setzt nach W, die Flut nach E; beide sind mäßig. Erst der Wind kann das Wasser mehr in Bewegung bringen; er wird sich auch immer gegen den Gezeitenstrom durchsetzen. Generell lässt sich sagen, dass Winde aus N und W einen nach E laufenden Strom verursachen und Winde aus E und S einen westwärts setzenden. Im westlichen Teil des Smålandsfahrwassers erreicht er eine Geschwindigkeit von kaum mehr als 1 kn, in den engen Gewässern des östlichen Teils aber nicht selten 4 kn und mehr.

Von Onsevig aus hat man theoretisch zwei Möglichkeiten, in den südöstlichen Inselarchipel des Smålandsfahrwassers einzulaufen: einmal durch das tiefe und betonnte *Ståldyb,* zum anderen durch den landnäheren, flachen und leider nicht mehr betonnten *Rågø Sund.* Vom Befahren des Rågø Sunds mit einem Tiefgang von mehr als 2 m muss man einem Revierunkundigen abraten, im übrigen generell dann, wenn rauhe See oder schlechte Sicht herrscht.

Der logische und sichere Weg führt durch das *Ståldyb,* eine zwar nicht sehr breite, aber tiefe natürliche Rinne zwischen den Inseln *Rågø* und *Skalø/Fejø,* die einigermaßen betonnt, aber nicht befeuert und nicht ganz unkritisch bei unvermitteltem Windwechsel ist, weil sich dann eine steile See aufbaut, die das Aufkreuzen zu einer sehr nassen Angelegenheit werden lässt.

Außer in einer hellen Nacht sollte man den Inselarchipel im südlichen Smålandsfahrwasser nachts nicht befahren. Die meisten Häfen sind zwar befeuert, nicht aber die Wege dorthin; angesichts der vielen Flachs und der Steine im Wasser wäre ein nächtliches Befahren dieses Reviers zu riskant.

Das Rågø gegenüberliegende Inselchen

Skalø hat einen richtigen Hafen, einen überaus idyllischen dazu, der allerdings auch überaus klein ist (Wassertiefe gut 1 m). Sieht man vom Ståldyb aus, dass schon andere Boote darin liegen, sollte man von vornherein von einer Ansteuerung absehen. Ansonsten ist der Hafen gut auszumachen, vor allem an der hellen Steinmole, auf der auch noch ein kleines weißes Leuchthaus mit einem senkrechten roten Streifen steht. Man läuft zunächst auf diese Mole zu und in die flache Bucht hinein, die im Norden durch den Straßendamm begrenzt wird. Bald wird man etwas südöstlich der Mole einen Pfahl im Wasser ausmachen können, mit einem roten Ball als Toppzeichen. Um diesen Pfahl fährt man dicht herum (er bleibt an der Bb-Seite) und steuert nun mit größter Vorsicht

Smålandsfahrwasser.
Überall die typische, leicht hügelige dänische Landschaft.

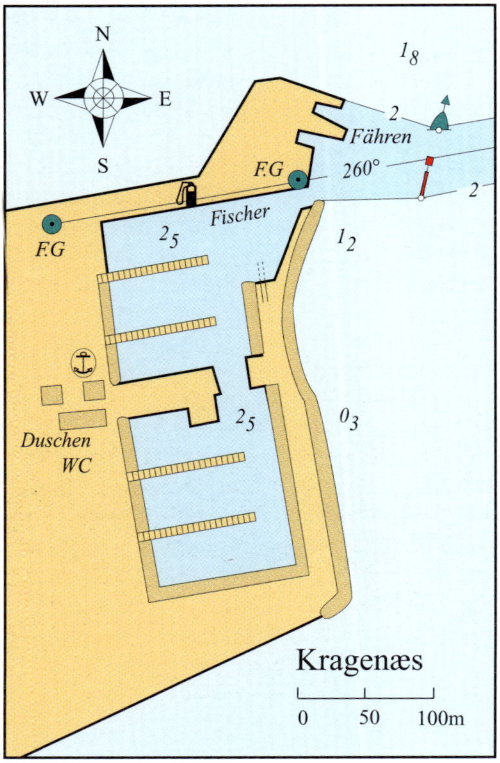

auf die enge Hafeneinfahrt zu. Vor den Untiefen beiderseits der Rinne braucht man dabei keine Angst zu haben.
Die Segel müssen auf alle Fälle schon vor dem Erreichen des Pfahls geborgen sein, und das eigentliche Ansteuern des Hafens funktioniert nur mit Motor und bei langsamster Fahrt.
Der Hafen ist in Privatbesitz. Er wurde in jahrelanger Arbeit von dem Fischer Axel Bang Petersen mit eigenen Händen gebaut. Die Fischerfamilie, die dicht am Hafen wohnt, hat nichts dagegen, wenn Yachten ihren Privathafen anlaufen, aber man sollte schon bedenken, dass man sich auf fremder Leute Besitz befindet.

Auf dem weiteren Weg durchs Ståldyb passiert man den sehr günstig gelegenen Hafen

Vesterby (Fejø), den seine Lage dicht am tiefen Fahrwasser auszeichnet, sonst aber gar nichts. Im Hafenbecken findet eine Yacht nur selten Platz (Fähre, Fischer). Der ganze östliche Teil des Beckens ist zudem untief. Bei ruhigem Wasser kann man allerdings recht gut außen an den Molen festmachen, meiner Meinung nach überhaupt der einzige brauchbare Liegeplatz für eine größere Yacht. Versorgungsmöglichkeiten gleich Null.

Besser, man segelt weiter zu dem Fähr- und Yachthafen

Kragenæs, der etwas verborgen hinter einem mächtigen Buchenwald liegt. Ein hervorragender Yachthafen – ein kleines Schmuckstück. Die auf die Fähren wartenden Autos bringen etwas Unruhe. Mit einem Tiefgang bis gut 2 m kann man den Hafen anlaufen, auch nachts, wenn man in der Dunkelheit überhaupt bis hierher gefunden haben sollte.

Liegeplatz und Versorgung: *Man sucht sich an den Stegen eine durch ein grünes Schild ausgewiesene freie Box. Wasser und Strom an den Stegen. Duschen und WC beim alten Clubhaus wie auch im neuen Hafen. Tankstelle s. Plan. In der Nähe ein ländlich-einfacher Kaufmann, der auch Zubehör führt. Zu einem Kro fünf Minuten zu gehen.*
Der neue Yachthafen zeichnet sich durch hervorragende Einrichtungen aus (u. a. Küche, TV-Raum). Die Architektur der Gebäude ist vorbildlich.

Wasserstand: Tidenhub 0,5 m. Sturm aus N kann den Wasserstand um 1,2 m erhöhen, Sturm aus S ihn um 0,6 m senken.

Weit interessanter als der Hafen von Kragenæs ist seine weitere Umgebung: Nur eine halbe Wegstunde von hier findet man in südlicher Richtung mit der Bannehøj nicht nur die mit 30 m höchste Erhebung Lollands, sondern auch die am besten erhaltenen Ganggräber des Landes und dicht dabei die Ruine der Ravnsborg, die um 1330 auf einem Moränenhügel direkt am Wasser von den holsteinischen Grafen als Zwingburg erbaut wurde. Denn Lolland war den Grafen verpfändet, und zur Kontrolle der Insel brauchte man einen sicheren Platz. Das war die Ravnsborg ganz zweifellos, denn da sie vom Wasser her versorgt werden konnte, war sie mit ihren dicken

Kragenæs.
Ohne Fähren läuft im Smålandsfahrwasser gar nichts. Diese versorgt die Insel Fejø.

Mauern praktisch uneinnehmbar. Erst 1510 wurde sie geschleift, nachdem sie im Laufe der Zeit aus holsteinischem Besitz in den der dänischen Könige gelangt war und damit natürlich auch ihre Funktion als Zwingburg eingebüßt hatte. Immer noch beeindruckend der Burgberg mit seinen Ruinen.

Bei Kragenæs sollte man sich entscheiden, ob man zu einem der kleinen Inselhäfen, also nordwärts, will oder aber zu den beiden einzigen großen Handelshäfen dieser Gegend, nach *Bandholm* oder *Sakskøbing*. Was für diese beiden Städte spricht, sind in erster Linie ihre großen Häfen, und dies kann im Sommer, wenn die meisten der kleinen Häfen überfüllt sind, schon ein wichtiger Gesichtspunkt sein. Ansonsten wird man weder Bandholm noch Sakskøbing viel abgewinnen.

Bandholm, dessen wuchtiges graues Silo man im Inselarchipel von überall her sieht, erreicht man durch eine schmale gebaggerte, mit Spieren gut bezeichnete Rinne. Der Ort besteht aus ein paar Häusern, die alle zum Hafen hin orientiert sind. Bandholm war und ist der Verschiffungsplatz für die Landprodukte von Lolland und der alten, im Inselinneren gelegenen Domstadt Maribo. Wie viele dieser Häfen ist auch dieser bei weitem nicht mehr ausgelastet; er wirkt deshalb etwas verloren und trist.
Der Park mit der hohen Mauer ringsum, der dicht am Hafen beginnt, gehört zu dem weithin bekannten Schloss Knuthenborg und dient heute als Safari-Park mit 700 Tieren aus allen Erdteilen – eine Touristenattraktion von einigem Rang.
Für die Touristen verkehrt samstags und sonntags auch noch die älteste Privatbahn Dänemarks aus dem Jahre 1869, die die 7 km zwischen Bandholm und Maribo dahinschnauft.

Liegeplatz und Versorgung: *Im vorderen Teil des Hafens macht die Fähre fest, und hier haben* *auch einheimische Yachten zwischen Pfahl und Mole ihre Plätze. Man fährt weiter in das große Becken hinein und macht am Ende zwischen Kai und Pfahl fest. Die halbkreisförmige Holzbrücke in der SE-Ecke ist weniger geeignet, weil dort kleinere Boote ihre festen Plätze haben und der Steg zum Land hin zeitweise abgeschlossen ist. Ansonsten kein Service für Yachten. Lebensmittel, Schiffsproviant, Bank usw. in der Havnegade. Hier auch Treibstoff vom Capalm-Depot.*

Wasserstand: Veränderungen in Anbetracht der großen Wassertiefen im Handelshafen ohne Belang.

Der Weg nach Sakskøbing führt durch ein wunderschönes, wenn.auch sehr enges Fahrwasser, den

Sakskøbing Fjord, der, einem Fluss gleich, gemächlich durch eine Parklandschaft zieht: befahrbar nur in der Rinne, dicht daneben oft trockenfallend. Begegnet man einem Kümo, von denen einige, der Zuckerfabriken wegen, nach Sakskøbing fahren, so muss man wohl in den Schlick hinein, denn außer dem Kümo hat an manchen Stellen der Rinne nicht mal eine Yacht mehr Platz.
Auf dem Weg nach Sakskøbing, dort, wo der Fjord sich zu seinem flussähnlichen Lauf verengt, liegt am Ostufer das schöne, rote Renaissance-Schloss Orebygård, das sogar einen kleinen Anleger hat, den man aber besser nicht anläuft, denn im Becken (Wassertiefe 0,5 m!) findet man absolut keinen Platz, und außen am Bollwerk dampfen die Kümos bedrohlich nahe vorbei.
Die Ufer des Fjords sind ab Orebygård ohne Unterbrechung versumpft, mit Schilf bewachsen und mit mächtigen Bäumen bestanden. Große Steine liegen überall, auch ganz dicht an der Fahrrinne.
Also: in der Rinne halten! Neben den Spieren stehen – gerade beim Orebygård – immer wieder Balken und verrottete Dalben im Wasser. Wenn sie als Schifffahrtszeichen dienen, tragen sie grüne oder rote Blechschilder als Toppzeichen. Dann muss man sich danach richten; ansonsten halte man sich gut davon frei.

Schon dicht vor der Stadt, am Westufer, ein ruhig gelegener kleiner Seglerhafen (Wassertiefe gut 2 m) mit zwei Stegen, Clubhaus und Mastenkran. Unmittelbar hinter dem Hafen, auf Sakskøbing zu, verengt sich der »Fjord« auf nicht einmal mehr 20 m.

Sakskøbing ist ein Bandholm in vielem ähnlicher Hafen, aber mit einer richtigen kleinen Stadt darum herum – ein dänisches Provinzstädtchen wie viele andere auch.
Von der bedeutenden Zuckerindustrie sieht man am Hafen und auch in der Stadt selbst recht wenig. Die unmittelbare Umgebung des Hafens ist etwas öde, keinesfalls wird es einen hier länger halten.
Auf dem Marktplatz steht ein Denkmal mit zwei drallen Bauernmädchen, den »Roepigerne«, eine Huldigung der Stadt an die polnischen »Rübenmädchen«, die einst als Gastarbeiterinnen nach Lolland kamen. In Sakskøbing wie auch in Nakskov kann man an manchen Häusern Namensschilder mit polnischen Namen lesen: Das sind die Nachfahren jener polnischen Landarbeiter, die vor hundert Jahren als billige Arbeitskräfte nach Lolland geholt wurden.
Resümee: Die Fahrt durch den Sakskøbing Fjord lohnt sehr, der Besuch des Städtchens selbst schon weniger.

***Liegeplatz und Versorgung:** Man kann im Handelshafen an den hohen Spundwänden überall festmachen; braucht ein Kümo den Platz, wird es einem der Hafenmeister schon sagen. Ungestört bleibt man an den Stegen des Ruderclubs. Wasser am Hafen, WC ebenfalls. Waschmöglichkeiten und Toiletten am Roklub, zum Teil im Freien. Reparaturmöglichkeit bei der Werft und der Werkstatt am Ostufer (Slip 40 t).*

Wasserstand: Veränderungen ohne Belang im sehr tiefen Handelshafen.

Zurück zum Smålandsfahrwasser: Die weite Wasserfläche zwischen der bewaldeten Halbinsel *Stensore* und der Insel *Askø* darf einen nicht verlocken, von der betonnten Rinne des Sakskøbing Fjords aus nach Norden abzudrehen und quer über das Wasser zu segeln, wie

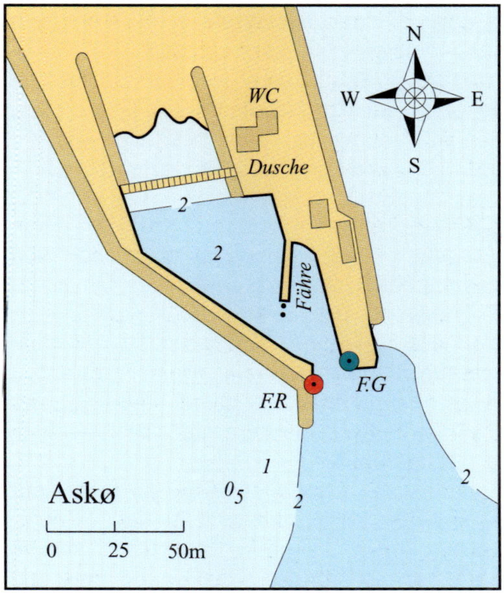

man es von Einheimischen sieht. Man muss schon in der engen, betonnten Rinne bleiben! Wir lassen das aber und nehmen noch ein paar Inseln mit.

Askø, eine flache Insel gegenüber Bandholm, unterscheidet sich nur durch ihre Kleinheit von Femø und Fejø. Man versäumt nicht viel, wenn man daran vorbeisegelt, zumal der Hafen sehr wenig Platz bietet. Gäste legen sich in die ersten Boxen nach der Einfahrt auf ca. 2 m Wassertiefe.
Versorgungsmöglichkeiten eher schlecht. Askø hat eine große Fähre, sodass es sehr eng wird, wenn sie im Hafen liegt. Vorsicht beim An- und Ablegen der Fähre!

Wasserstand: Tidenhub 0,5 m. Wind aus N und NE hebt den Wasserstand um bis zu 1,5 m (!), Winde aus S und SE bis SW senken ihn um ebenfalls 1,5 m.

Statt nach Askø könnte man auch zu dem etwas versteckt in der *Blans Vig* liegenden, allerdings sehr kleinen Hafen

Blans fahren. Am besten so: Vom ersten Tonnenpaar **(WP 564)** der Bandholm-Rinne mit Kurs 260° auf 2,5 m Wassertiefe auf den Hafen zu. Zum Schluss ist die Ansteuerung mit grünen und roten Spieren markiert. Am besten liegt man noch an der Ostmole. In dem kleinen Pavillon WCs und Duschen. Wasser am Hafen. Mastenkran. Sonst nichts. Ein ganz einsamer Platz, ein einfacher Hafen mit Charakter.

Wasserstand: Tidenhub 0,4 m. Sturm aus NW hebt den Wasserstand um 1,5 m, Sturm aus SW senkt ihn um 1 m.

Recht gut, vor allem bei westlichen Winden, liegt man östlich der kleinen Waldinsel

Lindholm vor Anker, dort, wo die 2-m-Linie ziemlich dicht ans steile Ufer heranführt (Grund Sand, Lehm und stellenweise auch Tang).

Hat man das grün-rote Tonnenpaar **(WP 563)** nördlich von Lindholm passiert, so darf man das *Lindholm Dyb* ruhig verlassen, wenn man auf die weiße, wuchtige, unmittelbar am Wasser gelegene Kirche von *Fejø* zuhält: Man bleibt auf diesem Kurs frei von den Untiefen des breiten Landgrundes westlich von *Askø* und *Lilleø*.
Diesen NW-Kurs sollte man so lange beibehalten, bis man die grüne Tonne *Fejø Kirkegrund* querab hat. Von da fährt man dann mit Kurs NNE auf das rot-grüne Spierenpaar zu, das den Beginn des Tonnenstrichs hinein in den Hafen von

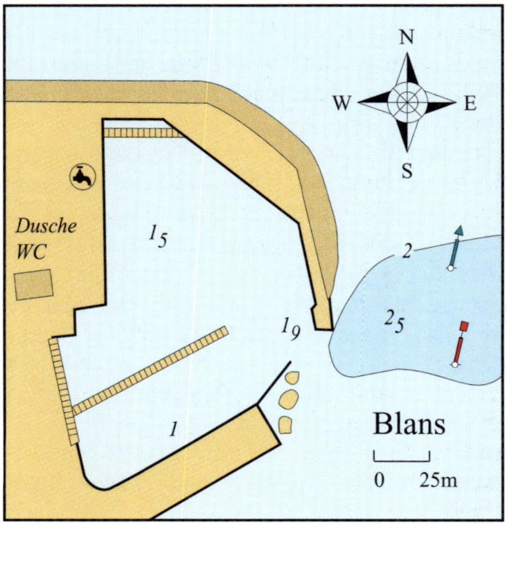

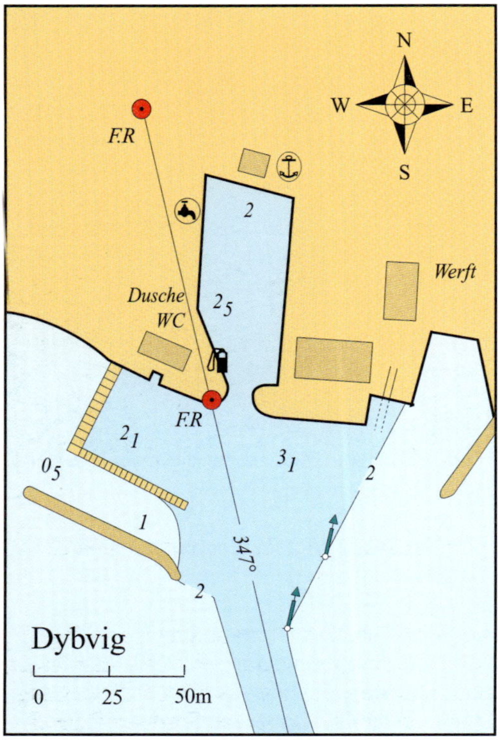

Dybvig markiert. Dieser Hafen ist der mit Abstand bessere von den beiden, die es auf dieser Insel gibt. Etwas Vorsicht ist bei der Ansteuerung geboten, denn die Fischer legen ihre Netze dicht an der Fahrrinne aus, sodass man manchmal wie durch einen Laufkäfig fährt. Mit einem Tiefgang bis zu 2 m müsste der Hafen anzusteuern sein.

Der 1882 angelegte kleine Hafen, der ziemlich weit von der nächsten Ortschaft Østerby entfernt liegt, hatte früher eine erstaunliche Bedeutung, denn der zwischen Kiel und Kopenhagen verkehrende Liniendampfer legte hier regelmäßig an.

Die Bucht Dybvig, die gar nicht so tief ist, wie man aus ihrem Namen schließen könnte, war zu der Zeit auch ein geschützter und deshalb gesuchter Winterliegeplatz für kleinere Frachtensegler.

Von all dem ist nichts mehr geblieben, und so ist der Hafen zu einem idyllichen Platz geworden, der im Sommer gerne von Yachten angelaufen wird. Nahebei stehen versteckt unter Bäumen ein paar Häuser. Alles macht einen behäbigen, etwas verschlafenen Eindruck, wie über der ganzen Insel ein Hauch von Altersabgeschiedenheit und Resignation liegt. Die Jungen gehen weg, weil anderswo mehr Geld zu verdienen ist. Wer bleibt, der lebt entweder von den Obstplantagen oder – immer mehr – vom Tourismus, oder er ist »Rentier«.

Liegeplatz und Versorgung: *Wo Platz frei, kann man sein Boot festmachen, nur nicht am Steg außen. Am besten und ruhigsten ist das innere Becken. Die Ostseite wird manchmal von Fischern beansprucht. Einfache Duschen und WC am Hafen. Wasser s. Plan. Eine gut anzufahrende Tankstelle. Reparaturmöglichkeiten in der kleinen Werft (20-t-Slip). In Østerby ein mäßiger Supermarkt und nahe beim Hafen ein guter Kro.*

Hinweis: Der Platz direkt vor der Tankstelle ist für den Notarzt reserviert. Also tanken und dann nichts wie weg!

Wasserstand: Tidenhub 0,6 m (!). Winde aus NW können den Wasserstand um 1,2 m heben, solche aus SW ihn um bis zu 1 m senken.

Um zum Hafen von

Femø zu gelangen, muss man ein Stückchen in den *Femø Sund* hineinlaufen. Am besten von *Dybvig* aus durch das Tonnentor Gelb-Schwarz und Schwarz-Gelb. Die Gelb-Schwarze markiert das *Sletterev* vor der SE-Huk von *Fejø* und die Schwarz-Gelbe das Flach *Middelgrund* und gleichzeitig einen Wegpunkt **(WP 569)**. Danach entlang den roten Tonnen des Femø Sunds, bis man die gut betonnte Rinne zum Hafen von Femø ausmacht. Die Einsteuerung erfolgt mit Kurs E.

Nach Fejø die größte Insel des Archipels, wirkt Femø ziemlich hoch, höher jedenfalls als Fejø, auch dunkler, so als sei sie dicht bewaldet, was aber nicht stimmt. Dieser Eindruck entsteht von ferne nur durch die vielen Pappelalleen, die die fruchtbaren Felder vor dem Wind schützen sollen. Mitten durch die Insel zieht sich eine merkwürdige Senke, die einst mit Wasser gefüllt war und als kleiner Sund zwei Inseln trennte, bis diese dann in der Steinzeit,

Femø.
Schöner Inselhafen. Es ist Spätsommer und daher ist er ziemlich leer. In der Saison sieht es anders aus.

als sich hier überall das Land hob, zu einer einzigen verschmolzen. Die Insel verändert immer noch ihre Gestalt und auch etwas ihre Lage. Was sie im Norden an den Kliffküsten durch die Gewalt der See verliert, gewinnt sie im Osten, wo sich sogar eine kleine Insel, Skellerev, aufgebaut hat, wieder hinzu. So wandert das von der See abgetragene Material um die Nordküste herum, um sich hier abzulagern. Was für Skipper wichtig ist: ein sehr guter Hafen für Yachten, und das in jeder Beziehung. Man liegt ruhig – außer bei Starkwind aus S – und hat, seitdem das östliche Becken hinzugebaut wurde, auch zu später Stunde noch eine Chance unterzukommen, und kann sich gut versorgen – siehe nächste Seite.

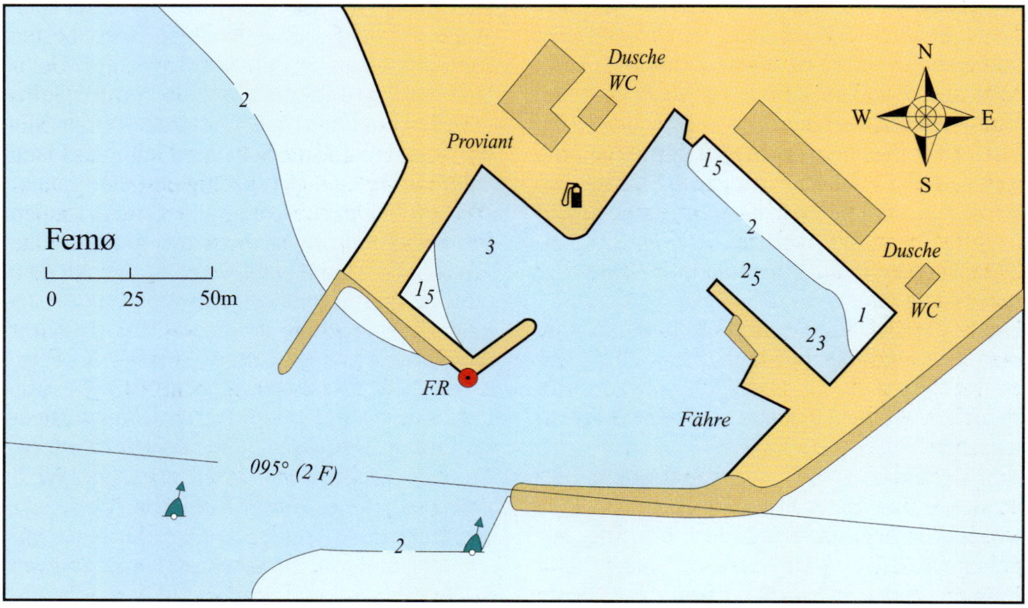

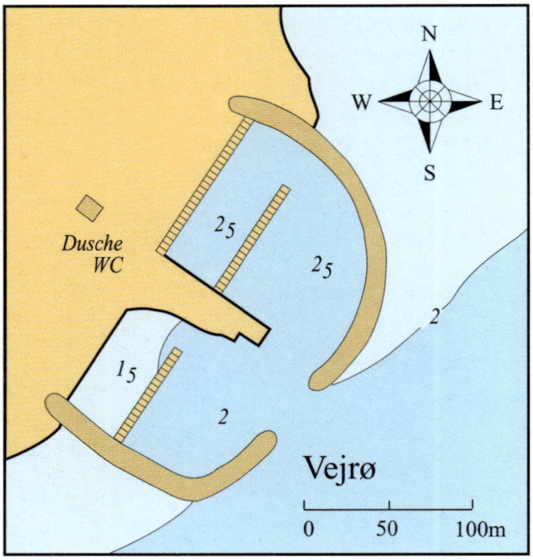

Liegeplatz und Versorgung: *Bis auf den Fähranleger in der Südostecke des Hafens kann man hin, wo man will. Treibstoff s. Plan. Wasseranschlüsse an allen Liegeplätzen. Ausreichend Duschen und WCs. Antiker 3-t-Kran. Lebensmittel direkt am Hafen. Kro in Nørreby oder in Sønderby. Schöner Badestrand westlich vom Hafen. Am ersten Wochenende im August großes Jazzfest.*

Ankerplätze: *Bei östlichen Winden auf dem Darrehøj Flak (Grund Sand; Tang und Steine kommen vor), bei westlichen Winden in der schönen, weitgeschwungenen Bucht am Ostufer der Insel zwischen Sletteren und Skellerev. Hier kommt man ziemlich dicht an die Insel heran, weil die 2-m-Linie nahe am Ufer verläuft (Grund Sand; auch Tang kommt vor).*

Wasserstand: Tidenhub 0,6 m. Nördliche und nordöstliche Winde können den Wasserstand um 1,5 m erhöhen, südliche ihn um ebenfalls 1,5 m senken!

Will man auf dem schnellsten Weg nordwärts ins tiefe Wasser, so führt der logische Kurs durch den Femø Sund, der bis zu einem Tiefgang von 3 m immer befahrbar ist, auch nachts – dank der Sektoren des Vejrø-Feuers (Oc.WRG.5s).
Voraus hat man stets die flachbucklige Insel **Vejrø.** Sie hat einen Hafen, auf den man vom Femø Sund aus direkt zuhält. Dieser Hafen war lange Zeit zur Hälfte eine Ruine, wie auch die Insel unbewohnt war. Das hat sich geändert.
Für einen Besuch von Vejrø spricht: Man kann eine – fast – menschenleere Insel für sich entdecken mit einer abwechslungsreichen Natur; vor dem weißen Leuchtturm auf der Nordspitze breitet sich bis hin zum Hafen ein feiner, heller Sandstrand, und im Süden stößt man auf eine einsame Landschaft aus Mooren und Steinfeldern.
Ein gemütlicher, familiärer Platz zum Faulenzen und Baden.

Liegeplatz: *Man fährt, je nach Tiefgang, in eines der Becken. Platz ist für insgesamt 140 Boote, und die kommen bei schönem Wetter auch hierher. Die sanitären Einrichtungen sind in relativ gutem Zustand. Am Hafen Wasser und Strom. Nahe beim Hafen WCs und Duschen.*

Wasserstand: Folgende Faustwerte können genommen werden: Tidenhub ca. 0,2 m. Winde aus N bis W und aus E können den Wasserstand um etwa 0,5 m erhöhen, Winde aus S bis W ihn um ebenso viel senken.

Wer durch den *Storstrøm* (s. S. 118) ins östliche Smålandsfahrwasser will oder zum *Guldborg Sund* (s. S. 103), der wird wohl auf anderem Wege die Insel Femø verlassen, nämlich mit Kurs Nordost.
Diese ganz große Aufmerksamkeit wie der südliche Insel-Archipel verlangt der nördliche Teil des Smålandsfahrwassers nicht mehr, mit Ausnahme zweier Untiefen, die nicht ohne Tücke sind, weil sie sich mitten im tiefen Wasser befinden: einmal, näher auf Knudshoved zu, der *Venegrund* (0,6 m) und 4 sm weiter westlich der *Kirkegrund* (0,8 m). Der Venegrund ist der gefährlichere, weil er an seinem östlichen Ausläufer eine unbetonnte 1,6-m-Stelle hat (bedenke Wasserstandsveränderungen!). Will man zwischen Venegrund und Knudshoved nordwärts, hinein in die *Karrebæksminde Bugt,* so empfiehlt es sich, hart an die gelb-schwarz-gelbe Tonne **(WP 551)** heranzugehen, die an der Westkante des *Knudshoved Revs* ausliegt, und sie westlich mit Kurs NE zu passieren.

Die Halbinsel

Knudshoved erstreckt sich ganz schmal und 8 lange Seemeilen vom Ostufer in WNW-licher Richtung ins Smålandsfahrwasser hinein. Im westlichen Teil eine urweltliche Landschaft – zwischen Steinen und Kliffküsten trotzt nur der zähe Wacholder dem ewigen Wind –, ist der östliche Teil zumeist bewaldet und mit Wiesen und Äckern kultiviert. Verbunden sind diese beiden so unterschiedlichen Teile durch eine schmale Landzunge, die *Draget* heißt. So werden übrigens in Dänemark alle diese schmalen Verbindungen genannt.
Ist sie bei Hochwasser überspült, könnte man meinen, westlich davon läge eine Insel.
Einen Hafen sucht man hier vergeblich, dafür findet man ein paar recht ordentliche und vor allem landschaftlich besonders reizvolle

Ankerplätze rund Knudshoved

- Bei nördlichen Winden liegt man gut vor der **Südseite von Knudshoved,** und zwar vor dem westlichen, »wilden« Teil. Die 2-m-Linie führt hier dicht am Ufer entlang, teilweise so nahe, dass man bis auf 10 m herankommt. Grund Sand, aber auch Steine.
- Sowohl bei Süd- als auch bei Nordwinden kann man Anker werfen südlich von **Avnø Røn,** wo die 2-m-Linie etwa 200 m südlich des Inselchens verläuft (Sand, teilweise auch Tang).
- Theoretisch könnte man auch in den **inneren Avnø Fjord** einlaufen, dort, wo sich, umgeben von schilfigen Ufern, ein breites, 3 m tiefes Becken befindet. Wegen des großen Steinfeldes südlich von Avnø möchte ich jedoch davon abraten. Keine Peilmarke, keine Schifffahrtszeichen, landschaftlich auch eher langweilig.

Nur der Vollständigkeit halber und weil man vielleicht versucht ist, es einem Dänen gleichzutun, der zielstrebig

Dybsø Havn ansteuert, sei dieser Platz noch erwähnt. Havn, das wissen wir, bedeutet im Dänischen nicht immer nur Hafen in unserem Sinne, sondern damit werden auch besonders geschützte Ankerbuchten bezeichnet. Um eine solche handelt es sich auch hier. Dybsø Havn ist ein ganz schmaler Sund, der zwischen der Halbinsel Svinø und der Insel Dybsø in den Dybsø Fjord hineinführt. Unmittelbar an der Mündung des Sundes in den Fjord weitet sich das Fahrwasser zu einem kleinen Becken, wo man sehr gut liegen könnte, vorausgesetzt, man ist überhaupt gut durch den Sund gekommen. Und das funktioniert bestenfalls bei einem Tiefgang von bis zu 1,6 m.
Der schmale, doch tiefe Sund verläuft in nordöstlicher Richtung; so sollte man ihn auch ansteuern, um von dem Steinfeld freizubleiben, das sich von Sønderhoved aus ca. 60 m nach S erstreckt. Wer sich die Anfahrt zutraut, der hat einen idyllischen und überaus geschützten Ankerplatz gefunden.

Der in der Nordostecke der gleichnamigen Bucht gelegene Hafen von

Karrebæksminde ist schon von weit her gut auszumachen: Die langgestreckten gelben Ferienhäuser mit den roten Ziegeldächern sind auffallende und unverwechselbare Landmarken. Wer diesen ehemaligen Ladeplatz und Fischerhafen anläuft, sollte sich rechtzeitig mit seinen Macken vertraut machen. Am problematischsten kann der Strom sein.

Strom: Normalerweise läuft er im Rhythmus der Gezeiten sechs Stunden in den Fjord hinein und sechs wieder heraus, wobei er immerhin schon eine Geschwindigkeit von 2 bis 3 kn erreicht. Ganz schlimm aber wird es, wenn längere Zeit Starkwind geweht hat: Dann rauscht der Strom mit unglaublichen 5 kn durch den schmalen Hafen. Wer keine kräftige Maschine hat, sollte unter diesen Umständen Karrebæksminde nicht ansteuern; aber selbst derjenige, der ausreichend PS auf die Welle bringt, muss dann schon auf einiges gefasst sein. Wenden kurz vor der Brücke halte ich für unmöglich.
Wichtig: Wer gegen den Strom läuft, muss dem Entgegenkommer die Vorfahrt lassen.

Der Strom aber ist nicht das einzige Problem: Der weite, von den Steinmolen zangenförmig eingefasste Vorhafen ist nicht überall tief; manchmal liegen Steine und Betonbrocken im

Karrebæksminde.

Wasser, die Molen sind teilweise verfallen. Man muss den Vorhafen deshalb im Tonnenstrich queren.
Und nun sieht man sich vor Problem Nr. 3 gestellt: die Brücke von Karrebæksminde. Ein echtes, wirklich schönes Museumsstück. Es wäre ein unglaublicher Zufall, wenn sie sofort hochginge; erfahrungsgemäss muss man etwas warten, und das heisst: Man muss wohl oder übel festmachen.
Und das geht ausschließlich linker Hand an der Steinpier, und an der kann eine Yacht nur sehr schwer vertäuen, weil die Festmacher weit auseinanderliegen. Dazu der Strom!
Wer nicht durch die Brücke will, der kann auch in den schmalen, langen Schlauch des alten Yachthafens an Stb eindrehen, der aber kaum Platz für Manöver hat. Der Næstved Sejlklub hält an dem langen Steg immer ein paar Plätze für Gäste frei.

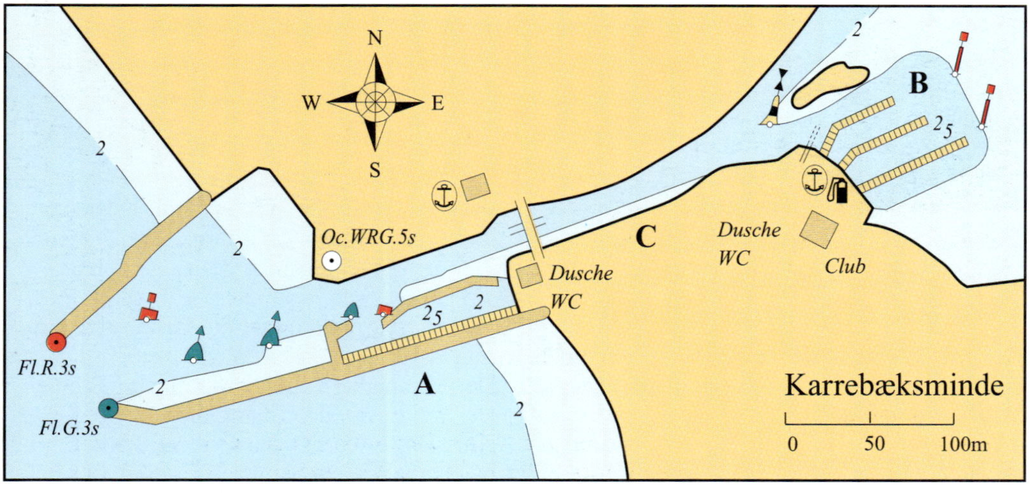

Brücke: Ihre Durchfahrt ist 22 m breit, in geschlossenem Zustand beträgt die freie Durchfahrtshöhe 2,5 m bei normalem Wasserstand. Vom 1. Mai bis zum 30. September wird sie eine halbe Stunde vor Sonnenaufgang bis zu einer halben Stunde nach Sonnenuntergang für Sportboote zu jeder vollen Stunde geöffnet. Der Brückenwärter kann über UKW-Kanal 16 angerufen werden. Er spricht Deutsch.
Hat man kein Funkgerät, gibt man das Schallsignal lang–kurz und setzt als optisches Signal die Signalflagge »N« bzw. ersatzweise die Nationale auf halber Höhe im Vortopp oder im Want. Der Brückenwärter antwortet mit folgenden Signalen:

1 rotes Festlicht: Brücke geschlossen. Durchfahrt verboten.
2 rote Festlichter: W gehender Verkehr darf passieren.
3 rote Festlichter: E gehender Verkehr darf passieren.
1 gelbes Blinklicht: Sportboote weg von der Brücke! Großes Schiff passiert.

Karrebæksminde wird einem nicht schlecht gefallen – ein Ort mit einem guten Milieu. Einstmals ein Fischerdorf, war es später der Verladeplatz für die reiche Handelsstadt Næstved. Doch seitdem Næstved selbst einen Hafen besitzt, hat Karrebæksminde seine einstige Bedeutung eingebüßt, was man auch schon an dem etwas verwahrlosten Vorhafen erkennen kann. Fischer gibt es nur noch ein paar hier, dafür aber Unmengen von Touristen, die wegen des schönen Badestrands und der lieblichen Landschaft hierherkommen und die sich – wie es die Dänen mögen – zu Tausenden in Sommerhäusern hier angesiedelt haben.
In den letzten Jahren hat sich der Hafen zu einem echten Touristenzentrum entwickelt, mit

Karrebæksminde.
Die eiserne Brücke ist ein wahres Museumsstück, die aber unverdrossen ihren Dienst tut. Kommt man zur rechten Zeit, öffnet sie auch für kleine Boote.

Imbissbuden am Strand, guten Fisch- und anderen Restaurants – ein ziemlicher Rummel, aber nicht übel. Plan S. 98.

Liegeplatz und Versorgung: *Die westliche Steganlage **(A)** des Næstved Sejlklubs wurde schon erwähnt; wer das Glück hat, hier unterzukommen, liegt gut. Der Club hat jenseits der Brücke eine zweite Steganlage **(B)**, den Innenhafen, der etwas versteckt hinter einer Sumpfinsel liegt. Die Anfahrt dorthin ist ziemlich verwinkelt, die Anlage zudem so eng, dass man kaum manövrieren kann. Deshalb sollte man erst einmal östlich der Brücke, gleich dahinter, am Südufer des Kanals **(C)** festmachen, um alsdann die Lage an den Stegen zu Fuß zu erkunden. Wenn nichts frei ist, darf man hier vorne bleiben, was größeren Schiffen sowieso empfohlen sei. Man muss nur den Platz freilassen, den sommers der alte Fjorddampfer MORILD braucht (etwas östlich von C). Beim Anlegen muss man wegen des Stroms fix die Leinen ausbringen. Zur Not könnte man auch außen vor dem Hafen ankern, und zwar nördlich und südlich der Einfahrt (Grund Sand, Lehm), oder man läuft gleich die 4,5 sm weiter nach Næstved, wo man in dem großen Stadthafen ganz sicher einen Platz findet. Wasser bekommt man an den Stegen, Treibstoff s. Plan; Mastenkran und Proviant. WC und Duschen im Haus des Næstved Sejlklubs bei den Oststegen.*

Wasserstand: Tidenhub 0,3 m. Winde aus NW können den Wasserstand um 1,2 m erhöhen, Winde aus SE ihn um 0,6 m senken.

Die 4,5 sm von Karrebæksminde nach Næstved führen durch ein zwar breites, aber bis auf die 6 m tiefe Baggerrinne auch sehr flaches Gewässer.
An Backbord passiert man eine kleine Brücke, die zu dem Freizeitcenter

De Hvide Svaner westlich des großen Borgnekkes Skovs gehört. Außen an der Brücke +/– 1,5 m Wassertiefe. Platz für 20 Gästeboote. Die Brücke befindet sich vor einem großen Campingplatz. Wenn man hier festmacht, dann wohl nur, um in den nahen, guten Kro zum Essen zu gehen.

Noch ehe man von der Stadt

Næstved etwas erkennen kann, macht man die weißen Silos an ihrem Hafen aus. Mit diesem erst 1935 gebauten Hafen wird man sich nicht anfreunden können – eine reine Zweckanlage ohne den Charme, den alte Häfen haben.
Die Stadt mit ihren 35 000 Einwohnern ist schon um einiges besser: über 800 Jahre alt, in ihrem Kern um das Benediktinerkloster Skt. Peder entstanden, das bereits um 1100 gegründet wurde.

Liegeplatz und Versorgung: *Im Alten Hafen, das ist das Ostbecken, das direkt an der vielbefahrenen Straße liegt, haben kleinere einheimische Boote ihre festen Plätze: Wassertiefe 2 m. Wenn nicht hier, so kann man – vor allem mit einem größeren Boot – auch im Westbecken festmachen. Alle Einkaufsmöglichkeiten in der Stadt. WC sehr einfach, Treibstoff eingangs des Westbeckens an Bb. Zubehör am Westkai.*

Wasserstand: Tidenhub 0,3 m. Winde aus NW heben den Wasserstand um 1,2 m, Winde aus SE senken ihn um 0,6 m.

Von Karrebæksminde aus westwärts fährt man an einer überaus eindrucksvollen Küste entlang, die von den Dänen »glitzernde Doppelküste« genannt wird. Das Glitzern kommt von den großen, gelben Klintküsten, die in der Sonne tatsächlich wie Gold glänzen, und mit Doppelküste ist die Lagunenlandschaft um das *Holsteinborg Nor* und das *Basnæs Nor* gemeint.
Die Kliffküsten stehen in einem faszinierenden Kontrast zu den dunklen Wäldern, die sich an der ganzen Küste entlangziehen.
Die Lagunenküste der Insel *Glænø* wäre ein schöner Abschluss eines Törns durch das westliche Smålandsfahrwasser, besonders, wenn man noch ein paar Tage übrig hat, die man hier in dieser wundervollen und auch interessanten Landschaft verbringen kann. Immer vorausgesetzt, das Boot geht nicht zu tief.
Das gibt es einmal im *Holsteinborg Nor* den kleinen Bootshafen von

Bisserup, den man durch eine schmale, zuweilen betonnte Rinne erreichen kann. Diese

Rinne ist etwa 30 m breit und hat eine Solltiefe von 2 m. Es kann aber auch sein, dass sie stark versandet ist; mit mehr als gut 1,5 m sollte man nicht rechnen. Zeitweise baut sich außen vor der Rinne eine Barre mit nur 0,5 m Wasser auf. Im Hafen liegen Kielboote, die müssen ja rein und raus, also wird man wohl die Untiefe immer wieder wegbaggern; doch ich kann's nicht garantieren. Man muss es einfach mal ausprobieren.
Außer den Tonnen und den Dreieckbaken wäre auch noch die folgende Peilung hilfreich: Westkante des großen, weißen Hauses von Bisserup mit der Mühle von Tornemark (+/–035°). Auch wenn die Wassertiefe ausreicht – diese Rinne sollte man stets unter Motor befahren! Bei Starkwind läuft in der schmalen Passage zwischen Glænø – Østerfeld und Bisserup Strand ein Strom von 4 kn!
Für das einstige, malerische Fischerdorf Bisserup spielt der Fischfang kaum mehr eine Rolle; die Leute leben heutzutage in erster Linie von den Touristen, die in Massen hierherkommen. Guter Kro nahe beim Hafen.
Man liegt eigentlich immer ruhig im Hafen von Bisserup, am besten am Bollwerk außen, weil die Doppelküste ihn und das Nor perfekt schützt. Wasser an den Stegen.

Wasserstand: Tidenhub 0,5 m. Nördliche Winde können den Wasserstand um bis zu 1,5 m erhöhen, südliche ihn um 0,8 m senken.

Ankerplätze: *Wenn man nach Bisserup nicht hineinkommt, so ist das noch lange kein Grund, sich diese schöne Gegend entgehen zu lassen. Man kann auf Sandgrund recht gut ankern, nämlich direkt vor Bisserup auf der Bisserup Vestre Red oder der Bisserup Østre Red. Ein Platz, der aber nur bei N und bedingt bei W geschützt ist; bei allen anderen Windrichtungen läuft hier die Welle aus der Weite des Smålandsfahrwassers voll auf.*
Sehr eindrucksvoll, aber auch nur bei den gleichen Bedingungen, liegt man unterhalb der hohen, gelben Kliffküste von Glænø. Die 2-m-Linie führt dicht am Ufer entlang, und auch hier hat man Sand als Ankergrund.
Den allerbesten Platz, Basnæs Havn im Basnæs Nor, darf man nicht mehr ansteuern, weil das Nor zum Wildschutzgebiet erklärt wurde. So muss man außen vor, zwischen den beiden Halbinseln bleiben. Nicht schlecht, aber kein Vergleich mit dem alten Basnæs Havn. Auch hier gilt: nur ein Schönwetterplatz.

Ist man in Bisserup untergekommen, sollte man das Dingi zu Wasser lassen, um diese schöne Lagune voll und ganz erleben zu können, eine Wasserlandschaft, die ihresgleichen sucht. Überall am Ufer findet man noch die uralten, breitkronigen Eichen. Am Nordufer erhebt sich über dem Schilf die Holsteinborg, die mit ihrem blauschwarzen Dach, den Zinnen und Türmchen wie ein Märchenschloss wirkt – als hässlicher Kontrapunkt dazu liegt im Westen die Raffinerie von Stigsnæs.

In den Gewässern von Falster und Møn

Törnvorschlag 4:

Von Guldborg nach Præstø

Dies ist ein ziemlich langer Törn. Läßt man jedoch den Guldborg Sund und den Grønsund aus, fährt man also allein durchs östliche Smålandsfahrwasser, dann werden es nicht mehr als ein paar Tage werden. Wollte man vom Storstrøm aus ohne Aufenthalt weiter zur Fakse Bugt und zum Sund, so könnte man diese Strecke leicht in einem Tag absegeln. Ein Törn also, der zeitlich sehr variabel ist.
Kritisch ist eigentlich nur das Stück zwischen Gedser und dem Grønsund; es ist völlig ungeschützt und, bis auf Hesnæs, auch ohne Hafen. Ansonsten fährt man vorwiegend durch ein sehr geschütztes Revier, das freilich nicht ganz unproblematisch ist: einmal wegen der vielen Flachs, die ein exaktes Fahren nach Tonnen erfordern, dann wegen des Stroms, der manchmal so stark setzt, dass man ihn nicht mehr aussegeln kann, und schließlich angesichts des Mangels an Leuchtfeuern, was es verbietet, weite Strecken nachts zurückzulegen.
Man wird viele, gut geschützte und manchmal auch idyllische Häfen finden, dazu eine Menge Ankerplätze.
Von den drei Inseln Lolland, Falster und Møn lohnt nur letztere einen längeren Aufenthalt und Landgang; Falster und Lolland sind im Vergleich zum schönen Møn doch nur flache, ziemlich langweilige Zuckerrübeninseln.
Das östliche Smålandsfahrwasser kann auch für den, der eigentlich zum Sund oder nach Bornholm wollte, eine Alternative sein, wenn es auf der freien See zu sehr wehen sollte, indessen nur dann, wenn der Tiefgang des Bootes nicht mehr als 2 m ausmacht.
Dieser Törnvorschlag schließt nahtlos an den Törnvorschlag 3 »Zum Smålandsfahrwasser« an und führt weiter zum Törnvorschlag 5 »Zum Sund und nach Kopenhagen«.

Seekarten und Seebücher: Delius Klasing-Sportbootkarten »Seeland–Schonen« oder dänische Sportbootkartensätze Serie D: »Smålandsfahrwasser, Fakse Bugt« und Serie E: »Sund und Kattegat, SE-Teil«.
Leuchtfeuerverzeichnis Teil II: Westliche Ostsee und Ostseezufahrten.

Distanzen: **Guldborg** – **Nykøbing** (9 sm) – **Abstecher nach Nysted** (21 sm) – **Gedser** (11 sm) – **Hesnæs** (22 sm) – **Hårbølle** (6 sm) – **Stubbekøbing** (3,5 sm) – **Bogø** (1,5 sm) – **Vordingborg** (10 sm) – **Petersværft Bro** (7 sm) – **Kalvehave** (4 sm) – **Stege** (4,5 sm) – **Nyord** (5 sm) – **Sandvig** (4 sm) – **Stavreby** (3 sm) – **Præstø** (20 sm).

Der

Guldborg Sund, der Lolland von Falster trennt, ist ein landschaftlich streckenweise ungemein schönes, wenn auch nicht immer leicht zu befahrendes Gewässer. Schmal und einem Fluss gleich windet er sich zwischen zumeist flachen und häufig bewaldeten Ufern vom Smålandsfahrwasser zur Ostsee bei Gedser hin. Im Gegensatz zum Grønsund ist er von größeren Schiffen nicht auf den gesamten 16 sm befahrbar; sie gelangen vom Smålandsfahrwasser aus nur bis Nykøbing. Yachten mit nicht mehr als 2 m Tiefgang können ihn in seiner vollen Länge passieren, dank einer künstlichen Rinne bei *Nordmands Sand* (Wassertiefe 2,1 m), die den nördlichen mit dem südlichen Teil des Guldborg Sunds verbindet.

Zwei Klappbrücken überspannen das Wasser: die eine bei Guldborg, dem Ort, der dem Sund seinen Namen gab, und die zweite bei

Nykøbing, das nicht nur der größte und bedeutendste Ort am Sund, sondern auch der Hauptort von Falster ist (mehr zu den beiden Brücken bei den jeweiligen Orten). Bei Hjelms Nakke unterquert ein Autobahntunnel den Sund, ohne uns aufzuhalten. Wir fahren einfach darüber hinweg.

Das **Fahrwasser ist nicht befeuert**; man kann es also nachts nicht befahren, auch nicht in einer sehr hellen Nacht, weil dann immer noch die Gefahr zu groß wäre, eine der dicht an Untiefen und Steinen ausliegenden Tonnen zu übersehen. Der peinlich genauen Beachtung der Tonnen kommt ohnehin eine besondere Bedeutung zu.

Das **Aufkreuzen** des Fahrwassers ist nicht ohne Risiko, lässt es sich doch erfahrungsgemäß nie ganz vermeiden, einmal über den Tonnenstrich hinauszusegeln. Bei Gegenwind muss wegen der Enge der Fahrrinne sowieso meist der Motor gestartet werden.

Bei ruhigem Wetter kann man, außer bei der Ansteuerung eines Hafens, den **Strom** vernachlässigen. Er setzt mit den Gezeiten einmal nord- und einmal südwärts, fast immer aber in Richtung der Rinne, und ist dabei nicht stärker als 2 kn. Bei Starkwind hingegen kann er mehrere Tage in derselben Richtung laufen und auch beträchtliche Geschwindigkeiten erreichen. Mit solchen Verhältnissen muss man immer dann rechnen, wenn zwischen dem Smålandsfahrwasser und der Ostsee spürbare Wasserstandsunterschiede herrschen, und zwar so lange, bis sie wieder ausgeglichen sind.

Strom: Starker Wind aus SE über S bis SW verursacht nordsetzenden Strom, der in den engsten Stellen des Sunds 4 bis 5 kn schnell werden kann, wobei er gleichzeitig den Wasserstand um durchschnittlich 0,8 m senkt.
Starker Wind aus NW über N bis NE bewirkt südsetzenden Strom, der ähnliche Geschwindigkeiten wie der Nordstrom erreicht, aber anders als dieser Hochwasser bringt.

Ankerplätze im Guldborg Sund (von Nord nach Süd)

- Wer, von Norden kommend, zu spät dran ist, um noch die Guldborg-Brücke passieren zu können (Bedienungszeiten s. S. 105), der kann in der **Hildesvig Bugt** zur Nacht vor Anker liegen. Zwar kommt man dem Ufer nicht näher als bis auf 500 m, bestenfalls 300 m (2-m-Linie), aber der dichte Wald bietet doch einigen Schutz (Grund Sand, Kiesel, auch Tang).
- 1 sm südlich der Guldborg-Brücke kann man ostwärts aus der Rinne fahren und auf dem **Middelgrund** ankern, südlich vor *Grimmers Nakke.* Die 2-m-Linie verläuft ca. 200 m vor dem Ufer (Grund Sand, Tang). Das hohe Waldufer bietet guten Schutz.
- Schon nahe bei Nykøbing findet man, ebenfalls am Ostufer, außen vor der **Pandebjerg Hoved Bro** einen bei Winden aus N bis E guten Platz, wenn man es nicht vorzieht, an die 100 m lange Brücke selbst zu gehen, die an ihrem Kopf eine Wassertiefe von 2 m aufweist. Die Brücke gehört zu dem Gut Pandebjerg. Festmachen für eine Nacht ist erlaubt. Beim Ansteuern und Ankern (Grund Lehm, Tang) achte man auf Pfahlreste einer älteren, inzwischen verfallenen Brücke. Man sieht hier Nykøbing schon vor sich liegen; es ist so nah, dass man wohl besser gleich dorthin fährt.
- Dort, wo sich der Sund zur 3,5 sm breiten Bredningen öffnet, gibt es am Lolland-Ufer, westlich des Inselchens Flatø, die inzwischen verfallene **Priorskov Bro**. Man kann westlich von Flatø auf gut 4 m Wassertiefe ankern (Grund Lehm).
- In der zum großen Teil flachen und mit Steinen übersäten **Bredningen** findet man vor dem Westufer die beiden schönsten und – ein Dingi vorausgesetzt – auch interessantesten Ankerplätze im Sund: einmal vor dem *Frejlev Skov,* wo man bis auf 200 m ans Ufer heranfahren kann (2-m-Linie) und bei nicht zu starken Winden aus SE über S bis SW und W ruhig und friedlich liegt (Grund Sand, Steine, Tang), zum anderen, etwas schwieriger anzufahren, südlich des Inselchens *Kejlsø* (Grund Sand, Steine, Tang).

Beiden Plätzen ist eigen, dass man nicht nur behaglich in einer schönen Landschaft liegt, sondern auch noch zu kleinen archäologischen Entdeckungen aufbrechen kann: Im Frejlev Skov gibt es an die hundert Grabhügel aus der Bronzezeit, und in seinem östlichsten Teil stößt man auf eine große Grabkammer. Auch die Reste einer Wikingerburg sollen hier zu sehen sein, ohne dass ich allerdings Näheres dazu sagen könnte, denn ich habe sie nicht gefunden. Dort, wo der Frejlev Å (Fluss) in einer wunderschönen, schmalen Bucht in die Bredningen mündet, liegt ein großer Stein mit seltsamen Felszeichnungen. Etwas nördlich von hier, an der Mündung des Flintinge Å, wurde sogar ein Bootsgrab entdeckt mit einem 5,5 m langen und 1 m breiten Boot, in dem ein Mann aus der jüngeren Steinzeit beigesetzt war.

Warnung: Steine jeder Menge und Größe! Man fahre in der Bucht sehr vorsichtig, besonders an ihrem südlichen Ausgang bei der schwarz-gelb-schwarzen Tonne **(WP 524)** östlich von Herringen.

Der erste Ort mit Hafen, den man von Norden kommend ansteuert, ist

Guldborg, ursprünglich ein wichtiger Fährplatz zwischen Falster und Lolland, bis im Jahre 1934 die Brücke dem Fährbetrieb ein Ende machte. Trotz des Autotunnels immer noch ein beträchtlicher Verkehr.
Das zu beiden Seiten des Sunds gelegene Dorf mit seinen 100 Einwohnern hat als einzige Sehenswürdigkeiten eben die Brücke und einen alten Kro auf der Falster-Seite zu bieten.
Um zur Nacht zu liegen, muss man durch die Brücke.

Die Guldborg-Brücke ist eine doppelflügelige Klappbrücke, die bei einer freien Durchfahrtshöhe von 4 m eine Durchfahrtsbreite von 30 m hat. Sie wird von Sonnenaufgang bis eine halbe Stunde nach Sonnenuntergang jederzeit auf Verlangen geöffnet. Bei starkem Autoverkehr kann es vorkommen, dass Sportboote bis zu 30 Minuten warten müssen. Sind sie motorisiert, müssen sie die Brücke unter Motor passieren. Man gibt die üblichen Signale, also Signalflagge »N« bzw. ersatzweise die Nationale auf halber Höhe im Vortopp oder im Want und dazu das Schallsignal lang–kurz (– ·).

Der Brückenwärter ist auf den UKW-Kanälen 12, 13 und 16 zu erreichen.

Der Brückenwärter antwortet mit folgenden Signalen:

1 F.R:	Durchfahrt verboten.
2 Fl.R:	Brücke wird für den nach Süd gehenden Verkehr bald geöffnet.
2 F.R:	Nach Süd gehender Verkehr kann jetzt passieren.
3 Fl.R:	Brücke wird für den nach Nord gehenden Verkehr bald geöffnet.
3 F.R:	Nach Nord gehender Verkehr kann jetzt passieren.

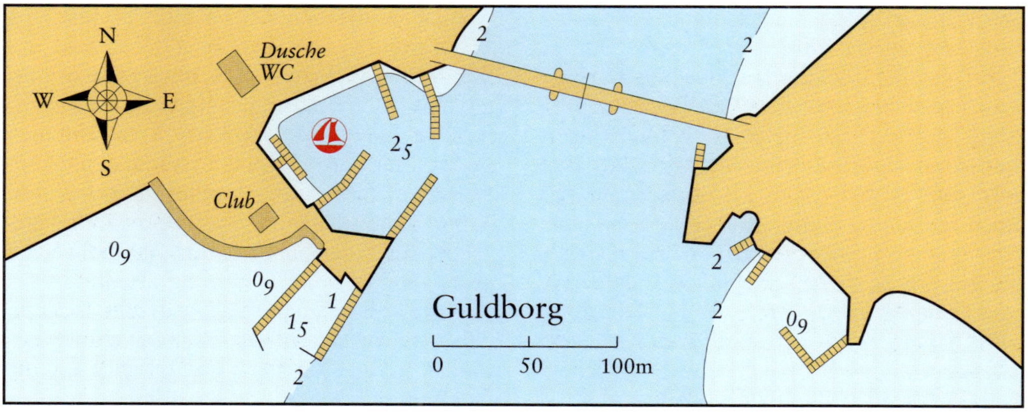

***Liegeplatz und Versorgung:** Dicht hinter der Brücke, am Ostufer, befindet sich ein etwas derangiertes Bollwerk, das zu einer Zuckerfabrik gehört. Hier darf, aber sollte man nicht festmachen; noch weniger an dem südlich davon gelegenen, winkelförmigen Steg, da dort, wie man aus dem Hafenplan ersehen kann, die Wassertiefe nicht einmal 1 m beträgt. Davor liegen außerdem noch mehrere Boote an Murings, sodass man praktisch (man denke auch an den Strom!) gar nicht an den Steg herankommt. Das wird alles nur erwähnt, weil man hier Boote liegen sieht. Der von Yachten üblicherweise angelaufene Platz befindet sich am Westufer, ebenfalls dicht südlich der Brücke, nämlich der neue Yachthafen. Man kann außen am Bollwerk längsseits gehen; hier hat man bis zu 3 m Wassertiefe. Besser aber und ruhiger liegt man an den Stegen im Yachthafen. Wer außen am Bollwerk festmacht, muss auf den Strom achten, der mit bis zu 4 kn quer vorbeirauscht. Recht ordentliche Duschen und WC (s. Plan). Wasser an den Stegen. Treibstoff und Lebensmittel im Ort.*

Wasserstand: Tidenhub 0,3 m. Nördliche Winde können den Wasserstand um 1 m erhöhen, südliche ihn um 0,5 m senken.

Von

Nykøbing, größten Ort am Sund, sieht man zuallererst die hohen weißen Silos, wie es bei den meisten Häfen im Agrarland Dänemark der Fall ist. Aber das 26 000 Einwohner zählende Städtchen ist zuvorderst eine Industrie- und Handelsstadt und obendrein noch Hauptort der Insel Falster. Von außen betrachtet wirkt Nykøbing mit seinen Silos, den Lagerhallen und Fabriken nicht sonderlich anziehend; es gewinnt aber beträchtlich, wenn man durch die Stadt spaziert. Sie bietet zwar kein einheitliches, geschweige denn altertümliches Bild, gibt sich in den engen Einkaufsgassen aber doch recht lebendig. Bei einem solchen Spaziergang wird man auch auf ein paar alte Fachwerkhöfe stoßen, die an vergangene Bürgerherrlichkeit erinnern. Der schönste dieser Höfe, Czarens Hus, diente Zar Peter dem Großen im Jahre 1716 als Herberge. Er scheint sich hier sehr wohlgefühlt zu haben, denn er ließ mehrmals Gelder überweisen, damit das Haus auch gut in Ordnung gehalten werde. Diese Zahlungen waren allerdings mit der Auflage verbunden, dass der russische Staat das Vorkaufsrecht an dem Haus haben müsse, sollte es einmal veräußert werden. Angeblich gilt diese Option auch heute noch, ohne dass dies allerdings Folgen hätte, denn in dem Haus ist jetzt das Heimatmuseum von Falster untergebracht, und so wird wohl niemand daran denken, es zu verkaufen. Typisch dänisch: Zur Hälfte ist Czarens Hus auch Restaurant, und zwar ein sehr gutes.

Vom einstmals wichtigsten und größten Bauwerk der Stadt findet man nur noch kümmerliche Reste: der Sundeborg, einem wehrhaften Schloss, das auf einer Halbinsel, nahe dem heutigen Fischerhafen, gestanden hat. Mit einiger Phantasie kann man Ruinenreste davon am Ende der Slotsgade erkennen. Die Sundeborg wurde wie viele dieser Burgen um 1100 zum Schutz gegen die Wenden gebaut, die damals immer wieder plündernd über das südliche Dänemark herfielen. Aber bereits 1253 wurde das Schloss erstmals gestürmt, und zwar von den Lübeckern, die, wie so oft, auch zu der Zeit in Fehde mit den Dänen lagen.

Wiederaufgebaut, spielte das Schloss in der dänischen Geschichte dann mehrfach eine wichtige Rolle. So schloss hier die große Königin Margarete I. mit der Hanse einen Pakt gegen die Vitalienbrüder, um deren Unwesen in der Ostsee ein Ende zu bereiten. Im Schwedenkrieg (1658–1660) wurde die Sundeborg erneut erstürmt, von den Schweden aber durchaus pfleglich behandelt. Zeitweise wohnte eine Königswitwe hier, Sophie von Mecklenburg, aber bereits 1767 wurde das Schloss, das inzwischen auch arg heruntergekommen war, an ein Konsortium einheimischer Kaufleute verhökert, die es abreißen ließen und das Baumaterial mit Gewinn weiterverkauften. Im Museum kann man auf alten Stichen sehen, wie mächtig und beherrschend die Sundeborg einst am Guldborg Sund gestanden hat.

Recht ansehnlich sind die Reste des Klosters der Franziskaner, die die Dänen »Gråbrødre«, graue Brüder, nannten. Es stehen noch die Gråbrødrekirke und der Westflügel des Klos-

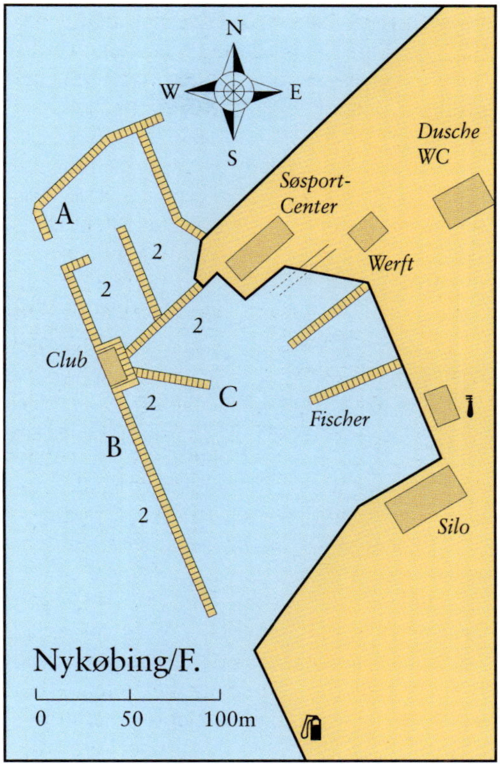

ters. Die Kirche zeigt eine reiche Ausstattung, die sie vornehmlich der Königswitwe Sophie verdankt. Sie schenkte der Kirche den schönen Altar und eine 30 Quadratmeter große Wandtafel, auf der fünf Generationen ihrer mecklenburgischen Vorfahren verewigt sind, zusammen 63 Personen.

In der Kirche ist der Hofarzt Simon Paulli (1604–1680) begraben, dem Dänemark das grundlegende und kostbar illustrierte Botanikbuch »Flora Danica« verdankt, das als Name eines weltbekannten Porzellans heute noch geläufig ist. Im früheren Klostergarten wurde zur Erinnerung an den Autor der »Flora Danica« ein Kräutergärtlein angelegt, und in der Kirche ist ein kleines Faltblatt erhältlich, aus dem man ersehen kann, welche Kräuter gegen welche Wehwehchen der Herrgott hier wachsen lässt.

Liegeplatz und Versorgung: *Die früher nach Norden zu offene Steganlage ist durch eine Mole geschützt worden, sodass man jetzt hier **(A)** einen sehr guten Liegeplatz findet, obwohl der Raum zum Manövrieren eng ist. Bei ruhigem Wetter können sich Boote, vor allem größere, auch außen vor die Westmole legen **(B)**. Sonst fährt man in den Yacht- und Fischerhafen, wo man an den Stegen des Segelclubs festmacht **(C)**. An die Fischerstege darf man nicht.*

Die Versorgung ist rundum als gut zu bezeichnen. Im Søsport-Center findet man WC und Duschen. Wasser überall an den Stegen. Werft, Slip, Werkstatt, Tankstelle s. Plan. Zu den Läden des Stadtzentrums etwa zehn Minuten. Das Hafenkontor des Handelshafens, wo man nicht festmachen darf, nicht mal für eine Teepause, liegt südlich vom Öllager an dem langen Handelskai. Es ist auf den UKW-Kanälen 12 und 16 zu erreichen.

Hinweis: *Nykøbing hat noch zwei Häfen für Yachten. Einmal, nördlich der Brücke am anderen Ufer, die Stege des Toreby Sejlklubs, eine propere Anlage mit kleinem Clubhaus usw. Nachteil: Man liegt zu weit weg vom Zentrum der Stadt und muss den langen Weg über die Brücke machen; vor allem aber hat er mit 1,4 m doch nur sehr geringe Wassertiefen. Zum anderen gibt es südlich der Brücke, und zwar am Ufer von Falster, die alte Steganlage der Lergravsbroen: Wassertiefe um 1,5 m.*

Wasserstand: Tidenhub 0,4 m. Sturm aus NW über N bis NE kann den Wasserstand um 1,5 m erhöhen, Sturm aus SE über S bis SW ihn um 0,8 m senken.

Will man weiter südwärts, so muss man durch die zweite Brücke über den Guldborg Sund, die **Kong Frederik IX's Bro,** eine Klappbrücke.

Öffnungszeiten:

1.4. – 30.4.:	0700 – 1600
1.5. – 31.5.:	0700 – 1900
1.6. – 31.8.:	0700 – 2000
1.9. – 30.9.:	0700 – 1900

Die Brücke hat eine Durchfahrtsbreite von 20 m und eine Durchfahrtshöhe in geschlossenem Zustand und bei normalen Wasserstand von 4 m.

Nysted.
So schön der Anblick, so gut der Hafen.

Man gibt die gleichen Signale wie bei der Guldborg-Brücke. Der Brückenwärter antwortet mit folgenden Signalen:

1 F.R:	Durchfahrt verboten.
2 LFl.R:	Brücke wird bald für den nach S gehenden Verkehr geöffnet.
2 F.R:	Nach Süd gehender Verkehr darf passieren.
3 LFl.R:	Brücke wird bald für den nach Nord gehenden Verkehr geöffnet.
3 F.R:	Nach Nord gehender Verkehr darf passieren.

Spätestens querab von *Flintholm Rev,* wo man den Guldborg Sund verlässt, wird man den Unterschied zwischen den geschützten Gewässern des Sunds und den weiten Seeräumen der Ostsee spüren, auch wenn der *Rødsand* als gewaltige Barre das Gröbste noch abhält.
Querab von Flintholm Rev angelangt, kann man – so man Zeit hat, lohnend wäre es immer – einen Abstecher westwärts nach Nysted und zum schönen Schloss Ålholm machen. Von der gelb-schwarzen Tonne **(WP 539)** aus, die am Ausgang des Guldborg Sunds liegt, sind es bis zu dem malerischen Städtchen nicht mehr als gut 5 sm.
Die weitflächigen Gewässer nördlich des Rødsands, die es dann zu queren gilt, haben mehrere sehr kritische Untiefen, zumeist Sände mit vielen Steinen darauf. Auf dem hier vorgeschlagenen Weg nach Nysted kommt man zweien davon etwas nahe: dem Flach *Pollen* (0,6 m) und dem *Metgrund* (0,3 m); aber nur nahe und nicht zu nahe, wenn man sich exakt an die Tonnen hält, die, dicht gesetzt, durch das flache Wasser zum Hafen von

Nysted führen. Das Städtchen liegt malerisch am Ostufer einer sumpfigen Bucht, niedrige Häuser zumeist, die sich um die schöne gotische Backsteinkirche mit ihrem spitzen, grünen Turm scharen. Gegenüber am anderen Ufer der Bucht steht unter jahrhundertealten Bäumen das mächtige Wasserschloss Ålholm, die wohl größte Sehenswürdigkeit Lollands.
Das Städtchen ist im Schatten dieser Burg ent-

standen, die man bis auf das 10. Jahrhundert zurückdatiert. In ihrem Schutz konnte man ein wenig Handel und Seefahrt betreiben; die Sandbänke draußen am Rødsand waren zudem ergiebige Jagdgründe auf Seehunde. Aber als Maribo, die zentral gelegene Stadt von Lolland, eine Eisenbahnverbindung bekam und Nykøbing auf Falster seine Brücke über den Sund, da verlor Nysted rasch jede Bedeutung als Handels- und Hafenplatz.

Das sicher hinter breiten Wassergräben gelegene Schloss lässt noch ahnen, wie wuchtig und wehrhaft diese Burg einst gewesen sein muss. Angelegt zum Schutz Lollands gegen die Wenden, hatte sie eine große strategische Bedeutung. In den letzten 600 Jahren wurde sie immer wieder umgebaut, sodass man jetzt alle Stile dieser Epochen finden kann, aber die Wucht ihrer Erscheinung ist trotz dieser Umbauten nicht verlorengegangen.

Die beiden nördlichen Türme stammen noch von der mittelalterlichen Burg; in einem von ihnen soll der unglückliche Christoffer II. (1319–1326 und 1330–1332) gefangengehalten und ermordet worden sein. Nach harten Auseinandersetzungen mit seinen Rivalen hatte er Ålholm an seinen Halbbruder Johann den Milden von Holstein verpfänden müssen und später an den mächtigen Grafen Gerd von Rendsburg für nur 200 000 Silbermark sogar sein ganzes Land.

Wahrscheinlich hatte er mit der Pfändungsurkunde sein eigenes Todesurteil unterschrieben, denn kurz darauf nahmen ihn die Holsteiner gefangen und setzten ihn hier auf Ålholm oder, wie die Reichschronik berichtet, auf Nykøbing fest. Sicher ist jedenfalls, dass er noch im selben Jahr 1332 unter ungeklärten Umständen verstarb.

Nachdem das Schloss aus dem Pfand ausgelöst war, diente es lange Jahre den dänischen Königen als Aufenthaltsort. Häufig war es auch als Alterssitz verschiedener Königswitwen nützlich, bis es 1725 an ein deutschstämmiges Adelsgeschlecht, die Familie Raben-Levetzau, verkauft wurde, in deren Besitz es sich heute noch befindet.

Das Schloss mit seiner wertvollen Innenein-

Nysted.
Schloss Ålholm.

richtung darf besichtigt werden; auch sonst hat die gräfliche Familie einiges für den Tourismus übrig: Im Schlosspark fährt eine Veteranenbahn zu den Badestränden im Süden, und im nahen Stubberupgård wurde ein Automuseum mit wunderschönen Oldtimern eingerichtet. Dort kann man Bugattis, Daimlers, Horchs und wie die Nobelkarossen alle heißen, bewundern, die vor 60 oder 70 Jahren noch quasi von Hand geschneidert wurden.

Liegeplatz und Versorgung: *Liegeplätze sind im Sommer recht knapp. Man sucht sich nach Tiefgang des Bootes einen freien Platz oder lässt ihn sich vom Hafenmeister zuweisen. Allerdings: Die Wassertiefen betragen an den Stegen nie mehr als 1,8 m, für große Boote möglicherweise zu wenig. Wasser an den Stegen, Treibstoff s. Plan. Die neuen, im skandinavischen Stil gebauten, rot und weiß angemalten Hütten passen gut hierher. Duschen und WC und ein Restaurant mit Terrasse. Duschen und WC gibt es auch beim Segelclub und bei der Hafenmeisterei.. Lebensmittel in der Stadt. Das Hafenbüro ist auf den UKW-Kanälen 16, 11, 12 und 68 zu erreichen.*

Ankerplatz: *Wer im Hafen nicht unterkommt, kann zwischen Harken und Metgrund westwärts aus dem Tonnenstrich fahren und auf 2,5 m Wassertiefe ankern (Grund Sand, Lehm, Tang); geschützt bei Winden aus NW über N bis NE und bedingt noch bei E.*

Wasserstand: Sturm aus NE kann den Wasserstand um 1,2 m erhöhen, Sturm aus NW ihn um ebenfalls 1,2 m senken.

Um unseren Törn rund Falster fortzusetzen, würde ich vorschlagen, südlich von Nysted über den Rødsand zu fahren und dann ostwärts auf Gedser zuzulaufen. Der

Rødsand ist eine 13 sm lange Barre, die sich vom Leuchtturm Hillekrog im Westen bis nach *Gedser Odde* im Osten erstreckt. Der Rødsand besteht, wie sein Name schon sagt, hauptsächlich aus Sand, es kommen aber auch Steine vor. Zum größten Teil ist er gerade noch überflutet; an einigen Stellen liegen auch Sandinseln, die selbst bei HW aus dem Wasser ragen, andere, weite Teile fallen bei NW trocken. Insgesamt eine ziemlich tückische Angelegenheit, zumal

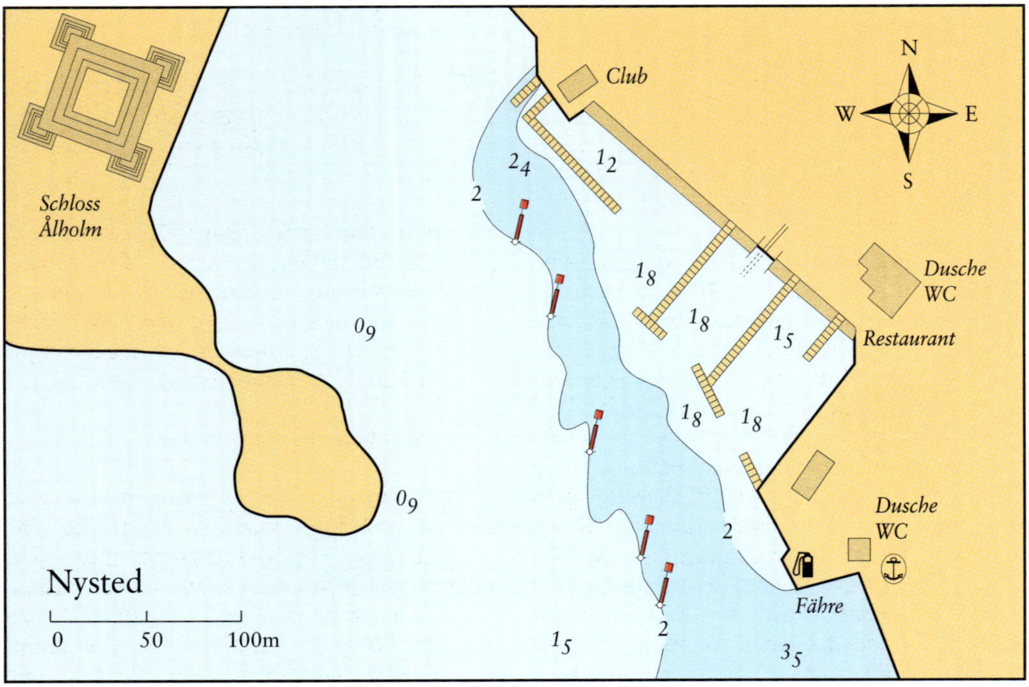

der Rødsand höchst unzulänglich betonnt ist; sobald man in seine Nähe kommt, sollte man das Echolot einschalten und tunlichst nicht über die 6-m-Linie fahren.
Will man ihn queren, so gibt es nur zwei Möglichkeiten: einmal eine tiefe Passage im Osten bei *Kroghage Pynt* (s. u.), schon im Weichbild von Gedser, und eine zweite, *Østre Mærker* genannt, südlich von Nysted. Das Fahrwasser Østre Mærker, das wir jetzt nehmen wollen, ist betonnt, nicht aber befeuert. Die rot-weiße Mitte-Schifffahrtsweg-Tonne (54°34,3′N 011° 46′E, **WP 503**) liegt südlich des Riffs. Von Nysted kommend, liegt man die gelb-schwarz-gelbe Tonne (**WP 504**) an, die man westlich passiert. Die Rinne über das Riff ist mit zwei roten (östlich des Fahrwassers) und einer grünen Tonne markiert. Bei der rot-weißen Mitte-Schifffahrtsweg-Tonne hat man das freie Wasser erreicht. Die Wassertiefe in der Passage ist unterschiedlich; mit mehr als 2,5 m sollte man nicht rechnen, und auf Versandungen muss man gefasst sein.
Bei ruhiger See und gutem Wetter lässt sich Østre Mærker ohne weiteres befahren; sonst bleibt man besser nördlich des Rødsands und passiert ihn erst im tiefen *Kroghage Dyb*.
Die gelben Spieren um die Sandinsel Fugleholm markieren ein Wildschutzgebiet (1. März bis 30. September).

Wenn man nicht den Abstecher nach Nysted machen will, fährt man statt dessen weiter südwärts, nahe am Ufer von Falster entlang, bis man, dicht vor Gedser, auf die

Gedser Marina stößt. Seit es sie gibt, sind Segler etwas mit Gedser versöhnt, denn früher blieb einem nichts anderes übrig, als sich zusammen mit den Kuttern in den viel zu engen Fischerhafen zu drängen. Herrschte dann noch auflandiger Wind, so wurde das Liegen dort rasch zur Qual. Die neue Marina hat mittlerweile schon etwas Patina angesetzt und wirkt damit gleich um einiges gemütlicher. Ringsum eine stimmungsvolle Dünen- und Strandlandschaft mit einer kleinen Lagune. Durchaus ein Platz, um länger zu bleiben. Nördlich eine große Ferienhaus-Siedlung (auffallend die silbrig glänzende Kuppel zwischen den weißen und gelben Häusern).

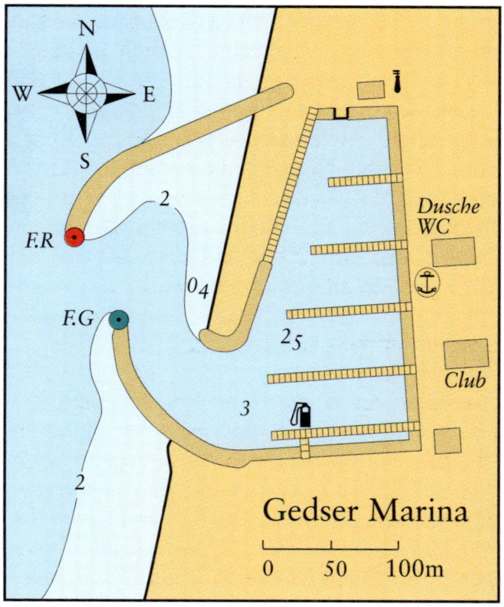

Liegeplatz und Versorgung: *Man macht fest zwischen Pfahl und Steg, wo man einen freien Platz erspäht. Wasser an den Stegen, Treibstoff s. Plan. Mastenkran und Slip in der Nordecke. Ordentliche Duschen und WC beim Hafenkontor. Zoll am Fährhafen. Werft mit Slip im Fischerhafen von Gedser (s. u.).*

Wasserstand: Tidenhub 0,2 m. Starkwind aus NE kann den Wasserstand um 1,4 m erhöhen, Starkwind aus SW bis W kann ihn um 1,4 m senken.

Wahrschau: Im Kroghage Dyb steigt der Landgrund neben der sehr tiefen Rinne extrem steil an. Deshalb stur nach Tonnen fahren. Es kommen immer wieder Yachten fest. Für Schlepper aus Gedser ein einträgliches Geschäft. Wenn man sie braucht ...

Den Fähr- und Fischerhafen von

Gedser wird man wohl nur anlaufen, wenn man aus der Ostsee kommt und einem die eine Seemeile zur neuen Marina zu weit sein sollte, oder bei Nacht, denn da käme man nur schlecht, wenn denn überhaupt zum Yachthafen. Ob man nun den Fährhafen ansteuert oder den Yachthafen: Man sollte mit allem Respekt den

großen Fähren aus Travemünde und Warnemünde aus dem Wege gehen. »Soll« ist eigentlich zu wenig: Man muss!
Gedser selbst ist ein ziemlich langweiliger Ort, auf flachem Gelände gelegen und bei Regen vollends trostlos. 200 Menschen leben hier, die meisten wohl vom Fährbetrieb. Nur der Fischerhafen, den Yachten trotz der neuen Marina auch weiterhin anlaufen dürfen, hat eine gewisse und gar nicht schlechte Atmosphäre und dazu ein paar sehr gute Fischgeschäfte direkt am Kai.

Ansteuerung: *Gedser ist erfreulicherweise ein leicht zu findender Hafen. Da sind einmal die großen Fähren, an denen man sich orientieren kann. Dann der weiße, 20 m hohe Leuchtturm, 1,5 sm südöstlich des Hafens. Am Hafen selbst schließlich die Gedser-Tagmarke, ein Gestell mit einem orangefarbenen Ball als Toppzeichen, und dazu der wuchtige Turm des Lotsenausgucks. Zum Hafen, der von zwei zangenförmigen Wellenbrechern geschützt wird, führt das Fahrwasser Rødsand Rende, eine 6,2 m tiefe Rinne, einerseits ganz dicht betonnt, zum anderen mit zwei Leuchtbaken an ihrer Ostseite: massiven, runden Steinsockeln mit Gittermasten als Leuchtfeuerträger. Wegen der Fähren, die durch diese Rinne müssen und dabei allen Platz brauchen, sollten Yachten nach Möglichkeit außerhalb bleiben: Wenn man die Kirche von Gedser in Linie mit der von Gedesby hat, so kommt man auf diesem Kurs außerhalb der Rinne und auf mindestens 2,5 m Wassertiefe direkt zum Hafen.*
Wer Gedser nachts ansteuert, sollte unbedingt in den Fähr- und Fischerhafen gehen. Zwar hat die Marina eine Molenbefeuerung (F.R und F.G), aber der Weg dorthin, vorbei am steil ansteigenden Rødsand, ist nicht befeuert und birgt deshalb auch ein beträchtliches Risiko!
Also zum Fähr- und Fischerhafen, und das geht so: Erstes Feuer, das man ausmacht, dürfte der Leuchtturm Gedser sein (Fl(3)20s). Die knapp 3 sm südlich vom Hafen ausliegende gelb-schwarz-gelbe Leuchttonne Gedser Havn S (Q(9)15s, ***WP 531****) kann man sich schenken. Man sollte statt dessen versuchen, das Richtfeuer von Gedser zu fassen zu bekommen (U-F.: Iso.2s, O-F.: Iso.4s), auf dessen 350,5°-Kurs man sicher durch die Rødsand Rende zum Hafen kommt. Die Leuchtbaken am Ostrand der Rinne – Rødsand Rende S (Fl(3)R.10s) und Rødsand Rende N (Fl.R.3s) – sind sehr wichtig für die Fähren, für eine Yacht indes entbehrlich. Auf den Köpfen der Wellenbrecher brennt je ein F.R und F.G.*

Setzt starker Strom, so wird dies mittels eines weißen Stromsignals auf der Westmole angezeigt.

Das *Gedser Rev* stört Yachten selten und uns auf diesem Törn überhaupt nicht. Wir laufen von Gedser aus ganz landnahe durch das *Kroghage Dyb* auf *Gedser Odde* zu, den südlichsten Punkt Dänemarks. Von hier aus erstreckt sich in südöstlicher Richtung, auf das große Gedser Rev zu, das *Gedser Landrev,* das eine Mindestwassertiefe von 1,7 m hat. Wem das reicht, der kann dicht unter Land Gedser Odde runden, wem nicht, der muss bis zu der roten Tonne **(WP 532)**, die gut 1 sm südöstlich der Huk ausliegt.
Danach nordwärts, immer an der zumeist flachen, mit Deichen geschützten Küste von Falster entlang, vorbei an den feinen Sandstränden des Ostseebades Marielyst, bis ein langer und hoher, gelbbrauner Abhang, der von Buchenwäldern gekrönt ist, die Nähe des Fischerhafens

Hesnæs ankündigt. Die Ansteuerung ist nicht ganz einfach. Zunächst sollte man dem Ufer nicht näher als bis auf 0,5 sm kommen; 1 sm wäre noch besser, denn die Fischer spannen ihre Netze sehr weit hinaus. Danach muss man mit Kurs +/–20° die sich nach SW öffnende Hafeneinfahrt ansteuern – siehe Plan Seite 113. In der Einfahrt, und zwar mehr zur Außenmole hin, können Versandungen auftreten.
Der kleine Ort am Fuße der großen Buchenwälder, der außerhalb der Saison gottverlassen daliegt, ist in den Urlaubswochen dem Ansturm der Yachten häufig nicht gewachsen. Der Hafen gehört der »Classenske Fideikommission« und wurde Mitte des vorigen Jahrhunderts für die Verschiffung von Holz angelegt. Darauf deutet noch das Sägewerk in dem langgestreckten roten Schuppen unten am Hafen hin. Pittoresk die strohgedeckten Fischerhäuser, deren Wände gegen Wind und Kälte mit Stroh gepolstert

sind. Nördlich vom Hafen ein recht guter Badestrand.
Sicher kein komfortabler und auf Yachten eingerichteter Platz, aber nicht ohne Charakter.

Liegeplatz und Versorgung: *Yachten machen entweder längsseits an der SE-Mole fest oder zwischen Pfahl und Kai in der NE-Ecke, wenn der Hafenmeister nicht einen anderen Platz zuweist. Winde aus Süd ab 4 Bft verursachen im Hafen einige Unruhe. Wasser und Diesel s. Plan. In dem roten Häuschen saubere Duschen und WC. Lebensmittel im Dorf.*

Wasserstand: Tidenhub 0,5 m. Winde aus NE können den Wasserstand um 0,8 m erhöhen, Winde aus SW ihn um ebenfalls 0,8 m senken.

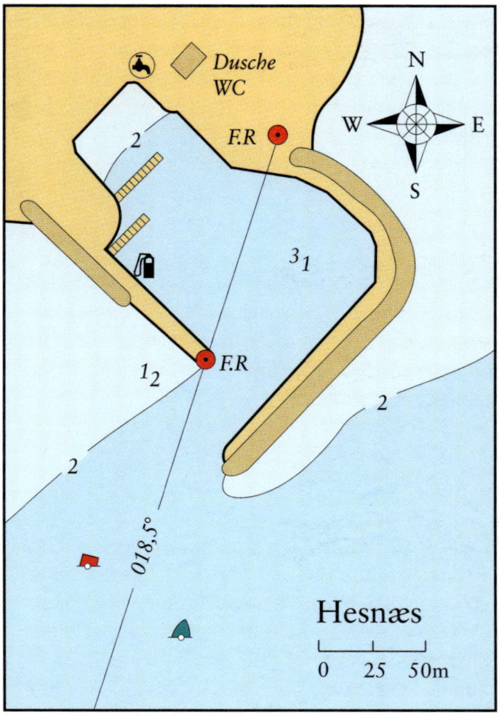

Wer die Küste von Falster hochschippert, der wird keine Mühe haben, in den

Grønsund hineinzufinden: Bei *Hestehoved* geht es einfach um die Ecke, dann über die Barre, und schon ist man im tiefen Wasser des Sunds angelangt.
Anders, wer von weiter her aus der Ostsee kommt: Er sollte zunächst nach dem mächtigen *Østerskov* (Wald) Ausschau halten, denn das ist die auffallendste Landmarke an der Mündung des Grønsunds. Hat man diesen dunklen Fleck von weitem ausgemacht, dann zunächst darauf zuhalten. Je näher man kommt, desto mehr Einzelheiten wird man erkennen können: das weiße Hestehoved-Leuchthaus, die rotweiße Mitte-Schifffahrtsweg-Tonne und endlich die Baggerrinne über die Barre.
Bevor man sich über all diese Landmarken und Schifffahrtszeichen nicht im klaren ist, sollte man nicht in den Grønsund einlaufen; denn vor seiner Mündung erstreckt sich ein gewaltiges Flach, die *Tolk-Gründe,* über die zwar mehrere natürliche Passagen führen, aber nur eine, die betonnt ist und die man deshalb gefahrlos fahren kann: die Baggerrinne mit einer Wassertiefe von mindestens 5 m.
Jeder andere Kurs über die Sände birgt erhebliche Risiken. Auch wenn man noch so viele dänische Yachten oder Kutter quer über die Tolk-Gründe laufen sieht, so sollte man es ihnen keinesfalls nachtun, sondern in der Rinne bleiben, denn die vielen Untiefen und Sandbänke sind alle nicht markiert. Die Karte hilft einem wenig, denn die Lage dieser Flachs ändert sich oft schneller, als die Karten berichtigt werden können. Ursachen für diese Veränderungen sind die Materialwanderungen, die wiederum vom Strom beeinflusst werden, über den noch zu reden sein wird. Von den Stellnetzen der Fischer, die schon mancher Yacht zum Verhängnis wurden, ganz zu schweigen.
Der Grønsund, der sich breit und behäbig zwischen den Inseln Falster und Møn dahinwälzt, gehört nicht gerade zu den Höhepunkten der dänischen Landschaft – kein sonderlich aufregendes Gewässer, das sich aber, anders als etwa der Guldborg Sund, gut aussegeln lässt, denn es ist ziemlich tief und der Landgrund zumeist schmal, sodass man auf weiten Strecken auch gut kreuzen kann, wenn man es gegen den Strom schafft. Die Ufer sind eher flach, und wenn sie einmal zu Hügeln ansteigen, dann tun sie das ganz bescheiden. Der »grüne Sund«, dessen Ufer Grün in allen Schattierungen zeigen, ist in jeder Hinsicht Mittelmaß, aber vielleicht rühren gerade daher

die Harmonie und auch Ruhe, die er ausstrahlt. Navigatorisch wird man von dieser Passage zwischen Ostsee und Smålandsfahrwasser nicht sonderlich gefordert, bei Tageslicht eigentlich überhaupt nicht. Und hat man erst einmal die Barre überwunden, so kann man die 9 sm bis hinauf zum Storstrøm ganz gemütlich in einem durchschippern.

Strom: Erhebliche Probleme kann unter bestimmten Umständen der Strom schaffen. Damit ist nicht der Gezeitenstrom gemeint, der im Sechs-Stunden-Rhythmus seine Richtung wechselt und dabei keine nennenswerten Geschwindigkeiten erreicht: Die Flut läuft zur Ostsee hin, der Ebbstrom nach Nordwesten zum Smålandsfahrwasser. Vielmehr geht es um den Strom, der durch den Wind verursacht wird und der ab Bft 6 seine kritische Größe erreicht; denn dann setzt er nicht selten mit 6 kn Geschwindigkeit. Das ist schon eine ganze Menge, und manche Fahrtenyacht wird weder unter Segel noch unter Motor dagegen ankommen. Besonders unangenehm ist der Strom von dieser Stärke dann, wenn man einen Hafen anlaufen will, denn die Einfahrten liegen so, dass er quer daran vorbeirauscht.
Merke: Bei Winden aus N oder W läuft der Strom zur Ostsee, bei Winden aus E und S aus der Ostsee zum Smålandsfahrwasser.

Die drei Häfen im Sund sind von sehr unterschiedlicher Qualität: Der einzige unproblematische ist der von *Stubbekøbing*; er ist auch der größte. *Hårbølle* ist in mehrfacher Hinsicht interessanter, bei starkem Strom aber überhaupt nicht anzusteuern; außerdem wird es schwer sein, einen Liegeplatz zu finden. Der Inselhafen *Bogø* schließlich stellt ein einziges Problem dar. Will man sich in schöner und zudem noch interessanter Umgebung ein, zwei Tage erholen, dann sollte man versuchen, in Hårbølle unterzukommen. Sucht man einen Nothafen oder will man Crew und Schiff gut versorgen, dann ist Stubbekøbing das Rechte. Will man die schöne Insel Bogø besuchen, dann sollte man von Stubbekøbing aus mit der Fähre hinüberfahren, keinesfalls aber mit dem eigenen Schiff.

Ankerplätze im Grønsund. Auch mit Ankerplätzen ist der Grønsund nicht sonderlich gesegnet. Es gibt zwar welche, aber was man gemeinhin als idyllisch bezeichnet, wird man hier vergebens suchen:

- In der Sundmündung ankert man außerhalb des Tonnenstrichs in der **Abildvig** vor dem schönen Waldufer, das bei Winden aus S bis W einen gewissen Schutz bietet. Die 2-m-Linie verläuft 100 bis 150 m vor dem Ufer (Grund Sand).
- 1 sm weiter nordwestlich findet man unter ähnlichen Bedingungen Schutz unter der Kliffküste **Meelse Klint,** wo die 2-m-Linie etwa 100 m vor dem Ufer verläuft (Grund Sand).
- Auf dem **Gåsesand,** südlich von Skansepynt, ankert man etwa 100 m vor dem Strand auf Sandgrund; Schutz findet man hier bei Winden aus SW bis W.
- Nahe Stubbekøbing bietet sich die weitgeschwungene Bucht nördlich von **Porrehuse** als Ankerplatz an, wo man auf 2,5 m Wassertiefe ankert (Grund Sand, Lehm, auch Tang). Die 2-m-Linie führt etwa 150 m vor dem Ufer entlang.

Etwas nördlich davon liegt, ebenfalls am Ufer von Møn, am Rande eines Fichtenwäldchens der Hafen von

Hårbølle, der von den drei Häfen im Sund ganz ohne Frage die beste Atmosphäre hat. 1948 als Fischerhafen gebaut, wird er heute fast nur noch von Sportbooten genutzt. Fischer gibt es zwar auch noch, aber die führen hier nur noch eine Existenz am Rande. Der Hafen dient vornehmlich einer Charterfirma als Stützpunkt; dazu gehören denn auch ein Kro, eine kleine, finnisch wirkende Feriensiedlung und sonst noch allerlei Urlaubsannehmlichkeiten, wie ein kleiner Swimmingpool im Garten des Kros. Hårbølle ist trotzdem ein rauer, urtümlicher Platz geblieben, bis auf die Wochenenden, wenn die Crewwechsel auf den Charterbooten stattfinden. Da die dann natürlich so schnell wie möglich aufbrechen wollen, hat man in der Woche durchaus eine Chance, einen freien Platz im Hafen zu ergattern.
Sehr schön und auch besonders interessant ist die Umgebung von Hårbølle: Keine halbe Stun-

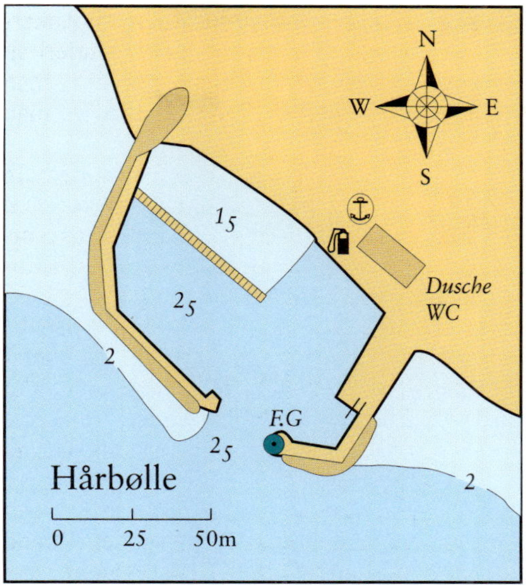

de muss man gehen, um zu der am Ufer des gleichnamigen Fjords gelegenen Fanefjord-Kirche zu gelangen, die sich weiß aus dem Grün der Felder und Wiesen erhebt. Ihre Architektur zeichnet sie nicht vor anderen Dorfkirchen aus, wohl aber ihr Innenraum, der von dem berühmten Elmelunde-Meister ausgemalt ist. Der Maler, dessen richtigen Namen man nicht kennt, schmückte in der zweiten Hälfte des 16. Jahrhunderts mehrere Kirchen auf Møn und auch der weiteren Umgebung mit Kalkmalereien aus; nach seinen Werken in der Kirche von Elmelunde auf Møn (s. S. 123) ist er benannt. Die Fanefjord-Kirche steht der aber in keiner Weise nach.
Um zu verstehen, welche Bedeutung diese Kirchenmalerei einmal gehabt hat, muss man sich vergegenwärtigen, dass die Menschen jener Zeit ja nicht lesen und schreiben konnten. Die Bibel wurde ihnen von den Pastoren nahegebracht, meist mehr schlecht als recht. Die Kirchenmalereien waren deshalb wichtige Illustrationen der Heiligen Schrift. So auch hier in der Fanefjord-Kirche. Dem Elmelunde-Meister gelangen dabei recht plastische und eindrucksvolle »Übersetzungen« der Bibel, wie etwa im westlichsten Joch der Nordseite, wo er drei klatschende Bäuerinnen malte, deren Getuschel von einem Teufel protokolliert wird – eine Illustration des Gebots »Du sollst nicht falsch Zeugnis reden wider deinen Nächsten«. Auf Møn wimmelt es nur so von Denkmälern aus der Vorzeit: Südlich der Fanefjord-Kirche findet man den schönsten und am besten erhaltenen Langdolmen der Insel: »Grønsalen«, des »Grünen Jägers Hügel«, ein Grab von über 100 m Länge, das zwischen 4000 und 5000 Jahre alt sein dürfte, umgeben von 134 fast mannshohen Randsteinen. Im Hügel befinden sich drei Grabkammern, von denen aber nur noch eine in gutem Zustand ist. Mit diesem Grab verbinden die Einheimischen die Sage vom Jägerkönig Grøn und seinem nächtlichen Jagen, wahrscheinlich ihre Version von Odins wilden nächtlichen Ritten über Felder und Wälder.

Liegeplatz und Versorgung: *Findet man keinen Platz am Steg, so geht man längsseits an die Ostmole; größere Yachten müssen das immer tun. Im Hafen liegt ein Taucherschiff. Ordentliche Toiletten und Duschen. Treibstoff s. Plan, hier auch Wasser. Die Tankstelle ist allerdings etwas schwierig anzufahren. Kleinere Reparaturen können ausgeführt werden. Etwa 100 m vom Hafen ein kleiner Lebensmittelladen mit allerdings sehr beschränkter Auswahl.*

Wasserstand: Tidenhub 1,0 m. Winde aus NE können den Wasserstand um 1,0 m erhöhen, südwestliche Winde ihn um 1,0 m senken.

Scheint der Hafen voll, sollte man die 3 sm Wegs nicht scheuen und gleich weiter in den großen Hafen von

Stubbekøbing laufen. Dieser größte Ort am Grønsund macht ein bisschen den Eindruck, als bestünde er in erster Linie aus ein paar gewaltigen Silos, zu denen eher beiläufig einige Häuser gehörten. Nur die rote Backsteinkirche stemmt sich gegen diesen ziemlich tristen Eindruck. Ein dänisches Provinzstädtchen.
Zum Hafen führt ein Tonnenstrich, der sich etwa 100 m vor der Mole teilt: Nach rechts geht es zu den Silos und dem Handelshafen, geradeaus hinein in den Fischerhafen, an den sich ostwärts der Yachthafen anschließt. Yachten mit einem Tiefgang bis zu 2 m sollten in den Yacht-

Stubbekøbing.
So wie hier am Grønsund, sehen die meisten dänischen Provinzstädte aus: ein riesiges Silo, davor ein Hafen, dazu ein Kirchlein, das sich so eben noch aus dem Gewirr der Dächer erhebt.

hafen, was einem auch recht drastisch vor Augen geführt wird: Auf der Nordmole am Fischerhafen hängt ein Schild mit der gebieterischen Aufschrift »Lystbåde«, dazu ein Pfeil nach links. Man läuft also auf die Einfahrt des Fischerhafens zu, dann dicht entlang der Nordmole ostwärts und dreht danach rechts in den Yachthafen ein, der ziemlich verwinkelt und unübersichtlich ist und wo die Heckpfähle auch recht eng stehen; Boote mit viel mehr als 3 m Breite passen da nicht zwischen. Ein größeres Boot sollte ruhig erst einmal im Fischerhafen festmachen, um die Lage im Yachthafen zu inspizieren. Zur Not darf man im Fischerhafen bleiben, und zwar an der Westseite.

Glückliche Naturen, die fest entschlossen sind, im Urlaub einfach alles schön zu finden, mögen wohl auch Stubbekøbing etwas abgewinnen, das sich rühmt, die älteste Stadt auf Falster zu sein. Zu merken ist davon jedoch nichts mehr, sieht man einmal von der alten Backsteinkirche ab. Dabei gehörte der Ort mit seinen heute 2000 Einwohnern im Mittelalter zu den wichtigsten Handelsstädten im südlichen Dänemark. Königliche Privilegien ermöglichten ihm einen lukrativen Handel mit den norddeutschen Küstenstädten; und die selten erteilte Erlaubnis, auf den reichen Fischgründen vor Schonen auf Heringsfang zu gehen, machte das Städtchen reich. Dass es damit über Nacht bergab ging, gehört zu den Ungerechtigkeiten der Geschichte. In der Auseinandersetzung zwischen Christian II. und dem Schleswiger Herzog hielten die Bürger von Stubbekøbing treu zum alten Christian, was schließlich üble Folgen für sie hatte, als der Krone und Reich verlor; denn der Schleswiger, nun als Christian III. König von Dänemark, nahm Stubbekøbing zur Strafe alle Privilegien und erhob Nykøbing zur neuen Hauptstadt von Falster.

Was sich anzusehen lohnt, ohne dass man deshalb eigens nach Stubbekøbing fahren müsste, das ist die alte, romanische Backsteinkirche, die einen schönen geschnitzten Altar

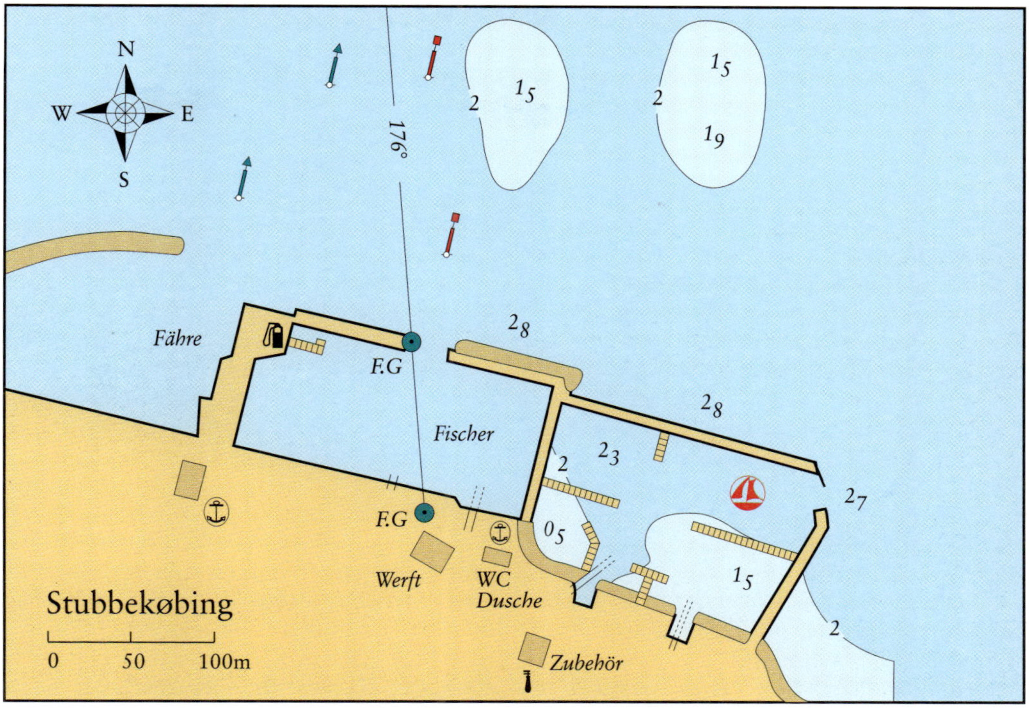

hat und von deren Turm aus man einen weiten Blick über den Grønsund und das umliegende Land hat.

Was Stubbekøbing aber weit mehr für Bootsleute interessant macht, das ist einmal seine zentrale Lage im Sund und zum anderen sein guter Hafen mit den vortrefflichen Versorgungsmöglichkeiten.

Liegeplatz und Versorgung: *Yachten sollten nach Möglichkeit in den Yachthafen, der ein wenig vergammelt, jedenfalls nicht so geleckt wie eine neue Marina wirkt und gerade deshalb eine gemütliche Atmosphäre hat. Die Boxen entlang der Nordmole werden für Gäste freigehalten, ebenso der Steg linker Hand nach der Einfahrt. Ansonsten darf man auch in den ungemütlichen, staubigen Fischerhafen (Westseite).*

Der Grønsund Sejlklub hat unter Bäumen ein kleines, behagliches Clubhaus mit Duschen und WC. Gäste sind ausdrücklich willkommen. Wasser an den Stegen des Yachthafens, Treibstoff s. Plan. Werft mit Slip ebenso. Guter Zubehörladen mit Werkstatt. Zum Einkaufen in die Stadt nur ein paar Minuten. Die Tankstelle (sehr unhandlich) muss man selbst bedienen. Den Schlüssel dazu bekommt man im Zubehörgeschäft, die Straße zum Markt hoch.

Wasserstand (nur für den Yachthafen relevant): Tidenhub 0,6 m. Nördliche bis nordöstliche Winde können den Wasserstand um 1,3 m erhöhen, südliche bis südwestliche ihn um ebenfalls 1,2 m senken.

Zum gegenüberliegenden Inselhafen

Bogø sollte man tunlichst mit der Fähre fahren. Der kleine Hafen hat extrem wenig Platz und weist zudem zumeist nur geringe Wassertiefen auf. Man kann ihn auch nur über eine schmale, allerdings betonnte Rinne anlaufen. Setzt, was nicht selten vorkommt, ein stärkerer Strom quer zur Rinne und zur Hafeneinfahrt, so brauchte man schon eine ähnlich starke Maschine wie die Fähre, um sicher durch diese Rinne zu gelangen – man sollte es also gerade unter solchen Umständen besser lassen.

Eben vor der großen Brücke, am Westufer, liegt der kleine Bootshafen *Sortsø:* Sehr einfach, ländlich, nicht ungemütlich, aber kaum Versorgung. Wassertiefen zwischen 2 m (vorne) und 1 m (hinten).

Im *Sortsø Gab* passieren wir die neue *Farø-Brücke* (Durchfahrtshöhe 26 m), ein elegantes, kühnes Bauwerk. Voraus haben wir nun die große, 3,2 km lange *Storstrøm-Brücke,* ein Baudenkmal, das dem Verkehr auf der Vogelfluglinie nicht mehr gewachsen war und zu dessen Entlastung die Farø-Brücke gebaut wurde.
Hier am Storstrøm verlassen Yachten, die ostwärts zum Ulvsund und weiter in die Fakse Bugt wollen, das tiefe Wasser. Zwar hat man, bis Kalvehave etwa, noch ein paar Seemeilen tiefes Wasser vor sich; wem aber die – theoretischen – 2,5 m Wassertiefe des Bøgestroms nicht reichen, der muss spätestens dort wieder umkehren. Theoretisch deshalb, weil man 2,5 m nicht überall antrifft.
Um aus dem Storstrøm in den Ulvsund zu gelangen, muss man über das große Flach, das sich zwischen ihm und dem *Færgestrøm* erstreckt, wenn man es nicht durch den *Masnedsund* umgehen will oder muss. Die Wassertiefen auf diesem Flach betragen um die 2 m, meist aber weniger. Die Tiefenangaben auf der Seekarte sind nicht verlässlich; mit flacheren, nicht auf der Karte verzeichneten Stellen muss gerechnet werden. Bei südlichen Winden, vor allem wenn sie länger anhalten, senkt sich zudem der Wasserspiegel um 1 m.
Um aus dem Storstrøm nordwärts in den Færgestrøm und zum Ulvsund zu gelangen, gibt es drei Möglichkeiten:

- Mit einer tiefgehenden Yacht (an die 2 m oder mehr) bzw. wenn der Wasserstand zu sehr abgesunken ist, sollte man den Umweg über den Masnedsund machen, wobei man zuerst durch die Storstrøm-Brücke läuft, also westwärts, und danach wieder ostwärts in den kleinen Sund hinein. Die Klappbrücke über den Masnedsund wird auf die üblichen Signale hin geöffnet. Weil sehr viel befahren, auch von der Eisenbahn, kommt es jedoch öfters vor, dass man längere Zeit warten muss. Da im Masnedsund fast immer ein beträchtlicher Strom setzt, sollte man bei der Ansteuerung der Brücke einige Vorsicht walten und unbedingt die Maschine mitlaufen lassen.
- Boote mit einem geringeren Tiefgang können die teilweise betonnte, 1,5 m tiefe Rinne wählen, die dicht östlich von Masnedø über das gleichnamige Flach führt. Das ginge sogar in der Nacht, da einen in Linie 004° das Richtfeuer *Oringe* durch diese Passage geleitet (U-F. und O-F.: F).
- Die dritte Möglichkeit besteht darin, von der roten Tonne, die ca. 1,5 sm nordwestlich von der Farø-Brücke ausliegt, mit Kurs NNE auf die gelb-schwarz-gelbe Tonne **(WP 586)** zuzuhalten; so bliebe man immer im tiefen Wasser (gut 2 m).

Der breite und tiefe

Storstrøm ist der Hauptwasserweg aus dem Großen Belt durchs westliche Smålandsfahrwasser und den Grønsund zur Ostsee. Er ist so breit, dass man ihn schön aussegeln kann. Zwischen Falster und der Insel Masnedø überspannt ihn die gleichnamige, gut 3 km lange Auto- und Eisenbahnbrücke. Die Durchfahrtshöhen betragen im mittleren Bogenfach 26 m, im nördlichen sowie südlichen je 25,5 m, die Durchfahrtsbreiten im mittleren Bogenfach 111 m, im nördlichen und südlichen 77 m. Das nördliche Bogenfach darf nur von westwärts fahrenden Schiffen, das mittlere nur von ostwärts fahrenden benutzt werden. Im Abstand von 500 m zu beiden Seiten der Brücke ist das Kreuzen des Fahrwassers verboten.
Unter der Brücke setzt stets Strom, aber erfreulicherweise in der Richtung des Fahrwassers und von nicht allzu großer Stärke. Sowohl der Ebbstrom, der westwärts setzt, als auch der Flutstrom erreichen eine Geschwindigkeit von nur 1 bis 2 kn. Wenn freilich Wind die Strömung beeinflusst, dann treten hier nicht selten Stromgeschwindigkeiten bis zu 5 kn auf.

Strom: Winde aus W und NW verursachen einen ostlaufenden, Winde aus E und S einen westlaufenden Strom.

Am Storstrøm, und zwar an der Küste von Falster, findet man zwei Häfen, die zwar leicht anzufahren, für Yachten aber aus verschiedenen

Vordingborg.
Von der großen Valdemars-Burg, die hoch über dem Wasser liegt, sind nur noch Ruinen vorhanden. In der insgesamt sehr flachen Bucht mehrere Stege für Segler.

Gründen wenig geeignet sind. Sie werden deshalb nur in aller Kürze beschrieben. Östlich der Brücke befindet sich ziemlich exponiert die Bootsbrücke von

Gåbense, vor Errichtung der Storstrøm-Brücke Ausgangsort für die Überfahrt nach Seeland. Ein feiner, kleiner Bootshafen, der, wie eine Insel, durch einen Damm mit dem Festland verbunden ist. An den Stegen 2 m Wassertiefe, sonst 1,6 bis 1,8 m. Man liegt bei Wind etwas unruhig. Zum Hafen führt eine betonnte Rinne, hart an Untiefen vorbei.

Der knapp westlich der Brücke gelegene Hafen von

Orehoved (auch Bork Havn genannt) sollte von Yachten nur im Notfall angelaufen werden. In diesem Privathafen der nahen holzverarbeitenden Betriebe löschen Schiffe ihre Ladung, vor allem Hölzer. Die Anlage kann – mit einem Tiefgang bis zu 3 m – auch nachts relativ leicht angesteuert werden. Geschützt liegt man hier nur bei westlichen Winden. Der Hafen ist in keiner Weise auf Yachten eingerichtet.

An dem geschichtsträchtigen und schön gelegenen

Vordingborg wird wohl niemand vorbeisegeln wollen, auch wenn seine Ansteuerung umständlich ist und die Liegeplatzverhältnisse im Nordhafen, dem für Yachten einzig empfehlenswerten, nur als äußerst beschränkt zu bezeichnen sind – und: maximaler Tiefgang 2 m!
Die alte Stadt, heute mit ihrer Industrie ein wichtiger Wirtschaftsfaktor im südlichen Seeland, hat zwei Häfen: den schon erwähnten Nordhafen und im Süden den Masnedsund-Hafen. Letzterer ist ein reiner Industriehafen und für Yachten überhaupt nicht geeignet, jedenfalls nicht für einen längeren Aufenthalt. Am östlichen Ausgang des Masnedsunds findet man an der Nordseite ein kleines Becken, in dem einige einheimische Boote und

kleinere Fischkutter ihren Platz haben: ein ganz und gar unbrauchbarer Ort!
Der einzig richtige Platz für Yachten ist der Nordhafen, der auch recht schön in der flachen Bucht zwischen der parkartigen Halbinsel Oringe und der alten Valdemars-Burg liegt.
Heute mit seinen 12000 Einwohnern eine Industriestadt von einiger Bedeutung, hat Vordingborg in der dänischen Geschichte eine wichtige Rolle gespielt – allerdings für einen relativ kurzen Zeitraum. Am Anfang der Stadtchronik steht die große Burg, die Valdemar der Große (1157–1182) zum Schutz Seelands vor den Wenden erbauen ließ, jenen aggressiven norddeutschen Küstenbewohnern, die zu der Zeit immer wieder zu Raubzügen nach Dänemark aufbrachen und über viele Jahre eine wahre Gottesgeißel waren. Valdemar dem Großen brachte seine Vordingborg wenig Glück: 1182 starb er hier, angeblich vergiftet von einem kräuterkundigen Abt, der zu dieser Untat vom mächtigen Bischof Absalon, dem Gründer Kopenhagens, angestiftet worden sein soll.
Auch ein anderer großer König des Mittelalters, Valdemar der Sieger (1202–1241), starb auf der Vordingborg, im selben Jahr, als er das »Jyske Lov«, das erste für ganz Dänemark geltende Gesetzbuch, hier erlassen hatte. Dieses »Jütische Recht« hatte über Jahrhunderte Bestand, war für seine Zeit erstaunlich human und galt im Herzogtum Schleswig sogar bis zum Jahr 1900. Mit Valdemar dem Sieger ging der Großmachttraum Dänemarks zu Ende. Als der König, der Estland erobert hatte, starb, schrieb ein deutscher Chronist: »Mit ihm fiel die Krone vom Haupte der Dänen.«
Die Vordingborg blieb auch unter den Nachfolgern der beiden frühen Valemars ein Symbol der Auseinandersetzung Dänemarks mit den norddeutschen Küstenländern. Valdemar IV. Atterdag (1340–1375) baute die Burg ganz massiv aus, woran er auch guttat, denn er lag mit der zu der Zeit übermächtigen Hanse in dauernder Fehde. Hinter den dicken Mauern seiner Vordingborg aber fühlte er sich so sicher, dass er jeden der 70 Fehdebriefe, die ihm die Pfeffersäcke ins Haus schickten, nur mit Hohn bedachte. Und um seinen Spott aller Welt deutlich zu machen, ließ er auf den höchsten Turm der Burg eine goldene Gans setzen, als Zeichen seiner Verachtung für die Hanseaten, die er als fette Gänse zu verspotten pflegte. Dies war wohl etwas voreilig, denn als die vom Fehdebriefschreiben zum Kampf übergingen, bekamen Valdemar und seine Dänen gewaltig eins aufs Haupt. Die Vordingborg allerdings, die 1351 von der Hanse belagert wurde, hielt jedem Ansturm statt.
Die von einer 700 m langen Ringmauer umgebene Burg verfiel später. Die Könige kamen nicht mehr hierher, sondern residierten in Roskilde oder Kopenhagen. Damit ging es auch mit dem Ort bergab, der rings um die Burg entstanden war.
Diese auf einem Hügel ganz nahe am Nordhafen gelegene Ruine ist immer noch sehenswert; zum Teil stehen noch die Mauern und der Gänseturm des Valdemar Atterdag sogar in voller Größe: Es ist die touristische Attraktion dieser an sich wenig attraktiven Stadt. Und wenn man schon hier ist, sollte man sich auch die Mühe machen, die vielen Treppen hochzusteigen, bis hinauf zur Bastion, von der aus man einen weiten Blick über das Smålandsfahrwasser und den Grønsund hat. Man bekommt dann eine Vorstellung davon, welche Bedeutung solche Burgen in unserer Vorzeit gehabt haben.
Das moderne Vordingborg ist lediglich eine gute Einkaufsstadt, genauer: eine lange Einkaufsstraße, die sich von der Burg bis zum Bahnhof hinzieht.
Im Nordhafen, unterhalb der alten Burg, liegt man jedoch recht idyllisch, und das mag wohl der Grund sein, weshalb man immer wieder gerne nach Vordingborg zurückkehrt.

Liegeplatz und Versorgung *(im Nordhafen): Nicht über die roten Spieren hinausfahren, die den Hafen nach Süden zu begrenzen! Die Ostseite des ersten Steges **(A)** wird für Gastyachten freigehalten – unruhig! Besser, wenn frei, die Holzbrücke **(B)** bei der Werft. Die beiden Holzstege westlich davon sind kleineren Fischerbooten vorbehalten. Man muss sich (0800–1200 und 1700–2100) anmelden und dort Hafengeld bezahlen, sonst gibt es Ärger, wie auf mehreren Schildern im Hafen angezeigt: »... Unterlassen davon wird Anreden verursachen unter Bezugnahme der geltenden Gesetze!« Aber keine Sorge: »Velkommen*

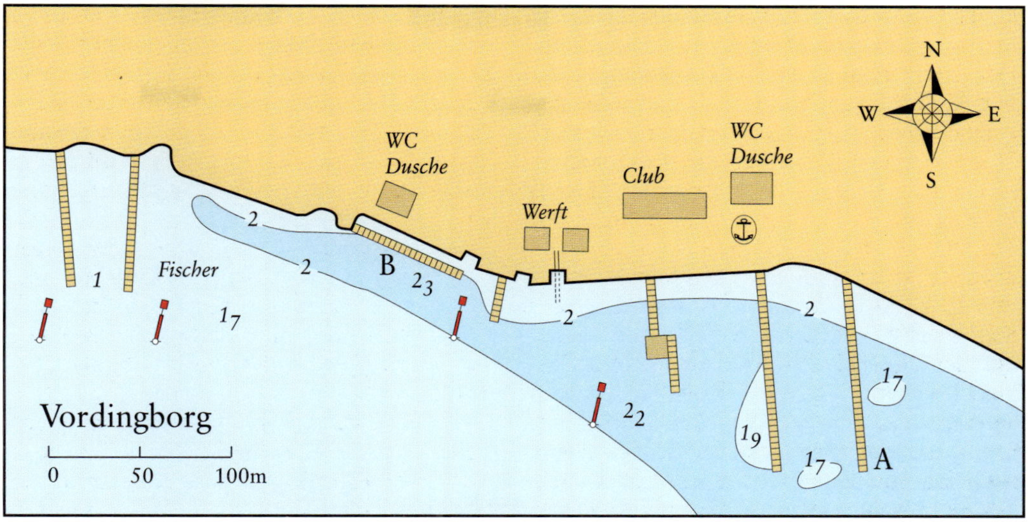

til Vordingborg!« Wasser und Strom an den Stegen und am Fischerhaus. Im Clubhaus ein Restaurant, davor ein Kinderspielplatz. Werft mit Slip s. Plan. Weitere Reparaturmöglichkeiten und Kran im Masnedsund-Hafen beim »Marine-Center«. Zubehör nahe dem Hafen. WC und Duschen sehr ordentlich.
Treibstoff nur von einer nahen Straßentankstelle.

Wasserstand: Tidenhub 0,4 m. Wind aus N kann den Wasserstand um 1,5 m erhöhen, südliche Winde können ihn um 1 m senken.

Von Vordingborg zur Ulvsund-Brücke hat man nun 10 sm lang ein überaus schönes Gewässer vor sich. Die Durchfahrtshöhe der neuen Farø-Brücke beträgt hier 20 m. Man schippert entlang einer ziemlich hohen und fast durchweg bewaldeten Küste, vorbei an der Sumpfinsel *Lilleø*, dem waldigen *Tærø* und der flachen, buschbestandenen Insel *Langø*. Das Fahrwasser folgt mit dem *Færgestrøm* und dem *Ulvsund* fortwährend der tiefen, wenn auch etwas schmalen, natürlichen Rinne. Nur nördlich vom *Skippergrund* musste eine Rinne gebaggert werden, das *Ny Farvandet*, damit auch größere Schiffe noch nach Kalvehave und vor allem nach Stege fahren können (Wassertiefe in der sehr schmalen, eng betonnten Rinne 4,4 m).

Strom: Die Stromverhältnisse werden auch hier von den Gezeiten beeinflusst. Die Flut setzt ostwärts, der Ebbstrom nach Westen, aber beide erreichen keine nennenswerten Geschwindigkeiten. Nur wenn der Wind zunimmt, kommt auch der Strom ins Laufen und erreicht dann respektable 4 kn.

Ziemlich parallel zum betonnten Fahrwasser zieht sich südlich davon der

Kalvestrøm hin, der aus dem Storstrøm kommt und irgendwo zwischen Tærø und Møn im Niemandsland des *Middelgrunds* endet. Ansonsten wäre dieses Fahrwasser, wenn auch unbetonnt, recht gut zu befahren, zumal es zu drei recht guten, zum Teil auch landschaftlich schönen **Ankerplätzen** führt:

- Zunächst zur **Stillingebæks Bugt** am Ufer von Bogø (s. S. 117), wo man auf 2,5 m Wassertiefe geschützt bei Winden aus S und W liegt, teilweise auch noch bei E (Grund Schlamm, Lehm, auch Tang kann vorkommen). Gelbe DS-Ankerboje.
- Den landschaftlich schönsten Ankerplatz findet man außen vor der seichten Bucht am **Südufer von Tærø,** zwischen der Huk *Gåsenakke* und *Skallehoved,* wobei man allerdings nur bei N und bedingt bei E und W geschützt liegt. Letzteres hängt davon ab,

wie weit man mit seinem Boot in die flache Bucht hineinfahren kann (Grund Schlamm, Lehm, Tang). Gelbe DS-Ankerboje. Die gelb-schwarze Spiere südlich von Skallehoved beachten! Man erreicht diesen Platz am besten von Osten her, also vom Ulvsund, denn die Einsteuerung ist hier mit Spieren markiert.

Zwischen den Inseln Tærø und Langø windet sich der Ulvsund in einer S-Schleife hindurch. Sie ist wie das ganze Fahrwasser gut betonnt, und normalerweise folgt man dieser Schleife auch. Man wird aber immer wieder beobachten können, dass andere Boote eine Abkürzung nehmen, nämlich durch das *Søndre Løb,* was mit einem Tiefgang bis zu 1,9 m durchaus möglich ist, denn soviel misst die flachste Stelle. Wer – besser! – in der Rinne bleibt, passiert die am seeländischen Ufer gelegene

Petersværft Bro, eine Betonbrücke, die an ihrem gut 10 m breiten Kopf 2 m Wassertiefe hat und mit einem Tiefgang von allenfalls 1,7 m sicher angelaufen werden kann. Liegt schon ein Boot dort, sollte man ohne Verzug weiterfahren. Kann man anlegen, muss man berücksichtigen, dass der Strom genau längs der Pier setzt. Versorgungsmöglichkeiten gibt es hier keine. Der in idyllischer Umgebung gelegene Platz eignet sich aber vortrefflich für eine Kaffeepause. Die Brücke gehört zu dem Gut Petersgård. Man darf längstens 24 Stunden bleiben.
Dicht östlich der Ulvsund- oder Dronning-Alexandra-Brücke, einer Bogenbrücke mit einer 80 m breiten Passage bei einer freien Durchfahrtshöhe von 25,6 m, die Møn mit Seeland verbindet, liegt der Fischer- und Yachthafen

Kalvehave. Er hat vor allem den Vorzug, nahe und unkompliziert am Fahrwasser zu sein, sodass man hier ohne jeden Umweg einen guten Liegeplatz findet und sich zudem mit dem Nötigsten versorgen kann. Nur bei Starkwind wird das Ansteuern des Hafens etwas kritisch, weil dann ein Strom von 4 kn quer zur Hafeneinfahrt setzt. Ansonsten lässt sich Kalvehave mit einem Tiefgang bis zu 2 m immer gut anlaufen.

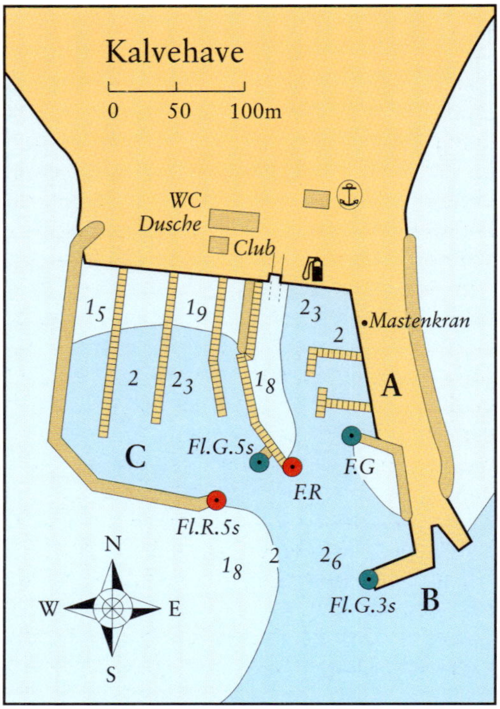

Von einem Ort kann man angesichts der paar Häuser gar nicht sprechen; die Umgebung des Hafens, mit den gelben Packhäusern an der Ostmole, mag man aber als recht gemütlich empfinden.

Liegeplatz und Versorgung: *Für einen kürzeren Aufenthalt sollte man in den östlichen, den älteren Teil des Hafens* ***(A)*** *gehen, und zwar am besten längsseits an einen der Kais. Hier befinden sich auch die Tankstelle und ein Mastenkran. Ansonsten an die Stege des Yachthafens* ***(C)****. Wer nur kurze Zeit bleiben will, kann auch gut vor dem Hafen an dem alten Fähranleger festmachen* ***(B)****. Wasser findet man überall an den Stegen. Saubere Duschen und WC (s. Plan). Zubehör und Proviant ca. 100 m vom Hafen.*

Es gibt Orte und Häfen, die ihren unter Seglern kursierenden schlechten Ruf einfach nicht loswerden. Dazu gehört

Stege. Was man so hört: Die Stadt sei langweilig, dann die Zuckerfabriken am Hafen (die es nicht mehr gibt), die lange Anfahrt sei so umständlich und so fort. Gelten lassen kann man davon eigentlich nur eines: die in der Tat etwas umständliche, gut 4 sm lange Anfahrt durch die *Koster Rende,* eine Baggerrinne, die über die weitgehend flache *Stege Bugt* mit ihren vielen Stellnetzen führt. Dass Stege ein langweiliges Provinzstädtchen sei, möchte ich schon nicht mehr unterschreiben. Der Hauptort von Møn ist mit seinen 4 000 Einwohnern nicht schlechter als andere Städtchen in dieser Gegend. Eher sogar etwas besser. Denn das Milieu um Kirche und Storegade ist so übel nicht, und mit der Mølleporten hat Stege neben der Vesterporten von Fåborg eines der beiden einzigen noch bewahrten Stadttore in Dänemark. Die recht gut erhaltenen, baumbestandenen Wallanlagen im Norden der Stadt, Volden genannt, und die Reste der mittelalterlichen Stadtbefestigung könnte man sogar als idyllisch bezeichnen.

Steges Vorzüge liegen aber letztlich doch ganz woanders: Da ist einmal der gute Hafen, wo man inzwischen recht gut liegt, in dem man vor allem immer einen Platz findet, auch im Hochsommer. Und dann stellt Stege, als Hauptort der Insel, den besten Ausgangspunkt dar, wenn man diese schöne und hochinteressante Insel etwas mehr erkunden will. Møn hat ja daneben nur noch zwei Häfen: jenen von Hårbølle, der, wie wir wissen, etwas problematisch ist (s. S. 114), und dann noch den von Klintholm, der aber im Sommer trotz des neuen Yachthafens häufig ziemlich voll ist, sodass es schon etwas unsozial wäre, sein Boot dort mehrere Tage liegenzulassen und etwa einem Bornholm-Fahrer den Platz wegzunehmen.

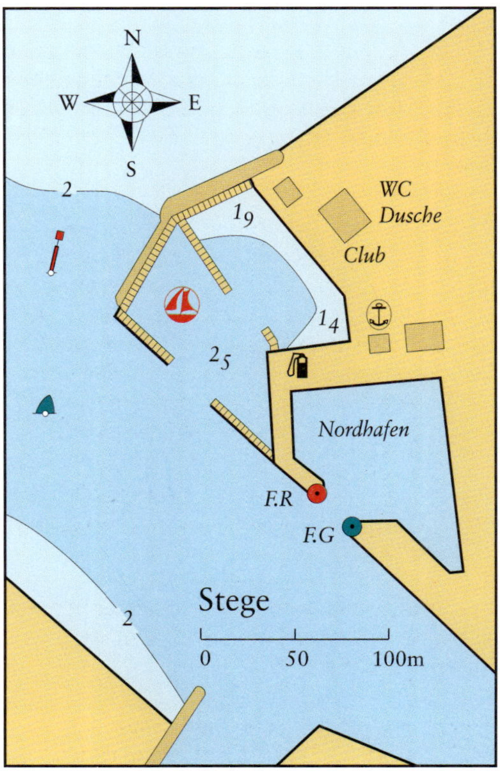

Liegeplatz und Versorgung: *Wenn man nicht in den Yachthafen will, geht man am besten in den Nordhafen, denn hier gibt es massenhaft Platz, und das kleine Becken bietet viel Schutz. WC und Dusche s. Plan. Treibstoff von Straßentankstelle.*

Wasserstand und Strom: Tidenhub 0,4 m. Sturm aus NE kann den Wasserstand um 1 m erhöhen, Sturm aus S oder SW ihn um ebenfalls 1 m senken.Durch den äußeren Hafen, also die Mündung des Stege Nors in die Bucht, setzt im Rhythmus der Gezeiten ein mäßiger Strom von 1/4 bis 1/2 kn. Bei von W über N nach NE drehendem Starkwind kann der Strom mit 2 kn zum Nor hin laufen.

Hinweis: *Das Touristbüro in der Storegade hält gutes Informationsmaterial bereit. Das Personal spricht Deutsch. Neben dem Touristbüro ein Fahrradverleih.*

Nicht nur der berühmten Kreidefelsen wegen sollte man

Møn nicht einfach im Vorbeifahren abhaken. Die Insel muss man erwandern oder, da man, mit dem Boot unterwegs, nie soviel Zeit haben wird, sie wenigstens erfahren – und dies in des Wortes doppelter Bedeutung. Man braucht ein Fahrrad, das auf Møn schon ein Königreich wert ist, auch wenn man beim Fahrradhändler in Steges Storegade dafür nur ein paar Kronen auf den Ladentisch legen muss. Zusätzlich

Møns Klint.
Die weißen Kreidefelsen hoch über der Ostsee. Immer wieder ein atemberaubender Anblick.

besorgt man sich im Touristbüro eine Radwanderkarte und macht sich auf. Ein Tag reicht zur Not, zwei, drei wären besser. Die Insel steigt nach Osten zu beständig an, bis sie dann steil und dramatisch wieder zum Wasser hin abfällt – dort liegen die großen Klippen.

Es geht zunächst also immer bergauf, über die grünen Hügel, hin zu den dunklen Buchenwäldern im Osten. Im Westen sieht man winzig klein die weißen Segel in der Stege Bugt und im Bøgestrøm dahinziehen.

Møn ist voller Kirchen. Eine, die von Fanefjord, haben wir schon gesehen. Auf diesem Weg finden wir drei andere, nicht minder schöne: zuerst die rote Kirche von Keldby, dann die große, weiße von Elmelunde, die von dem berühmten Elmelunde-Meister ausgeschmückt wurde, und schließlich die für ein Dorf überdimensioniert wirkende von Borre, die noch aus jener Zeit stammt, da dieser Ort am Meer lag, einen eigenen Hafen hatte, Stege harte Konkurrenz machte und mit dem Seehandel so reich wurde, dass er sich diese große Kirche bauen konnte.

Liselund, das reetgedeckte Rokokoschlösschen des königlichen Kammerherrn de la Calmette, ist (fast) so berühmt wie die Klippen, jedenfalls unter Møn-Liebhabern, die schon einmal in dem Park am Meer spazierengingen. Und dann die Klippen! Am besten schiebt man sein Rad durch die steil ansteigenden Buchenwälder bis hinauf zum Hotel »Store Klint« (gutes Essen in der Cafeteria nebenan), Endstation der Busse, mit denen die Touristen hierher kommen. Aus den Buchen schimmert blau die Ostsee. Nun muss man die steilen Treppen hinunter klettern zum Strand, 80 m tief. Von dort hat man dann einen nicht nur überwältigenden, sondern unter den überhängenden Kreidefelsen auch bedrückenden Eindruck von der Größe dieses Naturereignisses. Selbst von See her wirkt Møn nicht so mächtig, wie man es hier unten, am Fuß der Klippen, empfindet.

Møn ist voll von Denkmälern aus der Frühgeschichte der Menschheit. Selten wird man anderswo so viele Dolmen, Grabhügel und Ganggräber finden wie hier. Sie sind über die ganze Insel verstreut, sodass man gar keine großen Umwege machen muss, um etwas

Møns Klint.

Am Bøgestrøm.

davon zu sehen: Sømarkdyssen liegt nahe bei Liselund, ein schöner Dolmen. Auf dem Weg von Klintholm zurück nach Stege kommt man an Stendysse und Langdysse vorbei. Etwas weiter und ein kleiner Umweg wäre es zur Kong Asgers Høj nahe dem Ort Røddige auf der Halbinsel Kosterland, ein Ganggrab, das als das größte in Dänemark gilt.

Bøgestrøm heißt das breite und gleichzeitig flache Gewässer, das sich zwischen der seeländischen Küste und den Ufern von Nyord und Møn erstreckt. Würde sich nicht eine schmale, teils natürliche, teils gebaggerte Rinne hindurchschlängeln, wäre es nicht zu befahren, aber auch so geht es nur mit Booten, die bis zu 2 m Tiefgang haben – und auch dann nicht immer: nachts generell nicht, weil es die Feuer *Stenhage* und *Sandhage* nicht mehr gibt, tagsüber zuzeiten auch nicht, wenn nämlich unter bestimmten Bedingungen der Wasserstand unter die 2,5-m-Marke fällt. Das hängt vom Wind ab.

Wasserstand: Die Umstände, die zu Wasserstandsveränderungen führen, sind so kompliziert, dass man mit einer Faustregel nicht weiterkommt. Weht der Wind beispielsweise drei Tage aus Ost, dann wäre das gut, denn dann steigt das Wasser im Bøgestrøm; hält ein solcher Ostwind aber über den dritten Tag hinaus an, so beginnt das Wasser plötzlich wieder zu fallen. Genauso wie ein Sturm (!) aus West zunächst ebenfalls Niedrigwasser verursacht, später aber Hochwasser.

Wer den Bøgestrøm von der Stege Bugt aus ansteuert, hat keine Mühe, dessen Rinne zu fassen zu bekommen, denn ab der Ulvsund-Brücke führen einen die Tonnen automatisch darauf zu. Anders, wenn man aus der Fakse Bugt, also von Norden kommt: Die rot-weiße Mitte-Schifffahrtsweg-Tonne *Bøgestrøm* (**WP 603**, LFl.10s) ist so leicht nicht auszumachen, sodass man doch unversehens daran vorbei und im schlimmsten Fall auf die Sände laufen kann.

Ganz wichtig im Bøgestrøm: sauber nach den Tonnen steuern, keine Tonne auslassen und sich auf den Ausguck konzentrieren. Die Seekarte nützt, einmal unterwegs, nicht allzuviel, weil durch Materialversetzungen die Rinne sich immer wieder in ihrem Verlauf verändert.
Wenn der gelbe Sand durchs Wasser schimmert, so nahe, als wäre er mit den Händen zu greifen, dann kann es einem schon ein wenig mulmig werden, aber keine Sorge.
Von Stege auslaufend, muss man nicht wieder die 4 sm durch die *Koster Rende* zurückfahren. Es geht auch so: An der gelb-schwarz-gelben Tonne nahe dem Ufer, auf der Höhe von *Rødstensnakke,* darf man die Rinne verlassen und auf gut 2 m Wassertiefe östlich an dem Waldinselchen *Lindholm* vorbeisegeln, auf dem sich das große weiße Haus der Tiermedizinischen Versuchsanstalt für Maul- und Klauenseuche befindet, was auch der Grund ist, weshalb man keinen Fuß auf die Insel setzen darf. Man hält mit Kurs 315° auf die schwarzgelbe Tonne am Eingang des *Nordre Løbs* zu. Wahrschau vor dem sich nach N bis NE erstreckenden steinigen Flach vor Lindholm! Dann geht es weiter bis zu der gelb-schwarzgelben Tonne *Strømjord* und schließlich zu der gelb-schwarz-gelben Tonne dicht neben der 0,2-m-Untiefe (plus Stein 0,3 m) *Bredø* – die Tonne westlich umfahren! Bei der schwarz-rotschwarzen Tonne *Stengrund* mit den zwei Bällen im Topp hat man den Bøgestrøm erst richtig erreicht.
Nun ist man in einer Landschaft angelangt, die so schön ist, als wäre sie gemalt. Die glitzernde Wasserfläche, die im Wind wogenden Schilffelder, der blaudunkle Wald im Westen und voraus, vor sattgelben Kornfeldern, das weiße Kirchlein von Junghoved und darüber der blassblaue dänische Himmel – eine Landschaft, wie man sie sich in seinen Träumen vom sommerlichen Dänemark vorgestellt haben mag.
Drei überaus idyllische Häfen gibt es hier: *Nyord,* der direkt am Wege liegt und der der größte ist, *Stavreby,* der der kleinste ist und den man kaum findet, und endlich *Sandvig,* der sich hinter dem Schilf versteckt. Alle drei Häfen haben geringe Wassertiefen: Nyord 2 m, Stavreby 1,2 m (bestenfalls) und Sandvig 1,7 m (wenn die Einfahrt nicht wieder versandet ist). Dabei sind Wasserstandsveränderungen noch nicht einmal berücksichtigt! Wenn man die im Bøgestrøm gelegene Insel

Nyord als flach bezeichnet, so ist dies nicht ganz richtig. Gewiss, der allergrößte Teil besteht aus brettebenen, sumpfigen und salzigen Marschwiesen, doch über den Hafen erhebt sich ein 15 m hoher Hügel, und darauf steht das Dorf mit seinem Kirchlein. Wäre das Wort Idylle nicht so abgegriffen, so wäre es hier am Platz – nichts passt besser zu diesem Fischerdorf mit den zu Pyramiden hochgeschichteten Netzpfählen, den strohgedeckten Häusern, die kaum aus den Bäumen lugen, und dem spitzen Turm der Kirche.
Der Hafen ist ohne großen Komfort, aber ausgesprochen stimmungsvoll. Man liegt sehr gut in dem kleinen Becken.
Nyord, das ist eine jener dänischen Inseln, die sich langsam entvölkern. Die jungen Leute gehen weg, um sich anderswo eine gut bezahlte Arbeit zu suchen. Pensionäre kommen dafür hierher und richten sich in den alten Bauernhäusern ein. Das gibt solchen Orten ihren etwas müden Charme.

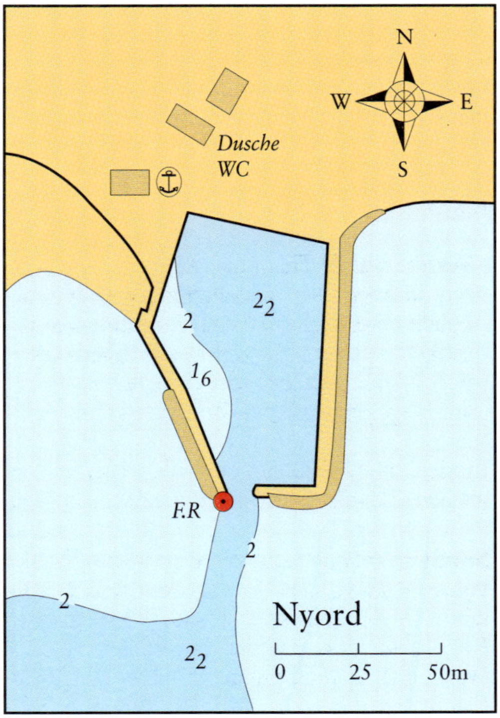

Die Marschwiesen von Nyord dienen den ziehenden Watt- und Sumpfvögeln als Rastplatz. Deshalb steht das ganze Gebiet, wie auch Ulvshale, unter Naturschutz. Man darf die Marschwiesen wegen der Bodenbrüter auch nicht betreten. Wenn man die Vögel beobachten will, so gibt es dafür eigens eingerichtete Beobachtungsstellen. Die dem Hafen von Nyord am nächsten gelegene findet man an der Straße nach Ulvshale, an der Grenze zwischen Hochland und Marsch, dort, wo sich ein kleiner Wald erhebt (vom Hafen 15 Minuten zu gehen).

Liegeplatz und Versorgung: *Weil die meisten glauben, in dem kleinen Hafen keinen Platz zu finden, segeln sie daran vorbei, und das ist der Grund, weshalb man auch an einem schönen Sommernachmittag durchaus noch eine Chance hat, in Nyord unterzukommen. Von den Masten, die man jenseits der Steinmole sieht, darf man sich nicht irritieren lassen: Die gehören zu einheimischen Booten, die hier ihren festen Platz haben. Seitdem der Hafen wieder etwas in Schuss gebracht worden ist, gehen Gastyachten an der Westmole längsseits, wo eine Bretterwand gegen den Wind schützt. WC und Duschen, die sich in einem recht ordentlichen Zustand befinden, s. Plan. Am Toilettengebäude Trinkwasser. Treibstoff bekommt man am Hafen nicht, vielleicht ein paar Liter beim Kaufmann, der so ziemlich alles führt und dessen Laden mit den bunten Reklamebildern ganz pittoresk wirkt. Beim Bauern vom Løllegård gibt es Kaffee und selbstgebackenen Kuchen.*

Wasserstand: Tidenhub 0,2 m. Winde aus NE können den Wasserstand um 0,6 m heben, westliche Winde ihn um 0,3 m senken. Dies sind jedoch ganz grobe Werte; wie kompliziert das mit dem Wasserstand am Bøgestrøm ist, wurde schon gesagt.

In den am Ufer von Seeland, nördlich des großen Viemose Skovs gelegenen Hafen von

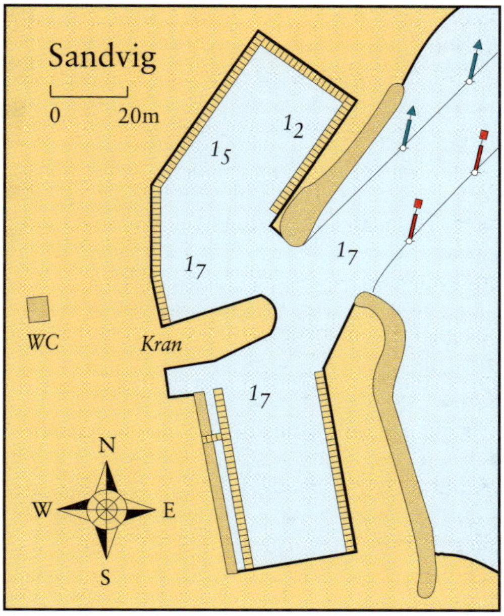

Sandvig gelangt man ohne Schwierigkeiten, vorausgesetzt, seine Wassertiefe reicht überhaupt aus. Am besten lässt sich der Hafen vom Bøgestrøm aus ansteuern; wenn man ihn in West peilt, so bleibt man frei von dem 1,1-m-Flach *Stolpegrund*. Etwa 250 m vor dem Hafen beginnt der Tonnenstrich: Die Rinne ist mit drei roten und drei grünen Spieren markiert.

Ein durchaus idyllischer Platz, auch wenn es Sandvig nicht mit Nyord aufnehmen kann.

Liegeplatz und Versorgung: *Man macht fest, wo man einen freien Platz findet, am besten an der Nordseite der Mittelmole (vor allem ein größeres Boot) oder in der recht breiten Einfahrt. Versorgungsmöglichkeiten gleich Null.*

Wasserstand: Tidenhub 0,5 m. Wind aus E oder NW kann den Wasserstand um 1,7 m erhöhen, Wind aus S bis W ihn um 1 m senken. Mit Versandungen muss man rechnen.

Ankerplatz: *Kommt man in Sandvig nicht unter, so findet man etwas nördlich davon einen recht guten und landschaftlich außerordentlich schönen Ankerplatz auf 3 m Wassertiefe (Grund Schlamm, Lehm, auch Tang); die 2-m-Linie verläuft ganz nahe am Ufer. Man liegt ruhig bei Winden aus SW über W bis NW, bedingt auch noch bei N und S.*

Der winzige, zwischen Baum und Strauch gelegene Hafen von

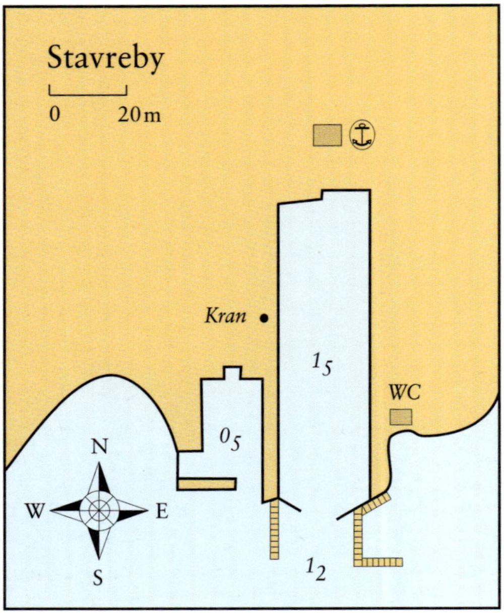

Stavreby ist, obwohl zu ihm eine betonnte Rinne führt, kaum auszumachen, sodass die meisten Yachten achtlos daran vorbei segeln. Die Fischer von Stavreby, denen der Hafen gehört und die ihn auch unterhalten, sind darüber nicht unglücklich. Man nimmt ein Boot schon gastlich auf, aber Umstände sollte es nicht machen; ein eigenes Boot deswegen zu verlegen, das kommt nicht in Frage. Man will keinen Rummel und möchte, dass alles so bleibt, wie es immer war. Dänen kommen viele hierher, Deutsche ganz, ganz selten. Man liegt sehr gemütlich in dem kleinen, gut geschützten Hafen mit seinen grün und rot bemalten Fischerhütten. An den beiden Stegen haben je drei, bestenfalls vier Boote Platz. Zum Dorf mit seinen wohlerhaltenen Reetdachhäusern sind es nur ein paar Minuten. Dort gibt es einen Købmand. Am Hafen bekommt man Wasser. Und der Hafenmeister hat zwei Fahrräder zu vermieten – eine gute Gelegenheit, zu dem nahen Kirchlein von

Jungshoved zu radeln, neben dem man auf der Halbinsel Slotsbakke die Reste einer Wasserburg entdeckt. Man kommt aber auch mit dem Boot hin. Die Anfahrt ist mit Spieren markiert. Entweder ankert man in der Bucht davor oder macht unterhalb der Kirche am Steg fest.

Wasserstand: Tidenhub nicht bekannt. Winde aus N können den Wasserstand um 0,2 m heben, westliche ihn um ebenfalls 0,2 m senken.

An der rot-weißen Leuchttonne Bøgestrøm (**WP 603**) hat man den schönen Bøgestrøm hinter sich und die weite

Fakse Bugt voraus, über die sich recht wenig sagen lässt: ein breites Gewässer, das zum Sund führt, das nach Osten zu durchweg tief ist und nur im Westen und Südwesten weite Flachs aufweist. Bei Ost, vor allem wenn er stärker weht, entsteht auf den Sänden und an ihren Rändern ein unangenehmer Seegang, der sich an den Kanten auch brechen kann. Die Betonnung in der Bucht ist dünn, und man muss, wenn die Sicht nicht ausreicht, nach Kompass fahren.
Will man vom Bøgestrøm aus nach *Præstø,* wo dieser Törn enden soll, vielleicht um dort ein paar stille Tage zu genießen, so muss man zunächst einen Umweg von 8 sm machen. Dabei befindet sich die Mündung des *Præstø Fjords* nur 4,5 sm westlich der Tonne *Bøgestrøm*, aber dazwischen breitet sich das Flach mit dem bezeichnenden Namen *Sandene* aus. Am einfachsten macht man es sich, wenn man zunächst auf die grauweißen Fabrikanlagen von

Fakse Ladeplads zuhält, eine monströse Hässlichkeit inmitten einer schönen Natur. Mit diesem Kurs bleibt man frei von Sandene, an dessen Rand man allerdings dicht entlangschippert. Fakse Ladeplads ist wegen der Kalksandsteinfabriken ein problematischer Hafen, obwohl es dort durchaus brauchbare Liegeplätze gibt, seitdem westlich vom Werkhafen ein Fähr- und Yachthafen entstanden ist. Durchaus passabel, auch guter Service, aber: die staubende Fabrik daneben. Beim Queren des Werkhafens Richtung Yachthafen nicht zu nahe an die Südmole kommen, denn dort treten immer wieder Versandungen auf. Was vor allem dafür sprechen könnte, diesen Hafen anzusteuern: Er ist nachts von den beiden einzigen Häfen in der

Fakse Bugt sehr viel sicherer zu erreichen als Rødvig (s. S. 133). Durch die Baggerrinne führt in Linie 345,5° ein Richtfeuer (U-F. und O-F.: F.R). Tagsüber kann man die gelb-schwarze Tonne anliegen (**WP 600**), die am Anfang des Tonnenstrichs liegt.

Man fährt also, wenn man nach Præstø will, zunächst einfach auf Fakse zu, bis man in West die rote Spiere *Nordmandshage* (**WP 601**) peilt, die etwas schwer auszumachen ist. Man kann aber genausogut, gute Sicht vorausgesetzt, die rot-weiß waagerecht gestreiften Gittermasten des Richtfeuers *Feddet* als Landmarken nutzen; läuft man darauf zu, so bleibt man von dem Flach *Nordmandshage* frei und außerdem immer im tiefen Wasser.
Das Richtfeuer *Feddet* (in Linie 251°, U-F.: Iso.2s, O-F.: Iso.4s) ermöglicht zusammen mit dem Richtfeuer *Roneklint* (in Linie 182°, U-F.: Iso.2s, O-F.: Iso.4s) zwar nicht das Anlaufen von Præstø, wohl aber weisen sie einen sicheren Weg zu einem recht guten **Ankerplatz** vor dem Waldufer von Feddet, schon ziemlich im Süden, und zwar nördlich des Flachs *Fedhage*. Die 2-m-Linie verläuft nahe am Ufer (Grund Sand und Lehm), sodass man auch bei stärkeren Winden zwischen SW und NW ruhig hier liegen kann. Dieser Ankerplatz ist bei einer nächtlichen Ansteuerung eine Alternative zum Hafen von Fakse.
An den flachen, mit Wald und Heide bewachsenen Ufern von *Feddet* vorbei fährt man in eine der schönsten dänischen Landschaften. Schade nur, dass man hier zwischen Feddet und *Jungshoved* nirgendwo ankern kann, weil es dicht neben der Rinne (4 m Wassertiefe) extrem seicht ist. Die Südspitze der waldigen Halbinsel Feddet läuft aus in ein flaches Stück Land aus Heide und Moor. Die Halbinsel *Roneklint* gegenüber, auf der auch das kleine weiße Leuchthaus steht, gehört zusammen mit der dichtbewaldeten Halbinsel *Præstø Næb* und dem Inselchen *Maderne* zum Allerschönsten in Dänemark. Der

Præstø Fjord selbst kann da nicht ganz mithalten; das ist mehr eine Suppenschüssel zwischen sanft abfallenden Hügeln mit Wäldern und Wiesen und einzelnen Bauernhöfen. Der Fjord ist nicht sonderlich tief, bietet aber dennoch zahlreiche Ankerplätze. Eigentlich kann man überall ankern, wenn man nur die Wassertiefe auslotet. Will man in den Fjord hinein, so muss man gleich hinter Feddet nach Norden abbiegen und damit die Fahrrinne nach

Jungshoved.
Abseits vom Bøgestrøm. Eine kleine Idylle. Man kann ankern oder sein Boot an den Steg legen.

Præstø Fjord.
Vor Roneklint, an der Einfahrt.

Præstø verlassen. Diese Passage in den Fjord heißt *Vrangstrømmen:* Sie ist anfangs noch sehr tief, dafür aber nicht betonnt, und der Landgrund steigt recht steil an. Später geht die Wassertiefe bis auf 1,8 m zurück; dann stehen aber auch grüne und rote Spieren neben der Rinne. Den meiner Meinung nach schönsten Ankerplatz findet man vor dem Waldufer von *Feddet.* Der Grund im ganzen Fjord ist schlammig.

Bleibt man in der Rinne, so schippert man an den Grasinseln *Storeholm* und *Lilleholm,* auf denen Unmengen von Schwänen ihre Nistplätze haben, auf

Præstø zu, ohne von dem Städtchen allerdings zunächst mehr zu sehen als den Wald, aus dem sich ein klobiger Kirchturm erhebt. Von dieser baumbestandenen Kuppe, einstmals eine Insel, jetzt aber mit dem Land verbunden, hat der Ort seinen Namen: Præstø, das bedeutet »Priesterinsel«, denn auf der Insel stand einst ein Kloster des Antoniter-Ordens, das 1321 erstmals in einer Chronik erwähnt, aber schon in der Reformation wieder aufgelöst wurde. Neben dem Namen weist auch das Wappen der Stadt auf ihren Ursprung hin: Es zeigt einen schwarzgekleideten Mönch, der einen goldenen Messkelch in den Händen hält. An das Kloster erinnert lediglich noch ein Straßenname: Klosternakken.

Das Städtchen mit seinen heute 3000 Einwohnern liegt noch genauso wie in alter Zeit abgeschieden und fern der Weltenläufe. Passiert ist hier nie etwas, was es wert gewesen wäre, in die Geschichtsbücher aufgenommen zu werden. Auch die Schanze draußen auf Roneklint hat im Engländerkrieg keine Rolle gespielt. Erst als die Rinne ausgebaggert wurde – das war im Jahre 1828 –, entstand auch der Hafen, heute das innere Becken und immer noch der beste Liegeplatz. Aus dem Hafenbetrieb entwickelte sich ein bescheidener Wohlstand, wie man an den Häusern um den Torvet, am Klosternakken und in der Grønnegade sehen kann.

Ein ziemlich idyllischer Ort, wo man sich vom Alltagsstress gut erholen kann.

Liegeplatz und Versorgung: *Am besten und ganz geschützt liegt man im Becken (gelbe Heckbojen v. 1.6.-1.9.) des ehemaligen Handelshafens, vor dem kleinen Platz, auf dem, von zwei roten Packhäusern eingerahmt, der gelbe »Skipperkroen« steht. Sehr gemütlich, und würde die Jugend von Præstø nicht allabendlich hier ihre Mofa-Rallye veranstalten, auch sehr ruhig. Sonst kann man überall festmachen, wo etwas frei ist, auch im östlich vom Handelshafen gelegenen Yachthafen, wo man Kopf der Stege festmachen sollte. 200 m rechter Hand vom Hafen ein großer Supermarkt.*

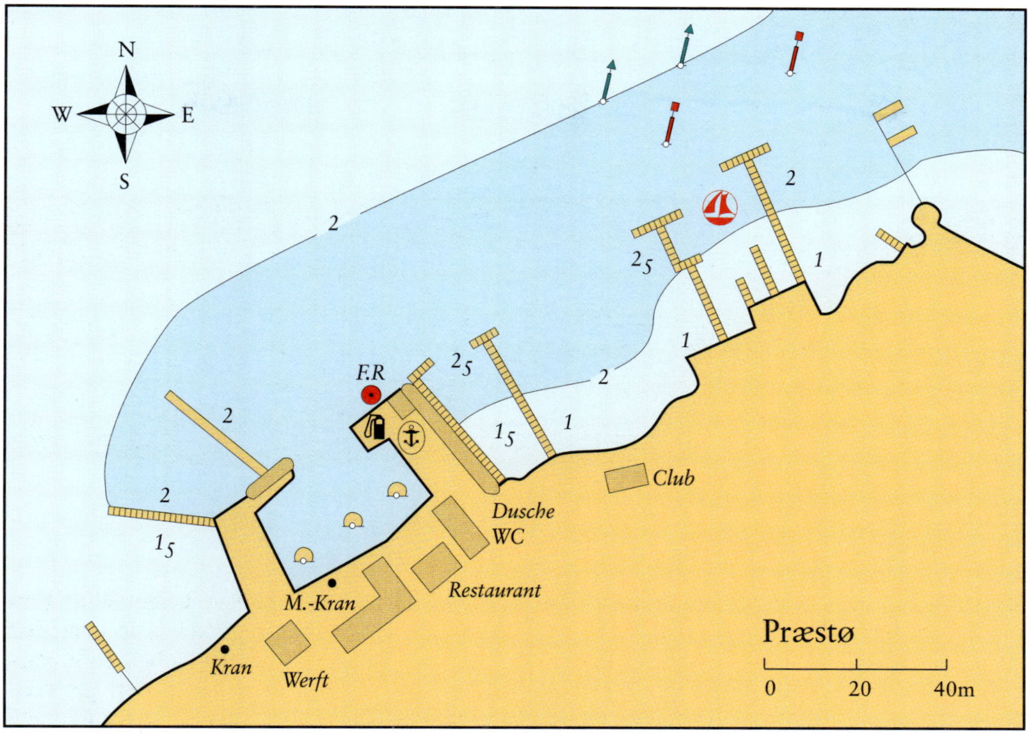

Geschäfte aller Art, Banken usw. in der Adelgade. WC und Duschen, Tankstelle, Werft, Slip und Mastenkran s. Plan. Kran 2,5 t.

Wasserstand: Tidenhub 1,0 m. Winde aus NE können den Wasserstand um 1,4 m erhöhen, Winde aus NW ihn um 0,8 m senken.

Abgesehen davon, dass man sich an der versponnenen Atmosphäre des Städtchens erfreuen kann, lässt sich hier noch zweierlei unternehmen: einmal in den Præstø Fjord zum Ankern und Baden fahren und zum anderen zum Gut Nysø wandern, das nur einen Steinwurf weit westlich vom Hafen liegt. Kenner halten das Gut für den schönsten dänischen Barock-Herrenhof. Um 1673 von einem unbekannten Meister im holländischen Stil erbaut, ähnelt es verblüffend der – viel bekannteren – Charlottenborg in Kopenhagen. Nysø hatte in der Mitte des vorigen Jahrhunderts, im Goldenen Zeitalter Dänemarks, eine große Bedeutung für das geistige und künstlerische Leben des Landes. Eine kunstsinnige Baronin namens Stampe versammelte hier in der Stille des Fjords die besten Köpfe Dänemarks um sich. H. C. Andersen war zu Gast, genauso wie sein Dichterkollege Adam Oehlenschläger, dann Grundtvig, der Begründer der dänischen Volkshochschulen, der übrigens ganz in der Nähe, auf dem Pfarrhof von Udby, geboren wurde. Schließlich arbeitete Bertel Thorvaldsen hier, der größte Bildhauer seiner Zeit, dem die Baronin im östlichen Flügel des Schlosses eine Wohnung einrichtete. Im französischen Garten findet man noch den achteckigen Pavillon, wo der Bildhauer in völliger Abgeschiedenheit seiner Arbeit nachgehen konnte. Zur Erinnerung an Thorvaldsen ist im Kavaliersflügel des Wirtschaftsgebäudes ein kleines Museum mit seinen Werken eingerichtet. Das Schloss wird immer noch von den Nachfahren der Barone Stampe bewohnt und ist deshalb nicht zugänglich. Wohl aber darf man das Thorvaldsen-Museum und den Park besuchen (nur mittwochs, samstags und sonntags zwischen 1400 und 1700).

Zum Sund und nach Kopenhagen

Törnvorschlag 5:

Von Rødvig nach Helsingør

Wer mit seinem Boot bis Rødvig gekommen ist, dem Ausgangspunkt dieses Törns, der wird mit Sicherheit auch weiter bis Kopenhagen und Helsingør kommen. Will sagen: Die Anforderungen, die der Sund stellt, sind von einem seetüchtigen Boot und einer aufmerksamen Crew leicht zu meistern. Zumal es eine Unmenge von Häfen gibt, sodass man bei aufziehendem Schlechtwetter immer rasch unterkommen wird.

Auch die Berufsschifffahrt braucht einem kein Kopfzerbrechen zu bereiten. Der Sund ist zwar ein vielbefahrenes Gewässer; da die Schifffahrtswege aber doch zumeist näher am schwedischen Ufer vorbeiführen, bleibt man ihnen mehr oder weniger fern. Lediglich bei der unmittelbaren Ansteuerung von Kopenhagen wird der Verkehr etwas dichter, wobei man die größte Aufmerksamkeit den schnell den Sund kreuzenden Fähren und in der unmittelbaren Hafenumgebung den pfeilschnellen Tragflügelbooten widmen muss. Ähnliche Vorsicht ist ansonsten nur noch bei Helsingør vonnöten.

Strom: Er setzt zumeist nordwärts und wird im wesentlichen vom Wind beeinflusst. Als Faustregel kann man sich merken:

- Nordwärts setzt der Strom bei Winden aus N (!) über E bis S.
- Südwärts setzt der Strom bei Winden aus SW über W bis NW.

Im allgemeinen ist der Südstrom der stärkere. Die größten Geschwindigkeiten haben Nord- und Südstrom in der Enge von Helsingør, was nur natürlich ist, denn dort ist der Sund am schmalsten. (Im übrigen wird auf kritische Passagen an entsprechender Stelle in diesem Kapitel hingewiesen.)

Dieser Törn hat zwei absolute Höhepunkte: Kopenhagen und mit einigem Abstand dazu Helsingør. Alles Übrige ist weder schlechter noch besser als andere Reviere und Orte sonstwo in Dänemark.

Längs durch den Sund verläuft die Grenze zwischen Dänemark und Schweden. Das braucht einen nicht weiter zu scheren, aber wer Lust verspürt, die schöne, mitten im Sund gelegene Insel Ven anzusteuern, der sollte nicht vergessen, daß er damit in schwedisches Territorium (Zoll!) gerät.

Seekarten und Seebücher: Delius Klasing-Spoortbootkarten »Seeland–Schonen« und »Südliches Kattegat« oder dänische Sportbootkartensätze Serie D: »Smålandsfahrwasser und Fakse Bugt« und Serie E: »Sund und Kattegat, SE-Teil«.

Leuchtfeuerverzeichnis Teil II: Westliche Ostsee und Ostseezufahrten.

Distanzen: Rødvig – **Bøgeskov** (10 sm) – **Køge** (10 sm) – **Vallensbæk/Ishøj** (11 sm) – **Dragør** (16 sm) – **Kopenhagen** (8 sm) – **Skovshoved** (4 sm) – **Tårbæk** (1,5 sm) – **Vedbæk** (3,5 sm) – **Rungsted** (2,5 sm) – **Niva Strandpark** (3 sm) – **Sletten** (1 sm) – **Humlebæk** (1 sm) – **Espergærde** (1 sm) – **Snekkersten** (1 sm) – **Helsingør** (3 sm).

Obwohl weder geschichtlich von Interesse noch sich durch besondere Baulichkeiten auszeichnend, gehört der Hafen von

Rødvig, zu den beliebtesten Dänemarks; vor allem wohl deshalb, weil er sich so günstig auf dem Weg von oder nach Kopenhagen befindet (gut 30 sm). Zudem: ein wirklich sehr guter Hafen, hübsch gelegen zwischen schroffen

Rødvig.
Sehr guter Hafen in der Fakse Bugt. Meistens letzte Station vor Kopenhagen, das man in einem Tagestörn gut erreichen kann.

Klippen und prachtvollen Wäldern. Der heutige Yachthafen, der der Stevns-Kommune gehört, stellt den ältesten Teil der Hafenanlage dar; er wurde um die Mitte des vorigen Jahrhunderts als Lade- und Stapelplatz für die Halbinsel Stevns gebaut. Das ungleich größere Becken des Fischerhafens kam erst 1940 hinzu. Dank der günstigen Lage hat sich diese Investition schnell rentiert: Rødvig ist zu einem wichtigen Fischerhafen geworden. Zehn große Kutter fahren zum Fischen bis nach Bornholm, und viele kleinere Bundgarnjollen befischen die Fakse und die Køge Bugt, wobei sie uns – nebenbei gesagt – mit ihren Stellnetzen das Leben ziemlich sauer machen. Man steuert am besten mit Kurs NW den Hafen an: Die Netze lassen hier eine sich trichterförmig verengende Gasse frei.
Man liegt sehr gut und gemütlich in diesem kleinen Hafen mit seiner harmonischen Atmosphäre.

Liegeplatz und Versorgung: *Inzwischen dürfen Yachten in den Fischerhafen, wenn der Yachthafen voll ist. Was man aber tunlichst meidet: den Ladeplatz der Fischer zwischen Yacht- und Fischerhafen. Der Yachthafen befindet sich besonders gut in Schuß. Er hat Platz für 133 Boote, zur Not können auch 200 untergebracht werden.*
Wasser- und Stromanschlüsse an den Stegen, Treibstoff s. Plan, 60-t-Slip ebenso. Gute Duschen und WC. An der Tankstelle der »Havneshoppen«, ein Geschäft, das Zubehör und Proviant führt und im Sommer erfreulicherweise bis 2200 geöffnet hat, zudem jeden Morgen frisches Brot verkauft. Andere Geschäfte aller Art in dem schönen Dorf. Neben dem gelben Packhaus, das inzwischen zu Ferienwohnungen umgebaut ist, findet man unter hohen, mächtigen Buchen den königlich privilegierten Kro von 1844, in dem man nicht nur gemütlich sitzen, sondern auch recht ordentlich essen kann. Ein Stückchen weiter das Restaurant »Harmonien«. Am Hafen eine gute Fischhandlung. Motorenwerkstatt und Werft s. Plan. Die Werft hat ein Trockendock.
Im Sommer ist der Hafen am späten Nachmit-

tag zumeist rammelvoll, man wird aber schon irgendwie unterkommen. Wenn nicht, dann am besten ab nach Westen, in den großen Yachthafen von Fakse Ladeplads (9 sm, s. S. 128).

Ansteuerung: *Der Hafen von Rødvig ist nicht ganz leicht auszumachen. Er liegt etwa dort, wo die weißen Felsen im Süden von Stevns Klint enden. Auffälligste Landmarken sind das gelbe Packhaus am Hafen und, schon näher dran, ein graues, turmartiges Gebäude direkt davor: der »Flintoven«. Bei der Ansteuerung machen einem die Stellnetze viel zu schaffen, die nur eine trichterförmige Schneise zur Hafeneinfahrt hin offenlassen.*

Strom: Der Strom folgt zumeist der Windrichtung und setzt quer zur Hafeneinfahrt; Rødvig sollte man bei auflandigem Wind nicht ansteuern!

Wasserstand: Tidenhub 0,6 m. Sturm zwischen NE und E kann den Wasserstand um 1,3 m erhöhen, Sturm zwischen W und NW ihn um ebenfalls 1,3 m senken.

Es empfiehlt sich, am Ufer entlang zu den weißen Kalksteinklippen von *Stevns Klint* zu wandern, bis hin zu der schon halb ins Meer gestürzten Kirche von *Højerup* und dem weißen Leuchtturm. Die Klippen, von den Einheimischen Limster genannt, sind gewiss sehr eindrucksvoll, vor allem von unten, vom Strand her, aber mit denen von Møn können sie doch nicht mithalten. Man kann aber auch mit dem Fahrrad nach Højerup fahren – der »Havneshoppen« vermietet welche.

Auf dem weiteren Weg, ob direkt mit Kurs auf Kopenhagen zu oder zur Køge Bugt, wird man Stevns Klint nie allzu nahe kommen, weil gerade hier Unmengen von Fischstöcken stehen. Es tauchen immer wieder welche auf, selbst wenn man meint, die am weitesten seewärts befindlichen endlich hinter sich zu haben. Manche sind auch abgebrochen und lauern dicht unter der Wasseroberfläche.
Viele, die nach Norden wollen, zum Sund und nach Kopenhagen, lassen die

Køge Bugt links liegen, und man muss sagen: nicht ganz zu Unrecht. Gewiss, diese 8 sm nach Westen breit ausschwingende Bucht ist – da außer Stellnetzen ohne Schifffahrtshindernisse – ein recht gutes Segelrevier. Indes: Vom Sund her schiebt sich Kopenhagen mit seiner Indus-

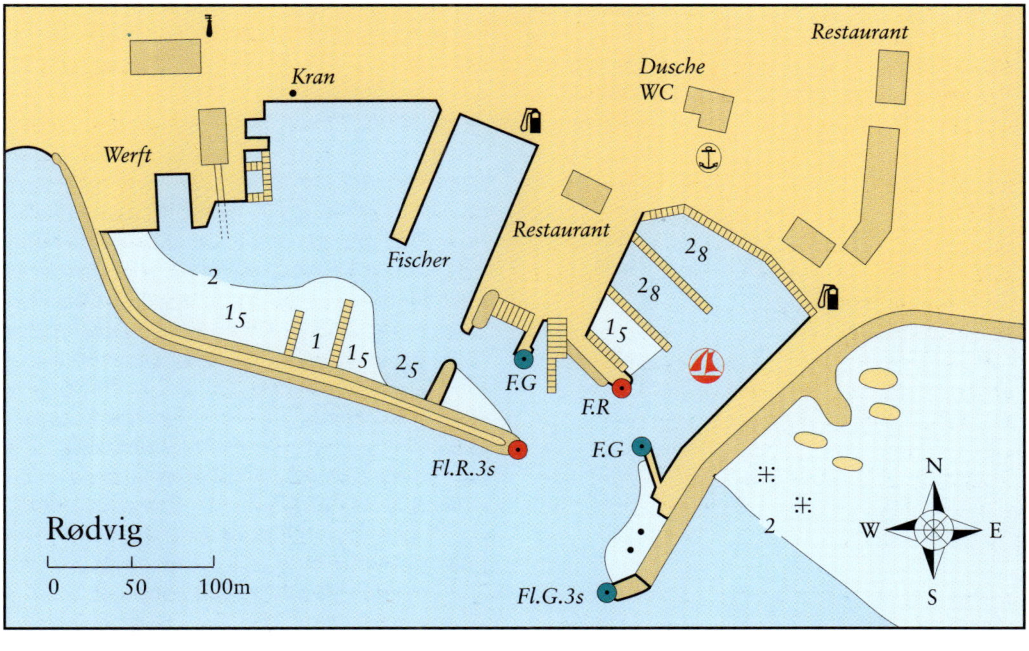

Stevns Klint.
Mit den Klippen von Møn nicht zu vergleichen, aber auf ihre Art doch beeindruckend.

trie und seinen Trabantenstädten immer weiter west- und südwärts, sodass das alte Køge doch praktisch schon zu einem Vorort von Kopenhagen geworden ist.
Gut 5 sm nördlich von Stevns Klint, an der Einsteuerung in die Køge Bugt, liegt auf einer verwilderten Halbinsel der winzige Fischerhafen

Bøgeskov mit einsamen Buchenwäldern und Steilufern im Hintergrund. Für Yachten hat er 30 Plätze, aber die Versorgungsmöglichkeiten

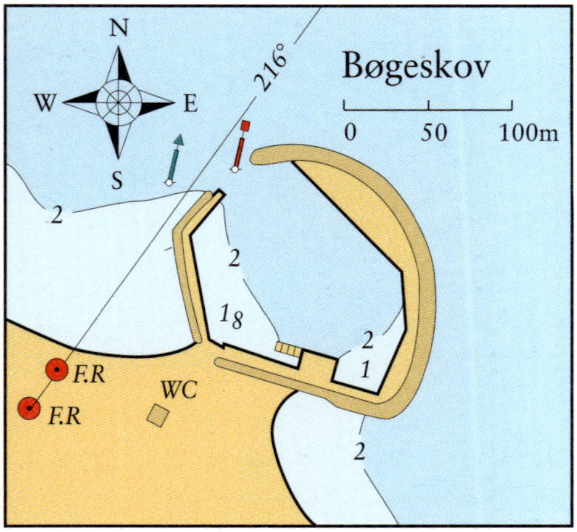

sind gleich Null. Am Ufer findet man einen WC-Container mit Waschgelegenheiten.
An einem schönen Sommerabend mag man es hier sehr beschaulich finden; wenn es aber regnet, sicher ganz und gar nicht. Bei der Ansteuerung – wie üblich in diesem Revier – auf Netze achten und in der Rinne sich mehr nach Stb halten! Boote mit einem größeren Tiefgang als 1,7 m fahren besser nicht diesen Hafen an.

Das am Scheitel der Bucht gelegene

Køge wird als Hafen und Stadt viel gerühmt, ich meine aber, dass es damit bei näherer Betrachtung nicht soweit her ist. Die Stadt mit ihrem viereckigen Marktplatz und den alten Kaufmannshöfen hat sicher ein interessantes Milieu, aber andererseits kann man doch nicht übersehen, dass sich ringsherum eine beträchtliche Industrie etabliert hat, aus deren Schornsteinen dicker Qualm in den Himmel steigt. Der Handelshafen hat trotz der Kohlehalden und der Industrie Charakter, denn außer den vielen blauen Kuttern liegen hier auch immer ziemlich große Schiffe. Yachten sollen ihn aber nicht mehr anlaufen, weil 1 sm nördlich davon eine moderne Marina gebaut worden ist. Dort hat man zwar allen Komfort, dafür aber statt

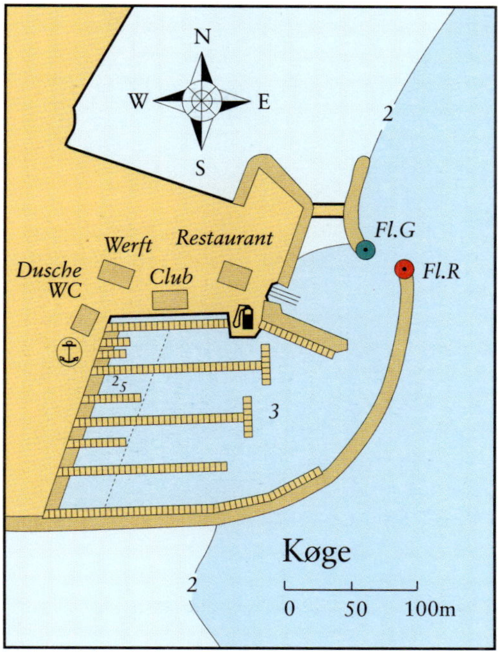

des alten Køge dessen Industrieanlagen vor Augen und zur Stadt einen Fußmarsch von 3 km vor sich.

Der alte Stadtkern, der sich um die rote Backsteinkirche Skt. Nikolaj gruppiert, weckt Erinnerungen an jene Jahrhunderte, da die günstig am Sund gelegene Stadt Kaufffahrteischiffe aus ganz Europa anzog, vor allem aus den Niederlanden. Aber diese gute Entwicklung brach in den Schwedenkriegen völlig zusammen, als die Stadt erobert und verwüstet wurde.

Am alten Hafen steht ein ziemlich monumentaler Obelisk, der an den größten Seesieg der dänischen Geschichte, die Schlacht in der Køge Bugt im Jahre 1677, erinnert. Diese Schlacht hat ebenso wie das von den Dänen siegreich bestandene Gefecht vor Rügen und auch die Erstürmung der Festung Marstrand durch den norwegischen Seehelden Tordenskjöld den Lauf der Geschichte nicht ändern können. Trotz dieser Siege bekamen die Dänen ihre 17 Jahre zuvor verlorenen südschwedischen Provinzen nicht mehr zurück.

Dennoch war die Schlacht in der Køge Bugt ein Meisterstück des dänischen Admirals Niels Juel, der vor den Augen seines Königs, Christian V., der den Kampf vom Turm der Nikolaj-Kirche aus beobachtete, den Schweden eine schlimme Schlappe beibrachte.

Niels Juel lag mit seiner Flotte hier in der Køge Bugt, um auf ein holländisches Geschwader zu warten, das sich mit den Dänen vereinen sollte. Aber noch ehe die Verbündeten in der Bucht waren, kam ein starker schwedischer Verband von Stevns Klint her in die Bucht gesegelt. Unter dem Kommando des schwedischen Admirals Henrik Horn liefen mit einer frischen Brise aus SW 18 Linienschiffe und zwölf Fregatten auf die überraschten Dänen zu, die ihrerseits 16 Linienschiffe und neun Fregatten dagegensetzen konnten. Die Schweden hatten die Luvseite und dadurch einen nicht gering zu schätzenden Vorteil. Die Kanonade, die die Schweden trotz leichter Überlegenheit etwas härter traf, dauerte bis in die Mittagsstunde, ohne dass eine der beiden Seiten einen entscheidenden Vorteil hätte herausschießen können. Da öffnete sich unversehens die schwedische Linie. Niels Juel erkannte blitzschnell seinen Vorteil, und in einem kühnen Manöver schob er seine Flotte durch diese Lücke und gewann nun seinerseits die Luvseite. Damit wendete sich auch das Schlachtenglück. Die Kanonade dauerte zwar noch drei Stunden, aber dann ergriffen die Schweden entnervt die Flucht. Niels Juel hatte kein einziges seiner Schiffe verloren. Von den Prisengeldern konnte er sich später das schöne Valdemars-Schloss auf der Insel Troense am Svendborg Sund bauen.

Liegeplatz und Versorgung: *Beides ist durch den neuen Yachthafen optimal, ohne dass ich deswegen gerne dort bleiben möchte. Eine durch und durch perfekte Anlage. Alle Einrichtungen s. Hafenplan. Travellift (12 t), Mastenkran (2 t) neben der Tankstelle. Zubehörhandel. Wasser- und Stromanschlüsse an den Stegen.*

Wasserstand: Tidenhub 0,4 m. Winde aus NE bis SE können den Wasserstand um 1,6 m erhöhen, westliche ihn um 0,9 m senken.

Am Nordufer der Køge Bugt, östlich des schon älteren Fischerhafens Mosede, ist in den letzten Jahren eine Freizeitlandschaft entstanden, die allerdings nicht so phantastisch wurde, wie es wohl geplant war, nämlich der

Køge Bugt Strandpark. Man muss sich vorstellen, dass Køge inzwischen zu einem Vorort von Kopenhagen geworden ist. Von hier zieht sich bis Kopenhagen hin eine ununterbrochene Bebauung, teilweise mit Hochhäusern. Doch vor der breiten, nach Kopenhagen hineinführenden Autostraße liegt eben der neu geschaffene Køge Bugt Strandpark, ein etwa 1 km breiter Uferstreifen mit einem feinsandigen Strand: ein Erholungsgebiet für die Großstädter.
Und hier wurden drei sehr, sehr große Marinas gebaut. Von West nach Ost: Hundige, Vallensbæk/Ishøj und Brøndby. Sie alle sind sich im Grunde sehr ähnlich. Innerhalb einer Art Lagune liegen mehr oder minder große Hafeninseln.
Welche der Marinas man ansteuert, bleibt sich gleich; meist wird es davon abhängen, woher man kommt. Ich beschreibe jetzt ausführlicher die mittlere,

Vallensbæk/Ishøj, weil sie die größte ist und mir auch am besten von den dreien gefallen hat.
Kommt man von Süden, aus der Tiefe der Køge Bugt, so orientiere man sich zunächst an vier auffälligen Hochhausgruppen, jede Gruppe aus drei Häusern bestehend. Läuft man nun mit Kurs N auf diesen Komplex zu, so findet man die Einfahrt eben unterhalb des westlichsten Hochhauses. Die Einfahrt öffnet sich – wie der Plan zeigt – nach Osten.
Aufpassen muss man auf die weitverzweigten Systeme von Stellnetzen, die sehr weit vor dem Land und im tiefen Wasser der Køge Bugt stehen. Die Grundstellnetze lassen breite Schneisen zu den Häfen frei: Diese Passagen sind betonnt. Obwohl Sektorenfeuer durch die Schneisen hindurchgeleiten, rate ich von einer nächtlichen Ansteuerung ab. Man sehe sich dies in der Karte an.
In der teilweise sehr flachen Lagune liegen die zwei Hafeninseln. Man sollte zunächst in Vallensbæk das innere Becken (s. Symbol Hafenkontor) oder in Ishøj die Tankstelle ansteuern und sich danach einen passenden Platz suchen. Vallensbæk ist meiner Meinung nach gemütlicher, Ishøj hat dafür die bessere Versorgung. Beim Hafenkontor von Ishøj ein langer Steg: Hier findet man eine Tankstelle sowie einen Zubehör- und Proviantladen sowie eine Bootswerft; auf der Hafeninsel eine Motorenwerkstatt und eine Spezialwerkstatt für Yachtelektronik.

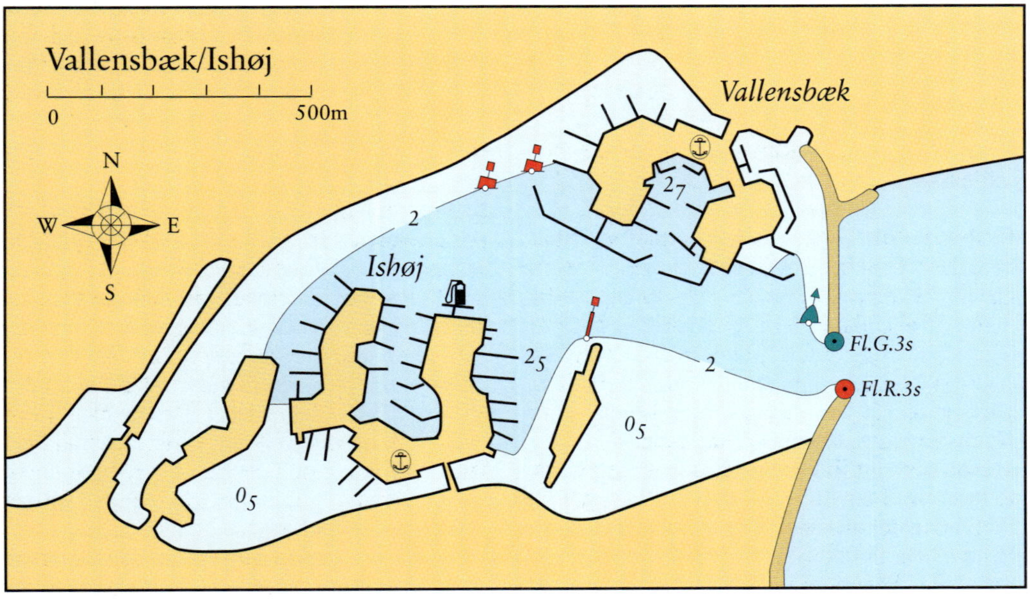

Dragør.
Hafen an der Einfahrt in den Sund. Der hohe Lotsenturm ist nur noch eine blasse Erinnerung an die einstige Bedeutung dieses Hafens.

Hundige und Brøndby ähneln im Grunde Vallensbæk/Ishøj.

In den Sund: Vor der Einsteuerung in Drogden, das westlich von Amager auf den Kopenhagener Hafen zuführende Fahrwasser, sollte man auf alle Fälle den auf Position 55°32'N 012°43'E gelegenen Leuchtturm *Drogden* (Oc(3)WRG.15s) ansteuern, einen weißen, viereckigen Turm mit zwei roten Bändern auf einem wuchtigen grauen Granitsockel.
Von da dann im Tonnenstrich weiter nordwärts, vorbei am Leuchtturm *Nordre Røse* (Oc(2) WRG.6s), der in seiner Form seinem südlichen Bruder sehr ähnlich ist, bis sich 1 sm nördlich davon das Fahrwasser gabelt: Geradeaus geht es durch das *Hollænderdyb* weiter in den Sund, links zweigt das *Kongedyb* ab, das geradewegs zum Hafen von Kopenhagen führt und wo – nebenbei bemerkt – 1801 Nelson die berühmte »Schlacht auf der Reede« schlug.

Wahrschau: Neben dem Großen Belt hat jetzt auch der Øresund eine feste Verbindung: Sie verläuft zwischen Malmø (Schweden) und Kastrup/Kopenhagen. Im östlichen Teil überspannt eine Brücke das Fahrwasser den Sund, im westlichen Teil führt ein Tunnel unter dem Fahrwasser Drogden hindurch. Eben südlich von Nordre Røse überqueren wir diesen Tunnel, ohne dass man davon etwas merken würde. Die gigantische Brücke über den Sund braucht uns hier, auf dem klassischen Weg nach Kopenhagen, nicht zu interessieren.

Im Fahrwasser *Drogden* schippert man während der ganzen Zeit an weiß schimmernden Öltanks, Fabriken, Raffinerien und dem Flugplatz Kastrup entlang, die sich alle auf der brettebenen Insel *Amager* befinden. Vom »wonderful Copenhagen« sieht man gar nichts, jedenfalls noch nicht hier.
Vom Leuchtturm *Drogden* aus hat man bis zur Einfahrt in den Kopenhagener Hafen 11 sm vor sich; bis man im Hafen selbst festgemacht hat, werden noch ein paar hinzugekommen sein. Zusammengerechnet dürfte man also noch mit drei bis vier Stunden Fahrt rechnen. Wenn man spätabends hier ankommt oder wenn die Crew müde und kaputt ist, dann sollte man sich überlegen, den Hafen von

Dragør anzulaufen, der nur 3,5 sm nördlich von Drogden sehr praktisch am Weg liegt. Man verlässt das Fahrwasser, wenn man den spitzen Kirchturm des Städtchens in NW peilt; dann läuft man genau auf die Baggerrinne zu, die zum Fähr- und Fischerhafen führt. An der rot-grün-roten Spiere dicht vor der Hafeneinfahrt gabelt sich das Fahrwasser: Unser Weg führt rechter Hand in den Alten Hafen. Der südlich vom Fährhafen, im Schatten des Dragør Forts, gelegene neue Yachthafen hat weniger Wasser (s. Plan Seite 140).
Dragør mit seinen gelben Häusern vor dem dunklen Wald wirkt schon im Vorbeifahren sehr

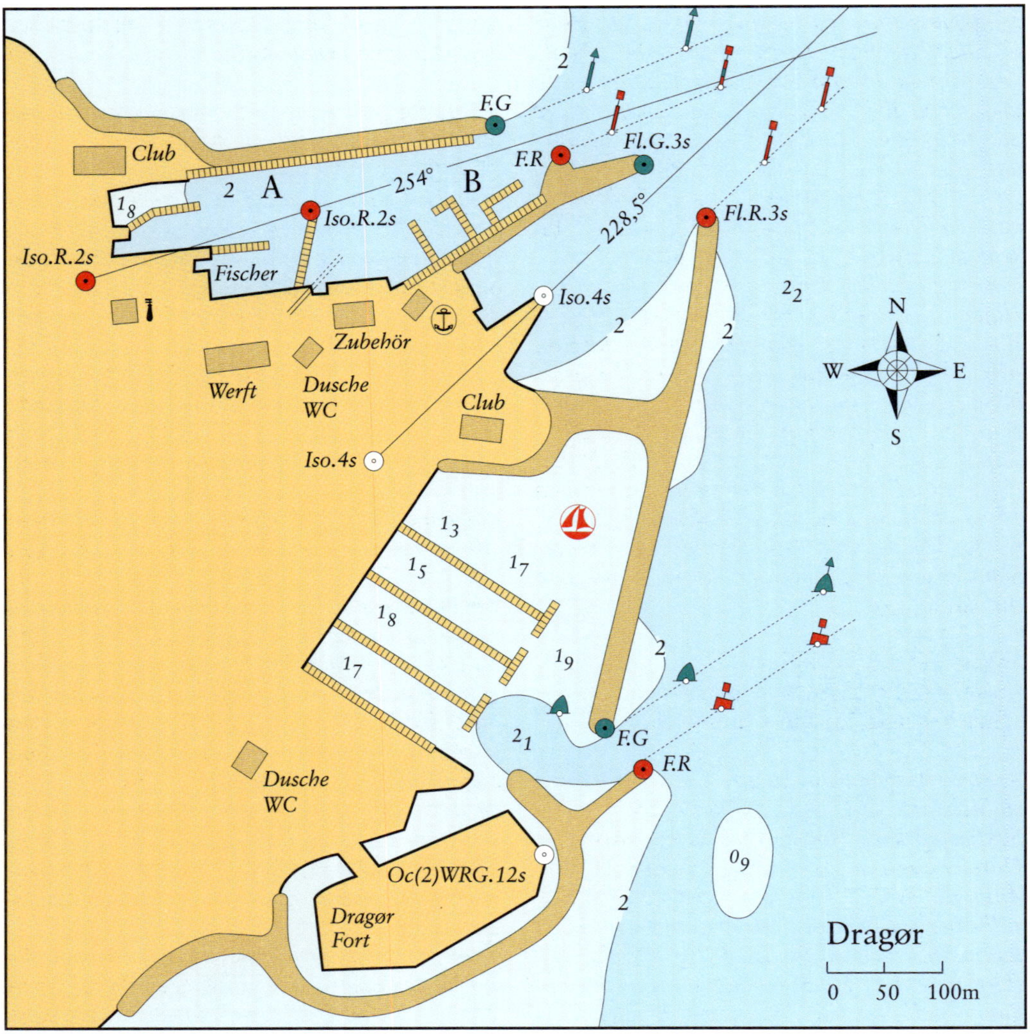

malerisch, und es verliert auch nicht, wenn man erst einmal dort ist.

Das Städtchen hat sich um den Alten Hafen ein sehr schönes Milieu bewahrt mit den engen Gassen und den niedrigen, gelb gekalkten Häuschen mit ihren liebevoll gepflegten Vorgärten.

Der Ort hatte seine große Zeit im Mittelalter, als hier mit Heringsfang und -handel viel Geld verdient wurde. Hanseatische Kaufleute hatten am Strand neben den königlichen Salzereien 700 Heringsbuden stehen.

Vom Fang und Umschlag des Herings lebte die Stadt 200 Jahre lang sehr gut, bis eines Tages dann die Heringsschwärme ausblieben und es in der Folge auch mit Dragør bergab ging. Um den Ort wieder etwas hochzubringen, erteilte ihm der König 1654 das Lotsenprivileg. Die Lotsenstation gibt es immer noch, und auch das hölzerne Gerüst des Lotsenausgucks steht hoch am Alten Hafen.

Wenn man an der Nordmole des Hafens längsseits geht, so liegt man dort zwar etwas abgeschieden, hat aber immer etwas zu sehen: das Treiben im Alten Hafen, die an- und ablegenden Fähren (die aber bald ausgedient haben werden) und die draußen vorbeiziehenden großen Schiffe.

Liegeplatz und Versorgung: *Der beste Platz im Alten Hafen ist längsseits an der Nordmole* ***(A)****, wo man bis auf Winde aus E immer ruhig und schön liegt. Alternativ kann man an die Stege* ***(B)*** *gehen (grünes Schild zeigt freie Box an). Wessen Tiefgang dies zulässt, dem bietet sich noch der südlich an den Fährhafen anschließende Yachthafen an, der aber mit seinem riesigen, kieseligen Parkplatz einen trostlosen Eindruck macht. Treibstoff am Alten Hafen. Wasser in beiden Häfen an den Stegen. WC und Duschen sowohl im Yacht- als auch im Alten Hafen; hier muss man sich den Schlüssel beim Hafenmeister besorgen. Im Hafenkontor sollte man sich sofort anmelden (Öffnungszeiten: 0800–0900, 1100–1200, 1700–1800). Hafenbüro über den UKW-Kanälen 12, 13 und 16 zu erreichen. Im Alten Hafen Slip, Bootswerft, Takel- und Motorenwerkstatt sowie Schmiede. Am Yachthafen Mastenkran und Autokran (8 t).*

Wasserstand: Tidenhub 0,6 m. Sturm aus S kann den Wasserstand um 1,4 m erhöhen, Sturm aus SE ihn um 1 m senken.

Ansteuerung bei Nacht: *Auf dem Dragør Fort, südlich des Hafens, steht das gleichnamige Sektorenfeuer (Oc(2)WRG.12s), das der Durchsteuerung von Drogden dient, beim Anlaufen von Dragør aber nicht hilft. Man sollte in der Drogden-Rinne so lange nordwärts fahren, bis man an Bb das Dragør-Richtfeuer (U-F. und O-F.: Iso.R.2s) ausmacht, was nicht ganz leicht ist bei den vielen Lichtern am Fährhafen. Dieses Richtfeuer führt in Linie 254° in den Alten Hafen und kreuzt dabei das Richtfeuer (228,5°) Dragør-Fährhafen (U-F. und O-F.: Iso.4s). Die Molen des Alten Hafens tragen als Befeuerung F.G und F.R, ebenso wie die Einfahrt in den Yachthafen, den man nachts jedoch besser nicht anläuft.*

Der nahe Flughafen Kastrup wirkt etwas störend; bei östlichen Winden wird es sogar schlimm, weil dann die Flugzeuge von der Südost-Startbahn abfliegen und dabei über Dragør hinwegdonnern.

Wenn man aus dem *Kongedyb* kommt, darf man nicht die Haupteinfahrt nehmen, das *Kronløb,* sondern muss durch das etwa 1 sm südlicher abzweigende *Lynetteløb.*

Kopenhagen. Aufpassen muss man auf alle Fälle, besonders auf die pfeilschnellen Tragflügelboote, die bereits im Außenhafen mit beträchtlichem Speed durch das Wasser pflügen. Im übrigen braucht man sich vor diesem Welthafen nicht zu fürchten; die großen Schiffe manövrieren sehr vorsichtig, wenn sie nicht überhaupt die Hafenanlagen auf Amager anlaufen.

Man steuert im Hafen einfach südwärts, an dem langen Kai der Langelinie vorbei (s. Plan Seite 143), und spätestens hier sollte man sich überlegen, wo man in Kopenhagen liegen will.

Liegeplatz: *Am südlichen Ende der Langelinie öffnet sich eine schmale Einfahrt in das Becken des Langelinie-Yachthafens* ***(A)****, der sich mitten im Park und noch dazu nahe bei der kleinen Seejungfrau befindet. Die etwa 15 Gästeplätze sind an den weißen Heckbojen erkenntlich (die roten gehören Festliegern). In den Kasematten sitzt der Hafenmeister, der für diesen Hafen zuständig ist, und dort gibt es auch Duschen und WC. Ein sehr guter kleiner Hafen, obwohl er ansonsten keine Versorgungsmöglichkeiten zu bieten hat. Als Nachteil könnte man vielleicht vermerken, dass er einem kaum das Gefühl vermittelt, in einer großen Stadt zu liegen.*

Dies gilt schon weit mehr für den Nyhavn ***(B)*** *etwas südlicher, einen Kanal, der vom Hafen abzweigt. Hier liegen jenseits der Brücke alte Schoner und Galeassen, was sehr stimmungsvoll ist. Vorne an der Kanalmündung befindet sich jedoch der Hydrofoil-Bahnhof, womit auch schon der größte Nachteil dieses Liegeplatzes angesprochen ist, nämlich die Unruhe, die durch den mächtigen Schwell der Tragflügelboote verursacht wird. Was sonst noch Nachteiliges über Nyhavn gesagt wird, nämlich dass es das schräge Viertel von Kopenhagen sei, stimmt längst nicht mehr. WC und Duschen im Seemannsheim direkt am Hafen. Nochmals: sehr unruhig, auch wegen der vielen Touristen. Kneipe neben Kneipe. Bei schönem Wetter sitzt alles im Freien. Yachten nur an der Nordseite des Kanals. Genaugenommen kein Platz für Gastboote.*

*Genau gegenüber von Nyhavn zweigt ein anderer Kanal ab, der um die Ecke in den Christianshavn Kanal (**C**) führt und den ich für den besten Liegeplatz in Kopenhagen halte. Einmal, weil man ruhig liegt, trotz der Sightseeingboote, die hier ständig vorbeifahren. Zum anderen, weil man über die Knippelsbro in wenigen Minuten zum Stadtzentrum gelangt, was allerdings im Nyhavn genauso ist. Und schließlich, weil der Christianshavn Kanal eine Atmosphäre hat, wie man sie sonst in Europa nur noch in einer Amsterdamer Gracht finden dürfte. Seit sich in einer alten Fabrik eine kleine Marina (»Navtek Marinecenter«, gleichzeitig Hafenkontor) einquartiert hat, gibt es hier Wasser, Diesel, einen Kran, eine Motorenwerkstatt mit Zubehör und sogar Duschen und WC (für die man den Schlüssel im Zubehörgeschäft bekommt). Man liegt hier in einem schönen alten Viertel mit vielen sehr jungen Leuten und noch mehr Pensionären; in den letzten Jahren ist es offensichtlich schick geworden, in den restaurierten Packhäusern zu wohnen. **Wichtig:** Man sollte sein Boot immer gut verschlossen halten, wenn man es verlässt. Im Christianshavn Kanal dürfte der beste Platz der vor dem Seemannsheim »Prinses Maries Hjem for gamel Sømænd og Sømanendenker« von 1856 sein, wo auch ein ausrangiertes Feuerschiff liegt. Hier sitzen tagsüber pensionierte Kapitäne auf den Bänken, schmauchen ihr Pfeifchen, und da sie als weitgereiste Leute alle Deutsch sprechen, lässt sich schön mit ihnen klönen. Gegenüber, in dem gelben Barockgebäude, das Orlogs-Museum der dänischen Marine.*
Neuerdings gibt es auch Boxen (mit Stromanschluss) in der rechten Seite des nach NW abzweigenden Stichkanals, direkt vor dem hübschen Terrassenrestaurant »Kanalen« (sichere Liegeplätze).

***Hinweis:** Kopenhagen-Kenner mögen Beschreibungen der »echten« Yachthäfen von*

Kopenhagen.
In Christianshavn. Das gelbe Gebäude links beherbergt das dänische Marinemuseum.

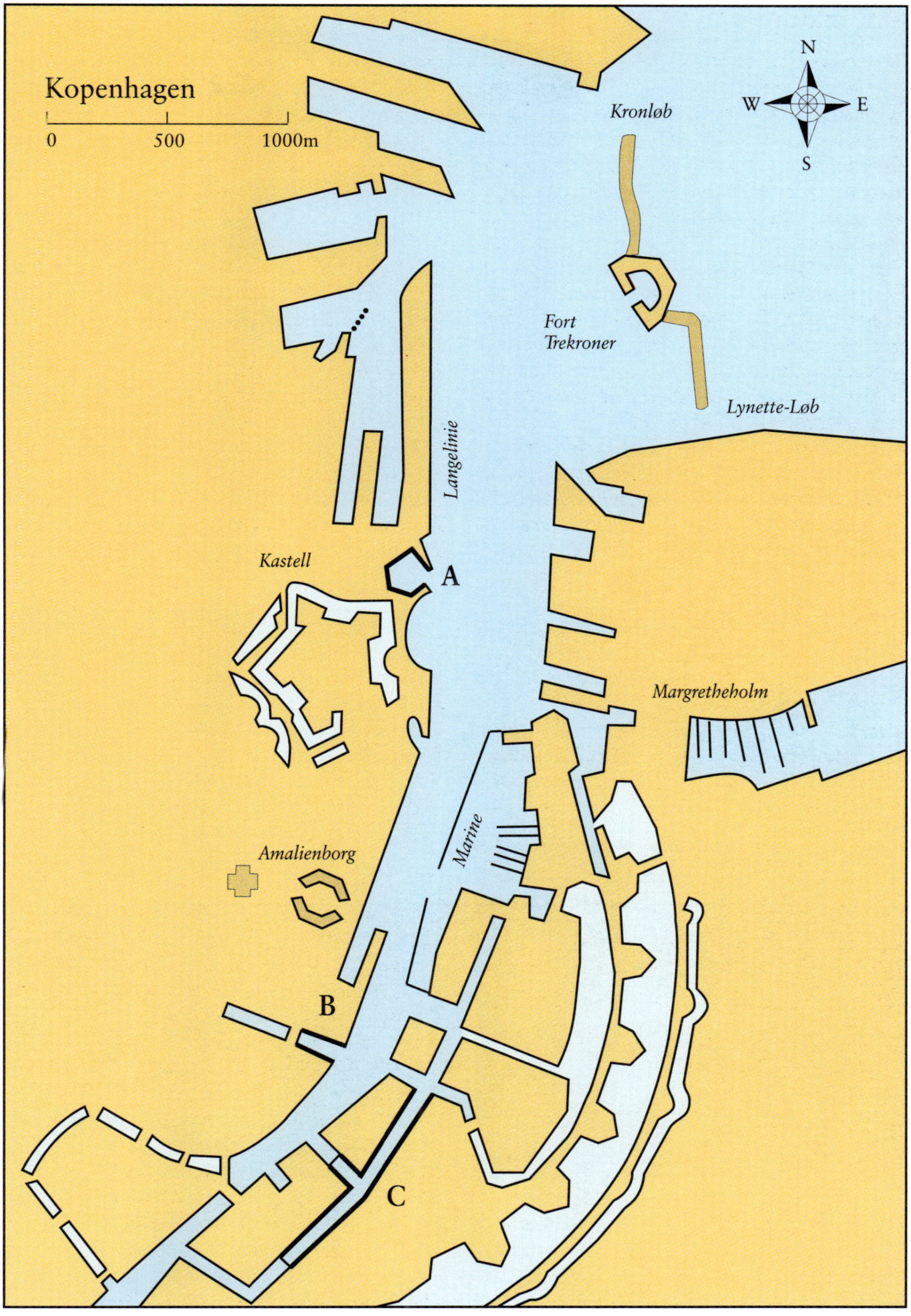
Kopenhagen
0
500
1000m
N
W
E
S
Kronløb
Fort
Trekroner
Lynette-Løb
Langelinie
Kastell
A
Margretheholm
Marine
Amalienborg
B
C

Christianshavn.
Vor dem Restaurant »Kanalen«.

Kopenhagen vermissen, wie des Tuborg Havns, des Svanemølle Havns, des Kalkbrænderi Havns oder der riesigen Marina Kastrup Strandpark. Natürlich kann man da überall hin, aber ohne Ausnahme liegen alle in einer hässlichen Umgebung, wie etwa der Skudehavn, der seine Existenz einer Schüttstelle verdankt, sich aber gebessert hat und, um die Schüttstelle vergessen zu lassen, jetzt Margretheholms Havn heißt. Man sollte diesem Hafen aber nicht Unrecht tun: Die Umgebung wächst langsam ein und vor allem ist die Versorgung sehr gut. Wegen der Versorgung und auch wegen der guten Verbindungen in die Stadt wäre dieser Hafen durchaus eine Alternative zu den Liegeplätzen A, B und C.

Kopenhagen.
Grabrødretorv. Sonntagmorgen. Die Nachtschwärmer sind weg. Der Platz hat ein paar Stunden Ruhe.

***Versorgung** (nur im Hinblick auf die Vorschläge A, B und C): Optimal und schlecht zugleich. Natürlich bietet Kopenhagen alles für Skipper und Schiff, aber keiner der drei hier empfohlenen Liegeplätze hat den Komfort einer Marina. Einige Hinweise: Das Hafenamt findet man zwischen dem Yachthafen Langelinie und der Amalienborg (s. Plan) an der Ecke Esplanade, im Nordre Toldbod Nr. 7, T. 47 99 25, UKW-Kanäle 12,16; dort kann man sich beraten lassen, wenn man ein Problem mit dem Schiff hat. Hier auch das »Dansk Farvandsdirektoratet«, das dänische Hydrographische Institut. An der Ecke Amaliengade/Esplanade ein guter Zubehörhandel, der auch Seekarten und nautische Literatur führt. In der nahen Toldbodgade Nr. 35 die Buch- und Seekarten-*

handlung Weibach, die ein sehr gutes Sortiment hat. Fahrräder kann man in der Gothersgade 157–159 (nahe dem Schloss Rosenborg) mieten.
Geldwechsel (auch sonntags): in der Bank des Tivoli, Eingang Vesterbrogade, und im Bahnhof; hier auch ein Supermarkt, der sonntags geöffnet ist.

Ansteuerung bei Nacht: *Kommt man von Süden, würde ich raten, nicht nach Kopenhagen zu laufen, sondern in Dragør (s. S. 139) zu übernachten. Kommt man von Norden aus dem Sund, so würde ich ebenfalls nicht nach Kopenhagen fahren, sondern in den stadtnahen, großen und leicht anzusteuernden Yachthafen Skovshoved gehen (s. S. 151). Natürlich ist ein Welthafen wie Kopenhagen perfekt befeuert, aber das ist alles doch ziemlich kompliziert; dazu noch die Unsicherheit, die mit der nächtlichen Suche nach einem Liegeplatz einhergeht.*

Je öfter man nach Kopenhagen kommt, desto mehr wird man diese Stadt liebgewinnen. Eine sehr menschliche, fröhliche, heitere Stadt – ich kenne nur eine zweite in Europa, die ihr gleicht: Amsterdam.
Kommt man zum erstenmal nach København (sprich: Köbenhaun), wie die Dänen ihre Hauptstadt nennen, so sollte man seinen ersten Spaziergang am Kongens Nytorv beginnen, dem Schnittpunkt zwischen dem königlichen und dem bürgerlichen Kopenhagen, einem Platz, der mit seinen gestutzten Platanen sehr pariserisch wirkt, umgeben vom Königlichen Theater, dem schneeweißen Hotel »d'Angleterre« und dem Kaufhaus »Magasin du Nord«.

Strøget, die Bummelmeile
Hier fängt auch Strøget an, auf deutsch der »Strich«, die weltbekannte Fußgängerzone; aber man wäre schwer auf dem Holzweg, würde man dem deutschen Wort bestimmte Hinweise entnehmen wollen: Hier gibt es zwar – fast - alles zu kaufen, das eine aber nun gerade nicht. Es wird schwer werden, die weiblichen Mitglieder der Crew zum Weitergehen zu bewegen, zu toll ist hier das Angebot, sei es im Kaufhaus »Illum«, das sich (stark übertrieben) das schönste der Welt nennt, sei es im Laden der Königlichen Porzellan-Manufaktur oder sonstwo. Geschäft reiht sich an Geschäft, eines attraktiver als das andere. Und seitdem die Stadtverwaltung die Porno-Shops aus Strøget hinauskomplimentiert hat, ist dieses 2 km lange Einkaufsparadies wirklich zum Allerfeinsten geworden, wenn auch jetzt leider »Hamburger«-Lokale auf dem Vormarsch sind. Von morgens bis abends flanieren hier die Menschen durch die Straße, und von morgens bis abends wird hier das Stück »Wonderful Copen-

Kopenhagen.
Schloss Amalienborg. Hier wohnt die Königin.

Kopenhagen.
Kongens Nytorv, der königliche Platz.

Schloss Amalienborg.
Der treue Wachsoldat.

hagen« aufgeführt, von allen, die gerade hier entlangspazieren.

Rathaus und Tivoli
Strøget mündet am Rathausplatz, wo sich in Eintracht mit der Stadtverwaltung das Tivoli, der Zirkus Benneweis und Louis Tussauds Wachsfigurenkabinett etabliert haben. Das Rathaus ist von einer merkwürdig schweren nordischen Architektur, genau wie das gegenüberliegende Hotel »Kong Frederik«. Hier endete übrigens Kopenhagen noch um die Jahrhundertwende; das Tivoli lag schon im Grünen.

Im Foyer des Wachsfigurenkabinetts (am Rathausplatz) ist jetzt die **Touristinformation** untergebracht. Hier erhält man kostenlos (und in deutscher Sprache) vorzügliches Informationsmaterial, einmal den Führer »Sei froh in Dänemark – Nordseeland und Kopenhagen«, mit Stadtplan, und dann noch »Copenhagen this week«, einen Veranstaltungskalender. Beides braucht man unbedingt, wenn man sich in Kopenhagen zurechtfinden und in der Kürze der Zeit das Wichtigste sehen will. Ich möchte nur noch ein paar ganz persönliche Hinweise geben.

Im Lateinerviertel
Nördlich von Strøget liegt das Universitätsviertel, auch Lateinerviertel genannt. Hier trifft man auf den wahrscheinlich schönsten, sicher

Kopenhagen.
Der Nyhavn, einst das schräge Viertel. Heute mit seinen alten Seglern und den vielen Kneipen überaus malerisch und eine große Touristenattraktion.

aber dänischsten aller Plätze in Kopenhagen, den Grabrødretorv, den die Einheimischen als den »Platz in ihren Herzen« preisen. Ringsum massenhaft Kneipen und Restaurants – eines sei hervorgehoben, das Studentenlokal »Lille Apotek« in der Store Kannikestræde Nr. 15, wo das Bier meterweise ausgeschenkt wird. Was man natürlich hier im Universitätsviertel en masse findet, das sind große und kleine und auch obskure Buchhandlungen, die besten, wo sich's stundenlang stöbern lässt, in der Fiolstræde. Aber auch Antiquariate, biodynamische Lebensmittelläden und jede Menge Boutiquen. Wenn man einen Überblick über dieses Gewimmel haben will, sollte man den runden Turm der Trinitatiskirche hochwandern, von deren Bastion aus man einen phantastischen Blick auf das Lateinerviertel und die Kopenhagener Altstadt hat.

Tattoo Jack und Königsschloss
Die feineren Viertel Kopenhagens findet man merkwürdigerweise jenseits von Nyhavn, dem einstigen Matrosenquartier und früher so etwas wie dem St. Pauli von Kopenhagen. Aber das ist längst vorbei; heute residieren hier hinter diskreten weißen Fassaden Banken und Konzernleitungen, und hier wohnen Leute, die – so scheint's – viel, viel Geld haben. Zwar gibt es am Nyhavn noch »Tattoo Jack«, aber ich habe ihn in Verdacht, dass er in Wahrheit vom Fremdenverkehrsbüro bezahlt wird, als bescheidene Erinnerung an jene Tage, als Matrosen noch tatsächlich zu ihm ins Souterrain hinabgestiegen kamen.
Nahe an Nyhavn liegt das königliche Schloss Amalienborg an einem achteckigen Platz mit der Marmorkirche dahinter. Die Königin, Margrethe II., benutzt es immer noch als Winterresidenz; aber auch im Sommer, wenn wir Bootsleute nach Kopenhagen kommen, hält die bärenfellbemützte Garde eisern Wache vor dem Schloss ihrer Königin.

Christians Kastell
Etwas weiter stößt man auf das Kastell Christians IV., der wie kein anderer der Stadt seinen Bauwillen aufgezwungen hat: eine gar

Kopenhagen.
Nahe beim Schloss. Erste Adresse für Banken und Konzerne.

nicht mehr kriegerisch wirkende Anlage mit den baumbestandenen Wällen und den stillen Wassergräben, obwohl in den ockerfarbenen Mannschaftsquartieren Christians nach wie vor dänisches Militär liegt.

Tivoli, der Zauberpark

Dass man abends ins Tivoli muss, bedarf eigentlich keiner Erwähnung. Diese Weltberühmtheit ist ja etwas ganz anderes als unsere Rummelplätze: ein nur noch in Dänemark mögliches Märchen. Wenn abends die Lichter im Park angehen, wenn der Pfauenvorhang sich hebt und Harlekin und Colombine auf die Bühne getanzt kommen, dann entsteht nur einen Steinwurf weit vom Rattern der Achterbahn eine Zauberwelt. Und wenn man Glück hat, gastiert gerade das New York City Ballett, oder die Wiener Philharmoniker geben ein Konzert. Das ist alles möglich – während es sich Tausende von Menschen, wobei die Kopenhagener keinesfalls in der Minderheit sind, in den mehr als zwei Dutzend Restaurants des Tivoli wohlsein lassen.

Museen, Museen

Ein großes Kapitel für sich sind die Museen der Stadt: Es gibt deren 17, und dabei liegt das wichtigste des Landes, Det Nationalhistorisk Museum, gar nicht hier, sondern in Frederiksborg, und auch das Marinemuseum findet man nicht in Kopenhagen, sondern in Helsingør. Also, mir gefallen am besten:

- das Nationalmuseum, weil es eine ganz hervorragende Abteilung über die dänische Frühgeschichte und die Zeit der Wikinger hat;
- das Stadtmuseum, weil es sehr anschaulich zeigt, wie sich diese Stadt entwickelt hat;
- das Schloss Rosenborg, weil es allein schon ein Märchenschloss ist und außerdem in der Schatzkammer die Kronjuwelen ausgestellt sind;
- das Bertel-Thorvaldsen-Museum, weil es alle Werke (in natura oder als Gipsabguss) dieses bedeutendsten klassizistischen Bildhauers birgt;

Kopenhagen.
Am Strøget oder anderswo, die feine Art des Shopping.

– die Ny Carlsborg Glyptothek, weil sie zeigt, wieviel Geld man mit Bierbrauen verdienen und wie Bürgersinn dieses Geld wieder in Kunst umsetzen kann, in diesem Fall in einmalige Funde aus Ägypten, Rom und dem Reich der Etrusker.

Blick in die Geschichte
Noch ein Blick auf die Geschichte der Stadt. Am Platz vor dem Schloss Charlottenborg, in dem jetzt der Reichstag, das Staatsministerium und das höchste Gericht untergebracht sind, steht das Denkmal des Gründers der Stadt, des Bischofs Absalon, den der Künstler so dargestellt hat, wie er wirklich war: nicht in erster Linie ein Kirchenmann, sondern ein Kämpfer, mit der Streitaxt der Wikinger in der Faust. Dieser Absalon, der Bischof von Roskilde und Lund war, bekam von Valdemar dem Großen (1157–1182) ein, wie es schien, unwichtiges Fischerdorf geschenkt, das nur »Havn«, Hafen also, hieß und versteckt hinter dem sumpfigen Amager lag. Aber Absalon, ein großer Stratege, erkannte die Möglichkeiten dieses Ortes und baute ihn zielstrebig aus. Dort, wo sich heute die Börse und das Schloss Charlottenborg befinden – der Bezirk heißt immer noch Slotsholmen –, baute er 1167 auf einer Insel eine Burg und ließ eine für die damaligen Verhältnisse enorm große Ringmauer anlegen, die etwa bis zum späteren Schloss Rosenborg reichte.

Innerhalb dieser großzügigen Mauer konnte die Stadt sich in den nächsten Jahrhunderten entwickeln und ausbreiten. Sie wurde dann erst wieder von dem bauwütigen Christian IV. (1588–1648) umfassend verändert. Mehr noch, man kann sagen, dass er es war, der Kopenhagen bis zum heutigen Tage wesentlich geprägt hat: Er hat den Hafen ausgebaut, auf der Insel Amager die Festung Christianshavn angelegt und dann auf der Seeland-Seite das Kastell, er ließ sich die Rosenborg als Residenz bauen, schuf den Trinitatisturm und baute die Börse – alles sehr beeinflusst von der niederländischen Renaissance. Und er steuerte mit dieser Bauwut in seiner langen sechzigjährigen Regierungszeit den Staat fast in den Bankrott.

In der Schatzkammer in Schloss Rosenborg ist die Reichskrone aufbewahrt, die er für 15000 Reichstaler an einen Hamburger Kaufmann verpfänden musste, um kreditwürdig zu bleiben.

Zehn Jahre nach Christians Tod wurde Kopenhagen von den Schweden belagert, hielt aber stand. Den schlimmsten Schaden fügten die Engländer der Stadt zu, als sie sie 1807 drei Tage lang von ihren Schiffen aus bombardierten und weite Teile in Brand setzten oder in Trümmer legten.

Essen und Trinken
Kopenhagen ist auch eine Stadt der Sinnenfreude, zuvorderst des guten Essens und Trinkens. Es gibt aber so unendlich viele Restaurants und Kneipen, urdänische, aber auch andere aus aller Herren Länder, dass man schon mit ein paar Hinweisen überfordert wäre. Wer nur von Strøget seitwärts abbiegt, ins Lateinerviertel oder auch zur anderen Seite hin, der wird mehr finden, als er bei einem Kopenhagen-Aufenthalt aufsuchen könnte.

Durch den

Sund, genauer den Øresund, obwohl jedermann nur vom Sund spricht, wenn er den Øresund meint, sind es von Kopenhagen bis Helsingør nicht mehr als 20 sm. Selbst mit meinem fürwahr nicht schnellen Motorsegler habe ich für diese Distanz nie mehr als einen halben Tag gebraucht, zumal man auch mit großer Wahrscheinlichkeit einen nordwärts setzenden Strom haben wird, der einen flotte Fahrt über Grund machen lässt.
Am dänischen Ufer des Sunds gibt es zwischen Kopenhagen und Helsingør neun Häfen; hätte ich wenig Zeit zur Verfügung, würde ich keinen davon anlaufen, sondern lieber einen Tag länger in Helsingør bleiben. Der Vollständigkeit halber sollen diese Häfen aber, wenn auch in aller Kürze, weiter unten beschrieben werden.
Man stelle sich vor: Am Ufer des Sunds, von Kopenhagen bis hinauf nach Helsingør, zieht sich eine endlose Bebauung hin, sehr schön zum allergrößten Teil. Die feinen Leute und die, die Geld haben, haben sich hier an den Gestaden des Sunds etabliert, in großen Parks mit Schlössern und Villen. Wer die nördliche Uferstraße am Genfer See kennt, der hat eine Vorstellung von der Pracht und Schönheit der Parklandschaft hier am Sund.
Navigatorisch verlangt einem der Sund in diesem Teil wenig ab; man fährt praktisch

Am Sund.
Oberhalb des Yachthafens Rungsted: Karen Blixens Hus.

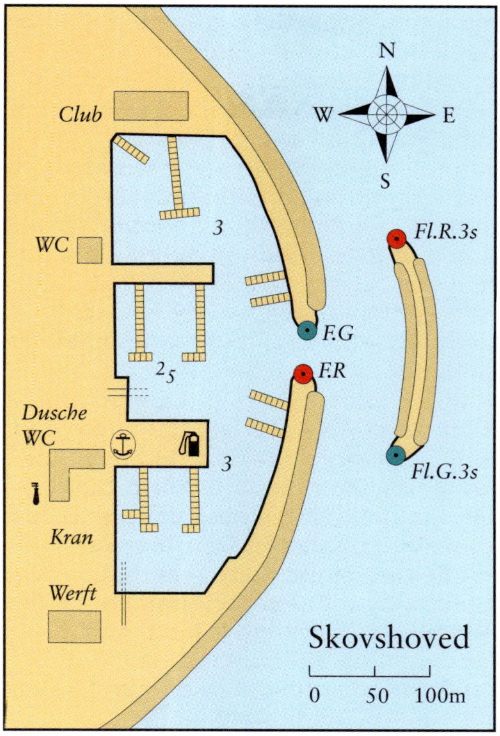

immer in Landsicht. Auf der einen Seite hat man die dänische Parklandschaft und auf der schwedischen mehr eine städtische Bebauung; dazwischen liegt die grün und gelb leuchtende Insel Ven, die jedoch schon zu Schweden gehört. Hält man sich mehr ans dänische Ufer, dann bleibt man auch den großen Schiffen fern, deren Kurs näher am schwedischen Ufer verläuft.

Der erste Hafen nach Kopenhagen, den man ansteuern könnte, wäre

Skovshoved, das gut 3 sm nördlich von Kopenhagen liegt: ein schon älterer Yachthafen an einem kleinen Park, allerdings auch nahe der Autostraße. Was ihn für uns wichtig machen kann: Kommt man von Norden und will des Nachts nicht mehr bis Kopenhagen weiterlaufen, so lässt sich Skovshoved gut ansteuern. Der Wellenbrecher vor der Einfahrt schützt den Hafen zum Sund hin; man kann von N wie auch von S in die Passage zwischen Wellenbrecher und Außenmole einlaufen. Man sehe sich das auf dem Plan an, dann ist es völlig klar.

Wahrschau: Mit Kurs W auf den Hafen zulaufen, da man in N und S mit Grundstellnetzen rechnen muss. Vorsicht: Bei Starkwind setzt Strom mit 2 bis 3 kn zwischen Molen und Wellenbrecher, also quer zur Einfahrt! Nicht zu nahe an die Molenköpfe kommen und mit Motor und Tempo hinein in den Hafen! Die gelben Tonnen nördlich des Hafens markieren eine Abwasserleitung.

Der Hafen ist mit einem Tiefgang bis zu 2,5 m problemlos anzulaufen. Bei Sturm aus SE und S kann der Wasserstand allerdings 1 m unter Normalnull sinken. Bis auf Winde aus NE und SE liegt man hier sehr ruhig. Für Gäste werden an den äußeren Brücken, wo man längsseits geht, Plätze freigehalten. Man hat hier rundum gute Versorgungsmöglichkeiten. Restaurant im Clubhaus (auch weitere WCs und Duschen), Reparaturen, 2,5-t-Kran, Mastenkran.

Im Gegensatz zu Skovshoved gibt es in dem engen, kleinen, nur 1,5 sm nördlich davon gelegenen Hafen von

Tårbæk keine für Gäste reservierten Plätze. Man muss sich einen freien Platz suchen. Tårbæk ist leicht auszumachen an dem hohen, dreigiebeligen Gebäude dicht südlich vom Hafen, einer Schule. Der nordlaufende Strom setzt dicht unter Land mit 2 bis 3 kn und macht es schwer, in die enge Einfahrt hineinzukommen. Nördlich und südlich des Hafens liegen Grundstellnetze aus.

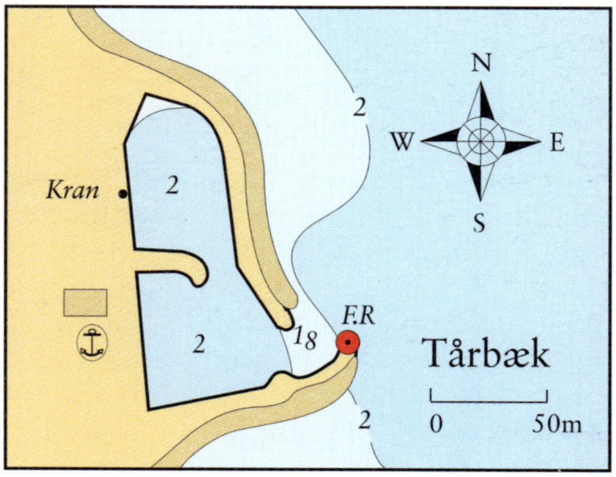

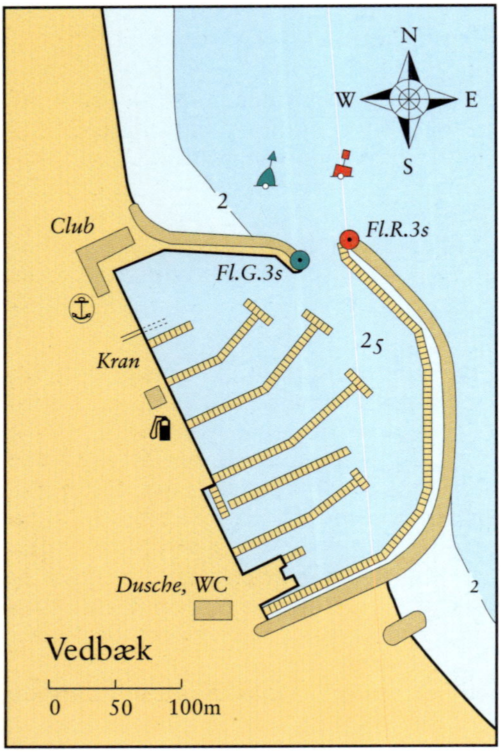

In der Nähe befindet sich der Tierpark »Jægersborg Dyrehave« mit dem auffallend auf einem Hügel über dem Sund gelegenen Schloss Eremitage. Direkt am Hafen gibt es ein exquisites Restaurant. Der Hafen lässt sich unter normalen Umständen mit einem Tiefgang bis zu 1,6 m anlaufen.

Wasserstand: Tidenhub 0,2 m. Wind aus NW kann den Wasserstand um 0,5 m heben, Wind aus SE ihn um ebenfalls 0,5 m senken.

Ein nur bedingt empfehlenswerter, da sehr enger Hafen.

Skovshoved ziemlich ähnlich, aber weniger elegant, ist der 3,5 sm nördlich von Tårbæk gelegene Yacht- und Fischerhafen

Vedbæk, den Boote mit einem Tiefgang bis gut 2 m anlaufen können (Wassertiefe im Hafen s. Plan); dabei achte man jedoch auf Grundstellnetze nördlich und südlich vom Hafen. Die Hafeneinfahrt öffnet sich nach Norden. Gäste machen an den Enden der langen Stege fest. Bei Winden aus NW über N bis NE wird es hier etwas unruhig. Bei hartem Wetter, vor allem Starkwind aus NW, entstehen Grundseen vor dem Hafen.

Der Hafen ist modernisiert worden und hat ein besonders schönes Hafengebäude erhalten, mit dem Restaurant »Nautilus«. Sanitäre Einrichtungen tipptopp. Guter Hafen.

Wasserstand: Tidehub 0,5 m. Wind aus NW hebt den Wasserstand um 1 m, Wind aus S kann ihn um 0,7 m senken.

Der nächste Hafen,

Rungsted, gehört zu den besten Marinas in Dänemark, ein Superding, hochelegant und geschmackvoll gebaut, Sitz des Kongelik Dansk Yachtklubs. Die Ansteuerung ist einfach: Das große Club- und Restaurantgebäude auf der Mittelmole lässt sich nicht übersehen (s. Plan). Bei Sturm aus NW muss man mit Grundseen vor dem Hafen rechnen, der ansonsten mit einem

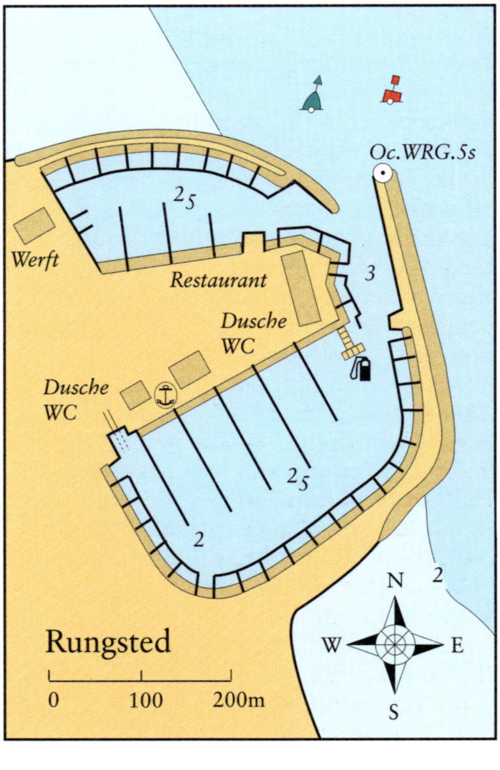

Rungsted.
Hervorragender Yachthafen zwischen Kopenhagen und Helsingør. Sitz des Kongelik Dansk Yacht Clubs (Königlicher Dänischer Yachtclub). Eine hochelegante Anlage, mit bestem Service.

Tiefgang bis zu 2,5 m jederzeit angelaufen werden kann. Man macht an der Gästebrücke vor der Terrasse des Restaurants »Nokken« fest, wo der Hafenmeister per Sprechanlage Kontakt mit einem aufnimmt und eine freie Box zuweist, meist an der Ostmole, gegenüber der Tankstelle. Bei Winden aus NW über N bis NE entsteht einige Unruhe im Hafen. Ansonsten: durchweg super und jeder nur denkbare Service. Oben über der Straße befindet sich der berühmte »Rungsted Kro«, eine seit 1513 königlich privilegierte Wirtschaft, wo früher die Reisenden auf halbem Wege zwischen Kopenhagen und Helsingør Station machten.
Oberhalb des Yachthafens Karen Blixens Hus (Foto S. 150), wo die berühmte dänische Schriftstellerin ihre Jugend und ihren Lebensabend verbrachte. Rungsted – es soll nicht verschwiegen werden – ist etwas snobby, jedenfalls im schnieken Restaurant »Nokken«. Wer's gerne zünftig hat, wird sich hier nicht unbedingt wohlfühlen.

Wasserstand: Tidenhub 0,3 m. Wind aus NW hebt den Wasserstand um 1,3 m, Winde aus S bis SW senken ihn um 1,1 m.

Dass aus der gut 3 sm nördlich von Rungsted gelegenen Bucht Niverød eines Tages mehr werden würde als nur ein Ankerplatz für kleine Kutter, war klar. Doch dass nun ein so großer Yachthafen daraus geworden ist, erstaunt schon sehr.

Die Umgebung des

Niva Strandparks ist ganz untypisch für die Landschaft am Sund: eine flache Halbinsel, weite Schilffelder mit kleinen Seen dazwischen, von denen einer so treffend Svanesøen (Schwanensee) heißt.
Von See her orientiert man sich zunächst an den braunen Schornsteinen einer Ziegelei. Die Ansteuerung erfolgt an der rot-weißen Mitte-Schifffahrtsweg-Tonne (LFl.10s), die nur 50 m

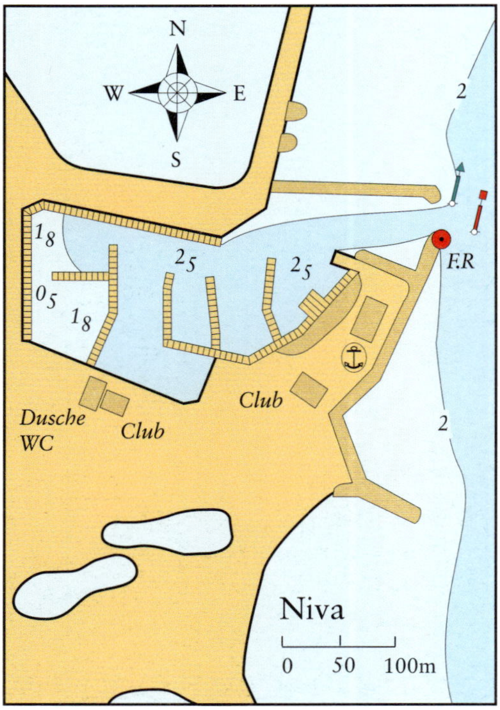

östlich von der Hafeneinfahrt ausliegt. In der Hafeneinfahrt halte man sich gut mittig. Angeblich muss man hier mit Versandungen rechnen.

Wasserstand: Tidenhub 0,3 m. Wind aus NW hebt den Wasserstand um bis zu 0,6 m, Winde aus S bis SE können ihn um 0,5 m senken.

Ein idyllischer Naturhafen mit einem außergewöhnlich feinen Sandstrand. Die nahe vorbeiführende Autostraße von Kopenhagen nach Helsingør stört nicht.

1 sm weiter stößt man mit

Sletten wieder auf einen Winzling. Um den Hafen gruppiert sich noch ein richtiges Fischerdorf mit reetgedeckten Häusern. Sehr gut ist der nahe gelegene »Sletten Kro«. Im Hafen gibt es wenig Platz. Bei Winden aus NW über N bis NE liegt man hier etwas unruhig. Nordsetzender Strom kann das Ansteuern erschweren. Mit Versandungen in der Hafeneinfahrt muss gerechnet werden.

Wasserstand: Tidenhub 0,5 m. Sturm(!) aus W bis N kann den Wasserstand um 1,3 m heben, Sturm aus E bis S um 1 m senken.

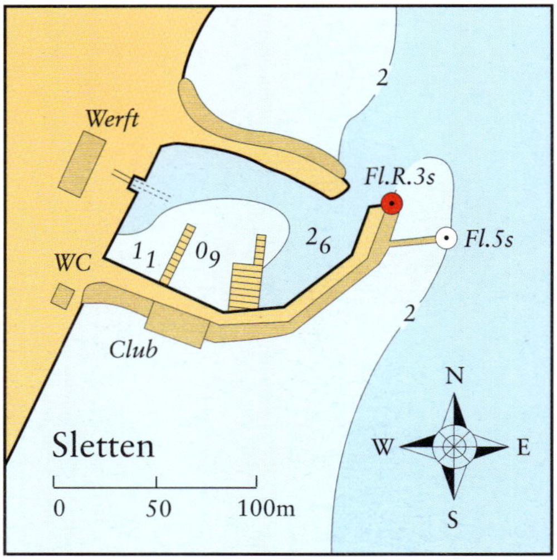

Den nur 1 sm nördlich von Sletten gelegenen Hafen von

Humlebæk darf man getrost als idyllisch bezeichnen (wenn nicht gerade Südwind den Gestank aus der nahen Kläranlage darüber hin-

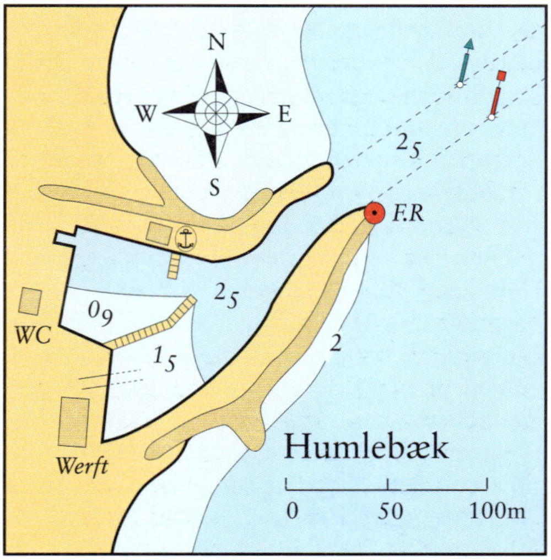

Helsingør.
Schloss Kronborg, vom Fährhafen aus.

wegtreibt). Man liegt in einem Park, und direkt am Hafen stehen unter mächtigen Buchen klobige Tische und Bänke, wo man gemütlich picknicken kann. Bei der Ansteuerung beachte man den nordsetzenden Strom, der noch bis 1 sm vor dem Ufer spürbar ist und sich danach als Neerstrom in der umgekehrten Richtung bewegt. Auch hier muss mit Versandungen in der Einfahrt gerechnet werden. Humlebæk lässt sich mit einem Tiefgang bis zu 2 m gut anfahren. Keine besonderen Gästeplätze; man macht fest, wo man einen freien Platz findet. Am Strandweg gibt es noch viele schöne, alte reetgedeckte Fischerhäuser. Im übrigen ist Humlebæk ein vornehmer Villenort. Kopenhagen ist eben sehr nahe.
Das südlich, nahe dem Hafen gelegene Museum »Louisiana«, das von einem reichen Kopenhagener Kaufmann eingerichtet wurde, lohnt unbedingt einen Besuch: im Park Plastiken von Henry Moore, Calder und Max Ernst, im ehemaligen Herrenhaus Malerei des 20. Jahrhunderts. Der Einklang von moderner Kunst mit der schönen Parklandschaft des Sunds ist eindrucksvoll (täglich geöffnet von 1000 bis 1700).

Wasserstand: Tidenhub 0,2 m. Sturm(!) aus NW kann den Wasserstand um 1 m erhöhen, aus S bis SE ihn um 0,5 senken.

Espergærde, gut 1 sm nördlich von Humlebæk, hat einen ähnlich kleinen Hafen, aber eine bei weitem nicht so angenehme Atmosphäre. Er liegt etwas kahl und exponiert am Wasser. Bei einem Tiefgang bis zu 2 m lässt sich der Hafen gut anlaufen, in der Zufahrtsrinne kann einem der nordsetzende Strom zu schaffen machen. Gästeplätze (vor Heckanker), am besten vor dem Kran. Kein sonderlich empfehlenswerter Hafen.

Letzteres gilt noch mehr für

Snekkersten 1 sm weiter nördlich und schon im Weichbild. Wegen der dicht am Hafen

Schloss Kronborg.
Vom Nordhavn (Nordhafen) aus.

vorbeiführenden Straße ist es hier sehr unruhig. Der nordsetzende Strom prallt auf die Hafenmauer und läuft dann quer zur Einfahrt. Deshalb sollte man sich mehr an den südlichen Molenkopf halten. Mit einem Tiefgang bis zu 2 m kommt man unter normalen Umständen in den Hafen hinein. Gästeplätze gibt es nicht – man macht dort fest, wo etwas frei ist.
Der Hafen wird von der kleinen Fähre aus Helsingør angelaufen.

Anders als Kopenhagen, das sich hinter Raffinerien, Öltanks und Industriebetrieben verbirgt, zeigt sich

Helsingør dem, der sich der Stadt von See her nähert, von seiner schönsten Seite. Wuchtig und gleichzeitig graziös steht die Kronborg, die Burg der Krone, am Sund – ein alles ringsum beherrschendes königliches Bauwerk. War die Kronborg doch immer ebenso Festung wie prächtiges Schloss des Königs. Sie stellt einen der schönsten europäischen Renaissancebauten dar, von Frederik II. (1559–1588) in Auftrag gegeben, von niederländischen Baumeistern entworfen und in den Jahren 1574 bis 1584 errichtet (siehe auch das Umschlagbild).

Wo heute das Schloss mit seinen grauen Mauern, den grün schimmernden Kupferdächern und den vier Türmen steht, da baute Erik von Pommern (1397–1438) um 1430 erstmals eine kleine zwar feste, aber doch bescheidene Burg. Sie erhielt ihren Namen von der Halbinsel, auf der sie stand: Krogen. Der Sund war schon zu der Zeit, noch mehr als Kleiner und Großer Belt, ein wichtiger internationaler Schifffahrtsweg, aber, anders als heute, auch ein rein innerdänisches Gewässer, denn sein Ostufer gehörte wie die ganze Provinz Schonen zum Königreich Dänemark.

Der Sundzoll
Um diese wichtige Wasserstraße kontrollieren zu können, baute Erik von Pommern an beiden Ufern Burgen: auf Krogen an der seeländischen Seite und bei Malmø und Landskrona am Ostufer. Nachdem er so den Sund fest in der Hand hatte, lag nichts näher, als auch Einnahmen daraus zu ziehen. Er führte den Sundzoll ein, der auf 428 Jahre – sehr zum Missvergnügen der anderen seefahrenden Nationen – zu einer üppig sprudelnden Finanzquelle wurde. Jedes Schiff, das in den Sund einlief, musste Flagge und Segel streichen, an die

Brücke von Helsingør gehen und einklarieren. Die Beamten des Königs führten darüber penibel Buch, und da diese Unterlagen gut aufbewahrt wurden, kann man heute noch nachlesen, wann welches Schiff unter welcher Flagge mit welcher Ladung den Sund passierte.
1857 endlich musste der Sundzoll auf massiven Druck der anderen Europäer hin aufgehoben werden, aber gerade kurz davor, im Jahre 1854, erreichten die Zolleinnahmen mit 24 648 (!) einklarierten Schiffen einen Rekord. Schloss Kronborg übrigens hatte den Staatssäckel nicht weiter belastet, denn Frederik II. finanzierte den Bau allein aus Mitteln des Sundzolls.
Die einzigen, die schon früher den Sundzoll nicht mehr entrichten mussten, waren die Schweden, die 1658 die Kronborg von Land her erstürmten, nachdem sie vorher, bis auf Kopenhagen, ganz Dänemark überrannt hatten. Sie trotzten den Dänen nicht nur die Befreiung vom Sundzoll ab, sondern entrissen ihnen auch noch, und zwar endgültig, die Provinz Schonen. Helsingør – bis dahin mitten im dänischen Königreich gelegen – war zur Grenzstadt geworden. Wenn man sich heute bei einem Rundgang durch die Säle des Schlosses wundert, warum sie so kärglich möbliert sind, so geht das letztlich auf diese plündernde schwedische Soldateska zurück.

Schifffahrtsmuseum
Das Schloss in seiner heutigen Form ist nicht mehr ganz das Original. Nachdem der Bau Frederiks II. 1629 durch einen Brand zerstört wurde, liess ihn dessen Sohn, Christian IV. (1588–1648), wiederaufbauen, aber so stilgetreu, dass er von dem alten Schloss nicht zu unterscheiden war.
Für die Kronborg mit ihrer herrlichen Architektur sollte man sich viel Zeit lassen, zumal man sich im Schloss unbedingt das hervorragende Handels- und Seefahrtsmuseum ansehen muss.

Hamlet war nie hier
Steht man auf den Bastionen über den Wassern des Sunds, die Shakespeare in dichterischer Freiheit zu Terrassen machte, dann lässt sich mit etwas Phantasie vorstellen, wie hier in der Nacht dem braven Wachmann Marcellus der Geist von Hamlets Vater erschienen sein mag, obwohl, wie man weiß, in Wirklichkeit nie ein Prinz Hamlet auf Helsingør gelebt hat.
Wenn man unten durch die feuchten Kasematten wandert, so wird einen ein anderer Geist erschrecken, die mächtige dunkle Gestalt des Holger Danske, eines Helden, der mit Karl dem Großen gegen die Araber gekämpft haben soll und nun hier unten im Schloss Kronborg auf den Tag wartet, da Dänemark (wirklich) in Not ist. Dann wird er – eine Sagengestalt wie Shakespeares Hamlet – zum Schwerte greifen und das Land erretten.

Schönes Stadtmilieu
Kronborg allein, so sehr das Schloss auch alles beherrscht, ist noch nicht Helsingør. Die Stadt mit ihren heute 45 000 Einwohnern wäre auch ohne das Schloss durchaus sehenswert. Da steht noch, zwischen Markt und Schiffswerft eingezwängt, das ehemalige Karmeliterkloster, von Erik von Pommern 1430 gegründet und einst das Haupthaus des Ordens in Dänemark. Das in strenger Backsteingotik ausgeführte Bauwerk ist noch gut erhalten, genauso wie die dazugehörige Marienkirche. Das Kloster dient heute profanen Zwecken; zum Teil wird es als Damenstift genutzt, zum Teil ist es Stadtmuseum. Architektonisch nicht ganz so reinrassig wie das Kloster ist der Dom Skt. Olai, dafür aber auch älter; man schätzt, dass er in seinen Ursprüngen bis auf das Jahr 1200 zurückgeht. Sein Bild hat sich jedoch durch ständige Veränderungen und Anbauten im Laufe der Jahrhunderte ziemlich stark gewandelt; sehenswert ist seine reiche Innenausstattung.
Sehr städtisch wirkt der große, viereckige Marktplatz mitten in der Stadt; er funktioniert noch so, wie Marktplätze das früher taten. Die Leute treffen sich hier an schönen Sommerabenden, sitzen unter den wohlgestutzten Bäumen und reden miteinander. Von den nahen Kneipen werden Bierfässer auf den Gehsteig gerollt. Als Fremder bekommt man hier eine Vorstellung davon, was es heißt, in einer städtischen Gemeinschaft zu leben.

Liegeplatz und Versorgung: *Es geht um den riesigen Nordhafen (Nordhavn), der Südhafen gehört den Fähren! Nach meiner Erfahrung findet man trotz großen Andrangs im Sommer* *immer noch irgendwo einen Platz (grünes Schild). Außen am Hafenkontor hängen Anmeldezettel: Da trägt man sich ein. Das Hafenbüro ist montags bis freitags von 0900 bis 1400 geöffnet, samstags und sonntags von 1530 bis 1645. Treibstoff s. Plan, Duschen und WC ebenso. Es gibt eine Werft, einen Segelmacher, ein großes Zubehörgeschäft, ferner 35-t-Slip, 5-t-Kran und einen Mastenkran. Wasser und Strom an den Stegen. Proviant. Im neuen Clubhaus ein gemütliches Restaurant. Guter Badestrand jenseits der NW-Mole. Hervorragend das Hotel »Marielyst«. Man liegt wirklich sehr schön und sehr gut im Schatten von Schloss Kronborg.*

Wasserstand: Tidenhub 1 m (!). Wind aus NW erhöht den Wasserstand um 1 m, Wind aus SE senkt ihn um 0,6 m.

Ansteuerung bei Nacht: *Wichtigstes Feuer ist das auf dem Ostturm des Schlosses brennende Sektorenfeuer Kronborg (Oc(2) WRG.6s). Von Süden kommend, läuft man darauf zu und rundet, seine Position an den Sektoren kontrollierend, die Halbinsel Krogen, bis man in NW die mit roten und grünen Blitzfeuern (Fl.G.3s, Fl.R.3s) markierte Einfahrt in den Yachthafen (Nordhavn) ausmacht.*

Von Norden kommend, hält man sich besser nicht in dem weißen Sektor (137–145°) des Sektorenfeuers Kronborg, weil man so genau auf die Mole des Nordhavns zuliefe. Besser ist es, sich an den grünen Leuchttonnen zu orientieren, die das Sund-Fahrwasser markieren; wegen der großen Schiffe sollte man jedoch außerhalb des Fahrwassers bleiben. Entlang dieses Tonnenstrichs läuft man auf Helsingør zu, etwa bis zur grünen Leuchttonne W 4 (Fl(2) G.5s); von dort steuert man dann 0,75 sm mit Kurs SW auf den Nordhavn zu. Die Ansteuerung von Helsingør bei Nacht ist sehr schwer: Überall funkeln Lichter, leuchten Tonnen auf, dann die Batterie von weißen und roten Festfeuern am Ufer nördlich von Helsingør, die Kabelführungen markieren, schließlich noch die Stadtbeleuchtung zu beiden Seiten des Sunds. Es ist wahrhaft nicht einfach, sich darin zurechtzufinden.

Drei seemännische Hinweise

- Kommt man von Süden auf Helsingør zugelaufen, so muss man Krogen mit der Kronborg runden, weil der Yachthafen (Nordhavn) NW-lich davon liegt. Der Søndre Havn im Süden ist, wie man auf einem großen Schild außen an der Mole lesen kann, für Yachten gesperrt. Problematisch ist die Tatsache, dass der zumeist nordwärts setzende Strom auf Krogen prallt. Zum Teil behält er seine Richtung bei und läuft dann weiter nordwärts, zum Teil aber wird er nach Westen abgelenkt, um sich anschließend als Neerstrom südwärts zu wenden. Kommt man dem Ufer zu nahe, so kann es passieren, dass man von dem Neerstrom nach Süden versetzt wird. Das ist deshalb nicht ganz ungefährlich, weil man dabei an der Einfahrt des Søndre Havns vorbeigetrieben wird, den ununterbrochen die Fähren anlaufen. Der Strom setzt mit etwa 3 kn.
- Jedes Jahr, und zwar am Wochenende vor oder nach Skt. Hans, der Mittsommernacht also, startet vom Nordhavn aus die berühmte Regatta »Seeland rund«. Ob man dann im Yachthafen einen Platz finden wird, ist zweifelhaft. Diese in Dänemark ungemein beliebte Regatta wurde erstmals 1947 ausgesegelt. Damals starteten zwölf Yachten, heute sollen es weit über tausend sein.
- Der Strom setzt mit bis zu 3 kn quer zur Einfahrt in den Yachthafen; deshalb ist er bei Starkwind aus NW bis N schwer anzulaufen, denn eine grobe See baut sich vor der Einfahrt auf.

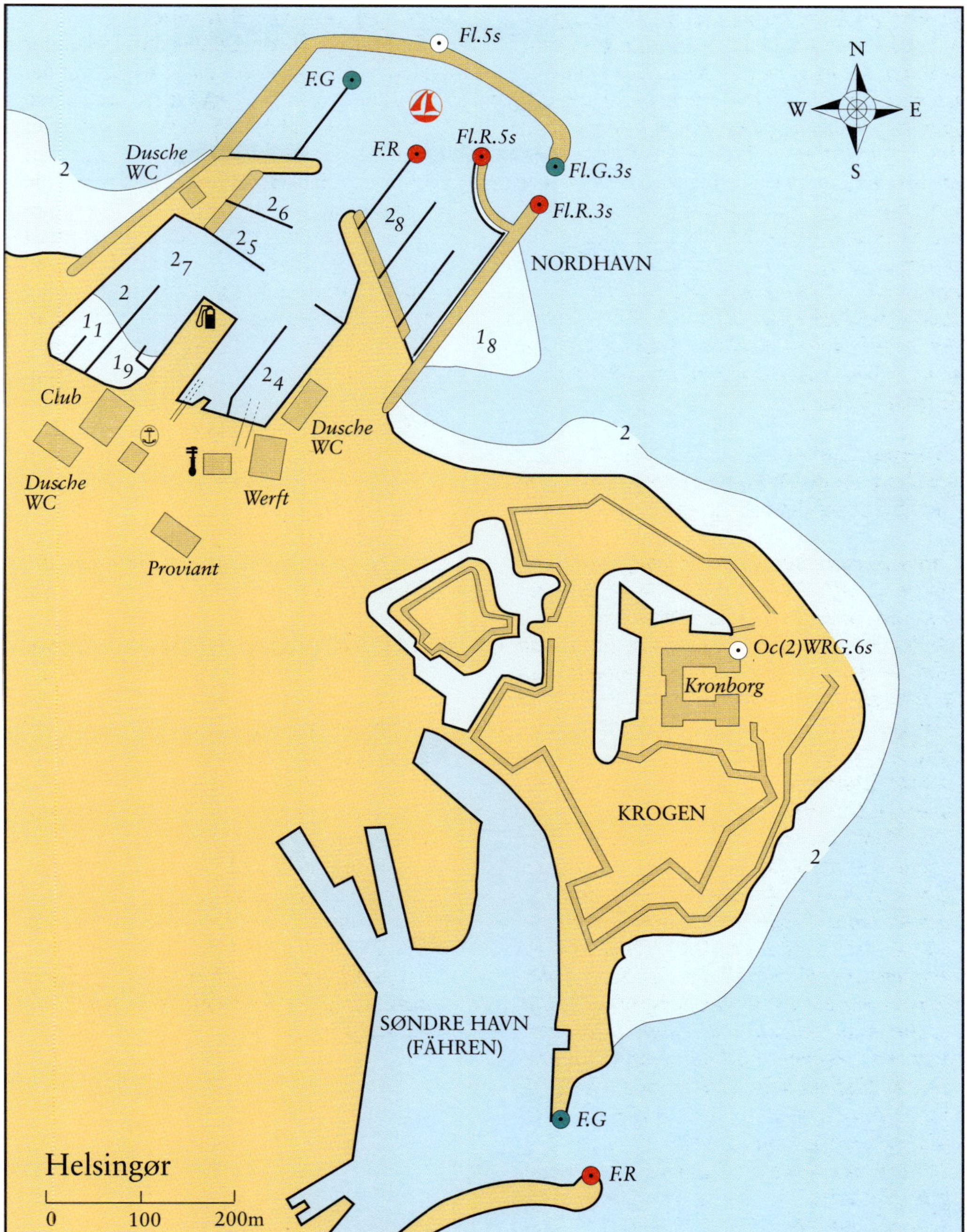
Fl.5s
F.G
Fl.R.5s
F.R
Fl.G.3s
Fl.R.3s
N
W
E
S
Dusche WC
NORDHAVN
Club
Dusche WC
Dusche WC
Werft
Proviant
Oc(2)WRG.6s
Kronborg
KROGEN
SØNDRE HAVN (FÄHREN)
F.G
F.R
Helsingør
0 100 200m

Nördlich von Fünen und Seeland

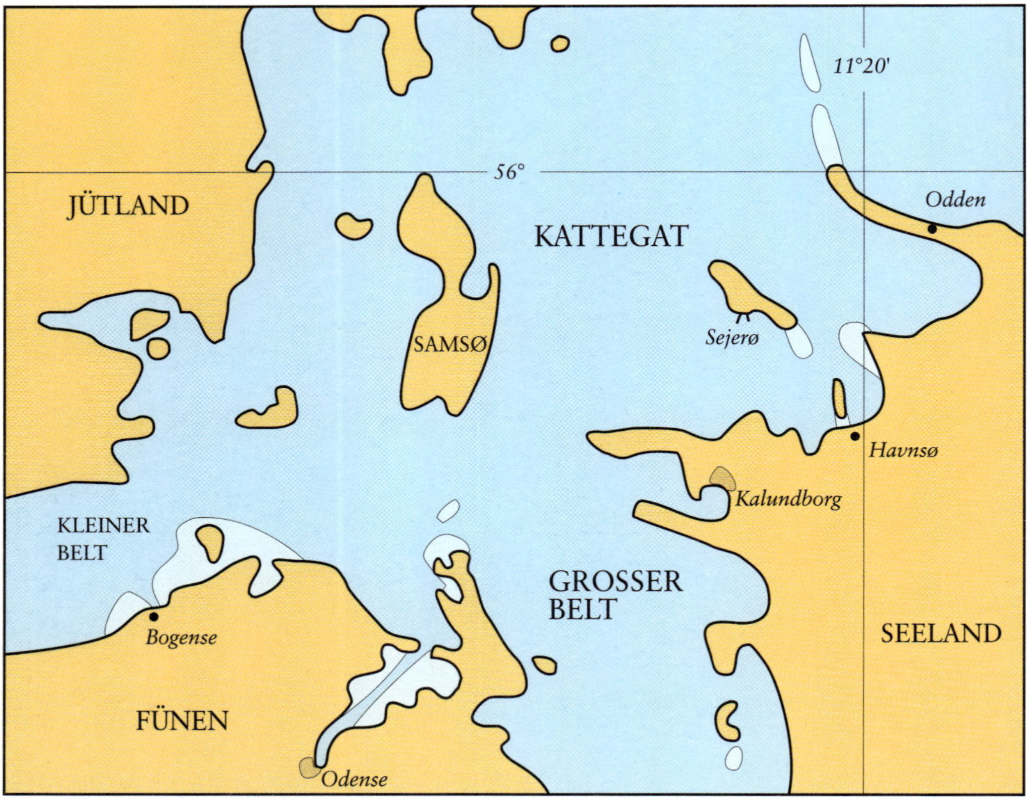

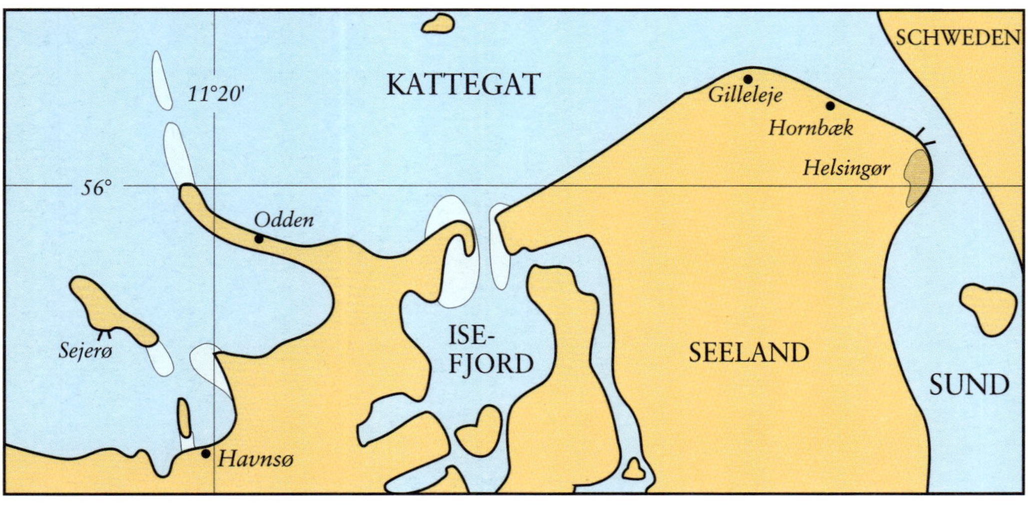

Törnvorschlag 6:

Von Bogense nach Helsingør

Dieser Törn allein wird keinen Urlaub ausfüllen; er bringt uns nur irgendwohin, zu den Gewässern des Kattegats (s. Band 1) oder zu den friedlichen Segelrevieren des Isefjords und Roskilde Fjords (s. Törnvorschlag 7), oder man macht daraus einen Törn »Seeland rund« (s. Törnvorschlag 5).
Immer aber ist es ein Törn der großen Schläge, jedenfalls sobald man die Küste von Fünen achteraus hat und den rauen Gewässern des Kattegats ausgesetzt ist; und auch nur etwas für ein seetüchtiges Boot mit einer erfahrenen Crew. Es sei denn, man hätte die Ruhe und Zeit, in einem Hafen auch einmal ein paar Tage auf besseres Wetter zu warten.
Folgt man dem hier beschriebenen Kurs, also bis Helsingør, dann wird man wohl durch den Sund nach Hause fahren (s. Törnvorschlag 5). Das dürfte aber schon ein Törn von mehreren Wochen werden. Kein übler Törn, aber auch keiner zum Bummeln oder gar einer, den man als idyllisch bezeichnen könnte – dafür fordert er von Boot und Crew zu viel –, gleichwohl etwas für Könner und Kenner.

Seekarten und Seebücher: Delius Klasing-Sportbootkarten »Rund Fünen (Fyn) – Dänische Südsee« und »Südliches Kattegat« oder dänische Sportbootkartensätze Serie B: »Århus Bugt und Fahrwasser N-lich Fünen (mit Samsø)«; Serie C: »Großer Belt und Samsø Belt«; Serie E: »Sund und Kattegat, SE-Teil«. Leuchtfeuerverzeichnis Teil II: Westliche Ostsee und Ostseezufahrten.

Distanzen: Bogense – **Æbelø** (5,5 sm) – **Korshavn** (17 sm) – **Odense Fjord** (6 sm) – **Odense** (12 sm) – **Røsnæs** (ab Fyns Hoved: 15 sm) – **Sejerø** (10,5 sm) – **Nekselø** (10 sm) – **Havnsø** (2 sm) – **Sjællands Rev (Snekkeløb)** (18 sm) – **Odden** (6 sm) – **Hundested** (17 sm) – **Gilleleje** (21 sm)– **Hornbæk** (12 sm) – **Helsingør** (13 sm).

Das Handelsstädtchen

Bogense ist von See her leicht auszumachen: einmal an dem spitzen, schindelgedeckten Kirchturm, der sich weiß aus den Bäumen hebt, und dann auch an der hellen, kubusförmigen Werfthalle am Hafen.
Zum Hafen, der aus dem alten Handels- und Fischerhafen und der Marina besteht, führen zwei Passagen. Einheimische Segler nehmen den Weg südlich an der Untiefe *Holmen* (1,5 m) vorbei, einem Flach knapp 0,5 sm westlich des Hafens. Das Fahrwasser wird von einer grünen und einer roten Tonne markiert. Kommt man zum erstenmal nach Bogense, sollte man jedoch die mittlerweile nur noch 3,5 m tiefe Baggerrinne benutzen, die an ihrer Westseite mit zwei grünen Tonnen markiert ist. Man steuert mit einem Kurs zwischen 160 und 180° zunächst auf den Kirchturm zu, bis man die grüne Leuchttonne *Stb 1* (Fl.G(3)10s, **WP 441**) erreicht hat. Danach geht es mit Kurs 165° weiter zur zweiten grünen, dann mit Kurs 200° auf die rote Leuchttonne *Bb 1* (Fl.R.3s) und von da auf die Hafeneinfahrt zu. Hält man sich an diese Segelanweisung, so kann man mit einem Tiefgang bis zu 3 m Bogense gut und sicher anlaufen.

Strom: Kann man vernachlässigen; er setzt zumeist mit dem Wind und erreicht erst ab Bft 6 eine Geschwindigkeit von 1,5 kn.

Vor der Werft gabelt sich der Hafen. Geradeaus geht es in den schmalen alten Hafen, der heute kaum mehr als Handels-, sondern nur noch als Fischerhafen dient, und rechter Hand in die Marina. Wem die Wassertiefen in der

Marina reichen, dem würde ich empfehlen, da festzumachen. Die Marina ist in der Einfahrt teilweise versandet, sodass man sich unbedingt in der von roten und grünen Tonnen begrenzten Rinne (s. Plan) halten muss.
Bogense, ein etwas verschlafen wirkendes Städtchen mit gut 6000 Einwohnern und Fünens nördlichster Hafen, erstreckt sich auf flachem Land, das mit Deichen geschützt ist; nur sein ältester Teil, um Kirche und Marktplatz, liegt auf einem sanft ansteigenden Hügel. Das alte Handelsstädtchen – seit 1288 – trieb zwar immer schon Seehandel und verdiente auch an der Fährfahrt nach Jütland, bekam seinen Hafen aber erst um die Mitte des vorigen Jahrhunderts. Seine Form ist durch den flachen Grund bedingt. Der heute als Bootshafen genutzte südliche Teil diente als Drehbecken; anders hätten die großen Schiffe in dem nur 20 m breiten, kanalförmigen Hafen gar nicht wenden können. Bogense war im 16. Jahrhundert nach Odense die größte Stadt auf Fünen, noch vor Nyborg und Svendborg, eine Stellung, die es aber nicht halten konnte, und so liegt es jetzt etwas abseits zwischen Kleinem Belt und Kattegat. Um den langgestreckten, von uralten Linden umkränzten Marktplatz hat sich die Stadt ein schönes, altes Milieu bewahren können.
Die unmittelbare Umgebung des Hafens mit den weiten Parkflächen und dem Campingplatz wirkt dagegen ziemlich öde; trotzdem liegt man gut und gemütlich hier.
Wer Odense, der Hauptstadt von Fünen, einen Besuch abstatten will, der tue es von hier aus mit dem Bus (30 km) und nicht mit dem Boot, was zwar auch ginge, wogegen aber vieles spricht (s. S. 166).

Liegeplatz und Versorgung: *In dem schmalen Handelshafen am Ende, im Drehbecken, auf 2,5 m Wassertiefe. Raum für Manöver unter Segeln hat man jedoch nicht. In der Marina muss man sich in erster Linie nach den Wassertiefen richten. Die für Gäste reservierten Plätze befinden sich an den Brücken mit den Querstegen; dort macht man am Kopf zwischen Steg und Pfahl fest. Man kann aber auch wie üblich in Boxen*

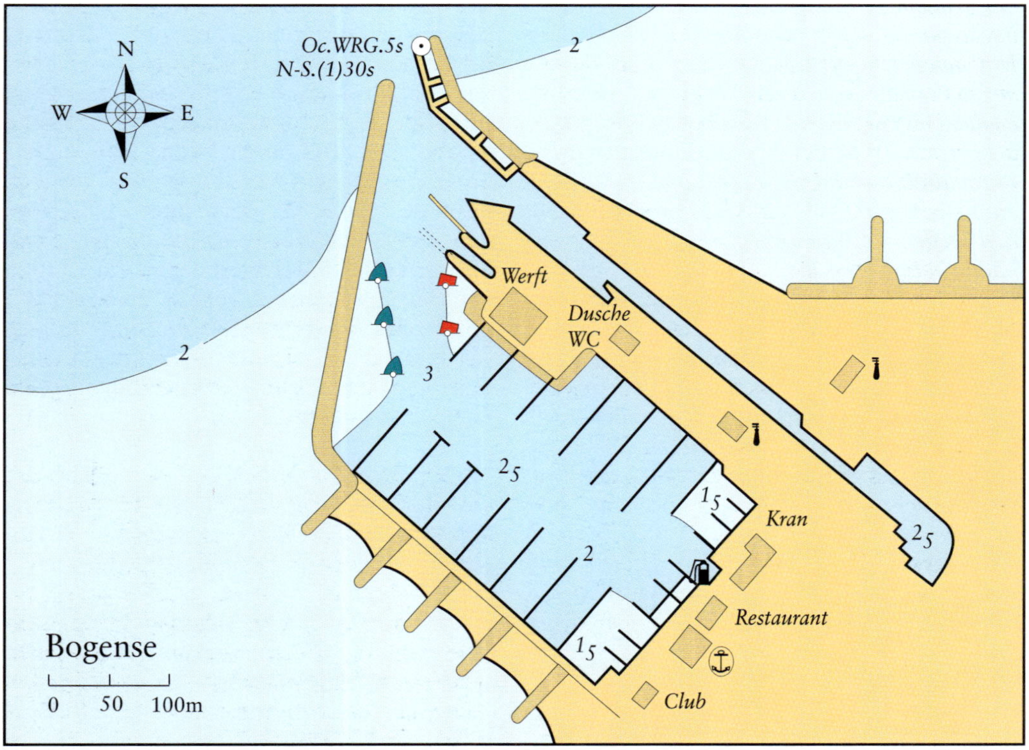

Fyns Hoved.
Eine Urlandschaft. Das Leuchttürmchen steht auf der Landzunge vor Korshavn, einer guten, viel geliebten Ankerbucht an der Nordspitze von Fünen.

mit grünem Schild liegen. Man kann aber genausogut an die »Proviantbro« (direkt vor der Hafenmeisterei) fahren und sich vom Hafenmeister einen Platz zuweisen lassen; ansonsten ist das Liegen an dieser Brücke nur zum Zweck der Verproviantierung erlaubt. Treibstoff an der »Proviantbro«, daneben ein Mastenkran und ein 15-t-Portalkran; Wasser hier wie überall an den Stegen. In dem zweistöckigen Klinkergebäude befinden sich das Hafenkontor, die sehr guten sanitären Einrichtungen und im oberen Stock ein Restaurant. Proviant und Zubehör in dem kleineren Gebäude daneben. Ein gutes Zubehörgeschäft mit Motorenservice gibt es am Fischerhafen, aber auch bei der Marina; Segelmacher ebenfalls. Hafenmeister: UKW-Kanal 12, 13, 16. Jenseits der Westmole der Marina ein schöner Badeplatz.

Wasserstand: Tidenhub 0,5 m. Sturm aus N bis NE kann den Wasserstand um 1,6 m erhöhen, Sturm aus SSW ihn um ebenfalls 1,6 m senken.

Die gut 5 sm nordöstlich von Bogense befindliche Insel **Æbelø** mit ihren steilen und hohen gelben Abbrüchen und den dichten Wäldern ist von weit her gut auszumachen; sie liegt auf einem breiten Landgrund knapp 3 sm vor Fünens flacher, sumpfiger Küste. Man muss sie wegen der Steine, die überall vor ihrem Ufer liegen, mit einiger Vorsicht ansteuern, kann aber dennoch gut davor ankern. Der kleine Bootshafen an der Westseite ist versandet, sodass ihn nicht einmal mehr die Inselbewohner richtig nutzen können. Sie warten auf Nordwestwind, der den Landgrund zwischen Æbelholm, der schmalen Südspitze der Insel, und Fünen trockenfallen lässt, und fahren dann über einen Ebbweg hinüber zum Festland.

Ankerplätze: *Bei östlichen Winden kann man an der Westseite etwa 100 m vor dem Bootshafen auf 3,5 m Wassertiefe ankern (Grund Sand); kein sehr ruhiger Platz und nur zu empfehlen bei stabiler Wetterlage. Hier auch gelbe DS-Ankerbojen. Ein Spaziergang über die einsame Insel, die von nur vier Menschen bewohnt wird, empfiehlt sich sehr, aber man braucht ein Dingi, um an Land zu kommen. Ein Crewmitglied sollte an Bord zurückbleiben, denn auch*

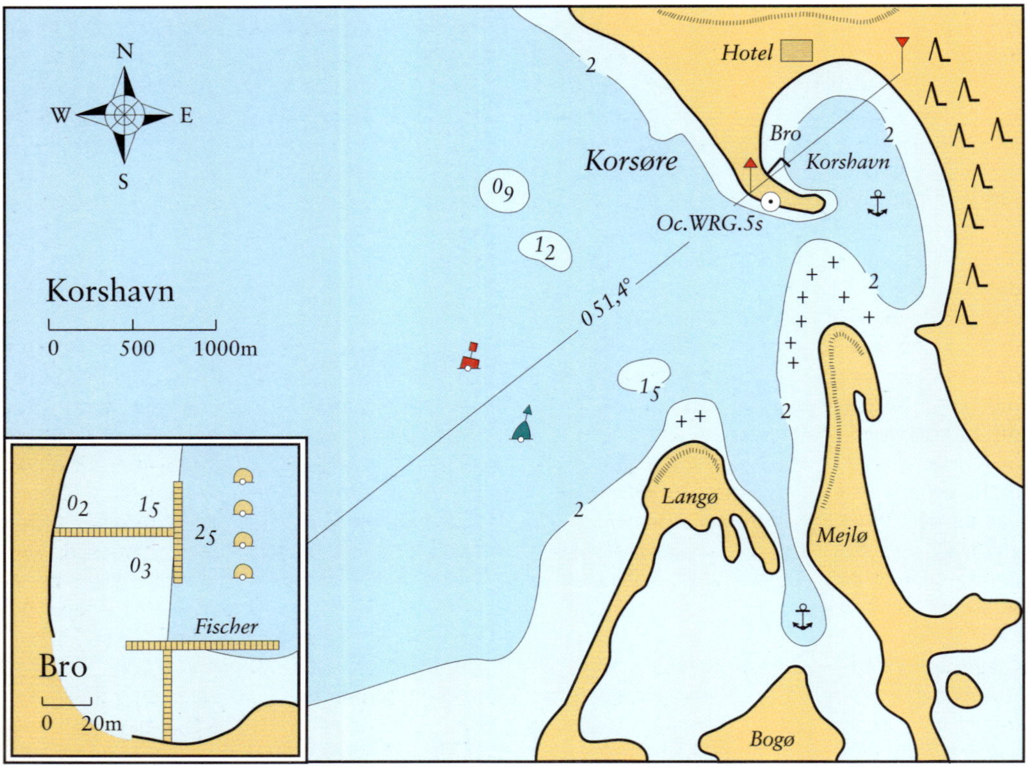

mit einem verlässlichen Ankergeschirr sollte man sein Boot hier nicht allein liegen lassen. Der andere, etwas bessere Ankerplatz befindet sich auf der östlichen Seite der Insel, unterhalb der hohen, bewaldeten, nach SE weisenden Küste. Dort kommt man dem Ufer recht nahe und kann auf 3 bis 5 m Wassertiefe (Grund Sand, Tang, auch Steine) bei Winden aus W bis NW ruhig liegen. Auch hier liegen gelbe DS-Ankerbojen aus.

Der 18 m hohe, aus Bornholm-Granit gebaute Leuchtturm *Æbelø* (Fl(2)15s) steht auf der äußersten NW-Huk; dank seiner wuchtigen Form und exponierten Lage ist er bei der Ansteuerung des Kleinen Belts von Norden her auch tagsüber eine gute Landmarke.
Rundet man Æbelø, so sollte man, um von dem *Æbelø NW-Rev* freizubleiben, der Insel nicht näher als bis zu der gleichnamigen Leuchttonne (Fl.R.3s, **WP 440**) kommen.
Von Æbelø aus führt uns unser Törn weiter ostwärts an einer etwas eintönigen Küste entlang, die von der bewaldeten Halbinsel Agernæs an immer mehr nach Süden zurückweicht und auf *Gabet*, die Einsteuerung in den *Odense Fjord*, zuführt.
Hält man aber seinen E-Kurs bei, so läuft man auf den wuchtigen Grasberg *Fyns Hoved* zu, die nördlichste Spitze von Fünen, hinter der sich eine ganz eigenartige Lagunenlandschaft mit Steinfeldern, trockenfallenden Buchten und windzerzausten Büschen verbirgt. Fyns Hoved läuft nach Süden in einer schmalen, kieseligen Landzunge aus, *Korsøre*, hinter der sich der Naturhafen

Korshavn befindet, eine runde Bucht, die von Seglern sehr gern angelaufen wird, wofür auch vieles spricht, die aber, betrachtet man sie einmal ganz nüchtern, nicht besser ist als hundert andere Buchten in Dänemark auch. Sie ist nicht einmal sonderlich ruhig, denn bei Westwind schützt das flache Korsøre nur wenig. Was diese Bucht von den anderen unterscheidet, ist eben die Urlandschaft um Fyns Hoved.

Das Einlaufen ist nicht ganz leicht, und steuert man nicht sorgfältig, so muss man damit rechnen, auf einen Stein zu brummen, denn die liegen hier zuhauf unter Wasser. Man sollte die Bucht durch das rot-grüne Tonnenpaar (s. Plan) ansteuern und die beiden Dreiecksbaken in Deckpeilung halten: Die vordere Bake steht auf Korsøre neben dem Leuchttürmchen, die hintere, etwas schwer auszumachen, am Ostufer der Bucht vor dem Wald. Den durch die beiden Baken gebildeten Kurs von ca. 051,4° halte man unbeirrt bei, bis man etwa 70 m vor dem flachen Korsøre steht. Dann verlässt man die Bakenlinie, rundet mit gleichem Abstand die Landzunge und dreht in die Bucht ein.
So einsam, wie es scheint, ist Korshavn gar nicht: Einmal ist da das weiße »Jægerhotellet«, das an den Wochenenden viele Besucher anzieht, die mit dem Auto hierherkommen, und dann stehen an der Ostseite der Bucht auch viele Sommerhäuschen.

Liegeplatz und Versorgung: *Wer ein Dingi hat, sollte ankern (Grund Sand, Lehm, Seegras); es liegen aber schon viele Boote hier an festen Ankerbojen. Am Ufer von Korsøre gibt es zwei Brücken, eine nur für Fischerboote, während die andere dem Odense Sejlklub gehört. Man macht am Kopf der Clubbrücke fest; es liegen Heckbojen aus. An der Clubbrücke gibt es einen Wasserhahn, im Hotel Waschgelegenheiten und WC.*

Wasserstand: Tidenhub etwa 0,3 m. Winde aus NW hebt den Wasserstand um 0,5 m, Wind aus SE senkt ihn um ebensoviel.

Sehr viel einsamer und einer Mondlandschaft ähnlich ist die Bucht südlich von Korshavn. Wer sich traut, kann zwischen Mejlø und Langø hineinfahren (s. Plan) und dort ankern. Sehr, sehr schön, aber Steine, Steine, Steine.

Ich möchte nicht empfehlen, Odense, die Hauptstadt von Fünen, auf eigenem Kiel anzulaufen. Dank seiner zentralen Lage lässt sich der Ort von allen größeren Häfen auf Fünen aus rasch mit dem Bus oder der Bahn erreichen (Middelfart 45 km, Assens 38 km, Svendborg 43 km, Kerteminde 21 km, Bogense 30 km).

Von *Gabet,* der schmalen Mündung des *Odense Fjords* in das Kattegat, hat man bis Odense rund 12 sm vor sich. Segeln kann man bestenfalls im Odense Fjord, aber auch nur, wenn man sich in der Rinne hält, denn zum allergrössten Teil ist das Wasser nicht mehr als knietief. Die letzten 5 sm durch den Kanal wird man dann wohl motoren müssen, und das alles lohnt nicht.
Der

Odense Fjord mit seinen zumeist flachen Ufern, nur im Osten steigt das Land etwas an, wird vollkommen von den Anlagen der Lindø-Werft beherrscht, vor allem dem großen Portalkran, den man sogar vom Großen Belt aus als Landmarke nutzen kann. Schön ist es nur in der näheren Umgebung von *Klintebjerg,* mit hügeligen, bewaldeten Ufern, dem Ort, der Kerteminde einst als Hafen von Odense diente, bis durch den Bau des Kanals in den Jahren 1796 bis 1804 Odense selbst zur Hafenstadt wurde. Bei Klintebjerg fängt dieser Kanal an – eine schnurgerade Strecke, eingefasst von hohen Steinschüttungen, sodass man die Landschaft dahinter nur ahnen kann. Kurz vor *Stige,* dem nächsten Hafen, beginnt eine 2 km lange Mülldeponie, und dann fährt man an den Kohlehalden des Kraftwerks vorbei, hinein in den endlos langen Hafen von Odense, der ein Industriehafen ist und sonst gar nichts.
Lässt man *Otterup* und *Bregnør* einmal außer acht, zwei kleinere Häfen im äußeren Teil des Odense Fjords, Yachthafen der eine, Fischerhafen der andere, so kann man alle »Häfen« bis hin nach Odense, diesen eingeschlossen, vergessen: Klintebjerg hat für ein Kielboot nur außen an der Mole Platz, aber da macht einen der Schwell der Dampfer, vor allem der Kohleschiffe, richtig krank. Stige ist ein Vorstadthafen, der ganz im Schatten des Kraftwerks und seiner Kohlehalden liegt. Odense schließlich hat zwar einen riesigen Hafen, bereitet also keine Liegeplatzprobleme, aber: Wo könnte es einem hier gefallen? Der halbrunde Yachtsteiger am Park, die Frem-Brücke, wäre so übel nicht, hätte man es nicht so weit zur Stadt. Dafür gibt es hier die üblichen Yachthafen-Facilitäten, wie WCs und Duschen. Vom mittleren Becken des Handelshafens aus, dem Bassin 2 (sehr laut!), braucht man in die Stadt zwar nur

zehn Minuten, dafür aber ist es hier extrem hässlich.
Wer sich doch entschließt, mit dem Boot nach Odense zu fahren, sollte folgendes besonders beachten:

Wenn nach Odense, dann so
Gabet muss man sehr vorsichtig durchsteuern, einmal wegen der großen Schiffe, neben denen man in der Enge zwischen Hals und Skoven keinen Platz mehr hätte, und dann vor allem wegen des Stroms, der hier ganz gewaltig rauschen kann, auch dann, wenn gar kein entsprechender Wind mehr weht. Der Wasserstandsausgleich zwischen Fjord und offener See ist dann noch nicht abgeschlossen.
Während der weiteren Fahrt halte man sich exakt in der Fahrrinne, auch wenn dicht hinter Gabet das Wasser neben der Rinne nach der Karte noch genügend tief ist. Man kann als Fremder einfach nicht wissen, wo es flach wird, zumal einige Untiefen wie *Nørreholm* (0,3 m) und *Sønderholm* (0,4 m) dicht neben der tiefen Rinne liegen. Dass das Fahrwasser häufig dicht an Stein- oder Sandriffen vorbeiführt, gilt übrigens für den ganzen Fjord. Streckenweise ist die Rinne auch nicht breiter als 10 m, sodass man schon sehr genau achtgeben muss, ob man sich einer solchen Stelle nicht gleichzeitig mit einem Frachtschiff nähert.
Nachts wäre die Strecke nach Odense relativ einfach zu befahren, weil die Fahrrinne mit Leuchttonnen und Richtfeuern perfekt befeuert ist.

Wasserstand: Tidenhub 0,4 m. Sturm aus W bis NE hebt den Wasserstand um 1,8 m, Sturm aus E bis SW kann ihn um 1,5 m senken.

Odense, Dänemarks zweitgrößte Provinzstadt und seit 1966 auch Sitz einer Universität, ist schon einen Besuch wert. Neben der Verwaltung gibt es hier viel Gewerbe und Industrie. Weltweit bekannt aber ist Odense als der Geburtsort Hans Christian Andersens.
Odenses Name weist auf einen frühen Ursprung hin: »Othensve«, was soviel wie »Odins Heiligtum« bedeutet. Hier lag Nonnebakken, neben der Aggersborg, Fyrkat und der Trelleborg eine der vier großen Wikingerburgen in Dänemark. Im Gegensatz zu den drei anderen findet man von Nonnebakken nichts mehr, denn ihre Reste ruhen unter den Häusern des modernen Odense.
Die – sicherlich unumgänglichen – Modernisierungen haben der alten Stadt wohl so schlimm zugesetzt wie unseren Städten die Bombenangriffe des Zweiten Weltkriegs. Man findet überall noch Spuren aus ihrer großen Vergangenheit, aber nirgendwo fügt sich das zu einem geschlossenen Bild zusammen. Die schönsten Ecken gibt es in der Gegend um H. Chr. Andersens Haus in der Hans Jensens Stræde. Dort ist das biedermeierliche Odense so gut erhalten und so liebevoll restauriert, dass die bunten Häuser wie ein Bühnenbild wirken.
Man begegnet der Erinnerung an Dänemarks größten Dichter – dank eines rührigen Fremdenverkehrsvereins – auf Schritt und Tritt, sei es seinem Geburtshaus oder dem Haus, in dem er aufwuchs, sei es einem Denkmal, seien es Plastiken mit Figuren aus seiner Märchenwelt oder sei es auch nur einer schlichten Gedenktafel etwa mit der Aufschrift: »Hier verlor H. Chr. Andersen seine Holzpantoffeln.« Die Stadt weiss, was sie an ihrem größten Sohn hat, der hier am 2. April 1805 als einziges Kind einer Waschfrau und eines Flickschusters geboren wurde. An das alte Andersen-Haus wurde ein Museum angebaut, in dem viele Erinnerungsstücke zusammengetragen sind.
Die drei beherrschenden Bauten der Stadt sind der Dom, die Kirche Skt. Albani und das klobige, aus Klinkersteinen gemauerte Rathaus – alle liegen dicht beieinander. Die hohe Kirche Skt. Albani wirkt am aufregendsten, bis man merkt, dass sie der Gotik nur nachempfunden wurde. Dagegen steht der Dom schlicht und einfach da, obwohl er als das bedeutendste Werk der dänischen Gotik gilt. Er ist Skt. Knud geweiht, einem König (1080–1086), der an diesem Ort von aufständischen jütländischen Bauern erschlagen wurde. Im Innern des Doms findet man eines der größten Kunstwerke Dänemarks: einen vergoldeten Flügelaltar, den der Lübecker Meister Claus Berg um 1520 geschnitzt hat.
Sehr lebendig geht es auf der Vestergade zu, der langen Geschäftsstraße, die vom Rathaus aus westwärts führt. Entdeckungen kann man

in den davon ausgehenden Seitengassen machen, wo man außer Trödel- und Kunstgewerbeläden auch einige ganz hervorragende Restaurants findet.
Im Fremdenverkehrsbüro (im Rathaus) kann man den »Odense Märchenpass« erhalten, der einen kostenlosen Zutritt zu allen Museen und Sehenswürdigkeiten erlaubt.
Immer etwas los ist im Kulturzentrum »Brands Klæderfabrik«.

Liegeplatz und Versorgung: *Liegeplatz, wie schon gesagt, entweder am Yachtsteiger oder im mittleren Becken, dem Bassin 2. Sämtliche Reparaturmöglichkeiten, sonst aber sind die Versorgungsmöglichkeiten etwas umständlich. Wenn ich mit dem Boot nochmals hierher käme, würde ich mich anderswo versorgen, in Bogense etwa.*

Über den Großen Belt

Von Fyns Hoved auf Røsnæs zu läuft man mit Kurs 050° etwa auf der Trennlinie zwischen Großem Belt und Samsø Belt, den man schon zum Kattegat zählt. Das sind 10 sm, die einen, ruhiges Wetter vorausgesetzt, vor keine großen Probleme stellen. Nur zweimal ist besondere Vorsicht geboten: am *Lillegrund*, den man am einfachsten südlich passiert, und zwar durch das grün/rote Tonnenpaar (rote Tonne: **WP 410**), und bei der Überquerung des Tiefwasserwegs T (s. S. 58).
Im Norden hat man Samsøs grüne Südküste mit dem weißen Silo von Ballen im Hintergrund – alles ist so nah. Voraus taucht auf der hohen, dunkelgrünen Steilküste der weiße, 15 m hohe Leuchtturm Røsnæs (Fl.5s) auf, ein sehr wichtiges Feuer sowohl für den Samsø Belt als auch für die Einsteuerung in den Großen Belt. Der Leuchtturm steht auf der äußersten Huk der sich schmal nach WNW erstreckenden Halbinsel *Røsnæs*, die sich in dem gleichnamigen Rev 800 m weit fortsetzt. An der Kante dieses Revs steht mitten im Wasser auf einem Granitsockel der rote Leuchtturm *Røsnæs Puller* (Fl(2)WRG.5s). Was immer man hier vorhat, man sollte nie zwischen *Røsnæs Puller* und *Røsnæs* hindurchfahren.
Hält man den 050°-Kurs von Fyns Hoved aus bei, so kommt man ziemlich genau zum Hafen von *Sejerø*, allerdings sind es von Røsnæs bis dahin noch 13 sm. Wem das zuviel sein sollte, der kann den 3,5 sm östlich von *Røsnæs Pynt* gelegenen Fischerhafen

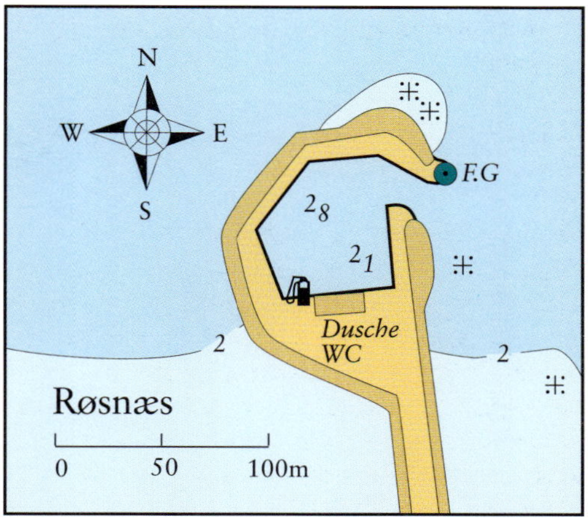

Røsnæs ansteuern, was sich ansonsten jedoch wenig lohnt. Der über einen langen Damm mit dem Festland verbundene Hafen ist sehr klein. Die Fischer, für die er gebaut wurde, lassen Yachten wenig Platz. Ein an sich nicht schlechter Hafen, denn man liegt hinter der hohen Steinmole ruhig und geschützt. Freilich, anfangen kann man hier wenig. Nahe am Hafen stehen ein paar Häuser, zu beiden Seiten erstreckt sich eine einsame, hügelige grüne Küste, die trotz der vielen Steine im Wasser recht gute Bademöglichkeiten bietet.
Bei der Ansteuerung achte man auf Versandungen – und Steine! – vor der Nordmole. Bei auflandigem Wind ab Bft 5 sollte man vom Anlaufen des Hafens absehen.

Liegeplatz und Versorgung: *Sehr wenig Platz für Yachten, man legt sich am besten an der Nordmole längsseits. Um Skt. Hans, wenn hier die große Regatta »Seeland rund« vorbeiführt, wird man in Røsnæs wohl nicht unterkommen. Wasser an der Fischhalle, Treibstoff, WC und Duschen s. Plan. Lebensmittel in dem 2 km entfernten Dorf Ulstrup.*

Wasserstand: Tidenhub 0,4 m. Winde zwischen N und E können den Wasserstand um 0,7 m erhöhen, Winde zwischen S und SE ihn um ebenfalls 0,7 m senken.

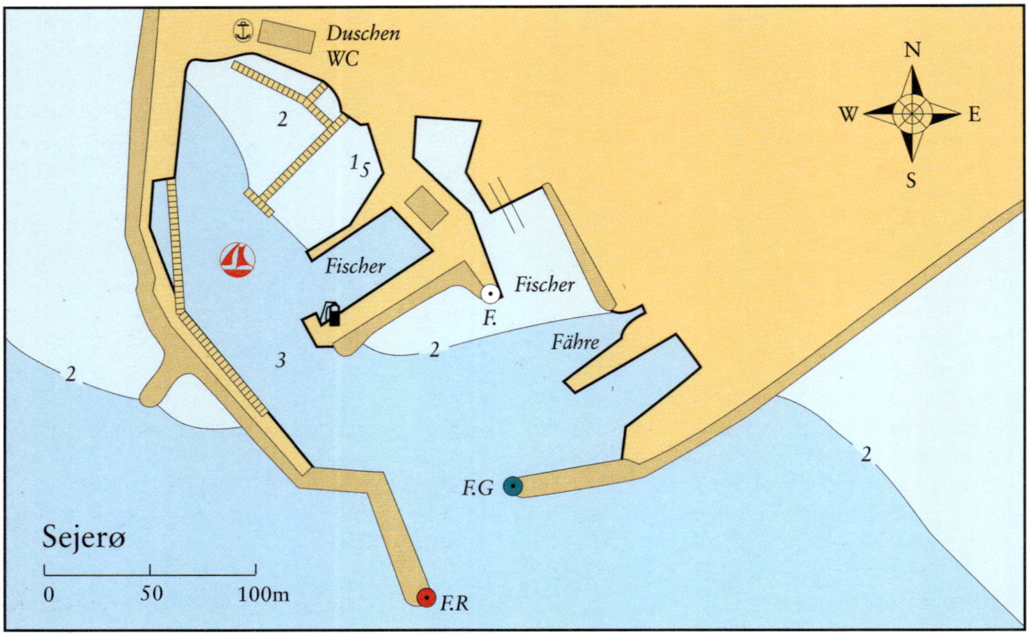

Statt nach Røsnæs segelt man besser gleich nach Sejerø, der Insel, von der die

Sejerø Bugt ihren Namen hat, ein Gewässer, das sich vom Samsø Belt aus nordostwärts bis nach *Sjællands Odde* und dem *Sjællands Rev* erstreckt. Es gibt wenig darüber zu sagen. Bei ruhigem Wetter setzt schwacher Strom, der ebenso wie bei Starkwind zumeist dem Wind folgt; da er aber auch von den Gewässern ringsum beeinflusst wird, lässt sich seine Richtung nicht immer ganz einfach bestimmen. In der Bucht trifft man nicht auf überraschende Seefahrtshindernisse; dank des dichten Systems von Leuchtfeuern ist sie auch nachts gut zu befahren.

Hinweis: Im Süden macht man jenseits von Røsnæs an einem hohen Schornstein drei weiße Blitzfeuer übereinander aus. Sie haben mit der Seefahrt an sich nichts zu tun, sondern warnen den Flugverkehr vor den hohen Schornsteinen von Asnæs (s. Kalundborg, S. 75); dennoch stellen sie ein gutes Peilobjekt dar. Nachts muss man aufpassen, dass man sie nicht mit den weißen Blitzen von Røsnæs verwechselt.

Die langgestreckte Insel

Sejerø hat etwa in der Mitte an ihrer Westseite einen kleinen, guten Hafen. Will man ihn ansteuern, so orientiert man sich zunächst an dem weißen Kirchlein von Sejerby etwas oberhalb des Hafens. Sejerø lässt sich mit einem Tiefgang bis zu 2,5 m gut anlaufen; der Landgrund vor dem Hafen ist ziemlich rein. Der Hafen ist im übrigen erweitert worden; die Fähre hat ein eigenes Becken.

Liegeplatz und Versorgung: *Da die Fähre nicht mehr in das Nordbecken fährt, hat man dort relativ viel Platz. Der ganze nördliche Teil des Hafens – bis auf das Fischerbecken – ist für Yachten da. Keinen Platz findet man in dem kleinen Bootsbecken hinter dem Fischerhafen. Diesel s. Plan, Duschen und WC ebenso. Vom Hafenmeister bekommt man kostenlos ein altes Fahrrad, mit dem man zu dem 1 km nahen Ort fahren kann, wo es mehrere kleine Geschäfte, auch Sparkasse und Post gibt.*

Wasserstand: Tidenhub 0,5 m. Winde aus N und NW können den Wasserstand um 0,5 m erhöhen, Winde aus E und SE ihn um ebenfalls 0,5 m senken.

Sejerø ist eine sehr schöne, stille Insel, die anders als etwa Samsø noch keine Touristenströme angezogen hat. Der lebendige Fischer- und Fährhafen mit seinen roten und gelben Häusern schmiegt sich eng an einen grünen Steilhang. Man liegt sehr ruhig und geschützt hier. Es empfiehlt sich ein Spaziergang zu dem gelben Leuchtturm auf Griben. Am Ostufer, dicht südlich davon, findet man den schönsten Badeplatz der Insel – eine geschwungene Bucht mit feinem weißem Sand und seichtem, türkisfarbenem Wasser, geschützt von einem steilen, grünen Hügel.
Die 11 km lange und nur bis zu 2 km breite Insel bestand einst aus mehreren Moränenhügeln, die sich zusammenfügten, als sich in der Steinzeit das Land hob. Dies erklärt die merkwürdige Gestalt der Insel, die einzelnen Hügel und die flachen Stellen dazwischen. 500 Menschen leben heute hier, die meisten von der Landwirtschaft.
Sejerby, der nahe dem Hafen gelegene Hauptort, gruppiert sich um einen baumbestandenen Ententeich, darüber die weiße Inselkirche – alles sehr verträumt und still.

Bei wem die Zeit drängt, der wird von Sejerø aus wohl gleich nordostwärts auf Sjællands Rev und Sjællands Odde zulaufen. Wer nicht so rasch weiter muss, der kann einen kleinen Umweg zur *Nekselø Bugt* machen, einer sehr guten Ankerbucht mit zwei Anlegebrücken und einem Hafen. Am Ostufer der schmalen Insel

Nekselø befindet sich, in der Seekarte nicht klar auszumachen, eine hakenförmige Brücke, die über einen 200 m langen Damm mit der Insel verbunden ist. Im »Haken« +/– 2 m Wassertiefe. Keine Versorgungsmöglichkeiten, kein Hafengeld. Unruhig bei Winden aus S und teilweise E, unerträglich, wenn solche Winde Starkwindstärke erreichen.
Die am geschützteren Ostufer bewaldete Insel hat beiderseits der Brücke feine Badestrände mit Sandgrund. Hier könnte man auch ankern. Naturschutzgebiet.

Über das Fischerdorf

Havnsø am südlichen Scheitel der Bucht lässt sich nicht mehr sagen, als dass es einen recht guten Hafen hat, vor allem seit er umgebaut wurde. Im westlichen Becken liegt man bei allen Winden gut geschützt. Der Ort selbst ist nicht von großem Interesse. In der schönen Umgebung gibt es zahlreiche Ferienhäuser, was wohl für die Landschaft um die Nekselø Bugt spricht.
Der Hafen ist bei normalen Verhältnissen nicht schwer anzulaufen, wobei man freilich beachten muss, dass das Wasser zwischen dem Ort und der Insel Nekselø untief ist, wenn das auch auf den ersten Blick nicht so aussieht. Mit einem Tiefgang bis zu 3 m kommt man aber gut in den Hafen. Bei Starkwind aus W bis NW steht freilich ostsetzender Strom vor der Hafeneinfahrt. Havnsø entwickelte sich als Fischerort um den 1906 angelegten Hafen. Seit 1920 gibt es eine Fährverbindung nach Nekselø und Sejerø.

Liegeplatz und Versorgung: *Im Vorhafen sind hinter dem Fähranleger eigens für Gastyachten Stege gebaut worden; hier, aber auch überall sonst, wo ein freier Platz ist, darf man festmachen, auch an der Außenmole, gleich nach der Einfahrt. Wasser an den Stegen, Treibstoff. WC und Duschen auch am Yachthafen. Kutterwerft mit 50-t-Slip. Zubehör (»Sejler Shop«) in*

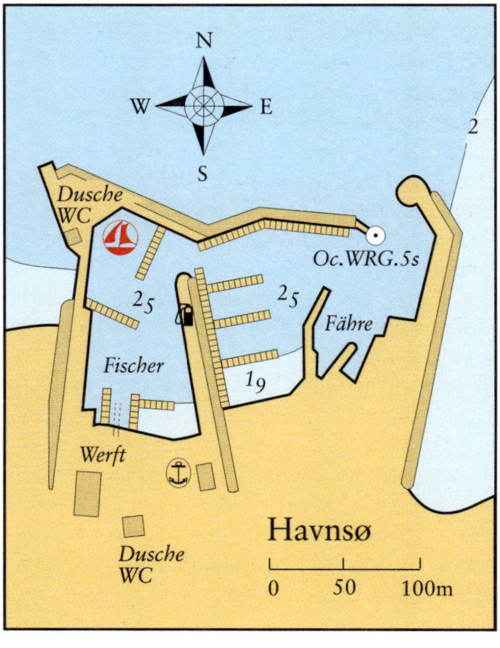

der Nähe des Fähranlegers. Neben der Tankstelle ein Mastenkran.

Wasserstand: Tidenhub 0,3 m. Winde zwischen N und NE können den Wasserstand um 1 m erhöhen, südliche Winde ihn um 0,8 m senken.

Die gut 1 sm NE-lich von Havnsø gelegene große Brücke von

Starreklint wird nur deshalb erwähnt, damit keiner auf die Idee kommt, sie anzulaufen. Sie ist zwar sehr groß, dient aber einem Steinwerk als Verladeplatz, und dementsprechend sieht sie auch aus.
Einen sehr viel freundlicheren Eindruck macht das weiß aus den Bäumen lugende Schloss Dragsholm, das zu den ältesten weltlichen Bauten des Landes zählt und das um 1200 vom Bischof von Roskilde als Trutzburg gebaut wurde. Sie sah damals etwas anders aus als das heutige Schloss; sie war so massiv gebaut, dass sie in der Grafenfehde 1534 einer neunmonatigen Belagerung standhalten konnte, obwohl der Graf von Hoya sie mit zehn Kanonen unter Beschuss nahm. Später diente die Burg als Staatsgefängnis. Heute beherbergt Dragsholm ein edles Schlosshotel.
Hier mündet auch der Dragsholm Kanal, der um die Mitte des vorigen Jahrhunderts im Zuge der Trockenlegung des Lammefjords (s. S. 184) angelegt wurde, womit große, fruchtbare Landflächen gewonnen wurden, die ein wenig an die Polderlandschaft des IJsselmeers erinnern.
Wer einen ruhigen und wirklich schönen (und auch geschützten) Ankerplatz zum Baden sucht, der findet ihn in der Bucht südlich von *Ordrup Næs*, wo die 2-m-Linie dicht am Ufer entlangführt (Grund Sand); nicht zuletzt wegen des nahen und hohen Knarbos Klints ist es hier so schön.

Odden, den nächsten Hafen, der schon jenseits von Sjællands Rev liegt, erreicht man erst nach einem weiten Schlag: Von Sejerø aus sind es 21 sm, von Havnsø gar 25. Kann man nicht durch das Snekkeløb fahren, so muss man bis zur äußersten Kante des Riffs, und das bedeutet zusätzliche 8 sm. Dann wird's ein langer Tagestörn.

Das Seehandbuch bezeichnet Sjællands Rev als ein für die Schiffahrt sehr gefährliches Riff, was es unter Umständen durchaus, aber nicht immer ist.

Sjællands Rev zieht sich als schmaler Steinrücken von der Halbinsel *Sjællands Odde* aus rund 5 sm in NNW-liche Richtung. Man unterscheidet das *Inderrrev*, das *Mellemrev* und das *Yderrev,* auch *Rønnen* genannt; bei letzterem ragen die Steine sogar aus dem Wasser. Entsprechend dieser Einteilung führen zwei Passagen über das Riff und eine dritte im Norden daran vorbei.
Die südliche Passage heisst *Bådeløb*: sie quert das Riff etwa 900 m nördlich von *Gniben* und hat eine Wassertiefe von bestenfalls 2,2 m; die einzige Tonne, eine rote, die ehemals an der Südseite lag, ist eingezogen worden. Das Bådeløb kann man als Ortsfemder also nicht mehr befahren.
Das *Snekkeløb,* zwischen Inderrev und Mellemrev, ist die Passage, die von Yachten im allgemeinen benutzt wird. Es liegt knapp 2 sm nördlich von Gniben, ist fast 500 m breit, 7,5 m tief und vor allem: betonnt. Wie man aus der Seekarte ersehen kann, liegt die die Nordseite des Fahrwassers bezeichnende grüne Leuchttonne *Snekkeløb W* (Fl.G.3s, **WP 763**) an der westlichen Einfahrt in das Snekkeløb, die die Südseite des Fahrwassers bezeichnende rote Leuchttonne *Snekkeløb E* (Fl.R.3s, **WP 762**) aber an der Ostseite. Problem: Die Rote liegt über einem Steinfeld und hat nur 3,4 m Wasser. Bei ruhigem Wasser reicht das dicke. Aber was bei schwerer See?
Ob man bei hartem Wetter besser den Umweg um die Nordkante macht, ist unter Umständen schwer zu entscheiden. Gefahrlos ist das Snekkeløb bei Seegang oder schlechter Sicht gewiss nicht. Aber gefahrlos ist es auch nicht, zweimal 4 sm lang parallel zu dem unheimlichen Steinriff zu segeln.

Wahrschau: Die Stromverhältnisse sind bei Starkwind extrem unerfreulich. Es kommt zu Wirbel- und Sogbildung; man muss schon sehr genau die Abdrift bestimmen können, um sich von den Untiefen (alles Steine!) freizuhalten.

Die Nordkante von Sjællands Rev wird von zwei Leuchttürmen markiert: Noch halb auf dem Rev steht die Leuchtbake *Sjælllands Rev* (Fl.5s), sie ist 6 m hoch, rot und mit »314 m« beschriftet, was bedeutet, dass in diesem Umkreis kein Material vom Grund geholt werden darf, was unsereinem sicher egal sein kann. 1,2 sm nördlich von dieser Bake steht mitten im Wasser der weiße, runde Leuchtturm mit rotem Band *Sjællands Rev N*; er ist 26 m hoch und trägt ein Sektorenfeuer (Iso.WRG.2s) und einen Nebelschallsender (N-S.(2)30s). Der **WP 764** liegt genau zwischen diesen beiden Leuchtfeuern.
Etwa 1200 m südlich der Leuchtbake Sjællands Rev steht auf einem Stein ein kleiner, weißer Turm: das Rettungshäuschen, das entgegen anders lautenden Behauptungen nach wie vor »in Betrieb« ist – jedenfalls nach Auskunft des zuständigen Beamten von »Farvandsdirektoratet« in Kopenhagen.
Gniben, die äußerste Huk von Sjællands Odde, erhebt sich wuchtig und steil über dem Rev; darauf befinden sich militärische Anlagen. Von Zeit zu Zeit rollt schwerer Donner über das Wasser. Dann wird hier geschossen – doch wo ist der Feind? (Mehrere Schießgebiete um Sjællands Rev, siehe Seekarte.)

Hält man sich längs dem Ufer, so taucht als erstes Zeichen von

Odden die Windmühle hoch oben auf dem Steilufer auf. Wer sich von Norden her, aus der Weite des Kattegats, dem Hafen nähert, kann sich an den weißen Schornsteinen der Fischräucherei orientieren, die vor dem dunklen Wald unverwechselbar sind.
Dieser wichtige Schutzhafen – er ist der einzige auf der 20 sm langen Strecke zwischen Sjællands Rev und der Mündung des Isefjords – kann von Booten mit einem Tiefgang bis zu 3 m angelaufen werden. Man sollte beizeiten die Segel bergen, denn in dem engen Hafen-

Odden.
Fischerhafen am Kattegat. Typisch die hellblauen dänischen Kutter. Ein ganz wichtiger Hafen an der Nordküste von Seeland. Gute Liegeplätze für Segler, wenn auch wenig Komfort.

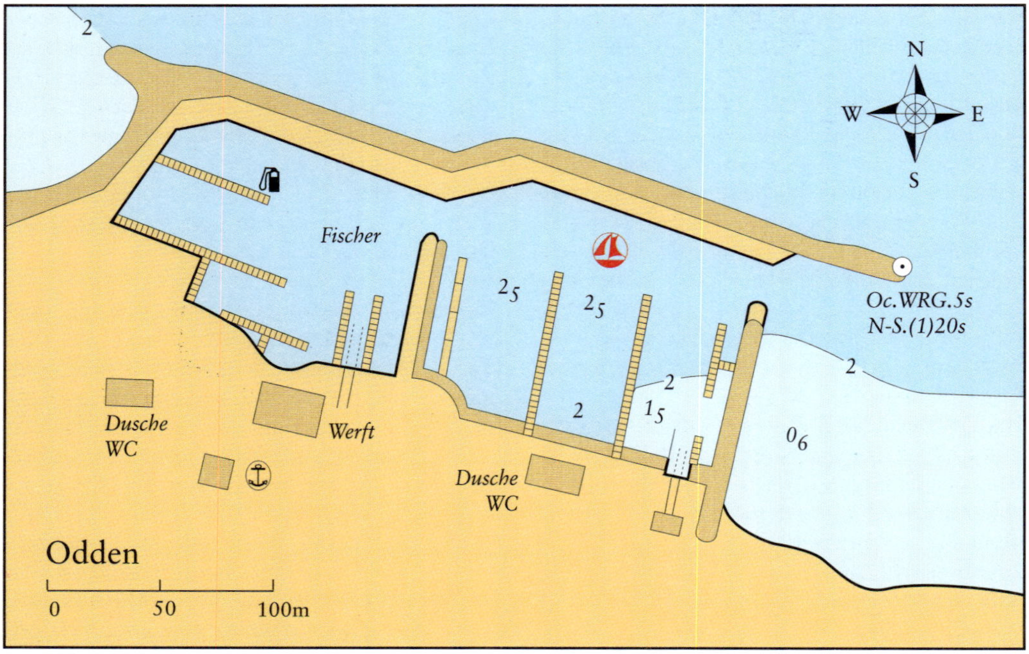

becken gibt es nur wenig Platz für Manöver. Bei Starkwind muss man vor dem Hafen mit einer ausgesprochen groben See rechnen. Viele, weit hinausreichende Bundgarnnetze verlangen erhöhte Aufmerksamkeit.

Der 1907 gebaute Hafen ist vor allem ein Fischerhafen; eine ansehnliche Flotte mit zum Teil sehr großen Kuttern ist hier beheimatet. Das macht seine gute Atmosphäre aus. Die paar Häuser um den Hafen schmiegen sich eng an den Steilhang; der eigentliche Ort liegt 3 km landeinwärts.

Im ehemaligen Seemannsheim hat sich ein sehr gutes Fischrestaurant etabliert: »Den Gyldne Hane«, »Der goldne Hahn«. Auch wenn's die Bordkasse hart trifft, sollte man sich in der gemütlichen Gaststube mit Blick auf den Hafen zu einem ausgedehnten Essen niederlassen. Andernfalls zwei Fischhallen mit üppigem Angebot.

Liegeplatz und Versorgung: *In dem relativ flachen Vorhafen liegen drei Schwimmstege aus. Yachten finden somit genug Platz in diesem wichtigen Hafen. Den Fischerhafen sollte man nur dann ansteuern, wenn man Diesel bunkern muss oder zur Werft will. Auch der Nordmole sollte man fernbleiben. Treibstoff s. Plan. Wasser an den Stegen. Werft und Maschinenwerkstatt mit 30-t-Slip (der Slip kann nur von Langkielern benutzt werden; Mindestlänge des Kiels 3,5 m). Autokran kann bestellt werden. Mäßiger Zubehörhandel im Supermarkt am Hafen. Zubehör auch bei der Werft. Münzwasch: Oddenvej 300. Ordentliche Duschen und WC.*

Unruhig ist es im Hafen nur bei Winden aus NE bis E, aber dies hat sich etwas gebessert, seit die Nordmole nach Osten zu verlängert wurde. Bei Starkwind aus N, wenn die mächtigen Wellen aus dem Kattegat anrollen und Gischt über die Mole treiben, liegt man in Odden besonders gemütlich.

Wasserstand: Tidenhub 0,3 m. Winde aus N bis NW und N können den Wasserstand um 1 m erhöhen, Winde aus S bis SE ihn um 0,8 m senken.

Am Hafen liegt zur Erinnerung an Dänemarks letztes Linienschiff, die PRINS CHRISTIAN FREDERIK, dessen Anker; das Schiff wurde hier vor Odden auf dem später nach ihm benannten Flach von einer britischen Übermacht, bestehend aus zwei Linienschiffen und drei Fregatten, am 22. März 1808 auf Grund geschickt. Das Gefecht hatte östlich von Sjællands Rev begonnen, wo das dänische Schiff nach Westen durchbrechen wollte, und sich bis auf Odden zu hingezogen. Hier musste der Kapitän dann gegen die Übermacht die Flagge streichen. Bei diesem Gefecht kam der junge Leutnant Peter Willemoes ums Leben, der als Siebzehnjähriger im Jahre 1801 in der Schlacht auf der Reede vor Kopenhagen dank seiner Tapferkeit zum Seehelden wurde. Auf dem Friedhof von Odden By liegt er begraben.

Ostwärts zu den Fjorden

Bis zur Einsteuerung in den Isefjord hat man nun 17 sm lang eine völlig ungeschützte Küste vor sich und nirgendwo die Möglichkeit, unterzukommen. Bei ruhigem Wetter kann man dicht unter Land segeln, da der Landgrund ziemlich schmal ist und man auch sonst – bis auf Bundgarnnetze – nicht mit Hindernissen rechnen muss.

Peilt man den bizarren, wie ein Kap vorstoßenden grünen *Klintebjerg* querab, so hat man auch schon die halbe Strecke hinter sich gebracht. Wegen der weit ins Wasser hinausragenden Netze kommt man dem Klintebjerg nicht zu nahe, kann aber dennoch am Ostufer einen kleinen Hafen ausmachen, der allerdings mehr einem Sandloch gleicht und wahrscheinlich zu der Fabrik gehört, die dort steht. Es gibt keinerlei Angaben über diesen »Hafen«; mit dem Fernglas kann man erkennen, dass dort nur sehr kleine Boote und einige Fischerkähne liegen.

Die *Nyrup Bugt* zeichnet sich vor allem durch einen feinen weißen Sandstrand aus, mit zum Teil hohen Dünen, die sich weiß gegen den die ganze Bucht umgebenden Kiefernwald abheben. In der Saison ist der kilometerlange Strand voller Badegäste. An einem ruhigen Sommertag kann man guten Gewissens darauf zulaufen und Anker werfen, wenn man nur auf den – allerdings unmarkierten – Stein *Skærebæk Rev* (0,8 m) achtet, der ziemlich zentral in der Bucht liegt. Die Kirche jenseits des Waldes gehört zu *Nykøbing* am Isefjord. Bei dem merkwürdigen, einer Pyramide ähnlichen Gebilde, das weiter östlich über die Baumwipfel ragt, handelt es sich um den Wasserturm von *Rørvig*, einem Städtchen an der Mündung des Isefjords.

Ob man über das große Sandflach *Grønnerevle* laufen kann, hängt von den Seeverhältnissen ab. Bei ruhigem Wasser steuert man einfach Kurs ESE und damit auf den weißen Leuchtturm *Spodsbjerg* hoch oben auf der gelben Steilküste zu.

Die Einsteuerung in den Isefjord wird im Törnvorschlag 7 ab S. 180 beschrieben, genauso wie der Hafen von *Hundested.*

Nach *Gilleleje* sind es von der Mündung des Isefjords aus noch knapp 20 sm, wieder längs einer ungeschützten Küste und, ebenso wie bisher, ohne Hafen, sodass es wahrscheinlich das beste ist, nach Süden auf *Hundested* abzudrehen und dort zur Nacht zu liegen, wenn man nicht überhaupt einen Abstecher in den Isefjord oder Roskilde Fjord machen will.

Weiter zum Sund

Bevor man in Hundested ablegt, kann man sich per Funk beim Hafenmeister von Hundested erkundigen (UKW-Kanal 11, 12, 12, 13, 16), ob in dem *Schießgebiet Melby* (s. Seekarte) geschossen wird. Man kann das aber auch an dem Signalmast erkennen, der bei *Liseleje* in den Dünen steht: Ein schwarzer Ball und ein rotes Feuer zeigen an, dass geschossen wird. Das Schießgebiet selbst ist mit gelben Tonnen eingegrenzt. Schlimmstenfalls fährt man außen vorbei. Kein großer Umweg.

Hier um Melby ist die Küste noch eher flach, aber auch schon zum größten Teil bewaldet, wie bis hin nach Gilleleje; aber von dem schon den Hang hochgebauten Ort *Tisvildeleje* an, der eine kleine Brücke (nicht für Yachten!) hat, wird das Land immer höher. An der Salgårdshøj steigt das Ufer sogar sehr steil an, nicht aber in Form der üblichen gelben Lehmabbrüche, sondern als grüner Hügel.

Überall stehen Ferienhäuser, von denen häufig Treppen mit mehr als hundert Stufen hinab zum Strand führen.

Genausowenig wie in Tisvildeleje kann man in *Rågeleje* an die sich dort befindliche kleine Brücke gehen. Bei gutem Wetter lässt sich von hier aus das mächtige, dunkle Bergmassiv Kullen in NE ausmachen: Das ist schon Schweden.

Versteckt hinter dem steilen, grünen *Gilbjerg Hoved,* auf dem ein klotziger weißer Wasserturm steht, liegt

Gilleleje.
Fischerhafen wie Odden, aber größer. Voller Kutter, auch schwedischer. Aber Segler werden immer irgendwo untergebracht.

Gilleleje, Seelands nördlichster Hafen. Vor dem Hafen, den Yachten mit einem Tiefgang bis zu 3 m gut anlaufen können, muss man auf mehrere Flachs achten, auf denen sich unter Umständen Grundseen bilden können. Dasjenige mit der geringsten Wassertiefe (2,5 m), *Vesterlandsgrunde*, befindet sich etwa 500 m NW-lich vom Hafen. An seiner Südkante liegt eine gelb-schwarze Tonne aus, die man im Süden passieren muss.

Bei Starkwind setzt ein kräftiger Strom nach E oder W, also immer quer zur Einfahrt, in der man wiederum mit ein- oder auslaufendem Strom zu rechnen hat. Trotzdem kann man Gilleleje ruhigen Gewissens auch unter Segeln anlaufen, da der breite Außenhafen genügend Raum für Manöver lässt.

Der Ort mit der erstaunlich hohen Einwohnerzahl von 3000 Menschen ist Badeort und Fischerdorf zugleich, eine Mischung, die einem gefallen kann, denn wenn es um den Fischerhafen recht rau und laut zugeht, so begegnet man in dem hübschen Ort mit seinen reetgedeckten Häusern vielen guten, ja manchmal eleganten Geschäften und wohlgelaunten, gut gekleideten Sommergästen.

Liegeplatz und Versorgung: *Der große Hafen ist nicht zuletzt wegen seiner günstigen Lage immer voll mit Fischkuttern, neben den hellblauen der Dänen auch den weißen aus Schweden, die hierher zur täglichen Fischauktion kommen. Orangefarbene Streifen an den Kais zeigen die Plätze an, die den Fischern vorbehalten sind. Dreht man eine Runde, so meint man, alle Kais seien orange angepinselt, was einen aber nicht zu der Annahme verleiten sollte, dass hier für Yachten absolut kein Platz sei. Zur Hauptsaison räumt der Hafenmeister für Sportboote das innere Becken, das Südbassin. Da diese Plätze aber erfahrungsgemäß nicht ausreichen, kann man auch versuchen, anderswo unterzukommen, etwa in einer Box an den beiden Stegen an der Ostseite des Hafens, nicht jedoch an der langen Brücke nördlich davon, denn das ist der Platz des Sandschiffs.*

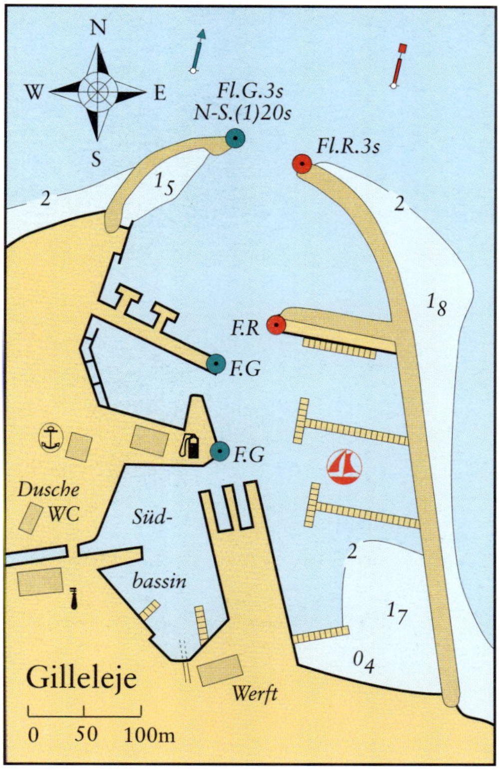

Auch an die Ostseite der Mittelmole darf man sich legen, keinesfalls aber ins Nordbecken, vor die Fischauktionshalle. Wasser gibt es an allen Kais. Treibstoff s. Plan. WC und Duschen ordentlich, aber dem sommerlichen Ansturm nicht gewachsen. Jede Reparaturmöglichkeit, gutes Zubehörgeschäft.

Wasserstand: Tidenhub 0,5 m. Sturm aus NW kann den Wasserstand um 2 m heben, Sturm aus SE ihn um 1,5 m senken.

Der gut 5 sm östlich von Gilleleje gelegene Hafen von

Hornbæk kann von Booten bis zu gut 2 m Tiefgang angelaufen werden. Zu beiden Seiten der Einfahrt, einer betonnten, schmalen Rinne, liegen Sandriffe. Es lässt sich leicht vorstellen, was los ist, wenn hier bei auflandigem Starkwind die Wellen aus dem Kattegat auflaufen. Dann schafft man es selbst mit einer starken Maschine nicht, aus dem Hafen herauszukommen. Unter solchen Umständen kann die Rinne auch so sehr versanden, dass sie unpassierbar wird. Der Strom setzt entweder nach SE oder NW, also stets quer zur Einfahrt, und mit bis zu 2 kn Geschwindigkeit (Stromversetzung in der Rinne!). Von solchen extremen, im Sommer eher seltenen Umständen abgesehen, ein recht guter Hafen.

Das weiße, wie ein Bahnhof wirkende Sanatorium, ehemals ein Badehotel, stellt eine denkbar gute und schon von weit her auszumachende Landmarke dar, die auch dann brauchbar ist, wenn man gar nicht nach Hornbæk will.

Der Ort mit seinen 2300 Einwohnern (in der Ferienzeit gut doppelt soviel) liegt schön zwischen den weißen Dünen und dem dunklen Wald. Im Fischerdorf ist es gemütlich, am – exzellenten – Strand geht es mondän zu.

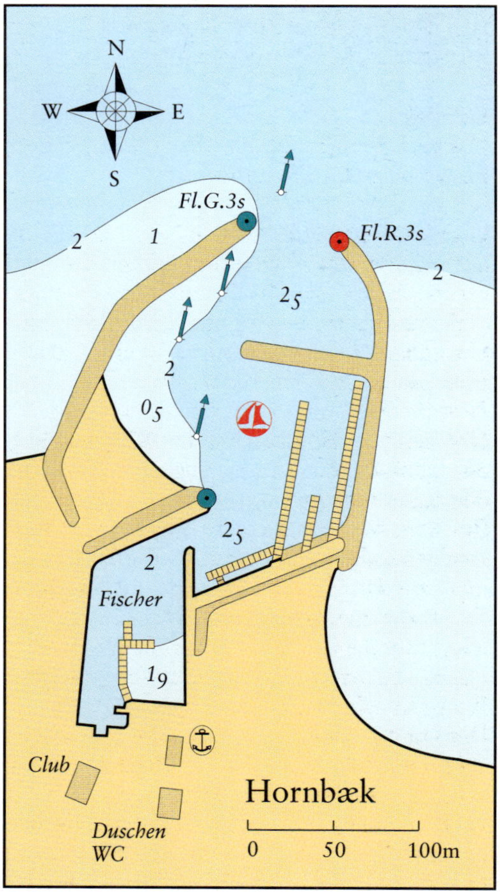

Hornbæk.
Letzter Hafen vor der Einsteuerung in den Sund. Das große, weiße Sanatorium ist eine weithin sichtbare Landmarke.

Erwähnenswert ist das gute Restaurant »Søstrene Olsen« (»Schwestern Olsen«) in einem Fischerhaus nahe am Hafen.

Liegeplatz und Versorgung: *Am besten an den neuen Stegen im Vorhafen. Andere Plätze weist der Hafenmeister zu, insgesamt gibt es 200. Treibstoff nur von der Straßentankstelle. Neue Duschen und WC an der Rückseite vom Kiosk. Kleiner Slip. Fahrradverleih. Am Hafen Knudsens Fiskehuset (Hummer!).*

Wasserstand: Tidenhub 0,5 m. Winde aus NW können den Wasserstand um 1,2 m erhöhen, Winde aus E bis SE ihn um ebenfalls 1,2 m senken.

Hat man Hornbæk erst einmal ein paar Meilen achteraus und steuert in den Sund ein, so wird man bald voraus Schloss Kronborg liegen sehen, das von nirgendwoher beeindruckender wirkt, als wenn man von Norden darauf zuläuft. Helsingør, Hafen und Schloss sind beschrieben im Törnvorschlag 5, Seite 156.

Im Isefjord und Roskilde Fjord

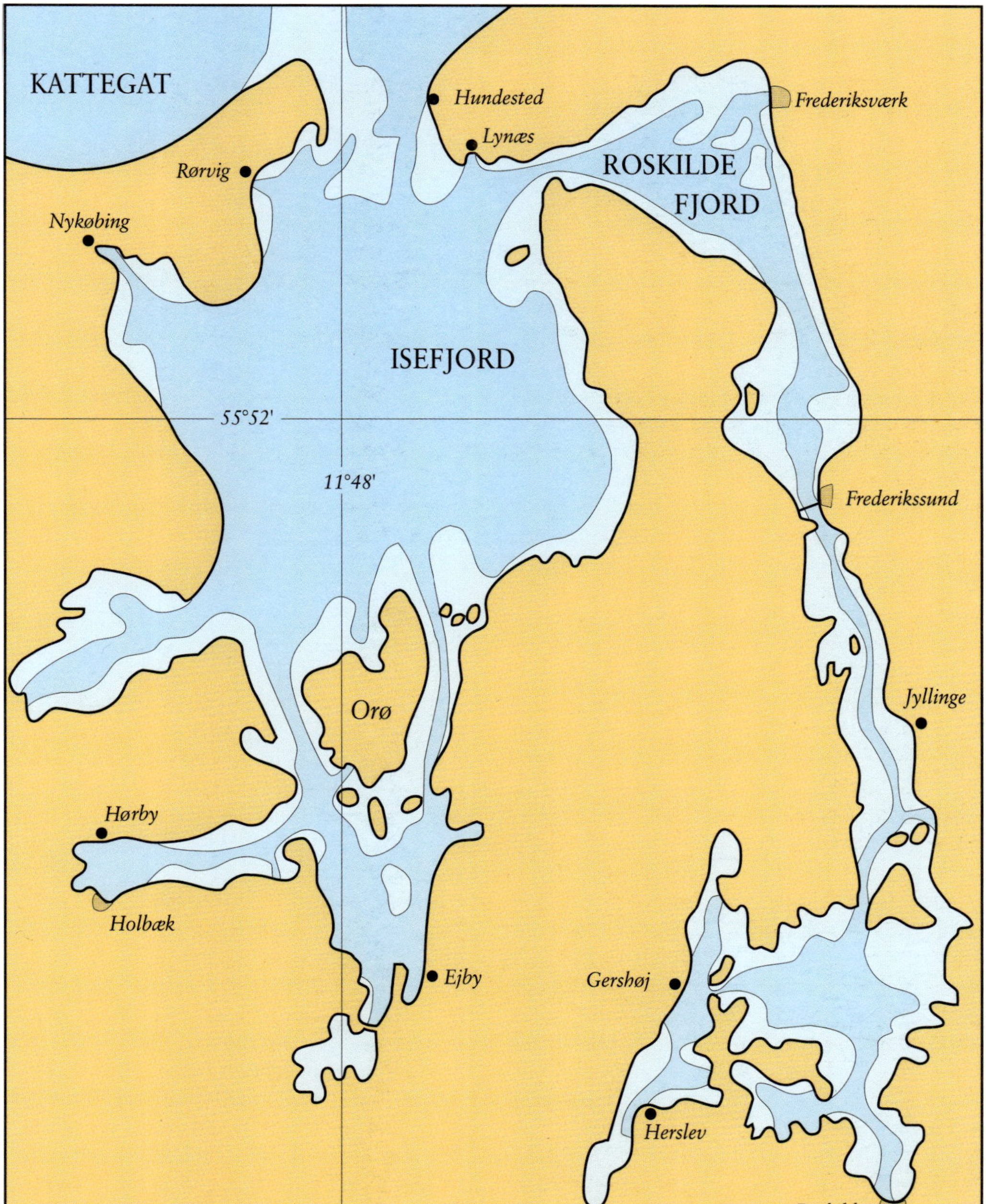

Törnvorschlag 7:

Von Hundested nach Hundested

Der Isefjord und der Roskilde Fjord reichen von der freien See her als Binnengewässer von beträchtlichen Ausmaßen weit nach Seeland hinein. Die meisten der dänischen Segler, denen man hier begegnet, zumal an den Wochenenden, kommen aus Kopenhagen, von wo sie nicht viel länger als eine halbe Autostunde zu ihrem Liegeplatz zu fahren haben.

Dass dieses Revier zur Heimat all der Tausende von Booten wurde, »verdankt« es dem letzten Weltkrieg. Bis dahin hatten die meisten Kopenhagener ihre Boote im Sund liegen, sozusagen direkt vor ihrer Haustür. Jedes Wochenende ging es dann zwischen dem besetzten Dänemark und dem neutralen Schweden hin und her, und die deutsche Besatzungsmacht vermutete – wohl zu Recht – einen kleinen, illegalen Grenzverkehr, der ihr natürlich gefährlich erschien, weil er in keiner Weise zu kontrollieren war. So geschah das, was in solchen Fällen immer zu geschehen pflegt: Es wurde ein Verbot erlassen, in diesem Fall das Segeln im Sund untersagt. Dieses wollte das segelvernarrte Volk der Dänen natürlich nicht hinnehmen, und so suchte man nach einem Ausweg, sprich einem anderen Revier, das man dann auch bald in dem nahen und bis dahin weniger beachteten Ise- und dem Roskilde Fjord fand. Und gleich stellte sich auch ein neuer Name für dieses neue Revier ein: »Kravlegården«, der »Laufstall«. Hier durfte man sich mitten in Kriegszeiten so frei bewegen wie man wollte, wenn man nur innerhalb der von den Besatzern gezogenen Grenzen blieb.

Nach dem Krieg blieben die Segler hier. Marinas schossen aus dem Boden wie Pilze nach einem warmen Augustregen, sodass man heute als Fremder zwar mancherlei Probleme hat, aber nicht das, zur Nacht keinen Hafen mit freien Liegeplätzen zu finden.

Da Binnengewässer, braucht man sich vor Wind und Seegang nicht zu fürchten, auch wenn sich bei Starkwind rasch eine ziemlich steile Welle aufbaut, was aber nicht weiter tragisch ist.

Der Strom folgt die meiste Zeit im Sechs-Stunden-Rhythmus den Gezeiten; nur bei Starkwind aus Süd oder Nord kommt er auf Touren und erreicht in den engen Passagen dann nicht selten eine Geschwindigkeit von 3 kn.

Unheil droht dem revierfremden Segler von anderer Seite: von den vielen flachen Stellen und den in Massen vorkommenden Steinen, die immer dann nur eine Handbreit unter der Wasseroberfläche liegen, wenn man es nicht erwartet. Für die Einheimischen hat das alles längst seine Schrecken verloren; sie wissen genau, wo man zwischen einem Stein und einer Sandbank hindurchsegeln kann, ohne Schiff und Kragen zu riskieren. Dafür haben sie aber auch ihre speziellen Peilmarken, die in keinem Seehandbuch verzeichnet sind und deren Lage sich von Saison zu Saison auch noch verändern kann.

So bleibt uns, den Revierfremden, nichts weiter übrig, als exakt nach Tonnen zu steuern und der Versuchung zu widerstehen, hinter einem Dänen herzusegeln, der selbst dort noch fröhlich dahinschippert, wo es nach der Karte doch unmöglich sein müsste.

Die Befeuerung reicht im Isefjord bis Holbæk, im Roskilde Fjord bis Frederikssund. Trotzdem sollte man nicht des Nachts unterwegs sein, auch dort nicht, wo das Revier befeuert ist.

Boote mit einem Tiefgang bis zu 3 m können fast den gesamten Isefjord und den Roskilde Fjord bis Frederikssund befahren; dann

Im Isefjord.

kommen nur noch solche weiter, die nicht mehr als 2,5 m tiefgehen.
Häfen gibt es massenhaft, angefangen von alten und großen Fähr- und Handelshäfen über winzige Fischerhäfen bis hin zu supermodernen Marinas. Sie liegen zumeist dicht beieinander; wenn man es nicht darauf anlegt, wird man in einem kurzen Sommerurlaub wohl nicht alle anfahren können.
Die Versorgungsmöglichkeiten für Boot und Crew sind insgesamt gesehen optimal; man muss allerdings schon ein bisschen »vorauslesen«, wenn man mal eine Motorenwerkstatt braucht oder auch nur Diesel bunkern will.
Was den Urlaub billig machen kann, wenn man es zu nutzen versteht und Spaß daran hat, das sind die unendlich vielen und zumeist auch einsamen Ankerplätze. Letzteres ist etwas überraschend, denn aufs Ganze gesehen ist das Gebiet hier doch ziemlich dicht besiedelt und auch noch hochgradig industrialisiert.
So ist denn auch der häufige Wechsel zwischen ganz stillen Ufern und wildzersiedelten Landstrichen ziemlich typisch für diese Gewässer, für den Roskilde Fjord allerdings noch mehr als für den stilleren Isefjord. Seeland ist eben nicht nur die am dichtesten besiedelte Region des Landes, die Hauptstadt mit ihren flächigen Ausläufern liegt halt auch noch sehr nahe.
Wenn auch nicht mehr in dem Maße wie früher, so sind die vielen Schießgebiete doch immer noch problematisch für den Segler. Die Seekarten weisen sie zwar aus, aber das sagt noch wenig, denn die meisten davon werden nicht mehr benutzt oder zumindest nur selten. Auf die Warnsignale allein würde ich mich nicht verlassen wollen; am besten ist es immer noch, sich vor dem Auslaufen beim Hafenmeister zu informieren, denn der weiß Bescheid.
Sieht man von den Untiefen ab, die ein manchmal ärgerliches, immer aber auch spannendes Charakteristikum dieses Reviers sind, so liegt für die meisten Skipper das Problem darin, überhaupt zu den beiden Fjorden zu kommen, denn die Anmarschwege sind doch beträchtlich. Und wenn man einmal hier ist, kann man genausogut »Seeland rund« machen. Wem es also zu weit ist oder wem es an Zeit fehlt, der sollte einmal den Gedanken erwägen, hier ein Boot zu chartern; gerade in diesem Gebiet gibt es viele derartige Angebote.

Seekarten und Seebücher: Delius Klasing-Sportbootkarten »Südliches Kattegat« oder dänischer Sportbootkartensatz Serie G: »Isefjord und Roskilde Fjord«.
Leuchtfeuerverzeichnis Teil II: Westliche Ostsee und Ostseezufahrten.

Distanzen: Hundested – **Nykøbing** (9 sm) – **Rørvig/Skansebugt** (6 sm) – **Lammefjord** (9 sm) – **Orø Havn** (5 sm) – **Holbæk** (4 sm) – **Eyby Havn** (6 sm) – **Kulhus Rende** (15 sm) – **Frederiksværk** (5 sm) – **Frederikssund** (8 sm) – **Roskilde** (13 sm) –**Veddelev** (2 sm) – **Kattinge Vig** (1,5 sm) – **Gershøj** (5 sm) – **Lynæs** (25 sm).

Die wichtigste Landmarke bei der Ansteuerung des Isefjords von Westen her ist der weithin sichtbare Steilhang des *Spodsbjergs* am Ostufer, auf dessen höchstem Punkt das gleichnamige Leuchtfeuer steht: ein weißer, viereckiger Turm (Oc.WRG.5s).
Was die Einfahrt in den Isefjord so unverwechselbar macht, das ist der Kontrast zwischen dem leuchtend gelben Spodsbjerg im Osten und der flachen, dunklen, waldbestandenen Küste von *Oddsherred* im Westen.
Hält man, von wo auch immer man den Isefjord ansteuert, zunächst auf den Leuchtturm *Spodsbjerg* zu, so kann eigentlich nichts passieren; nur die blau-weißen Fähren, die von Grenå kommen, machen sich in der Einfahrt etwas arg breit. Je mehr man sich der Mündung des

Isefjords nähert, desto mehr navigatorische Einzelheiten, sprich Tonnen, wird man erkennen können. Die rot-weiß gestreifte Mitte-Schifffahrtsweg-Tonne (**WP 740**, LFl.10s) befindet sich etwa 1,5 sm NNW-lich vom Leuchtturm *Spodsbjerg*. Man muss sie nicht anliegen, denn kommt man von Westen, so kann man über das weite Flach *Grønnerevle* mit etwas über 090° auf den Leuchtturm zuhalten. Das funktioniert auch des Nachts, denn ein – allerdings sehr schmaler – weißer Sektor des Leuchtfeuers (095–098°) führt einen auf gut 3 m Wassertiefe sicher über das Sandriff. Tagsüber beachte man die gelb-

Isefjord.
Die Segler suchen Schutz in der Bramsnæs Vig, einer hervorragenden Ankerbucht (s. S. 187).

schwarze Tonne **(WP 741)**, die südlich einer 1,5-m-Untiefe ausliegt. Nähert man sich von Osten der Fjordmündung, so wird man ohnehin dicht unter Land, also am Leuchtturm *Spodsbjerg* vorbei, in den Fjord einlaufen.
Bis auf das »offizielle« Fahrwasser, *Saette Riet* (auch *Østerløb* genannt), das, ausgebaggert und gut betonnt, nahe dem Ostufer in den Fjord hineinführt, ist die Einfahrt auf ihrer gesamten Breite verspannt mit Fischernetzen. Als Ortsunkundiger sollte man nur die betonnten Rinnen, nämlich das *Vesterløb* und das *Østerløb* benutzen. Diese Fischernetze liegen dicht an dicht in West-Ost-Richtung aus und versperren wie weiland die Schiffssperren der alten Wikinger die Einfahrt. Wer sich erst einmal in diesem Labyrinth verirrt hat, der wird nur schwer wieder herausfinden, wenn überhaupt.
Die eigentliche Barre der Fjordmündung befindet sich etwas südlicher, der *Lynæs Sand,* durch den eine schmale, jedoch gut betonnte Rinne (Wassertiefe gut 7 m) gegraben ist: Die sollte man nehmen, ob man nun in den Ise- oder in den Roskilde Fjord will.
Bei sommerlichen Verhältnissen kann der *Strom* in der Fjordmündung vernachlässigt werden, er läuft mit Ebbe und Flut. Anders sieht es bei Starkwind aus, vor allem bei solchem aus S oder N. Dann werden gewaltige Wassermassen in den Fjord hinein- bzw. herausgepresst, und man hat allen Grund, sehr aufzupassen, denn dann läuft der Strom in der Enge der Fjordmündung mit 3 kn, was etwas kritisch ist, wenn man beispielsweise den Hafen von

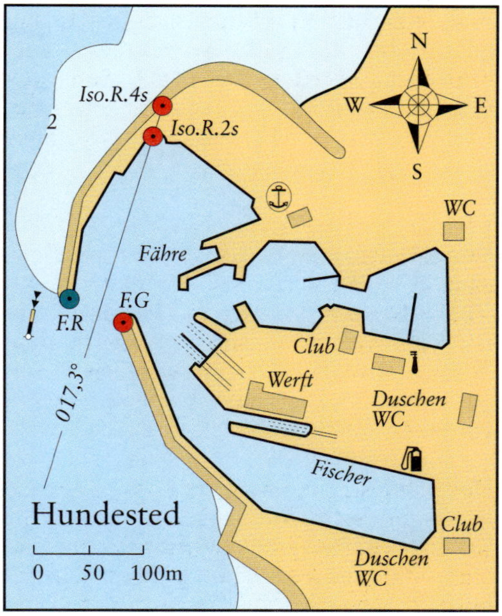

Hundested anlaufen will, denn der Strom setzt dann quer zu dessen schmaler Einfahrt. Vorsicht! Etwa 65 m vor der Westmole baut sich immer wieder eine Sandbank auf; sie ist nach meinem Geschmack mit der gelbschwarzen Tonne nicht ausreichend markiert. Deshalb: Etwa 80 bis 100 m Abstand von der Mole halten!
Das Fähr- und Fischerstädtchen mit seinen 6500 Einwohnern liegt sehr hübsch an den sanft vom Spodsbjerg abfallenden grünen Hängen am Ostufer. Aber so freundlich die gelben Häuser mit ihren roten Ziegeldächern auch aus den Bäumen hervorlugen: Kennt man das Städtchen erst einmal näher, so macht es doch eher einen etwas tristen Eindruck – eine schnurgerade, zum Gähnen langweilige Ladenstraße, die hinunter bis fast nach Lynæs führt, das ist so ziemlich alles. Hundested kommt eine gewisse Bedeutung als Fischerhafen zu – etwa 40 Kutter landen hier ihren Fang an, der in der Auktionshalle zum Verkauf gelangt – und eben als Einfallstor zum Ise- und Roskilde Fjord. Die Stadt hat eine Eisenbahnverbindung nach Kopenhagen und vor allem: eine Fährverbindung nach Jütland (Grenå).
Der alte Hafen von Hundested selbst wirkt etwas derangiert. Die großen Werfthallen werden wohl irgendwann – vom Rost angenagt – zusammenbrechen, denn auch hier mangelt es an Aufträgen.
Die einstmals bedeutende Werft ist zum Handwerksbetrieb geschrumpft.
Zwei Attraktionen gibt es dennoch: Da findet zweimal im Juli ein Hafenfest statt und traditionell in der 27. Kalenderwoche ein »Filetfest«. Was das in einem Fischerhafen sein wird, bedarf wohl keiner Erläuterung.
Hundested hat für Yachten vor allem Bedeutung als Übernachtungshafen. Wenn man nach langer Fahrt den Isefjord ansteuert, so findet man hier, dicht am Kattegat, einen zuverläs-

sigen, ruhigen Hafen, genauso wie man umgekehrt in Hundested auf besseres Wetter warten kann, wenn man aus dem Fjord kommt und hinaus ins rauhe Wasser muss. Ansonsten ist es besser, sein Boot nach Lynæs zu steuern, schon allein wegen der perfekten Versorgung dort.

Liegeplatz und Versorgung: *Bis auf das nordwestliche Becken, beim Fähranleger, dürfen Yachten überall festmachen, wo sie einen freien Platz finden. Beim Innenhafen gibt es mehrere Fischhandlungen. Zur schon erwähnten Einkaufsstraße sind es nur ein paar Minuten zu gehen. Am Hafen gibt es eine Maschinenwerkstatt und die Werft, außerdem erstaunlich viele Slipbahnen. Treibstoff s. Plan.*

Wasserstand: Tidenhub 0,6 m. Starkwind aus NW kann den Wasserstand um 1,2 m heben, Starkwind aus SE ihn um 0,8 m senken.

Von Hundested aus kann man beobachten, wie das kleine Fährboot quer über den Fjord hinüber nach *Oddsherred* und zum kleinen Hafen *Rørvig* tuckert. Diesen Weg sollte man als Ortsfremder wegen der bewussten Fischernetze meiden. Vielmehr fährt man durch die tiefe, betonnte Rinne *Saette Riet* (Østerløb) nach Süden, an *Lynæs* vorbei, in den Isefjord, von dem man voraus die weite Wasserfläche der *Yderbredning* vor sich hat, die beherrscht wird von den gewaltigen Fabrikanlagen von *Kyndbyværket*.

Im Westen liegt das bewaldete Ufer von Oddsherred, einer Ferienlandschaft par excellence. An dieser Halbinsel findet man zwei Häfen: einen sehr ordentlichen und auch großen, Nykøbing, und einen sehr idyllische, aber dafür kleinen, nämlich Rørvig.

Nykøbing. Der Hafen ist schon deutlich an dem hohen, gelben Silo auszumachen, sobald man die Huk *Nakke Hage* passiert hat. Die *Nykøbing Bugt* mit ihren Untiefen erfordert schon einige Aufmerksamkeit, und zwar um so mehr, je näher man dem Hafen kommt. Dann kann man auch erkennen, dass das Silo auf einer breiten Pier steht, die den Hafen von Nykøbing in zwei Teile teilt. Rechts davon liegt der Osthafen (A im Hafenplan) oder, wie er treffender heisst, Gamle Havn, links davon befindet sich ein großes, gewaltiges Becken, die Marina von Nykøbing, wo man zwischen Steg und Pfahl festmachen kann. Wo man besser liegt, das war früher keine Frage: im alten Hafen. Seitdem aber dort Stege abgebaut

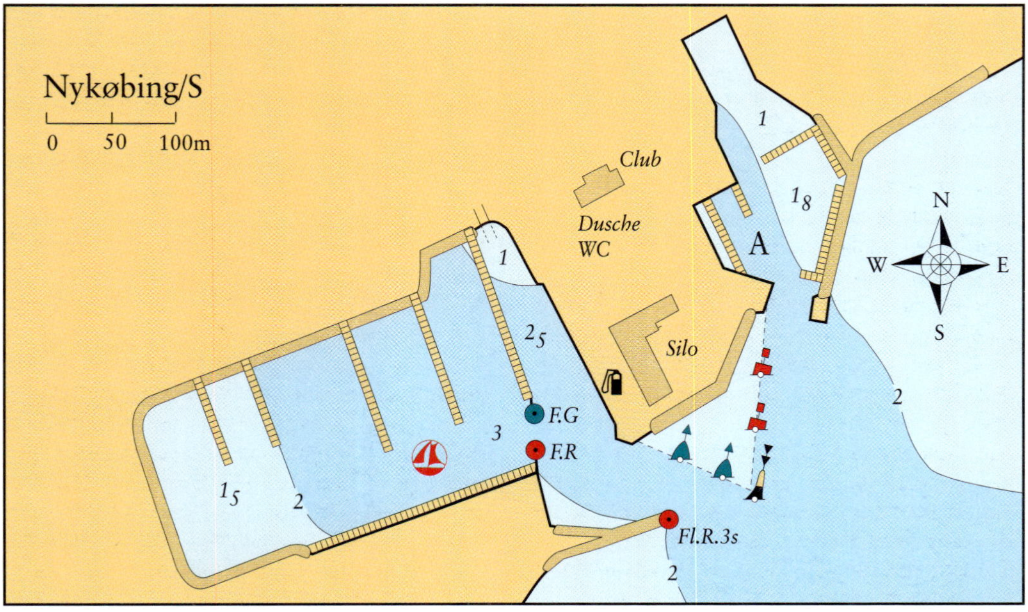

sind und die Wassertiefe teilweise doch recht knapp ist, verlegt man wohl besser in die Marina.
Zur Stadt Nykøbing – eine von den drei gleichen Namens, die anderen befinden sich auf Falster und auf der Insel Mors im Limfjord – ist es, an Wiesen und Gärten vorbei, etwa 1 km weit. Dieses Nykøbing/Seeland lohnt als Stadt keinen Besuch, wohl aber wegen seines Hafens und vor allem seiner Umgebung. Das Zentrum besteht aus einer langen Einkaufsstraße, der Algade, die im Sommer voller Urlauber ist, die aus ihren Sommerhäusern hierher zum Einkaufen kommen.
Man sollte sich im Touristbüro ein Fahrrad mieten und zu einem längeren Ausflug nach Oddsherred und hin zum Kattegatufer aufbrechen. Man kommt dann bald in ein zwischen Kattegat und Isefjord gelegenes großes Waldgebiet, das voller kleiner und großer, einfacher und luxuriöser Ferienhäuser ist, die locker und weitläufig in den Kiefernwald hineingebaut sind. In der Luft liegt der Duft von Salzwasser und harzigen Kiefern. Entlang der *Nyrup Bugt* am Kattegatufer erstreckt sich ein kilometerlanger, feinsandiger Strand.

Versorgung: *Reparaturmöglichkeiten nur beschränkt, besser in Hundested oder Lynæs. Toiletten und Duschen, Diesel s. Plan. Slip nur für Kleinboote, 8-t-Kran.*

Wasserstand: Tidenhub 0,4 m. Sturm aus NW kann den Wasserstand um 1,8 m erhöhen, Sturm aus SE ihn um 1,2 m senken.

Rørvig, den anderen Hafen von Oddsherred, kann man unter Umständen nur auf dem Landweg, sprich: mit dem Fahrrad von Nykøbing aus, erreichen. Er ist zwar vergrößert, vor allem aber ausgebaggert worden. Dennoch ist es in den Urlaubswochen nicht immer möglich, einen passenden Platz zu finden. Ich rate, vorher den Hafenmeister anzurufen (T. 59/919336).
An sich ein idyllischer Hafen vor einem idyllischen Ort, der in einem Park liegt, mit vielen Reetdachhäusern unter alten hohen Bäumen. Von Rørvig aus erstreckt sich zum Kattegat hin eine Wald- und Heidelandschaft, die sommers voll quirligen Lebens ist.

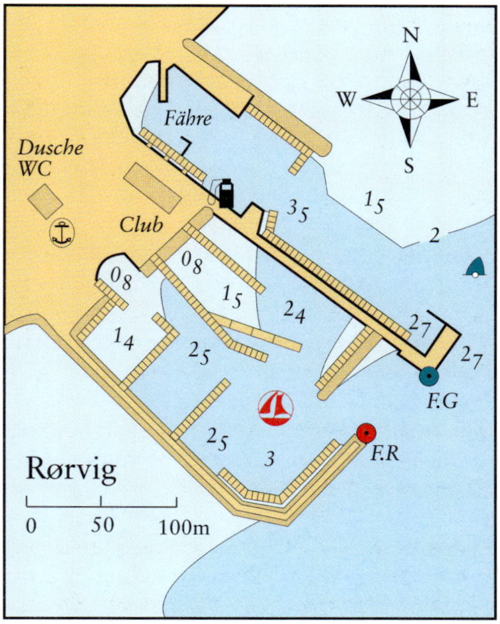

In Rørvig gibt es Geschäfte aller Art, mehrere Kros und Diskos – eben ein Ferienort.

Versorgung: *Recht gut. Restaurant. Fischhandlung. WC und Duschen. Lebensmittel im Ort. Diesel s. Plan; Werkstatt (300 m).*

Wasserstand: Tidenhub 0,3 m. Sturm aus W bis NW kann den Wasserstand um 1,5 m erhöhen, Sturm aus SE bis S ihn um 1 m senken.

Wenn man schon einmal da ist, kann man gleich die

Skansebugt in Augenschein nehmen, die sich ganz hervorragend zum Ankern eignet. Mit dem Schiff kommt man von Nykøbing aus durch das betonnte *Vesterløb* völlig problemlos hin, natürlich auch von Rørvig. In dieser kleinen, bis auf Winde aus S gut geschützten Bucht befindet man sich auf historischem Boden. In dem versteckten Naturhafen lagen einst die Wikinger mit ihren Langschiffen, wenn sie auf Feinde lauerten oder schweres Wetter sie am Auslaufen hinderte. Auf der Halbinsel Skansehage hatten sie um die Jahrtausendwende ihren Thingplatz; zu der Zeit

wurden hier sogar zwei Wikingerkönige gewählt.
Später, in den Engländerkriegen, spielte die Bucht, noch mehr aber die Halbinsel, eine Rolle, und von der Zeit hat sie auch ihren Namen: Skansehage, denn hier befand sich eine Schanze, von der aus die Einfahrt in den Isefjord gesichert werden sollte. In Rørvig selbst lag eine Flottille von Kanonenbooten, die gegen die Engländer operierte; besaßen die Dänen doch keine größeren Kriegsschiffe mehr, seit ihnen die Engländer 1809 ihre ganze Flotte weggenommen hatten.
Die schöne Skansebugt hat ganz klares Wasser und einen sauberen Sandstrand. Der Ankergrund besteht aus Sand und Schlamm, Tang kommt aber auch vor. Gelbe DS-Ankerbojen sind ausgelegt. Mit dem Dingi gelangt man bequem zum sommerlichen Highlife von Rørvig. Sehr empfehlenswert!

Yderbredning. Ungestörter Segelgenuss erwartet einen in der weiten und tiefen Yderbredning, sieht man einmal von dem militärischem Übungsgebiet (gelbe Tonnen) im östlichen Teil, in der *Jægersprisbugt* ab. Doch das wird selten genutzt, soll uns also nicht stören.

In den westwärts abzweigenden

Lammefjord und sein nördliches Anhängsel, den *Sidinge Fjord,* wird man wohl nur hineinfahren wollen, wenn man einen ruhigen Ankerplatz sucht – und das auch nur bei Tage, denn diese entlegenen Gewässer sind natürlich nicht betonnt, geschweige denn befeuert. Fischernetze beiderseits der Einfahrt erfordern zudem einige Aufmerksamkeit. Am besten hält man sich mehr an das waldreiche Nordufer, wo auf der Halbinsel *Kongsøre Næbbe* ein einsames, weißes Fischerhaus steht. Hier steigt der Landgrund – anders als im übrigen Teil des Lammefjords – steil an, sodass man gefahrlos ziemlich nahe am Ufer entlangschippern kann. Die beiden Fjorde waren einst um vieles größer. In einer Landgewinnungsaktion – nach dem Zuiderzee-Projekt in Holland das größte seiner Art in Europa – hat man die westlichen Teile der Fjorde eingedeicht und trockengelegt. Man sieht das auch schon auf der Seekarte, wo die Fjorde im Westen ganz unnatürlich gerade enden; das sind die Dämme. Jedenfalls entstand so eine 5500 Hektar große, überaus fruchtbare Landfläche, auf der man Gemüse anbaut, aber auch Tulpen züchtet, sodass auch in dieser Hinsicht eine gewisse Ähnlichkeit mit den Poldern des IJsselmeeres besteht.

Ankerplätze im Lammefjord

- Bei nördlichen Winden in der **Einfahrt zum Sidinge Fjord,** und zwar etwa 400 m vor dem Ufer auf gut 4 m Wassertiefe (Grund Sand).
- Bei südlichen Winden etwa 300 m vor dem gegenüberliegenden steilen Ufer **zwischen dem Svolsbjerg und Kisserup Hage** auf knapp 3 m Wassertiefe (Grund Sand). Vorsicht: Steine auf Kisserup Hage und dem Svolsbjerg Rev!
- Bei Winden aus NW liegt man nicht übel **vor Bøgehoved** auf gut 4 m Wassertiefe und etwa 300 m vor dem Ufer (Grund Sand).
- Bei westlichen Winden ankert man – zwar gut geschützt, aber auch etwas langweilig – **vor dem Abschlussdamm** des Lammefjords.

Um von der Yderbredning in die kleinere, aber landschaftlich um vieles schönere *Inderbredning* zu kommen, muss man an der Insel Orø vorbei, entweder durch das *Orø Vestre Løb* oder das *Orø Østre Løb.* Die übliche Passage ist die westliche: Sie ist tief, relativ gut betonnt und auch befeuert. Es ist der Weg, den die Berufsschifffahrt nimmt, wenn sie zur Stadt Holbæk will. Das *Orø Østre Løb* ist zwar auch befahrbar, für einen Ortsfremden jedoch nur von Süden her; von Norden kommend, gibt es keine sichere Ansteuerungsmarke. Doch von dieser Passage später, wir nehmen sie auf dem Rückweg.
Das *Orø Vestre Løb* mit dem waldigen Ufer im Westen und der steinigen Insel Orø im Osten ist landschaftlich recht ansprechend, aber gleichzeitig auch voller Tücken, vor allem, wenn man den Wind gegenan hat. Dann setzt ein 3-kn-Strom nordwärts, und angesichts der Enge des Fahrwassers wird ein Aufkreuzen nahezu unmöglich gemacht. Das Problem besteht nämlich darin, dass der Landgrund extrem

steil ansteigt, sodass man dicht neben dem stellenweise gut 15 m tiefen Fahrwasser auf Steine gefasst sein muss, die nur 0,5 m unter der Wasseroberfläche liegen. Die breiten, flachen Küstenstreifen des Orø Vestre Løbs sind voller Flachs, die teilweise trockenfallen und mit Steinen übersät sind. Man muss sehr auf die Tonnen achten, die zudem noch ziemlich weit auseinanderliegen. Bei hartem Wind oder schlechter Sicht ist das Orø Vestre Løb kein einfaches Gewässer. Von einer Nachtfahrt muss trotz der Sektorenfeuer *Løserup* (Oc.WRG.5s) und *Hønsehalsen* (Fl.WRG.3s), einer Bake auf einem Flach nahe dem Fahrwasser, dringend abgeraten werden.

Der an der Südwestspitze der Insel

Orø gelegene kleine Hafen ließe sich des Nachts wegen seines Sektorenfeuers (Oc. WRG. 5s) leichter ansteuern als am Tage, da die »Fahrrinne« nicht betonnt ist. Man sollte bei Tage bis knapp vor die rote Tonne laufen, die 0,5 sm südwestlich des Hafens ausliegt, und dann mit Kurs +/– 070° in den Hafen. Wenn die schwarz-weiße Fähre aus Holbæk im Anmarsch oder im Ablegen begriffen ist, warte man deren Hafenmanöver draußen im Orø Vestre Løb ab. Bei widrigen Stromverhältnissen, die hier bei Starkwind aus S und N auftreten können, und dem dadurch verursachten, hart quer zur Einfahrt setzenden Strom sollte man den Hafen im wahrsten Sinne des Wortes links liegenlassen; bei südlichen Winden kann der Wasserstand zudem noch um 1 m sinken. Ansonsten aber dürfte das Anlaufen von Orø Booten mit einem Tiefgang bis zu 2 m keine Schwierigkeiten bereiten.

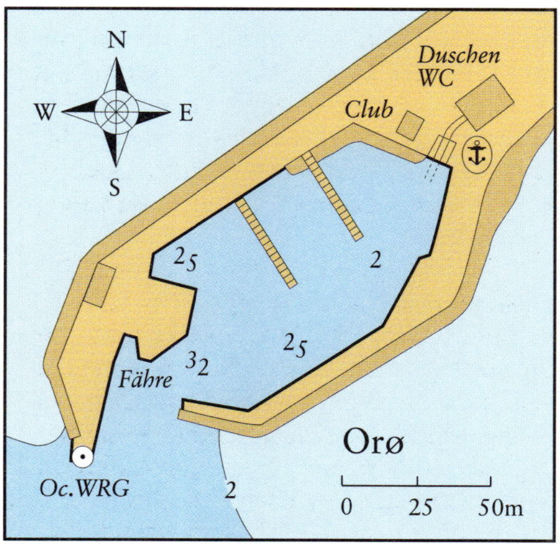

Allerdings: Ob man unterkommt, ist eine andere Frage. Orø ist Heimathafen von fünf großen Muschelfischern. Wenig Platz, man muss es einfach probieren. Für Gastyachten werden Plätze in der NW-Ecke des Hafens freigehalten. Also: notfalls weiter nach Holbæk. Was freilich schade wäre, denn Orø ist eine schöne Insel, von eigenartigem Charakter, der vor allem von den sie umgebenden Flachs mit den vielen Steinen und den vorgelagerten kahlen Steininselchen geprägt wird. Die Insel wirkt im Norden eher flach; nach Süden steigt sie zu einem Kieshügel an, mit fruchtbaren Äckern, die mit Hecken und kleinen Wäldern vor dem Wind geschützt werden. Zum Hauptort der Insel, nach Bybjerg, hat man vom Hafen aus eine Viertelstunde zu gehen. Hier, ganz in der Nähe der Orø Kirke, soll sich früher eine Burg der großen Königin des Mittelalters, Margarete I., befunden haben. Doch Genaueres weiss man nicht, und zu sehen gibt es auch nichts. Als sicher aber gilt – das beweisen die vielen vorgeschichtlichen Funde –, dass die Insel schon sehr früh bewohnt war. Orø ist ein uriger Platz und ein idyllisches Fleckchen Erde, freilich mehr außerhalb der Hauptsaison.

Wasserstand: Tidenhub 0,5 m. Winde aus NW können den Wasserstand um 1,2 m heben, Winde aus SE ihn um 1 m senken.

Wenn man um die Ecke der bewaldeten Halbinsel *Tornehage* kommt, hat man vor sich die Silhouette der Stadt Holbæk, von der man aber zunächst hauptsächlich nur Silos und Öltanks sieht.

Tornehage. Genau an der Spitze der Huk Tornehage befindet sich ein langer hölzerner Steg mit 1,8 m Wassertiefe am Kopf, die jedoch zum Ufer hin sehr schnell abnimmt. Ein sehr idyllischer, am Waldufer gelegener Platz. Die kleine Anlage gehört dem Holbæk Sejlklub. Man darf hier (kostenlos) liegen, hat aber »nur« Natur um sich. Übernachten ist nicht gestattet.

Spätestens bei Tornehage sollte man sich entscheiden, ob man in den Stadthafen von Holbæk will oder in die neue Holbæk Marina, die am Südufer des Fjords etwas verborgen hinter der grünen Halbinsel *Kirsebærholm* liegt. Die Marina ist in vieler Hinsicht super: der größte Bootshafen am Isefjord, umgeben von einer schönen Landschaft; der Stadthafen hat, wie meistens, mehr Atmosphäre, aber auch eine unruhige Umgebung. Die

Holbæk Marina findet man in der flachen, zum Teil steinigen *Dragerup Vig;* bei der Ansteuerung muss man deshalb sehr auf die Betonnung achtgeben. Am besten geht es so: Man läuft in der Fahrrinne nach Holbæk bis zur vierten roten Tonne und nimmt dann Kurs auf die gelb-schwarz-gelbe Tonne, die man an Bb lässt, und hält auf den Kopf der Steinmole zu. Der Hafen war früher nach Osten zu offen. Jetzt gibt eine neue Mole einen perfekten Schutz. Man sucht sich an den Stegen einen freien Platz (grünes Schild). In dem eleganten Clubhaus gibt es ein Restaurant und sanitäre Einrichtungen. Daneben aber auch noch ein zweites, ganz neues. Tankstelle am Kai, Wasser und Strom überall an den Stegen. Slip und 10-t-Travellift. Reparaturen sind möglich.
Über die flachen Fjordwiesen wandert man eine halbe Stunde in die Stadt (man kann aber auch den Bus nehmen).

Wasserstand: Tidenhub 0,2 m. Wind aus W bis NW kann den Wasserstand um 0,7 m erhöhen, Wind aus E bis SE ihn um ebenfalls 0,7 m senken.

Der Tonnenstrich verläuft in Linie 241,5° (U-F. und O-F.: Iso.R.2s) auf die Hafenanlagen von

Holbæk zu. Da ist einmal eine sehr lange Pier für die Frachtschiffe. Dort liegt man nur bei Winden aus S ruhig, ansonsten völlig ungeschützt. Für Yachten ist dieser Platz ungeeignet, obwohl man hier festmachen dürfte. Am östlichen Ende des großem Hafens befindet sich ein kleiner Bootshafen, leicht auszumachen an den weißen, kugelförmigen Gasbehältern. Er ist sehr eng und verwinkelt, und die wenigen Plätze sind von einheimischen Booten

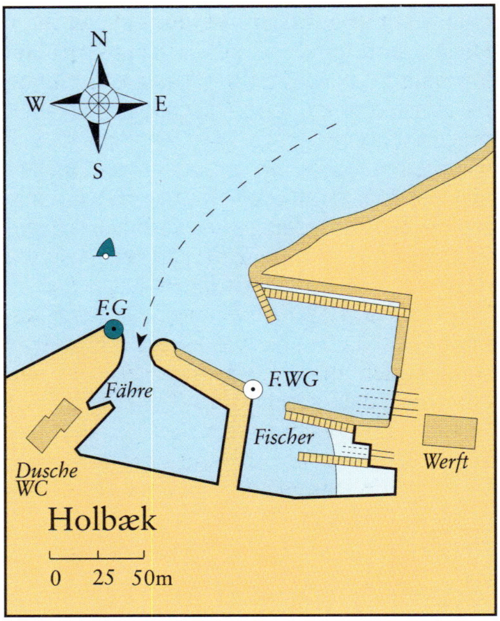

belegt. Die Umgebung mit den Tanks und Silos sowie der Kläranlage ist auch nicht eben einladend. Das gilt auch für das große Becken des Handelshafens.
Man fährt also am Handelshafen vorbei und im Bogen hinein in den ältesten Teil des Hafens, der aus drei Becken besteht. Gastyachten können überall festmachen, nur den Fischern sollten sie den Platz freilassen. Man liegt hier sehr geschützt, wegen der Straße und des großen Parkplatzes davor allerdings nicht ungestört. Dafür hat man nur ein paar Minuten Fußweg bis zur Stadt und braucht die ersten drei Tage kein Liegegeld zu bezahlen.

Versorgung: *Kleine Werft mit Slip. Toiletten und Duschen s. Plan. Lebensmittel usw. in der Stadt. Treibstoff besorgt man sich am besten in der Holbæk Marina.*

Wasserstand: Tidenhub 0,5 m. Sturm(!), der von W auf N bis NE dreht, kann den Wasserstand um 1,5 m erhöhen, Sturm aus E, der auf S bis SW dreht, kann den Wasserstand um 1,2 m senken.

Obwohl das 700jährige Holbæk durchaus noch ein paar alte Bauwerke hat, kann man nicht von

einem altertümlichen Stadtbild sprechen. Diese mittelgroße Stadt ist modern und lebendig, was auch ihre Atmosphäre bestimmt. Es gibt hier viele gute Kneipen und Restaurants, vor allem in der Fußgängerzone, die von der breiten Geschäftsstraße, der Algade, abzweigt. Das Holbæk-Museum ist in dem schönsten noch erhaltenen Kaufmannshof der Stadt untergebracht, eine Art heimatkundliches Museum, lohnenswert an einem Regentag.
Was Holbæk zu der so angenehmen Stadt macht, ist nicht leicht zu sagen. Irgendwie stimmt hier alles, Altes und Neues nebeneinander, das geschäftige Treiben in den Straßen, die vielen jungen Leute. Die Stadt zeigt auf eine unaufdringliche Art einen behäbigen Wohlstand. In den kleinen Kneipen gastieren erstaunlich gute Jazz- und Folkgruppen (im Touristbüro fragen, wo gerade etwas los ist).

Gegenüber von Holbæk liegt am Ufer von *Tuse Næs* ein kleiner, gut geschützter und auch nicht übler Hafen; ursprünglich, als noch eine Fähre den Fjord querte, deren Anleger:

Hørby. Einheimische Segler haben sich den winzigen Hafen für ihre Zwecke hergerichtet. Bei Tage lässt er sich leicht anlaufen: Man steuert von Holbæk aus Kurs N genau auf Hørby zu. Auf diesem Kurs bleibt man auch gut frei von dem großen Steinriff mit dem Inselchen *Rønnen.*
Der Hafen und auch die unmittelbare Umgebung (etwa 20 m von den Brücken entfernt) sind ausgebaggert worden. Empfehlenswert das Restaurant »Færgegård«. Schöner Blick hinüber nach Holbæk.

Wasserstand: wie Holbæk Hafen.

Der vom Holbæk Fjord aus südlich abzweigende Teil des Isefjords, die

Inderbredning, ist eine Wasserlandschaft von großem Zauber; im schönen Dänemark wird man nur noch wenige ähnlich hübsche Flecken finden. Allerdings ist es nicht unbedingt ein Segelrevier von Bedeutung, dafür ist es einfach zu klein und hat auch – südlich der Insel Orø – zu viele (betonnte und unbetonnte) Untiefen.

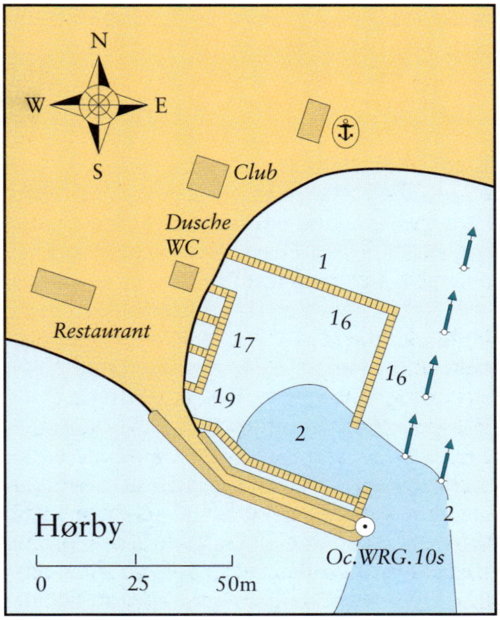

Die kritischste ist *Dronningedyssen*, eine von tiefem Wasser umgebene 0,5-m-Stelle, aber immerhin markiert mit einer gelb-schwarzen Spiere. Das Schießgebiet ist mit gelben Tonnen gekennzeichnet. In Holbæk sollte man sich informieren, ob geschossen wird.

Ankerplätze in der Inderbredning

- Am Westufer vor dem **Dragerup Skov,** wo die 2-m-Linie ganz dicht ans Ufer heranführt (Grund Sand, Lehm, Steine). Bei der Ansteuerung achte man auf zwei Betonsockel, die aus dem Wasser ragen – Reste einer früheren Seeminenstation.
- Westlich der schönen, recht hohen **Waldinsel Bramsnæs** in der gleichnamigen Bucht (Grund Sand, Lehm). Die Bogenbrücke (Durchfahrtshöhe nur 3 m) versperrt Segelbooten den Weg in den wunderschönen *Tempelkrog* mit seinen vielen kleinen Inseln.
- Östlich von Bramsnæs in der schmalen **Bramsnæs Vig**. Wahrschau vor dem sich nach NNW erstreckenden Steinriff und den Aalreusen der Fischer von Ejby! Hier in der schmalen Bucht schwojen etwa 40 Boote an Murings, deshalb ist es für andere etwas eng (Grund Sand, Lehm, auch Tang).

- Wer nicht in den Hafen von **Ejby** hineinpasst, was wahrscheinlich ist, kann nördlich oder südlich davor ankern (Grund Sand, Lehm).

Ejby ist an sich ein guter Hafen, jedoch nur von außen gesehen. Boote ab 8 m Länge über alles sollten gar nicht erst versuchen, dort unterzukommen: Fischerkahn drängt sich an Fischerkahn. Auch die Wassertiefe ist mit ca. 1 m doch sehr gering. Außer Wasser keine Versorgung. Das WC ist zumeist abgeschlossen. Nur wenig südlich vom Hafen befindet sich ein schön gelegener Kro. Zum gleichnamigen Dorf sind es 2 km.

Auf dem Weg nordwärts, zurück aus der Inderbredning und vielleicht auch schon heimwärts, kann man noch ein kleines Stück spannender Seefahrt praktizieren und durch das unbetonnte *Orø Østre Løb* laufen, aber tunlichst nur bei Tage! Auf dem Weg dorthin passiert man am Ostufer noch eine ganz ausgezeichnete Ankerbucht, die *Vellerup Vig*. Das

Orø Østre Løb lässt sich durchaus befahren, aber mit einem vertretbaren Risiko nur mit einem Tiefgang von höchstens 2,5 m. Das Fahrwasser ist nicht betonnt und schon gar nicht befeuert, und so muss man sich mit Hilfe von Peilungen durch dieses von vielen Flachs eingeengte Gewässer tasten.
Man läuft zunächst nordwärts, am Ostufer der Inderbredning entlang. Sobald man die NE-Huk der Geröllinsel *Ronø* in Peilung hat mit dem nördlichsten Ende der Steininsel *Lindholm*, ändert man seinen Kurs auf NNW und läuft auf die Mitte der Fährpassage zwischen *Hammeren* und *Orø* zu. Man darf sich aber nicht täuschen lassen: Vor dem großen Wald auf Hammeren erstreckt sich ein Damm noch ziemlich weit nach Westen. Ist die flache gelbe Seilfähre unterwegs, so warte man, bis sie anlegt, um nicht mit den Seilen zu kollidieren. Hat man die Mitte zwischen den beiden Anlegern erreicht, so läuft man auf den großen, dunklen Komplex der Fabrikanlagen von *Kyndbyværket* zu, und zwar so lange, bis man die Kabelbaken von *Skallehage* querab hat. Vorsicht: 0,5-m-Stelle dicht neben der 6-m-Linie! Nun weiter mit Kurs N, etwa 1,3 sm lang, bis man die größte der vielen, kaum aus dem Wasser ragenden Steininseln auf dem üblen *Kyndby Rev* in Peilung mit den Schornsteinen von Kyndbyværket hat.
Nun muss man wieder den Kurs ändern, und zwar auf die rote Tonne **(WP 758)** zu. Kurs 340 bis 345°, ganz vorsichtig und langsam fahren. Nach 1 kbl müsste man man im tiefen Wasser sein, aber dicht an den Seiten liegen große Flachs, die Untiefen von *Kyndby Rev* im Osten und *Næsby Rev* im Westen. An der Nordkante des *Næsby Rev* eine schwarz-gelbe Tonne **(WP 750)**. Wenn man seinem Gefühl doch nicht so ganz traut, etwas mehr zum Ufer von Orø hin halten! Echolot mitlaufen lassen! Noch besser: Einen Mann in den Bugkorb stellen, der sieht am besten, wenn das Wasser flach wird. Nach 1,5 sm jedenfalls müsste man das Orø Østre Løb hinter sich haben und sich wieder im tiefen, breiten, schönen Segelrevier der Yderbredning befinden. Übrigens: Das die ganze Yderbredning beherrschende Elektrizitätswerk Kyndbyværket hat einen großen Hafen. Wer den verwegenen Gedanken haben sollte, diesen anzulaufen, sollte es besser lassen, denn das ist verboten.

Sieht man von den östlich von Lynæs gelegenen hohen, auffallenden gelben Kliffküsten von *Halsnæs* einmal ab, so ist das Land um die Mündung des Roskilde Fjords, die *Kulhus Rende,* eher flach und – ganz charakteristisch – dicht mit dunklen Wäldern bewachsen. Kulhus Rende kann einen etwas täuschen, denn so breit die Wasserfläche auch wirkt, so eng ist in Wirklichkeit die befahrbare Rinne, neben der sich große, zum Teil mit Steinen übersäte und unter bestimmten Umständen auch trockenfallende Flachs erstrecken. Die an die 10 m tiefe Fahrrinne führt ganz dicht an diesen Flachs vorbei, über denen nicht selten nur eine Handbreit Wasser steht.

Den an der äußersten NW-Spitze der waldreichen Halbinsel *Horns Herred* gelegenen Hafen von

Kulhuse sollte man ohne Zögern passieren. In erster Linie ist es ein Fähranleger. Damit die Fähre, die hinüber nach *Sølager* fährt, überhaupt an Horns Herred herankommt, musste man einen langen Damm in die Kulhus Rende hinausbauen; dieser und ein zweiter östlich davon schützen den ca. 250 m langen, engen Hafenschlauch. Viele Boote liegen an Heckpfählen und machen das Manövrieren im Hafen problematisch. Außen macht die Fähre fest. Gäste gehen längsseits an die Westmole. Wassertiefe in der äußeren Hälfte knapp 2 m, dann bis auf 1 m abnehmend. Die 2-m-Wassertiefe im Hafen hilft einem aber nicht, denn die Anfahrt zum Hafen selbst ist nur 1,7 m tief. Auf der Westmole fahren die Autos zur Fähre. Ein nicht zu empfehlender Hafen. Wenn man einen Platz zum Übernachten sucht, dann geht man besser in das am anderen Ufer gelegene Lynæs (s. S. 201).

Als Hafen nicht minder problematisch, aber als Ort weitaus interessanter ist das am Ostufer gelegene

Frederiksværk, dessen gewaltiger Stahlwerkskomplex den ganzen äußeren Roskilde Fjord beherrscht. Läuft man an dieser monströsen Anlage vorbei, so käme man gewiss nicht auf die Idee, dass sich dahinter eine Stadtidylle verbirgt, eben das alte Frederiksværk. Werk und Stadt verdanken ihre Entstehung – eher zufällig – einem Kanalprojekt: Zu Beginn des 18. Jahrhunderts ließ der damals regierende Frederik IV. den östlich des Fjords gelegenen großen Arresø entwässern, weil der nach starken Regenfällen immer wieder über seine Ufer getreten war und das Land ringsum verwüstet hatte. Da der Wasserspiegel des Sees um einiges höher lag als der des Roskilde Fjords, steckte in dem durch den Kanal abfließenden Wasser eine Menge Energie, die man auch damals schon zu nutzen verstand. So wurde eine für die Zeit des Merkantilismus typische Manufaktur gegründet, eine Achatschleiferei. Ein halbes Jahrhundert später baute man eine Kanonengießerei, dann kam eine Pulverfabrik hinzu, und schließlich folgten ein Eisenwerk und ein Kupferwalzwerk.

So entwickelte sich um den Kanal langsam die erste Industriestadt Dänemarks, die man nach dem Erbauer des Kanals Frederiksværk nannte. Lange waren die Werke die Waffenfabrikanten des Königreiches; hier wurden die Kanonen für die Flotte und das Heer gegossen, hier wurde auch das zugehörige Pulver fabriziert. 1942 wurde das moderne Stahlwerk gebaut, in dem heutzutage der gesamte Eisenschrott des Landes verarbeitet wird (vor allem zu Schiffbauplatten). Dicht neben dem Stahlwerkskomplex hat sich die Stadt im Kern ihre Kanalidylle aus dem 18. Jahrhundert bewahrt, aber davor steht eben leider das große Werk mit seinen qualmenden Schloten und den rostigen Schrotthaufen.

Liegeplatz und Versorgung: *Der Werkshafen darf nicht angefahren werden. Die Rinne, die zu ihm und zum nördlich gelegenen Stadthafen führt, ist ziemlich eng, sodass die großen Berufsschiffe keinen Platz haben, um auszuweichen. Darauf sollte man also achten. Nördlich des Stahlwerkshafens erstreckt sich ziemlich auffallend ein langer Steindamm in südwestlicher Richtung, dahinter befindet sich der neue Bootshafen, der mit den roten Hafenhäusern, die an Skagen erinnern, und seinen 200 Liegeplätzen gar nicht übel ist, im Gegenteil, zumal auch der Service dem Standard eines großen Hafens entspricht. Ohne den freundlichen Leuten von Frederiksværk nahetreten zu wollen: Man fühlt sich in diesem Hafen nicht so richtig in einer Ferienatmosphäre, wegen des riesigen Stahlwerks, wegen der großen Schlackenberge und: Schier unerträglich ist der Aufenthalt bei Südwind, der die Schwaden aus dem Stahlwerk über den Hafen treibt.*

Wasserstand: Tidenhub 0,2 m. Winde aus WNW können den Wasserstand um 0,8 m heben, Sturm aus SE kann ihn um 0,9 m senken.

Das Revier vor Frederiksværk ist voller Flachs, von denen wiederum der *Store Tørvegrund* das größte ist. Um den Grund führen zwei recht tiefe und betonnte Passagen: Die nördliche ist nur von Bedeutung, wenn man nach Frederiksværk will oder den Roskilde Fjord bei Nacht befährt, weil nur sie befeuert ist; die südliche Rinne hingegen nimmt man, wenn man ohne größere Umstände weiter in den Fjord hinein will.

Beide Rinnen sind ziemlich gewunden, und ihr Verlauf ist nicht ganz leicht auszumachen. Die

Tonnen liegen dicht neben flachen Stellen aus. Der Seekarte nach kann man bis auf wenige Ausnahmen mit ausreichend tiefem Wasser neben dem Fahrwasser rechnen, aber darauf sollte man sich nicht verlassen – auch wenn man dänische Yachten außerhalb der Fahrrinne zielbewusst über die Sandbänke segeln sieht. Sie kennen ihr Revier und haben ihre eigenen, nur ihnen bekannten Peilmarken, an denen sie sich orientieren. Ortsunkundige sollten aber besser Tonne um Tonne abhaken. Ich habe einmal beobachtet, wie ein Fischkutter aus Gilleleje jämmerlich auflief, nur weil er eine Tonne an der falschen Seite passiert hatte.

Dyrnæs Hage. Hier kommt wiederum eine etwas kritische Stelle: Das Fahrwasser wird sehr schmal. Von Westen her, also vom waldigen Ufer von *Horns Herred,* erstreckt sich ein böses Steinfeld bis dicht zur Fahrrinne und zur grünen Tonne. Man muss sich vergegenwärtigen, dass die Fahrtrichtung von Nord nach Süd verläuft, dass man die grüne Tonne also an Stb haben muss. Eigentlich selbstverständlich, aber da die etwas südlicher ausliegende rote Tonne gegenüber der grünen sehr versetzt ist, könnte man einen Augenblick im Zweifel sein, wo denn nun beide zu passieren sind.

Dyrnæs Bro. Von der Halbinsel Dyrnæs aus erstreckt sich ein Steindamm, die Dyrnæs Bro, bis hin zum Fahrwasser. Ein Boot mit weniger als 1,2 m Tiefgang kann am Kopf des Dammes festgemacht werden; man achte aber auf den Strom, der bei Starkwind aus SE mit beträchtlicher Geschwindigkeit durch die schmale Passage schießt. Der Damm ist schon mehrere Jahrhunderte alt und wurde unter Christian IV. (1588–1648), dem Baumeisterkönig, angelegt, um die Ziegel, die auf Horns Herred gebrannt wurden, verschiffen zu können. Mit Damm und Ziegelei, deren Schornstein man hinter dem schilfigen Ufer erkennen kann, hat man ein Stück dänischer Baugeschichte vor sich.

Südlich von Dyrnæs öffnet sich der Fjord wieder zu einer breiten Bucht, die einen ziemlich gleichmäßig ansteigenden Landgrund hat, sodass man sie aufkreuzen könnte. Folgende

Ankerplätze im nördlichen Roskilde Fjord können empfohlen werden, sie sind aber, verglichen mit dem, was der Fjord weiter im Süden zu bieten hat, bestenfalls zweite Wahl:

- Bei West, sofern er nicht zu stark ist, liegt man recht gut östlich der Schilf- und Grasinsel **Øksneholm** auf knapp 3 m Wassertiefe (Grund Sand).
- Bei Ostwind findet man vor dem Ostufer, unterhalb des Hügels **Myrbjerg**, auf gut 3 m Wassertiefe und ebenfalls sandigem Grund einen recht ordentlichen Platz.
- Etwas besser, aber nicht ganz risikolos anzufahren ist der Ankerplatz östlich der Sandplatte **Enelev Rev,** wo man auf 3,6 m Wassertiefe und sandigem Grund liegt.

Meiden muss man wohl den kleinen Hafen von *Kignæs*, auch *Neder Dråby* genannt, der zwar recht hübsch anzusehen ist, aber in seinem extrem schmalen Becken (Wassertiefe nur 1,7 m, auch in der Anfahrt) kaum Platz für Gastyachten hat.
Spätestens auf der Höhe von Kignæs, also da, wo sich der Fjord rasch verengt, sollte man sein Boot klarhaben für das Passieren der *Kronprins Frederiks Bro,* einer Klappbrücke mit einer 30 m breiten Durchfahrt bei ungeöffnet 3 m Höhe. Kommt man von Norden, so hat man vor der Brücke, der man sich zunächst nur auf 100 m nähern darf, kaum mehr Raum für Manöver, nicht nur, weil die Rinne hier so eng wird, sondern weil auch noch Dalben etwas hinderlich sind. Wer warten muss, kann an einem Anleger festmachen.

Kronprins Frederiks Bro: Man gibt die üblichen Signale: Signalflagge »N« oder ersatzweise die Nationale auf halber Höhe im Vortopp oder im Want und dazu das Schallsignal lang–kurz. Der Brückenwärter, der auch über UKW-Kanal 16 angerufen werden kann, antwortet mit folgenden Signalen:

1 F.R:	Durchfahrt verboten.
2 LFl.R:	Brücke wird gleich für südgehenden Verkehr geöffnet.

2 F.R:	Südgehender Verkehr darf jetzt passieren.
3 LFl.R:	Brücke wird gleich für nordgehenden Verkehr geöffnet.
3 F.R:	Nordgehender Verkehr darf jetzt passieren.
2 F.R und 3 F.R:	Sportboote dürfen – in eigener Verantwortung – gleichzeitig in beiden Richtungen passieren.

Man soll die Brückendurchfahrt zügig passieren und die Maschine mitlaufen lassen. Der Anker muss klar zum Fallen sein.

Die Brücke wird in der Zeit zwischen 30 Minuten vor Sonnenaufgang und 30 Minuten nach Sonnenuntergang wochentags zu jeder halben und vollen Stunde geöffnet;, sonntags nur zur vollen Stunde. Ausnahmen bilden die folgenden Sperrzeiten:
Montag bis Freitag: 0645 – 0900, 1400 – 1600 (nur Freitag), 1500 – 1700
Samstag und Sonntag: 1000 – bis 1400
Man muss seine Fahrt also auf diese Zeiten hin ausrichten. Ist man zu früh dran, sollte man es so wie die Dänen machen, die dann in der Bucht südlich von Dyrnæs den Anker werfen und auf die Öffnung warten. Es gibt aber auch in unmittelbarer Nähe der Brücke Festmachemöglichkeiten.

Frederikssund ist eine Stadt, die ähnlich wie Frederiksværk nicht recht Anlass zum Verweilen geben könnte, wenn nicht ihre drei guten Häfen wären. Eine Provinzstadt ohne besondere Sehenswürdigkeiten, hervorgegangen aus einem Ladeplatz, der dann zum Fährort wurde und später zur Brückenstadt. Die Fähre wurde 1868 durch eine Pontonbrücke ersetzt, die erste Kronprins Frederiks Bro, die 1935 durch die heutige Klappbrücke, die den Namen ihrer Vorgängerin beibehielt, abgelöst wurde.
Ein altes Stadtmilieu hat die Stadt nicht, lediglich um den alten Handelshafen und nahe der Brücke findet man im Skyllebæk-Viertel noch einen Hauch Fischerdorf-Romantik.
Frederikssunds Entwicklung verlief Anfang der sechziger Jahre des vergangenen Jahrhunderts geradezu explosionsartig, als von Kopenhagen mehrere Industriebetriebe, denen es dort zu eng geworden war, hierher verlegt wurden. In der Hauptstraße, die ohne architektonische Höhepunkte ist, reiht sich Geschäft an Geschäft; als Havnegade läuft diese Einkaufsstraße direkt am alten Hafen aus.
Die alten, wie verloren wirkenden Brückenpfeiler dicht südlich am alten Hafen trugen früher eine Eisenbahnbrücke. Sie heißen im Volksmund »Zahnstummel« und stehen jetzt da, ohne jemanden zu stören, denn größere Schiffe fahren doch nicht weiter als bis Frederikssund.
Frederikssund hat drei Häfen, von denen jeder auf seine Art recht ordentlich ist. Da ist zuerst einmal der Handelshafen 0,5 sm südlich der Klappbrücke am Ostufer, dann, wiederum 0,5 sm weiter, die Marina oder, wie sie offiziell heißt, Frederikssund Lystbådehavn, und als dritter in derselben Bucht der alte Yachthafen von Marbæk.
In den Handelshafen, der aus dem hässlichen Nyhavn, dem nicht viel schöneren Gamle Havn und dem sehr engen ehemaligen Werfthafen (der jetzt Skyllebakke Havn heißt und privat ist) besteht, würde ich nur gehen, um einzukaufen oder für eine Nacht hier zu liegen. Man vertäut dann am besten an der Schwimmbrücke aus Betonpontons, die eigens für Yachten angelegt wurde. Mit Ausnahme von Lebensmitteln kann man sich nicht besonders gut versorgen, wenn auch – unter Schwierigkeiten – Treibstoff und Wasser zu bekommen sind.
Wer etwas länger bleiben will und auch gern einen gewissen Komfort hat, der sollte eine halbe Seemeile weiter nach Süden segeln, an der Halbinsel Kalvø und dem gleichnamigen Rev entlang bis zu der roten Spiere, die etwa 250 m SSW-lich der Marina-Mole ausliegt. Von dort geht es in die Bucht mit ihren zwei Häfen. Auf Kalvøen liegt ein schöner Park, zwischen der Stadt und der Yachthafenbucht. Hier befinden sich Tennisplätze, ein Stadion, eine architektonisch gar nicht üble Veranstaltungshalle und eine Art Freilichttheater, in dem von Ende Juni bis Anfang Juli die in Dänemark und angeblich auch anderswo berühmten Wikinger-Spiele von Frederikssund stattfinden – ein Spektakel, das nicht nur Kindern großen Spaß macht. Auf Kalvøen gibt es auch ein recht hübsch gelegenes Restaurant und, nahe bei unseren beiden Häfen, ein nachgebautes Wikingerdorf.

Wirkt der Handelshafen ziemlich öde und leer, so ist die Bucht im Süden schon mehr zu loben. Hier liegen die beiden Yachthäfen: am Ostufer der alte, verwinkelte Yachthafen von Marbæk mit verwitterten Holzstegen, sehr eng, so, wie Yachthäfen vor 50 Jahren noch aussahen, und am Westufer die Marina, alles tipptopp, Schwimmpontons.

Steuert man die Bucht an, so sollte man nicht über die grünen Spieren im Osten hinauslaufen, obwohl dahinter noch Yachten vor Anker liegen: Die Wassertiefen dort sind nur Einheimischen vertraut.

Liegeplatz und Versorgung: *Im Grunde haben die beiden Häfen alles, was man als Yachtskipper braucht. In beiden Häfen gibt es Slips (in Marbæk dazu noch einen Portal- und einen Mastenkran), Duschen, Toiletten usw., auch Zubehör. In Marbæk eine recht gute Reparaturwerkstatt. Marbæk hat innen nur 1,6 m Wassertiefe; man legt sich am besten an den Kopf des Steges (Heckpfähle). Die Marina weist etwas größere Wassertiefen auf; hier sucht man sich (grünes Schild) eine freie Box.*
Hinweis: *Die Häfen* ***Marbæk Nord*** *und* ***Marbæk Süd*** *sind Industriehäfen und dürfen von Yachten nicht angelaufen werden, also nicht verwechseln mit dem eben beschriebenen Marbæk!*

Wasserstand: Tidenhub 0,5 m. Winde aus NW können den Wasserstand um 1,1 m heben, solche aus SE ihn um 1 m senken.

Südlich von Frederikssund ist das Fahrwasser immer schwieriger zu befahren. Man darf sich jetzt von der Umgebung nicht mehr ablenken lassen, die im übrigen recht zersiedelt wirkt; vor allem die kreuz und quer verlaufenden Überlandleitungen stören das Bild dieser ursprünglich so harmonischen Landschaft.

Geradezu zu einer Existenzfrage – jedenfalls für das Boot – wird es nun, peinlich genau nach Tonnen zu fahren und sich dabei nicht von dänischen Yachten irritieren zu lassen. Wenn sie hier zu Hause sind, so kennen sie jeden Stein und jede Sandbank und können so, im Gegensatz zu uns, auch unkonventionelle Kurse steuern.

Anfangs geht es noch, aber von der Rinne über den *Værvergrund* an muss man schon sehr

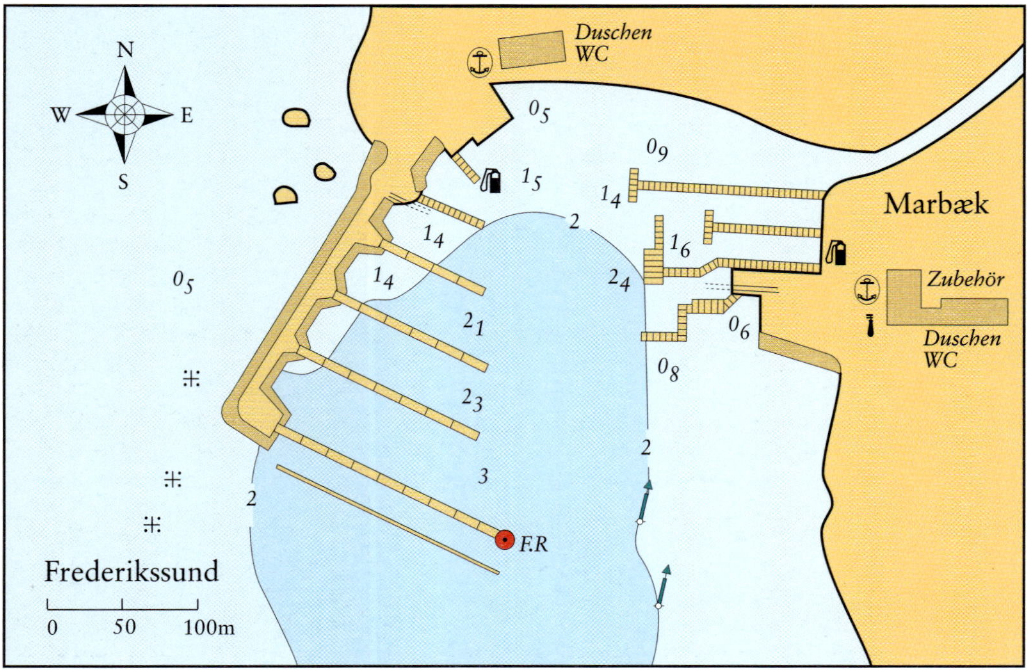

aufpassen. Danach geht es unter der (22 m hohen) Hochspannungsleitung hindurch in die *Pepperrenden*, wo vor 1000 Jahren die Wikinger den Fjord mit einer Schiffssperre abriegelten. Von der rot-weißen Tonne *Horsehage* (LFl.10s) an wird es nahezu kriminell, jedenfalls für den, der zum erstenmal hierherkommt. Mit der Seekarte kann man sich nur unzulänglich auf diese schwierige Passage vorbereiten; die Karte gibt auf den paar Quadratzentimetern, die sie dem Gebiet zwischen *Horsehage* und der Insel *Eskilsø* widmen kann, nur ein undeutliches Bild der Wirklichkeit wieder. Es sind auch beileibe nicht alle Tonnen eingezeichnet, geschweige denn, dass der genaue Verlauf der Fahrrinne aus der Karte ersichtlich wäre.

Man stelle sich vor: eine weite Wasserfläche, ferne, nicht sehr hohe Ufer, kleine Inseln und Inselchen, massenhaft Untiefen, Sandbänke und dann viele Steine, manche nur eine Handbreit unter der Wasseroberfläche. Ein ideales Gewässer also für Fische und notabene auch für Fischer – und so ist die weite Bucht, vor allem vor dem Westufer, ein einziger Wald aus Fischstöcken, die zu kunstvollen Systemen zusammengefügt sind, durch die wiederum, einer Schneise gleich, im Zickzack die Fahrrinne führt.

An der Tonne *Horsehage* teilen sich die Wege, ohne dass sie anderswo wieder zusammenträfen. Will man am Ostufer entlangsegeln, zu den Yachthäfen *Jyllinge Nord* und *Jyllinge Süd,* dann fährt man in eine Sackgasse und muss wieder zurück, wenn man weiter nach Süden möchte. Meiner Meinung nach lohnt der Umweg zu diesen, wenn auch perfekten, Marinas nicht. Da würde ich schon lieber etwas länger in Roskilde bleiben oder ein paar Tage in einer schönen Ankerbucht verweilen. Aber das ist natürlich Geschmackssache. Also, wer dennoch mag, kommt so dorthin:

Von *Horsehage* aus mehr am Ostufer entlangsegelnd, sich orientierend an den grünen und roten Spieren, gelangt man zu dem Yachthafen

Jyllinge Nord (Danmarine), der nach Süden zu ziemlich offen in einer kleinen Bucht am Ostufer des Roskilde Fjords liegt. Rote Ballons markieren das Flach nördlich der schönen, bewaldeten *Insel Lilleø.* Die Wassertiefen im Hafen betragen 1,9 m. Guter Service. Jedoch ist nur selten ein Platz zu finden, die Anlage ist zu klein.

Was freie Plätze angeht, so sieht es in der 1 sm südlicher gelegenen

Jyllinge Süd schon erheblich besser aus. Dieser neue, perfekte Yachthafen hat Platz für 400 Boote. Die Passage östlich an Lilleø vorbei ist mit grünen und roten Spieren gut markiert. Dicht südlich des alten Hafens von Jyllinge beginnt dann eine Passage, markiert mit fünf roten Stumpf- und drei grünen Spitztonnen, die direkt zur Marina führt. Von der sich nach W öffnenden Einfahrt läuft man geradewegs auf den Service-Kai zu. Die Marina, die zu den besten in Dänemark gezählt wird, liegt etwas langweilig vor einer großen Siedlung von Parzellenhäusern. Mit einem Tiefgang bis zu 1,5 m sollte man den Hafen immer anlaufen können, die Wassertiefe variiert an den einzelnen Stege zwischen 1,7 und 1,9 m. Von hier zum Ort Jyllinge sind es etwa zehn Minuten zu gehen. Gute Versorgungsmöglichkeiten: Treibstoff, Kran, Slip, 10-t-Bootslift, Motorwerkstatt, Zubehör.

Wasserstand: Tidenhub 0,2 m. Winde aus NW können den Wasserstand um 1,2 m erhöhen, Winde aus SE ihn um 0,5 m senken.

Jyllinge selbst hat einen alten Fischerhafen, der schon da war, noch ehe jemand auf den Gedanken kam, für »Lustboote« eigens Häfen zu bauen. Er besteht aus einem etwa 50 m langen und nur halb so breiten Becken. Wassertiefen im Hafen zwischen 1,2 und 1 m, in der Einfahrt sogar 2 m. Ein idyllischer, sehr geschützter Hafen, den man bestenfalls mit einem Tiefgang von deutlich weniger als 1,5 m ansteuern könnte; erfahrungsgemäß aber wird man darin keinen Platz finden. Boote, die länger als 8 m sind, sollten es erst gar nicht versuchen.

Zurück zur Tonne Horsehage. Jetzt beginnt ein sehr schwieriges Stück Seefahrt – es sei denn, der Wind ist schwach und man läuft allein unter Motor. Wenn es aber bläst und man mit an die 5 kn durch dieses Revier donnert, kann

es einem schon den Angstschweiß auf die Stirn treiben.
Die roten und grünen Tonnen stehen auch nicht annähernd dort, wo sie in der Karte verzeichnet sind. Wegen des zickzackförmigen Verlaufs des Fahrwassers hat man immer wieder den Eindruck, in eine Sackgasse von Fischstöcken hineinzulaufen, bis man, an der Tonne angelangt, sieht, dass es im scharfen Knick eben doch dahinter vorbeiführt. Übersieht man eine Tonne und peilt schon die übernächste an, dann wird man tatsächlich in einer solchen Sackgasse landen. Ein Mann muss deshalb in den Ausguck. Schwer, sehr schwer zu segeln! Wendemanöver in diesem Stangenwald sind kaum möglich – und dennoch ist dieses Gewirr bei frischem raumem Wind ein schöner Nervenkitzel. Die Fahrrinne ist zumeist nicht mehr als 10 m breit.
Weil man es bei aller Konzentration auf die Tonnen aus dem Augenwinkel dennoch wahrnimmt, sei auf zwei Anlegeplätze hingewiesen. Da ist zunächst im Norden, gegenüber der Insel *Jyllinge Holme,* der kleine

Østby Havn mit Lagerschuppen und Kai. Der Hafen gehört zu einer Fabrik und darf von Sportbooten nicht angelaufen werden.

Offen für jedermann dagegen ist die

Østskov Bro am Ende dieses verzwickten Fahrwassers – ein Steindamm direkt an der Rinne mit etwa 1,5 m Wassertiefe am Kopf. Die Brücke gehört zu einem holzverarbeitenden Betrieb. Sie liegt sehr schön unter einem hohen Wald, gegenüber der eigenartigen, von Steinfeldern umgebenen Insel *Eskilsø,* die uraltes Siedlungsland ist und im frühen Mittelalter ein allerdings schon bald wieder zerstörtes Augustinerkloster besaß. Bei ruhigem Wetter kein schlechter Platz, bei Starkwind aus SE aber muss man wegen des hart setzenden Stroms mit einem riskanten Anlegemanöver rechnen.

Ist die schmale, betonnte Rinne *Skovrenden* östlich von *Selsø Hage* passiert, so hat man wieder ein recht breites und tiefes Gewässer

Roskilde.
Die Wikingerhalle mit dem Museumshafen davor.

vor sich, das bis zu der Enge zwischen den Halbinseln *Bognæs* und *Veddelev* keine besonderen Probleme mehr stellt. Dort wird es allerdings noch ein wenig kritisch: Die Passage zwischen Bognæs im Westen sowie *Elleøre* und Veddelev im Osten verläuft etwas umständlich und könnte auch besser betonnt sein, denn es gibt dort mehrere, nicht ungefährliche (und nicht betonnte) Flachs, so um das Inselchen Elleore herum ein Steinfeld und dann das Steinriff *Tugholt* mit Wassertiefen von weniger als 1 m.

Steuert man von der roten Leuchttonne *Skovrenden* (Fl.R.5s) aus Kurs S, kommt man in tiefem Wasser gut voran. Die Untiefe *Vestre Tue* (1,6 m, rote Spiere) bleibt hart an Bb, und spätestens hier muss man dicht westlich der flachen Geröllinsel Elleøre die gleichnamige rote Leuchttonne (Fl.R.3s) ausmachen können. Wenn dies – etwa bei schlechter Sicht – nicht der Fall sein sollte, dann läuft man nicht mit Kurs S weiter, sondern geht auf Kurs SSW. Wichtig ist, dass man die Tonnen, ob an Stb oder an Bb, immer hart anliegt.

Ist man querab des neuen Yachthafens *Veddelev* (s. u.) angelangt, läuft man mit Kurs 165° – also auf der Richtfeuerlinie (U-F. und O-F.: F.R) – auf den Hafen von Roskilde zu.

Roskilde sollte man nach Möglichkeit am späten Nachmittag ansteuern, wenn sich der Dom dunkel gegen den Himmel abhebt und seine grünen Kupferdächer in der Sonne leuchten. Von weitem sieht es so aus, als wachse dieses gewaltige Bauwerk aus einem Wald direkt über dem blauen Wasser des Fjords.

Roskilde gehört ganz zweifellos zu den interessantesten und sehenswertesten Städten Dänemarks, und anders als etwa Kopenhagen wirkt es von nirgendwoher schöner als vom Wasser. Ihrer Lage – einerseits weit im Landesinneren, andererseits aber am Wasser mit Zugang zur freien See – verdankt die Stadt wohl ihre Entstehung. Die Wikinger suchten sich mit Vorliebe solche Orte für ihre Siedlungen aus: Am Wasser mussten sie liegen, sie mussten aber auch versteckt sein und nur schwer zu erreichen – und falls notwendig, musste der Wasserweg abzusperren sein, wie es dann auch bei Skudelev geschah, und das Gewässer musste versteckte Buchten haben, wo man dem Feind auflauern konnte. Alle diese Voraussetzungen bot Roskilde wie kaum ein zweiter Platz in Dänemark.

So ist es auch kein Wunder, dass diese Stadt niemals vom Wasser, sondern nur einmal von Land aus erobert werden konnte, als – im Schwedenkrieg – ein unerhört harter Winter es dem Schwedenkönig ermöglichte, sein Landheer über den zugefrorenen Kleinen und Großen Belt marschieren zu lassen. Da erst wurde Roskilde bis auf ganz wenige Bauten dem Erdboden gleichgemacht. Der schmähliche Friede von 1660, mit dem Dänemark endgültig und für immer seine Provinz Schonen an Schweden verlor, wurde hier geschlossen und ging als Friede von Roskilde in die Geschichtsbücher ein. Die geschichtsträchtige Stadt Roskilde – über Jahrhunderte Zentrum der weltlichen und geistlichen Macht des Reiches – ist so zum Symbol des Abschieds von allen dänischen Träumen einer Großmacht zwischen Ostsee, Kattegat und Skagerrak geworden.

Harald Blauzahn, der erste christliche König Dänemarks, hatte in dem Wikingernest Roskilde eine bescheidene Stabkirche bauen lassen, wahrscheinlich um 970. Der Dom in seiner jetzigen Gestalt wurde im 12. Jahrhundert unter dem großen dänischen Bischof Absalon begonnen, wenn auch nie vollendet, denn jeder der dänischen Könige, die seitdem auf dem Thron saßen, ließ am Dom etwas verändern und sich eine mehr oder minder prächtige Grabkapelle anbauen. So entstand ein auf der Welt wohl einmaliges Bauwerk, das in seinem Gesamtbild ganz ohne Zweifel einer gotischen Kathedrale gleicht, das aber alle Baustile von der Romanik bis hin zum Klassizismus des frühen 19. Jahrhunderts in sich vereint. Die zuletzt errichtete Grabkapelle, die der Glücksburger, in der auch der letzte dänische König, Frederik IX., beigesetzt ist, wurde gar erst 1924 fertiggestellt. Fast alle Könige Dänemarks, die in den letzten vier Jahrhunderten regierten, ruhen mit ihren Frauen in den Grabkapellen des Doms – 400 Jahre Geschichte.

Die Domverwaltung hat eine sehr gute Broschüre – auch in deutscher Sprache – herausgebracht, die man sich unbedingt (in der Vorhalle) kaufen sollte; erst damit erschließt

Roskilde.
Dom und Hafen.

sich einem dieses großartige Bauwerk und Zeugnis dänischer Geschichte.
Gleich neben dem Dom befindet sich das ockerfarbene »Palais«, noch immer Sitz des Bischofs von Roskilde, aber auch von jeher Residenz des dänischen Königs, wenn er in die Stadt kommt. In diesem königlichen Palais fanden in den Jahren 1835 und 1846 die Ständeversammlungen statt, die das Ende der absolutistischen Monarchie in Dänemark einläuteten und dem Land eine demokratische Verfassung gaben.
Was sich noch lohnt: die in ihrem Kern romanische Vor Frue Kirke (Frauenkirche), die sich hinter einem roten Gemäuer verbirgt – einst Teil eines Nonnenklosters –, die bescheidene, aber sehr eindrucksvolle alte Skt.-Ibs-Kirche nahe dem Hafen und, ebenfalls in Hafennähe, die in dem schönen alten Jørgensbjerg-Viertel gelegene gleichnamige Kirche, eine der ältesten des Landes.
Das nächst dem Dom auffallendste Bauwerk, das Wikinger-Museum, befindet sich gleich neben dem Hafen. Wüsste man nicht, dass es ein Museum ist, könnte man meinen, es handle sich um ein Hallenschwimmbad. Hier kann man nicht nur die ausgegrabenen Wikingerschiffe sehen, sondern bekommt auch interessante Einblicke in Leben und Kultur dieses seefahrenden Volkes.
Roskilde ist natürlich nicht nur eine alte Stadt mit historischem Stadtbild, sondern mit ihren 50 000 Einwohnern auch lebendig und modern. Die lange und breite Algade mit ihren Geschäften, Restaurants und Cafés passt eher zu einer kleinen Großstadt als zu einer – wenn auch historisch bedeutsamen – Provinzstadt. Roskilde liegt nur 30 km von Kopenhagen entfernt, und so ist es sicher kein Zufall, dass die erste dänische Eisenbahnlinie zwischen der Landeshauptstadt und Roskilde gebaut wurde.
Recht interessant ist die Vorzeit-Siedlung bei Lejre, 6 km südwestlich von Roskilde. Die Dänen haben es ja mit den »lebenden Museen«, und so kann man sich in dem kleinen Ort ansehen, wie unsere Vorfahren in der Eisenzeit gelebt haben. In dieser »Oldtidsbyen«, dem Historisch-Archäologischen Versuchszentrum von Lejre, wird einem schlagartig bewusst, welch phantastische Entwicklung die Menschheit in den letzten 1200 Jahren genommen hat – von der rußgeschwärzten Erdhütte bis hin zum Mondflug.

Liegeplatz und Versorgung: *Lange waren die Liegeplatzverhältnisse in Roskilde ziemlich schlecht. Das hat sich mit dem Bau der Neuen Brücken geändert (s. Plan). Man kann sich einen Platz im Alten Hafen suchen, im Yachthafen oder eben an diesen Brücken. In den Museumshafen darf man nicht! Bei nördlichen Winden ist es aber an den Stegen sehr ungemütlich, wenn möglich sollte man dann in den Alten Hafen verlegen.*
Die Versorgungsmöglichkeiten am und um den Hafen sind recht gut. Slip und Kran (16 t). Mastenkran, Wasser überall am Steg. Duschen und Toiletten im Hafenkontor und im neuen Clubhaus. Zubehör, Motorwerkstatt im Havnevej 9. Restaurant des Segelclubs in einem alten Haus nahe dem Hafen.
Schlecht: Von der nahen Kläranlage wird bei Südwind deren Gestank herüber getrieben.

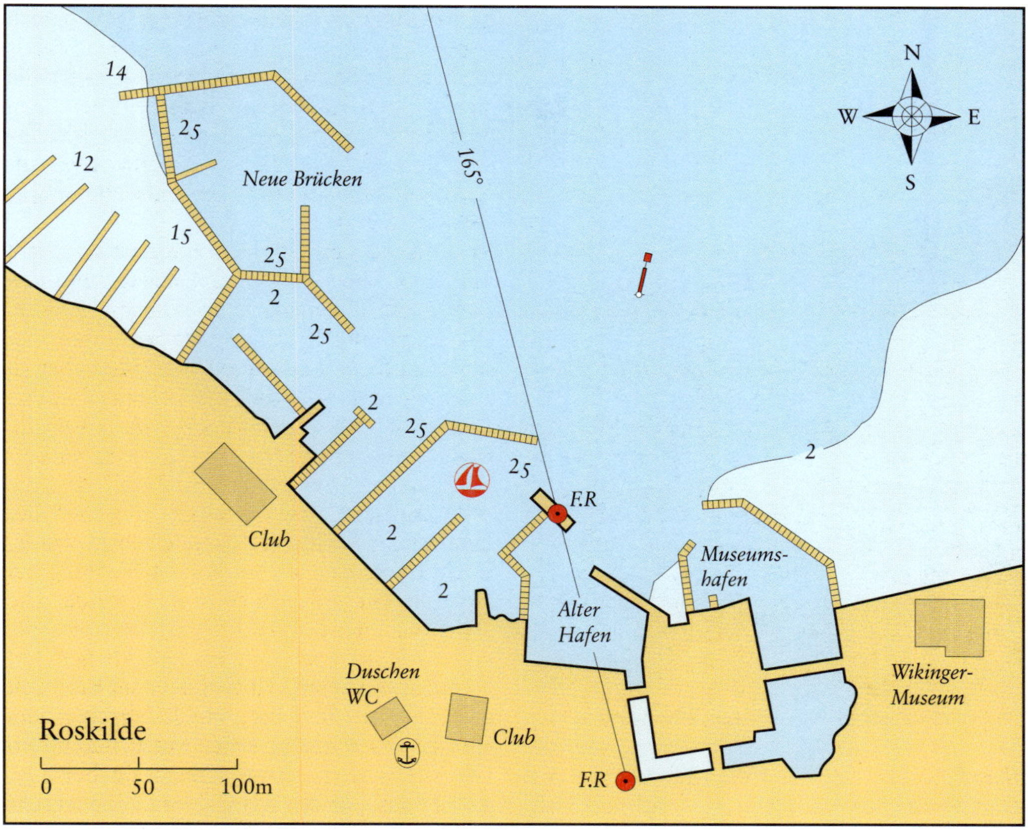

Wasserstand: Tidenhub 0,3 m. Winde aus W bis NW können den Wasserstand um 1 m heben, Winde aus E bis SE ihn um 0,5 m senken.

Obwohl einen das interessante Roskilde nur schwer loslassen wird, sollte man seinen Zeitplan doch so einrichten, dass man mindestens noch einen, besser aber drei oder vier Tage übrig hat, um die Gewässer westlich von Roskilde zu erforschen.

Vom Roskilde Fjord hat man landschaftlich sowieso bisher nicht allzuviel gehabt, weil man sich zumeist auf die Navigation konzentrieren musste.

Die Gewässer westlich von Roskilde, die *Kattinge Vig* und die *Lejre Vig,* sowie jene nördlich von Bognæs und um Gershøj brauchen den Vergleich mit der schönen Inderbredning des Isefjords nicht zu scheuen. Zuerst in die

Kattinge Vig. Man läuft von Roskilde aus bis in Höhe des neuen Yachthafens Veddelev, dann westwärts in die Bucht hinein. Bei der Einsteuerung heißt es aufpassen, weil Untiefen ziemlich dicht an die Fahrrinne heranreichen; die Passage ist jedoch mit einer grünen und einer roten Spiere gut markiert. Die von prachtvollen Wäldern eingerahmte Kattinge Vig selbst lässt sich leicht befahren; die Seekarte zeigt deutlich, wo es flacher wird. Wenn man das Echolot mitlaufen lässt und ganz gemütlich dahinschippert, kann nichts passieren.

Ich halte die Bucht südlich der Laguneninsel *Ringøen* (Vogelschutzgebiet, vom 1. April bis 15. Juli Betreten verboten) für die schönste aller Ankerbuchten in der Kattinge Vig. Man kann nahe an das hohe Ufer des Boserup Skovs heranfahren. Das ist ein jahrhundertealter Wald, den einst König Frederik III. (1648–1670) den Bürgern von Kopenhagen schenkte

Roskilde Fjord.
Die Kattinge Vig (Bucht), westlich von Roskilde.

als Dank für die tapfere Verteidigung der Hauptstadt gegen den Erbfeind Schweden.
Wandert man am Ufer westwärts, so kommt man zu einem Bach, der die Kattinge Vig mit dem Kattingesee verbindet. Hier befindet sich die alte Papiermühle Kattingeværket, die 1754 eigens dazu gebaut wurde, Papier für eine der ersten Tageszeitungen Dänemarks zu produzieren, die »Nationale Tidende«.
Eine rundum sehr geschützte Bucht, die aber im Sommer nach Feierabend und vor allem an den Wochenenden gerammelt voll ist – sind es doch von Roskilde bis hierher nur wenige Minuten.

Verlässt man die Kattinge Vig, so läuft man geradewegs auf den neuen Yachthafen von

Veddelev zu, eine ganz neue Anlage mit massiven Holzstegen, die gut geschützt hinter der breiten Steinmole liegen. Der Hafen befindet sich unterhalb des Villenvorortes Veddelev. Ganz in der Nähe gibt es einen großen Campingplatz, der aber völlig im Wald verschwindet. Etwas nördlich von der Halbinsel Veddelev steht, gar nicht bedrohlich wirkend, die ehemalige Atomversuchsanlage Risø. Ein guter Hafen. Man macht am besten zunächst am Kopf der mittleren Brücke fest und sieht sich dann nach einer freien Box um. Wasser und Strom an den Stegen. Nach Roskilde ist es ziemlich weit, zu Fuß mindestens eine Stunde, es sei denn, man fährt mit dem Bus. Das ist der größte Nachteil dieses zwar nicht großen, aber guten Hafens, von dem aus man einen schönen Blick nach Westen auf die Halbinsel Bognæs hat.

Wendet man sich nördlich von Bognæs westwärts, so gelangt man in eine wunderbare und trotz der Nähe von Roskilde einsame Wasserlandschaft. Recht gut lässt es sich in der *Ølvig* ankern, einer Bucht am Nordufer von Bognæs, die tief ins Land einschneidet. Ankergrund Sand und Lehm. Bis auf Winde aus N liegt man hier geschützt, darf jedoch nicht zu nahe ans Ufer kommen, weil jenseits der 2-m-Linie massenhaft Steine vorgelagert sind.
Will man noch weiter westwärts, so sollte man sich darauf einstellen, dass auch hier vor den Lohn der Schweiss gesetzt ist: Man muss durch ein ziemlich schwierig zu befahrendes Fahrwasser, das *Færgegap*, die einzige für einen Ortsfremden relativ sichere Passage durch das gefährliche *Nørrerev*, das man sich wie ein

binnenländisches Sjællands Rev denken kann. Auch hier verrät das Gekräusel der Wellen, wo die Steine des Riffs liegen. Man sollte zunächst auf die gelb-schwarze Tonne südlich des *Ægholm Flaks* zuhalten. So weit, so gut, doch von hier an beginnt nun wieder der Ärger mit Fischstöcken und einer unzulänglichen Betonnung. Aber nur Ruhe: Direkt am Færgegap wird es noch dramatischer! Der roten Spiere – genauer gesagt: dem Stock, auf den ein roter Eimer gestülpt ist – NW-lich von *Nørrehoved* sollte man nicht zu nahe kommen. Hält man nun Ausschau nach dem auf der Karte so imposanten grünen Feuer *Nørrerev* (Fl.G.3s), so wird man vergeblich suchen. Statt dessen sieht man voraus einen Wald von Fischstöcken mit Netzen dazwischen und von Nord nach Süd Unruhe im Wasser: Dort muss das Nørrerev sein!

Man steuert jetzt unbeirrt Kurs W, bis man der nächsten roten Spiere gewahr wird. Nun endlich macht man zwischen Steinen und Fischstöcken auch den Feuerträger aus, ein vielleicht 1,5 m hohes, schwarz angemaltes Dreibein, neben dem zum Hohn – es gibt ja so viele Tonnen hier! – noch eine grüne Spiere steht. Obwohl man glaubt, dass das nicht gutgehen kann, hält man näher an das Dreibein als an die rote Spiere heran, auch wenn einem die Passage immer enger werdend vorkommt. Jetzt nur weiter, man hat es gleich hinter sich und ist im tiefen Wasser des 6 sm langen und meist nur 0,5 sm breiten Gewässers angelangt, das sich im Süden *Lejre Vig* und im Norden *Møllekrog* nennt.

Hier kann man nun, wo immer es einem gefällt, ankern. Zwei Häfen gibt es auch, einmal *Gershøj*, das wir schon die ganze Zeit während der Ansteuerung des Færgegaps vor uns liegen sahen, und etwas weiter im Süden, am Ostufer *Herslev*. Beide sind auf unterschiedliche Art idyllisch, für Kielboote jedoch etwas problematisch. Weiter unten mehr dazu.

Ich weise nur auf drei **Ankerbuchten** hin, die ich für die schönsten halte:

- Etwas südlich des Færgegaps gibt es an der Bognæs-Seite die weit ausschwingende Bucht **Uglekrog**. Von Bognæs sieht man hier nur Wald. Der Strand ist kieselig, und nach Norden kann man über das steinige Færgebrorev bis hin zum Færgegap wandern. Sehr ruhig, sehr schön. Man fährt so nahe ans Ufer, wie es der Tiefgang des Bootes erlaubt. Grund Sand, teilweise Lehm.
- Die Bucht **Møllekrog** im Norden war früher ideal; jetzt aber ist sie Wildschutzgebiet und darf nicht mehr befahren werden. Bis zu den gelben Tonnen ist es erlaubt, aber was ist das gegen früher?
- Ganz weit im Süden der **Lejre Vig** ankert man gut in dem Sund östlich des Inselchens *Skovholmene*. Die Landschaft mit ihren weitschwingenden grünen Hügeln atmet Ruhe und Frieden. Schön an einem stillen Sommerabend.

Der mit seinen weißen Häusern und der roten Kirche sehr hübsch am Hang gelegene Ort

Gershøj hat einen Fischerhafen, der, wie der Plan zeigt, nur von flachgehenden Booten angefahren werden kann, wenn überhaupt, denn zumeist ist er rammelvoll. Man sollte sich außen an die Ostmole legen, eventuell längsseits bei einem Fischkutter. Bei Ost heißt das aber auch: Nichts wie weg! Ein Schönwetterplatz! Wasser gibt es, auch Toiletten. Nahe beim Hafen ein Kro und ein Lebensmittelladen. Die unmittelbare Umgebung des Hafens ist mehr als mäßig, das Dorf selbst aber wirklich malerisch.

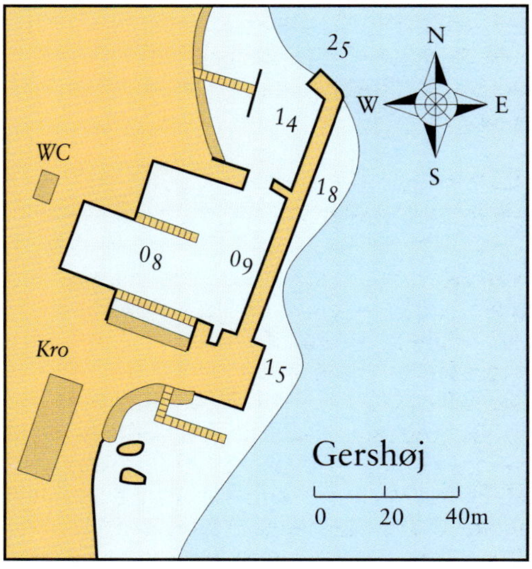

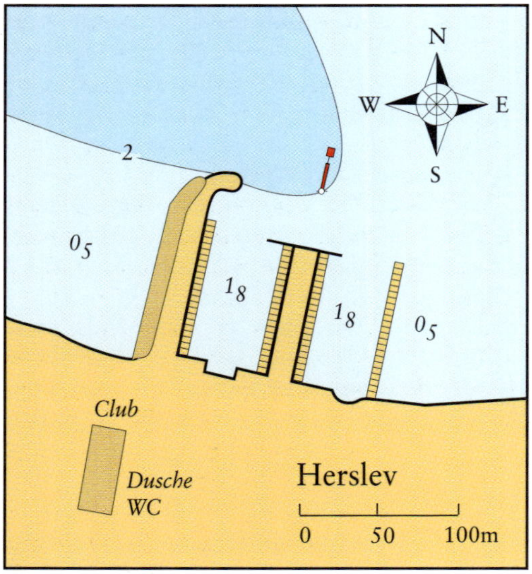

Wasserstand: Tidenhub 0,5 m. Starkwind aus NW hebt den Wasserstand um 1,5 m, Starkwind aus E senkt ihn um 0,7 m.

Lejre Vig. Wer weiter nach Süden in die Lejre Vig will, der sollte sehr genau nach der Seekarte fahren und fleissig das Lot benutzen. Die Lejre Vig mit ihrem schmalen Landgrund hat viele gute und vor allem sehr geschützte Ankerplätze (Grund überall Sand und Lehm). Es heisst, dass sich hier einst ein Wikingerschlupfwinkel befunden habe; viele Sagen aus der Vorzeit spielen in dieser schmalen Bucht. Am Scheitel der Lejre Vig findet man den ausgezeichneten und gar nicht sonderlich teuren »Lindenborg Kro« (sehr empfehlenswerte französische Küche).

Will man wieder einmal in einem Hafen liegen, so sollte man den kleinen Yachthafen

Herslev ansteuern. Er hat etwas mehr Komfort als Gershøj und ist auch tiefer: Mit 1,5 m Tiefgang wird man ihn anlaufen können. Die Becken sind nach N hin offen, aber trotzdem ruhig. Der Hafen befindet sich nahe dem großen Steinfeld südlich des *Kransekrogs*. Die Einsteuerung ist mit drei roten Tonnen markiert, die mittlere trägt sogar zeitweise ein Feuer (Fl(2)R.5s).

Wichtig: die westliche Hafenmole anliegen und nur nicht über die rote Spiere hinausfahren. Vor dem Hafen liegen viele Boote an Ankerbojen. Man kann festmachen, wo man einen freien Platz findet (grünes bzw. rotes Schild). Wasser gibt es am Hafen, im schönen Haus des Segelclubs Toiletten und Duschen. Mastenkran. 500 m weiter findet man in dem idyllischen Kirchdorf einen Købmand und eine Tankstelle. Neben dem Hafen eine Badewiese.

Wasserstand: Tidenhub 0,3 m. Wind aus NW kann den Wasserstand um 1 m heben, Wind aus SE ihn um 0,8 m senken.

Es sei noch nachgetragen, dass man die eben beschriebenen Gewässer nicht des Nachts befahren kann; dies gilt uneingeschränkt, obwohl es, wie mehrfach erwähnt, Leuchtfeuer gibt. Vor allem sei vor einer nächtlichen Durchsteuerung des Færgegaps dringend gewarnt.

Rückreise: Da wir das nicht immer ganz leicht zu befahrende Fahrwasser durch den Roskilde Fjord von der Herfahrt schon kennen, sollte es auf der Rückreise nicht schwer sein, den ganzen Fjord in einem Zug zu durchsteuern. Von Roskilde bis Lynæs sind es rund 25 sm, eine ganze Menge. Hat man aber raumen Wind, kann man das schon schaffen, zumal dann der Strom mehr oder minder mitschieben wird, je nach Stärke des Windes. Andernfalls wird man eben motoren müssen. Nach Lynæs zu laufen und dort zur Nacht zu liegen, hat einen bestimmten Grund, doch davon gleich mehr.
Hundested (s. S. 181) ist ein ideal gelegener, wenn auch wenig komfortabler Hafen, wenn man in den Isefjord oder Roskilde Fjord fahren will, Lynæs ein besonders guter, um sein Boot vor dem Verlassen der geschützten Fjordgewässer gründlich durchzuchecken und auf den langen Schlag durchs Kattegat vorzubereiten, nötigenfalls auch Reparaturen vornehmen zu lassen, Wasser und Treibstoff zu bunkern – und, wenn es sein muss, auch auf besseres Wetter zu warten.
Kommt man aus dem Roskilde Fjord, so ist die Ansteuerung des Hafens nicht schwer, es sei denn, aus SE bis S bläst ein starker Wind. Dann muss man sich auf einen beträchtlichen, westwärts setzenden Strom in der *Kulhus Rende*

einstellen. In diesem Fall sollte man nicht zögern, den Motor zu starten und möglichst zügig in einen der beiden Häfen hineinzudampfen: Vorsicht an den Molenköpfen, denn dort treten immer wieder Versandungen auf! Kommt man von Norden, von Hundested her, so sollte man keinesfalls, um abzukürzen, über den *Lynæs Sand* fahren und schon gar nicht über das flache *Korevle*, sondern die ausgebaggerte Rinne bis zu ihrem südlichen Ende sauber durchsteuern und erst danach Kurs auf die Kulhus Rende und dann Lynæs nehmen. Die Warnung vor Lynæs Sand und Korevle gilt natürlich auch für das Verlassen von Lynæs in Richtung Kattegat.

Der einstige Fähr- und heutige Fischerort

Lynæs wird einen als solcher nicht lange halten können, er ist nicht viel mehr als ein Vorort von Hundested. Anders schon die schöne Natur um den Hafen mit ihren hohen Kliffküsten und den weiten Sandstränden. Aber in erster Linie hat Lynæs für uns Segler eine Bedeutung als Stützpunkt und Versorgungshafen.

Liegeplatz und Versorgung: *Man hat die Wahl zwischen der neuen Marina* ***(A)*** *und dem Alten Hafen von 1870* ***(B)****. Läuft man die Marina an, empfiehlt es sich, zuerst an den Servicekai (s. Tankstelle) zu legen und sich dann vom Hafenmeister eine freie Box zuweisen zu lassen. Man kann sich an Hand der grünen Schilder auch selbst eine suchen. Die Gästebrücke befindet sich direkt vor dem Clubhaus. Im Alten Hafen liegen an der Westmole zumeist ältere, ausgediente Fischkutter, die ihres Umbaus zu »Lustfahrzeugen« harren; da kann man längsseits gehen. Bei Wind aus SE steht Schwell in den Hafen, dann liegt man in der Marina ruhiger. Die Versorgungsmöglichkeiten sind schlechthin optimal: kleine Werft, Motorwerkstatt, Slip, 4-t-Kran, Mastenkran, Zubehör. In der Marina sehr gute sanitäre Anlagen. (Ausweich-)WC im Gebäude des Hafenkontors. Fischhandlung und Proviant nahe am Hafen.*

Wasserstand: Tidenhub 0,5 m. Winde aus N und NW können den Wasserstand um 1 m erhöhen, Winde aus SE ihn um ebenfalls 1 m senken.

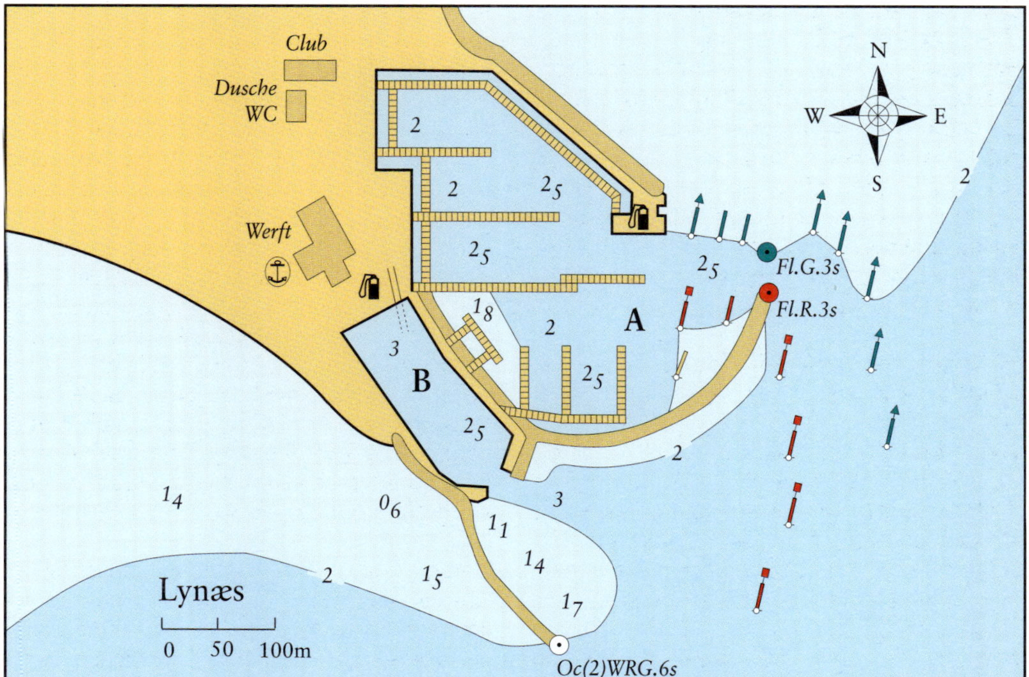

Nach Bornholm

Törnvorschlag 8:

Von Klintholm nach Rønne

Die Dänen haben für Bornholm ein schönes, seemännisches Bild: Die Insel ist die Jolle, die achteraus dem dicken Mutterschiff folgt, womit das eigentliche Dänemark gemeint ist. Bornholm bietet alles, was das übrige Dänemark auch hat: Wiesen, Felder, Moore, große Wälder und endlose Sandstrände, dazu aber eines, was es sonst nirgendwo im kleinen Königreich gibt: Felsen. Bornholm ist eine Felseninsel.

Zwei Drittel bestehen aus Granit, der in vielen Varianten vorkommt: angefangen beim wertvollsten, dem pechschwarzen Rønne-Granit, über den hellen von Hammeren bis hin zu dem roten von Svaneke. Dabei ist Granit zwar der am häufigsten vorkommende, nicht aber der einzige Stein der Insel: Im Osten wird er abgelöst von dem roten Neksø-Sandstein, der dort die Küste prägt und der seinerseits weiter südlich von grünem Schiefer verdrängt wird, der auf der Höhe von Snogebæk dann unter dem Sand der Südküste verschwindet.

Bornholm hat mit dem übrigen Dänemark auch insgesamt wenig Ähnlichkeit; es ist nicht so lieblich, sondern schroffer, wilder. Bei aller Einzigartigkeit ließe sich die Insel noch am ehesten mit der Steinküste Schonens vergleichen, der es auch am nächsten liegt: Nach Schonen sind es 36 sm, nach Møn, dem nächstgelegenen dänischen Boden, mit 80 sm aber mehr als doppelt soviel.

Von seiner geographischen Lage her passt Bornholm überhaupt nicht zu Dänemark; und es grenzt auch an ein Wunder, dass die Insel von den mächtigen und doch viel näher gelegenen Nachbarn nicht schon längst geschluckt wurde – sei es von Schweden oder auch von Deutschland, denn nach Rügen ist es ebenfalls beträchtlich näher als zum dänischen Mutterland.

Man darf nur nicht übersehen, dass das heutige Südschweden mit der reichen Provinz Schonen über Jahrhunderte dänisches Land war. Erst nach dem unglücklichen Schwedenkrieg (1658–1660) verlor Dänemark alles Land östlich des Øresunds, auch Bornholm. Doch während alle anderen Provinzen schwedisch blieben, warfen die Bornholmer noch im selben Jahr das schwedische Joch wieder ab und kehrten zur dänischen Krone zurück, wo sie bis heute geblieben sind.

Vielleicht hingen die Bornholmer deshalb so sehr an Dänemark, weil der König so fern war. Kopenhagen war immer zu weit weg, um sich viel in die bornholmischen Angelegenheiten einmischen zu können, was diesem freiheitsliebenden, ja aufsässigen Menschenschlag sehr zupass kam. Man muss sich nur einmal die einzeln stehenden, burgartigen Bauernhöfe auf Bornholm ansehen, dann wird einem klar, dass darauf Menschen leben, die sich nicht gern etwas sagen lassen: freie Bauern, so wie ihre Vorfahren freie Wikinger gewesen waren.

Obwohl man überall auf der Insel das Meer spürt, ja, es von fast jeder Stelle aus sehen kann, sprechen die Einheimischen, wenn die Rede von Bornholm ist, nicht von der Insel, sondern vom »landet«, vom Land. Wenn sie »Øen« (Insel) sagen, dann meinen sie damit nur Christiansø.

Bornholm wäre allein schon wegen seines Klimas unvergleichlich: Die Sommer sind zumeist sonnenreich und trocken, im Winter versinkt die Insel dafür im Schnee. Das Frühjahr kommt sehr spät, dafür bleibt der Sommer besonders lange – dank der Ostsee, die wie ein gigantischer Wärmespeicher wirkt. Freilich: Zuzeiten drückt das bornholmsche Klima ganz gewaltig auf den Kreislauf; dann hat man das Gefühl, als wäre eine Glasglocke

Bornholm.
Obwohl es nur noch vier davon gibt, sind die weißen Rundkirchen immer noch das Wahrzeichen der Insel.

über die Insel gestülpt, sodass man erleichtert aufatmet, wenn endlich ein frischer Nordoster den Dunst hinwegbläst.
Dieses ganz untypische Ostseeklima bewirkt auch eine ganz untypische Vegetation; hier gedeihen Pflanzen, die sonst nur in südlicheren Breiten vorkommen. Auf Bornholm wächst der wilde Wein, gedeihen Melonen und sogar Feigen; in den besonders geschützten Spaltentälern wuchern wilde Rosen, gedeihen die Eberesche und der Maulbeerbaum, lassen das Geissblatt und der Adlerfarn die Erdkrume unter einem intensiven, grellen Grün verschwinden.
Ein paradiesisches Eiland, das nur einen Nachteil hat: Es ist relativ weit weg. Von Møn aus hat man quer über die Ostsee 80 sm zu schippern, und damit scheint Bornholm als Ziel nur für ein starkes Boot mit einer erfahrenen Crew geeignet zu sein. Indes: Wenn man sich entlang der schwedischen Küste von Hafen zu Hafen hangelt und das richtige Wetter für den großen, 38 sm langen Schlag von Ystad nach Rønne abpasst, dann kann man nach Bornholm auch mit einem kleineren Boot kommen, vorausgesetzt, man hat viel, viel Zeit und lässt sich nicht von Terminen heimwärtshetzen. Dann geht's, und nur dann wäre es auch zu verantworten.
Nun hat sich durch die deutsche Wiedervereinigung ja alles geändert. Der klassische Ausgangshafen für einen Törn nach Bornholm ist jetzt wieder offen: Saßnitz auf Rügen. Ein großer, guter Hafen. Man kommt hier immer unter, hat auch eine rundum gute Versorgung zur Verfügung, also der ideale Ausgangspunkt für einen langen Schlag. Von Saßnitz nach Rønne auf Bornholm sind es »nur« noch gut 50 sm – und damit erheblich weniger als die 80 sm von Klintholm aus, und dies müsste doch zu schaffen sein. Bislang kommen noch relativ wenige deutsche Boote nach Bornholm, wohl weil viele glauben, es wäre zu weit weg. Dem ist aber gar nicht so.
Woher auch immer: Ist man nach dem langen Schlag über die Ostsee auf Bornholm angekommen, so ist alles wieder nur Küstenfahrt. Es gibt hier 22 Häfen, von denen 18 für Yachten brauchbar sind. Man wird nicht alle ansteuern können, da sie manchmal zu dicht beieinander liegen. Und außerdem wird man während der Ferienzeit in manchen Häfen, Gudhjem etwa, ohnehin gar nicht unterkommen. Statt dessen sollte man sich etwas Zeit nehmen, um die Insel zu erkunden. Die berühmten Rundkirchen liegen sowieso alle im Inselinneren. Am besten leiht man sich ein Fahrrad, das nach dem Schiff das natürlichste Fortbewegungsmittel auf Bornholm ist. Von der Nord- bis zur Südküste sind es nicht mehr als 20 km – man kann an einem Tag also bequem zweimal über die ganze Insel radeln.
Dafür und auch für die Seefahrt benötigt man, so unseemännisch das auch scheinen mag, eine Landkarte. Die Seekarten, ob die deutsche Nr. 159 oder die dänische Nr. 189, beide im Maßstab 1:100 000, sind arg unzulänglich. Einzelheiten wie etwa den »nassen Ofen« und

viele andere an der Küste gelegene Sehenswürdigkeiten wird man da vergeblich suchen. Es sollte niemand glauben, Bornholm mit einem Törn abhaken zu können. Wer einmal auf dieser Insel war, der wird immer wieder hierher zurückkommen.

Nautische Hinweise

- Das Revier um Bornholm weist magnetische Störungen auf, besonders im Norden, vor Hammeren. Also Vorsicht, wenn man nach Kompass steuert, man muss mit Missweisungen rechnen. Dies gilt aber mehr für die Anfahrt. Rund Bornholm ist es doch immer Küstenfahrt und da segelt man auf Sicht.

- Jahr für Jahr stranden vor Bornholm an die 50 Yachten. Am gefährlichsten sind das Hadderev südlich und das Hvideodde Rev nördlich von Rønne. Man bedenke: Bis auf den Süden und dem Südosten der Insel hat man immer eine Felsküste, manchmal mit Schären davor.

- Bei starken Winden aus West bricht an der Westküste manchmal der schiere Horror aus, während es östlich von Hammeren relativ ruhig ist. Selbst große Frachter bleiben dann östlich von Hammerodde, laufen aufs Land zu, werfen den Anker und warten besseres Wetter ab. Dies muss man im Kopf haben, bevor man in einem Hafen der Nordküste die Leinen löst und westwärts will.

- Vor einer nächtlichen Ansteuerung eines Hafens wird dringend gewarnt. Sicher kann man nachts nur drei Häfen anlaufen: zuerst Rønne, dann mit Abstrichen Tejn und Neksø. Die anderen Häfen haben zwar auch alle Feuer, aber häufig sind diese gelöscht.

- Unter der Telefonnummer 45 38 38 36 63 kann man den lokalen Wetterbericht auf Deutsch abhören.

Seekarten und Seebücher: Delius Klasing-Sportbootkarten »Seeland – Schonen«, dänischer Sportbootkartensatz Serie F: »Ostsee, Fehmarnbelt bis Bornholm«. Amtliche deutsche Seekarte Nr. 159 »Gewässer um Bornholm«.
Leuchtfeuerverzeichnis Teil I: Mittlere und östliche Ostsee.

Distanzen: Klintholm – **Rønne** (80 sm) (alternativ: **Saßnitz** – **Rønne** (50 sm)) – **Hasle** (6 sm) – **Helligpeder** (1,5 sm) – **Teglkås** (1 sm) – **Vang** (2 sm) – **Hammerhavnen** (2 sm) – **Sandvig** (3 sm) – **Allinge** (1 sm) – **Tejn** (2,5 sm) – **Gudhjem** (5 sm) – **Listed** (6 sm) – **Svaneke** (2 sm) – **Årsdale** (2,5 sm) – **Neksø** (3,5 sm) – **Snogebæk** (3 sm) – **Arnager** (15 sm) – **Rønne** (7 sm).
Christiansø (von Allinge 14 sm, von Gudhjem 10 sm, von Listed 11 sm, von Svaneke 12 sm).

Klintholm auf der dänischen Insel Møn ist der letzte und wichtigste Hafen vor dem großen Schlag nach Bornholm. Manche werden ihn direkt anliegen, die meisten aber vorher noch einen Zwischenstopp einlegen. Die dann üblicherweise angesteuerten Häfen wie Nysted (S. 108), Gedser (S. 111) oder Hesnæas (S. 112) wurden schon beschrieben. Einer fehlt dabei noch: Rødby Havn – er soll deshalb kurz geschildert werden:

Rødby Havn, der große Fährhafen an der Südküste von Lolland, hat für Yachten zumeist nur als Übernachtungshafen eine gewisse Bedeutung. Ein sehr großer, guter, wenn auch etwas langweiliger Hafen. Eigentlich nur Hafen, denn der Ort Rødby liegt 5 km entfernt im Landesinnern.
Wenn nicht an den Fähren, so kann man sich an den gigantischen Silos orientieren, die unübersehbar auf dem flachen Land stehen. Darauf halte man zu, bis man mehr Einzelheiten von den Hafenanlagen erkennen kann. Am meisten hat man auf die großen Fähren zu achten, die sehr schnell aus dem Hafen dampfen, um gleich westlich davon zu drehen. Es laufen zur Zeit fünf Fähren den Hafen an, drei deutsche und zwei dänische. Sie verständigen sich untereinander auf UKW-Kanal 74. Nach den dänischen Schifffahrtsvorschriften haben einlaufende Schiffe generell Vorfahrt vor auslaufenden. Sie geben, sobald sie sich der Einfahrt nähern, einen langen Ton als

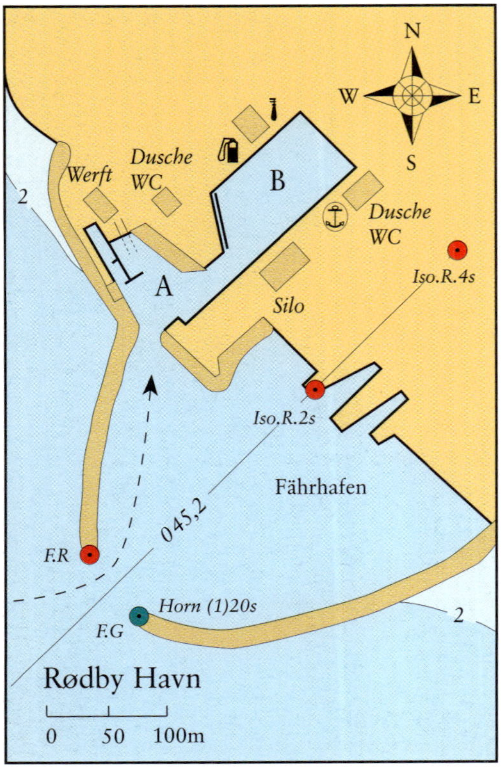

Wasserstand: Veränderungen angesichts der großen Wassertiefen im Hafen unerheblich.

Ansteuerung bei Nacht: *Nicht schwer. Die Zufahrt zum Fahrwasser von See aus wird gekennzeichnet durch die 1 sm SW-lich vor der Hafeneinfahrt ausliegende rot-weiße Leuchttonne Rødby Havn (LFl.10s,* ***WP 092****). In die Einfahrt führt in Linie 045,2° das Richtfeuer Rødby (U-F.: Iso.R.2s, O-F.: Iso.R.4s). Diese Richtfeuerlinie verläuft zwischen den Leuchttonnen Bb 1 (Fl.R.3s) und Stb 1 (Fl.G.3s) sowie Bb 2 (Fl.R.5s) und Stb 2 (Fl.G.5s). Die Ostmole trägt neben dem Feuer F.G einen Nebelschallsender (N-S.(1)20s), die Westmole ist mit F.R befeuert.*

Signal. Man beobachte die Fähren also aufmerksam.
Sportboote sollten sich unbedingt außerhalb der Rende halten! Man hat dort immer noch vier Meter Wasser unterm Kiel. Liegen die Fähren fest an ihren Brücken, dann gibt man das Achtungssignal (ein langer Ton) und fährt nahe am westlichen Molenkopf entlang so rasch wie möglich durch die Hafeneinfahrt, um gleich nach links zu drehen, auf den West- (A) und Nordhafen (B) zu. In letzterem findet man immer einen Liegeplatz, am besten an der Pontonbrücke, sonst an den sehr hohen Kais, bevorzugt an der Westseite. Bei starken südlichen Winden steht unangenehmer Schwell in den Hafen.

Versorgung: *Sanitäre Anlagen, wie üblich. Wasser bei der Tankstelle, s. Plan, ebenso Werft. Mobiler Kran bis zu 30 t. Motorwerkstatt. Gutes Essen im nahe gelegenen Danhotel. Lebensmittel, Bank usw. beim Fährhafen, Zoll ebenfalls.*

Klintholm, der an der Südküste von Møn gelegene Fischerhafen, gilt – von Saßnitz einmal abgesehen – als der klassische Ausgangspunkt für den großen Sprung nach Bornholm. Die auffallendste Landmarke von Møn, die

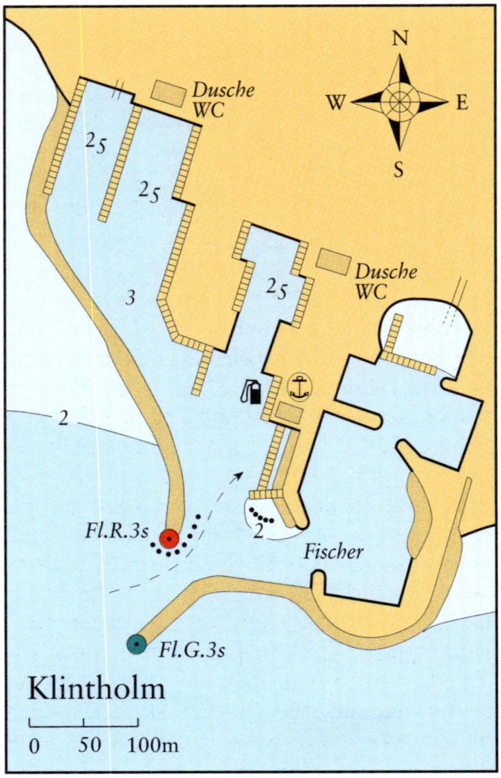

weißen Kreideklippen, sieht man von Westen kommend nicht, dafür aber den auf der äußersten SE-Huk hoch oben auf dem Steilufer stehenden Leuchtturm Møn. Die früher schlimmen Liegeplatzverhältnisse haben sich durch den Bau des neuen Yachthafens ganz gewaltig entspannt.
Der Ort Klintholm an sich ist belanglos, der Hafen dagegen hat eine gemütliche Atmosphäre. In seiner unmittelbaren Nähe gibt es mehrere gute Restaurants. Wer Zeit hat, kann sich auch von hier aus die Klippen von Møn ansehen (7 km weit); s. Törnvorschlag 4, S. 123.

Liegeplatz und Versorgung: *Nicht mehr in den Fischerhafen, sondern in den Yachthafen fahren! Yachten sollten zuerst am Steg vor dem Hafenkontor festmachen und sich einen Platz zuweisen lassen. Die Versorgungsmöglichkeiten sind rundum gut. Sanitäre Einrichtungen, Schwimmbecken, Sauna und Münzwasch. Die Sauna darf man kostenlos benutzen; Schlüssel gegen Depositum beim Hafenmeister. Treibstoff s. Plan. Wasser und Strom am Steg. Mastenkran 1,5 t, Slip 45 t.*

Wasserstand und Strom: Tidenhub 0,3 m. Sturm aus E bis NE kann den Wasserstand um 1 m erhöhen, Sturm aus W bis SW ihn um ebenfalls 1 m senken. Der Strom richtet sich nach dem Wind; ostlaufender Strom dreht vor dem Hafen nach S und kann recht hart quer zur Einfahrt setzen.

Der weite Schlag über die Ostsee: Ob von Klintholm (80 sm) oder Saßnitz (50 sm), nun beginnt der lange Törn über die Ostsee, hinüber nach Bornholm. Man sollte seinen Törn so planen, dass man Bornholm noch bei Tageslicht anläuft. Eine auffallende Landmarke ist der 162 m hohe *Rytterknægten*, die höchste Erhebung der Insel, etwa in der Mitte gelegen und umgeben von einem ausgedehnten Waldgebiet. Steuert man Bornholm von Klintholm aus auf einem 085°-Kurs an, so hat man Rønne und den Rytterknægten fast in Deckpeilung.
Kommt man von Schweden herüber, etwa von Ystad, so wird man bald die ganze Insel vor sich liegen haben: ein eher flacher, grüner Schild und keine Spur von einer felsigen Steilküste.

Bornholm.
Rønne, der Hauptort der Insel. Der alte Fischerhafen, unterhalb der Kirche.

Von Saßnitz läuft man mit Kurs NE auf Bornholm zu und kommt damit fast automatisch nach Rønne, dessen Stadtsilhouette unverkennbar ist – weit und breit gibt es nichts, das damit zu verwechseln wäre.

Rønne erscheint zunächst als ein amorpher Komplex hoch über das Wasser ragender Bauwerke: Es sind Silos und auch Öltanks von gewaltigen Ausmaßen, die alle direkt am Hafen stehen. Die berühmte weiße Kirche mit ihrem Fachwerkturm erkennt man erst dann, wenn man schon dicht vor dem Hafen steht. Das weiße Kastell gar erst, wenn man eingelaufen ist, denn inzwischen wird es von dem monströsen Kraftwerk verdeckt.
Man kann dicht an Rønne heranfahren (überall tiefes Wasser) und auch in den Hafen hineinsegeln. Die Hafeneinfahrt ist mit gut 100 m zwar enorm breit, aber auch wieder zu eng,

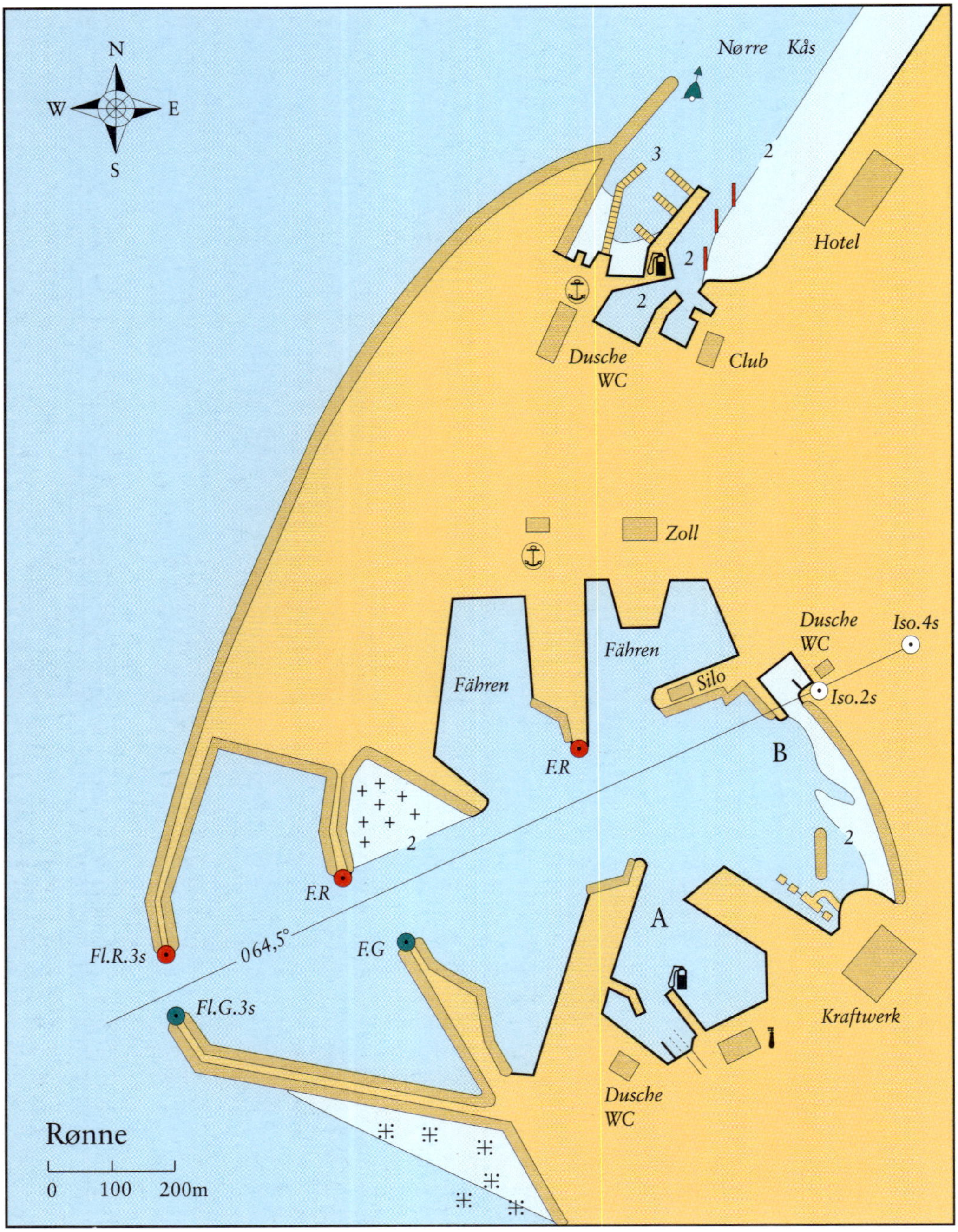

wenn sie von einer Fähre passiert wird. Also wegbleiben, wenn eine kommt, besonders der gigantische Schweden-Katamaran!
Die Molenköpfe sind leuchtend rot und grün angemalt. Am Kopf der Nordmole steht »Yachts« mit einem Pfeil nach links. Das soll heißen: Bootsleute, bleibt draußen, fahrt gleich zum Yachthafen Nørre Kås! Dass die Hafen-

verwaltung das am liebsten sieht, ist klar, schon wegen der gewaltigen Fähren. Es muss aber nicht sein: Man darf auch in den Südhafen, zumal der Nørre Kås in der Saison gar nicht alle Boote unterbringen kann. Hat man zehn, 15 Stunden Fahrt in den Knochen, dann wird man sein Boot sobald wie möglich festmachen wollen. Doch das ist in Nørre Kås nicht sicher, weil - wie schon erwähnt - meist überfüllt. Also besser erst einmal in den Südhafen (A) und sich die Beine vertreten. Ist in Nørre Kås ein Platz frei, kann man am anderen Tag immer noch verlegen.

Liegeplatz und Versorgung: *Will man in den Handelshafen, dreht man am besten gleich in den* ***Südhafen (A)*** *ein, der bis auf die Kohlepier (wo bei Überfüllung allerdings auch Yachten liegen) für Boote reserviert ist. Kein sonderlich attraktiver Platz, auch nicht ruhig, aber dafür hat man hier gute Versorgungsmöglichkeiten. In dem kleinen ehemaligen* ***Fischerhafen (B)*** *unterhalb der Kirche finden größere Boote selten einen Platz (Wassertiefe bestenfalls 1,8 m), und wenn, dann längsseits an der Außenmole. Wegen der dicht vorbeiführenden Autostraße ist es hier auch nicht sonderlich ruhig.*
Alles in allem: Am besten und ruhigsten liegt man in ***Nørre Kås****, vorausgesetzt, man kommt unter.*
Die Versorgungsmöglichkeiten in Rønne, besonders am Südhafen, sind ausgezeichnet, einschließlich aller Reparaturen am Boot. Hingewiesen sei besonders auf Sydhavens Motorværksted, weil die notfalls auch einen Montagewagen schickt (T. 56/950761, Mobil 40 13 98 74). In Nørre Kås sehr gute sanitäre Einrichtungen (mit Münzwasch), auch Diesel, Wasser und Strom an den Stegen.

Wasserstand: Tidenhub 0,5 m. Winde aus E und N können in seltenen Fällen den Wasserstand um 1,2 m erhöhen, Winde aus W ihn um 1 m senken. Kein nennenswerter Strom.

Ansteuerung bei Nacht: *1,5 sm südwestlich von Rønne liegt die gleichnamige Mitte-Schifffahrtsweg-Tonne, eine rot-weiße Leucht-Heultonne (LFl.10s,* ***WP 502****), und zwar auf der 064,5°-Linie des Richtfeuers Rønne: O-F.: Iso.4s, U-F.: Iso.2s. Die Molen in der Hafeneinfahrt sind mit Fl.G.3 s und Fl.R.3s befeuert. Nørre Kås sollte man nachts nicht ansteuern, Der Hafen ist nicht befeuert .*

Rønnes wegen würde man wohl nicht nach Bornholm segeln; wenn man aber nach Bornholm kommt, sollte man immer zuerst Rønne anlaufen. Praktisch der ganze Verkehr wickelt sich über diese Stadt ab, der meiste, wie seit alten Zeiten, über den Hafen, ein sehr viel geringerer Teil über den Flugplatz. Hunderttausende Touristen kommen Jahr für Jahr auf die Insel. Der 15000 Einwohner zählende Hauptort von Bornholm hat für die Insel etwa das gleiche Gewicht wie Kopenhagen für ganz Dänemark: In Rønne leben 30 Prozent der Inselbewohner. Dementsprechend betriebsam und lebendig ist die Stadt, besonders am Hafen und um den Marktplatz. Abseits der Hauptstraßen jedoch gibt es noch einige ruhige Fleckchen, im Søndre Kvarter etwa, dem »Südlichen Viertel«, das sich von der Kirche aus südwärts erstreckt, mit vielen kleinen alten Häusern und engen Gassen. Früher hatten zahlreiche dieser Häuser »Guckburgen« oben auf dem Dachfirst. Das waren Türmchen, von denen aus man besonders gut sehen konnte, wenn sich ein Schiff dem Hafen näherte. Jetzt gibt es nur noch zwei solcher »Guckburgen«, eine am Nordhavn, Johnsens Gård, und die andere auf dem großen Kaufmannshof neben der alten Hauptwache.
Viel schöne alte Bausubstanz ging ganz zum Schluss des Zweiten Weltkrieges noch verloren: Bornholm war Anfang des Jahres 1945 voller Flüchtlinge und deutscher Besatzungstruppen. Zu den 2000 Mann fester Besatzung kamen dann noch 18000 deutsche Soldaten, die über die Ostsee nach Bornholm geflüchtet waren (und das bei damals 40000 einheimischen Bewohnern).
Die Insel, so war vereinbart, sollte an die Engländer übergeben werden, doch statt der Briten erschienen die Russen, die die Insel mehrmals mit Aufklärern überflogen. Ganz offensichtlich wollten sie Bornholm besetzen. Der deutsche Kommandant aber wollte die Insel keinesfalls in die Hände der Russen fallen lassen, und obwohl der Krieg schon zu Ende war, kam es am

7. Mai 1945 noch zu Kampfhandlungen. Um den Widerstand zu brechen, schickten die Russen mehrere Bombengeschwader, die, für die Zivilbevölkerung völlig überraschend, zur Mittagsstunde Nexø und Rønne, die beiden wichtigsten Städte der Insel, bombardierten. Nun kapitulierten die Deutschen, und die Russen landeten ihre Truppen im Hafen von Rønne an. Sie blieben zur großen Besorgnis der Bewohner von Bornholm und des übrigen Dänemark bis Anfang 1946; dann teilten sie überraschend mit, dass sie die Insel räumen würden, und zogen am 5. April 1946 ab.

Ist man in Rønne eingeweht, was bei Starkwind aus West ziemlich nervt, dann empfiehlt es sich, vom Boot auf das Fahrrad umzusteigen und eine Radtour nach Jons Kapel (s. S. 211) zu machen: zuerst durch Wald, dann an der Küste entlang zu den winzigen Häfen Helligpeder und Teglkås. Zuletzt zu den Felsen von Jons Kapel. Das ist leicht an einem Nachmittag zu schaffen.

Eine andere Möglichkeit: Raus aus dem Hafen und entgegen dem Uhrzeigersinn um die Insel segeln. Das ist anfangs gegen die hohen Wellen nicht sehr erfreulich, doch schon bei Hadderev wird man den Wind raum haben und zu einer rasanten Fahrt übergehen. Ab Dueodde gerät man in die geschützteren Gewässer der Ostküste, wo man bei viel Wind und glattem Wasser eine ebenso schnelle wie ruhige Fahrt machen wird. Man kommt, wenn man will, so in einem Tag mühelos von Rønne bis Svaneke.

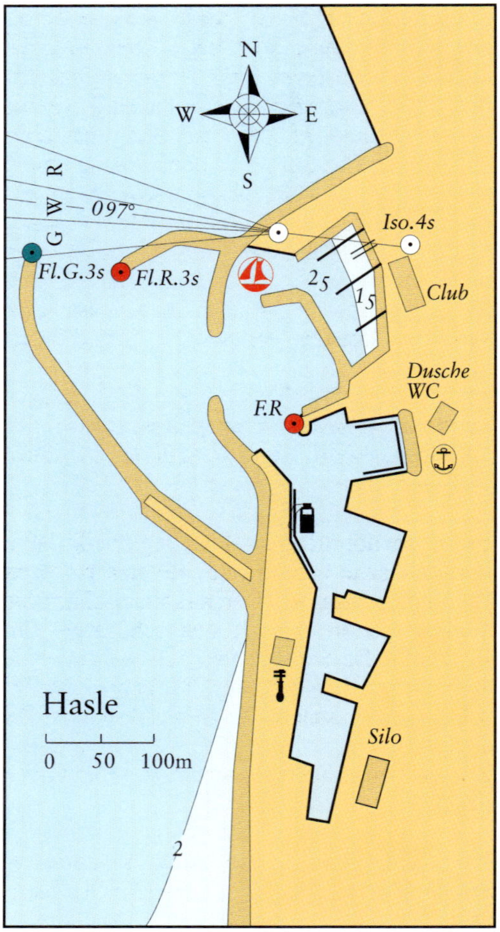

Bornolm rund: Bei wenig Wind aber umsegeln wir Bornholm im Uhrzeigersinn. Also zunächst von Rønne aus nordwärts!

Seit der früher wenig attraktive Hafen von

Hasle umgebaut und erweitert worden ist, ist er zu einem beliebten Ziel für Bootsfahrer geworden. Zwar kommen wegen der »Hasle Klinker- og Chamottestenenfabriek«, dem größten, aber nicht störenden Industriebetrieb von Hasle, immer noch ansehnliche Frachter hierher, auch beherrscht die Kutterflotte nach wie vor den Hafen, doch Yachten sind anders als früher nicht mehr nur geduldet: Für Bootsfahrer wurde einiges getan und so liegt man auch sehr gut in diesem großen, imposanten Hafen.

Die größte Sehenswürdigkeit ist der 2 km südöstlich in Richtung auf Rønne zu stehende Runenstein Brogårdsstenen, der mit 3m Höhe stattlichste von Bornholm, wahrscheinlich um 1100 von einem Wikinger aufgestellt, der ihn mit der nicht sehr aufregenden Inschrift versah: »Svenger ließ diesen Stein errichten für seinen Vater Toste und für seinen Bruder Alvlak und für seine Mutter und für seine Schwestern.« Bemerkenswert ist, dass Bornholmer Wikinger es offensichtlich nicht für nötig gefunden haben, die Namen der weiblichen Familienmitglieder zu erwähnen.

Noch leichter als von Rønne kann man von hier aus einen Ausflug nach Jons Kapel machen. Man braucht nicht einmal ein Fahrrad, denn es ist nicht weit.

Liegeplatz und Versorgung: *Man sollte es zunächst im neuen Bootshafen versuchen, wo man am nördlichsten Steg festmacht (Wassertiefe beachten), hier auch Strom und Wasser. Dieser Hafen liegt sehr geschützt, wirkt aber mit seinen klobigen Steinschüttungen etwas kahl. Größere Boote können sich auch anderswo vom Hafenmeister einen Platz zuweisen lassen, zumeist längsseits der Außenmole oder im Handelshafen (vor dem Hafenkontor). Sanitäre Anlagen sehr gut Eine Maschinenwerkstatt kann kleinere Reparaturen durchführen.*

Wasserstand: Tidenhub 0,5 m. Wind aus E und NE kann den Wasserstand um 0,8 m erhöhen, Wind aus SW und W ihn um 0,8 m senken.

Etwa 1 sm nördlich von Hasle beginnt die hohe bornholmsche Granitküste, die sich bis nach Hammeren hinzieht. Der Küstenabschnitt bis Teglkås gehört mit zu den schönsten von Bornholm. Da der Strand überall zu schmal ist, als dass man Häuser darauf hätte bauen können, schmiegen sie sich an die zum Teil schon recht steilen Hänge.
Zwei winzige, aber überaus malerische Häfen liegen vor uns:

Helligpeder und **Teglkås**. Beide kann man bei auflandigem Wind und auch nachts nicht ansteuern. Helligpeder hat eine etwas bessere Versorgung, Teglkås eine größere Wassertiefe. Bei Helligpeder muss man auf einen großen Stein achten, der links neben der Einfahrt liegt, manchmal guckt er auch aus dem Wasser.

Wasserstand und Strom: Winde aus NE können den Wasserstand um 1 m erhöhen, Winde aus SW ihn um 0,9 m senken. Winde aus S bis W verursachen nordlaufenden Strom, Winde aus N südlaufenden. Der Strom setzt stets quer zu den Hafeneinfahrten.

Bei Teglkås fängt die dramatische Granitküste von Bornholm an. Vom Hafen führt ein Wanderpfad nordwärts, zunächst unten am Wasser entlang, dann hoch oben über der Kliffküste, die ungefähr bei dem Gasthof »Gines Minde« beginnt. Gleich darauf erreicht man die 22 m hohe, einsam dastehende Klippe *Jons Kapel,* zu der eine Treppe mit 108 Stufen hinunterführt. Der Überlieferung nach soll von diesem Felsen ein Mönch namens Jon zu den Wikingern gepredigt haben. Wenig weiter nördlich gelangt man zu der 41 m hohen, steil zum Wasser abfallenden Felswand *Hvidkleven,* an der bei grober See die Wellen furchterregend hochsteigen. Der Pfad führt hinüber zu *Ringebakken,* wo man an einem Steinbruch vorbeikommt, der die ganze Gegend verschandelt. Später, auf dem Wasserweg, werden wir kurz vor dem Fischerdorf *Vang* die Verladebrücke

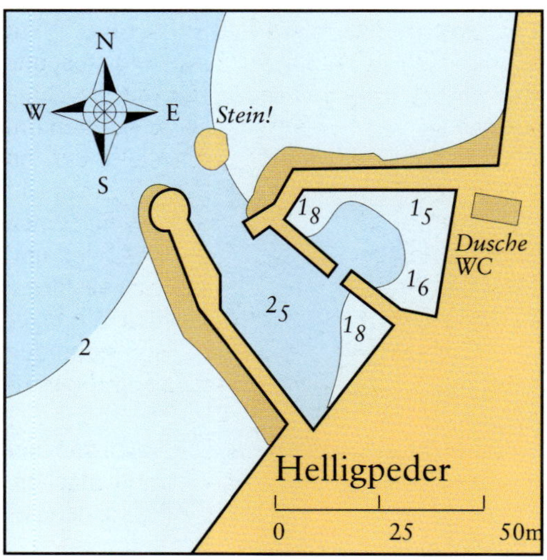

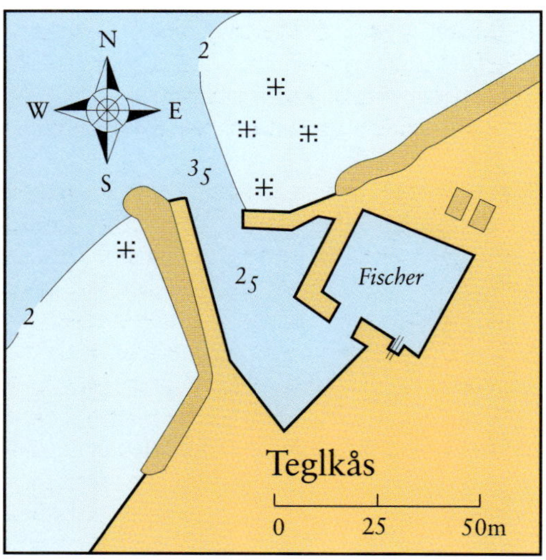

Helligpeder.
Winziger, aus dem Fels geschlagener Fischerhafen an der Westküste von Bornholm.

dieses Steinbruchs passieren. Ab hier wandert man nur noch über steinerne Bergrücken – ans Wasser gelangt man nicht mehr. Auf dem Weg von Vang über das Heide- und Waldgebiet *Slotslyngen* öffnen sich immer neue phantastische Ausblicke auf das Meer und die Klippen von Hammeren, bis man endlich *Hammershus,* die gewaltige Burgruine, vor sich liegen hat.

Hammershus, nach Visby der größte Ruinenkomplex des Nordens, wurde um die Mitte des 13. Jahrhunderts vom Bischof von Lund erbaut, mehr oder minder als Trutzburg, um sich gegen den König zu behaupten. Lund, heute eine schwedische Stadt, gehörte mit den südschwedischen Provinzen in jener Zeit zum Königreich Dänemark. Hammershus liegt auf einem

Teglkås.
Ein Winzling wie Helligpeder. Nördlich von hier fängt die steile Felsenküste Bornholms an.

74 m hohen Felsen hoch über der Ostsee. Im Mittelalter war die Burg wohl unbezwingbar, höchstens aushungern konnte man sie. Aber woher hätten solche Belagerer kommen sollen? An dem riesigen Burgkomplex, der sich um den viereckigen Manteltårn gruppiert, wurde im Laufe der Jahrhunderte immer weitergebaut. Am meisten haben die Lübecker daran gearbeitet, die die Burg wie auch die ganze Insel 1525 auf 50 Jahre als Lehen erhielten: König Frederik I. (1523–1533) musste sie ihnen überlassen, als »Dank« dafür, dass ihm die Hanse auf den Thron geholfen hatte. Die lübischen Amtmänner auf Hammershus haben die Insel ihrer Art gemäß mit harter Hand regiert und immer wieder aufflackernde Aufstände mit Hilfe ihrer Landsknechte niedergeschlagen. Als aber im Nordischen Siebenjährigen Krieg (1563–1570) die Schweden ihre Hand nach Bornholm ausstreckten, da erwies sich gerade der Lübecker Amtmann Schweder Kettig als echter Bornholmer und schlug sich gemeinsam mit den Inselbewohnern tapfer gegen die Schweden.
Danach ging es dann mit der Macht der Hanse rasch bergab; als 1573 die Bürger von Rønne die hanseatischen Kaufleute aus der Stadt warfen, da waren Lübeck und seine Verbündeten schon zu schwach, dies zu rächen.
Nun saß ein dänischer Amtmann auf Hammershus, der aber kein großes Interesse zeigte, die gewaltige Festung in einem guten Zustand zu halten, sodass sie immer mehr verfiel. 1645 war sie dann nicht mehr in der Lage, einen Angriff der Schweden abzuwehren; nach nur 18stündiger Beschießung fiel sie in die Hände des Erbfeinds. Im Frieden von Roskilde (1660), in dem Dänemark alle seine Provinzen östlich des Øresunds verlor, kam auch Bornholm szu Schweden. Aber da blieb es nicht lange. Einige Bürger aus Hasle und Rønne lockten den schwedischen Statthalter, den Obersten Printzenskjøld, in einen Hinterhalt und töteten ihn, wenn auch mehr aus Versehen. Die 100 Mann starke schwedische Besatzung von Hammershus gab dann bald danach auf, und so war Bornholm noch im selben Jahr wieder dänisch. Die Burg hatte nun gar keine Bedeutung mehr. Wer Baumaterial brauchte, holte sich von dort Steine, und so verfiel Hammershus immer mehr. Erst 1882 wurde die Festung unter Denkmalschutz gestellt und in den Jahren von 1885 bis 1928 einigermaßen restauriert, und auch jetzt arbeitet man wieder daran.

Was man auf der Wanderung von Teglkås nach Hammershus von Land her bewundern konnte, die Steilküste von Jons Kapel und Hvidkleven, bekommt man nun vom Wasser her aus einer ganz anderen Perspektive zu sehen. Ruhiges Wetter vorausgesetzt, kann man gefahrlos ganz dicht an die Felsenküste herangehen, denn der Landgrund ist sehr schmal.
Nach Passieren der Verladebrücke des Granitwerks nähert man sich dem Fischerhafen

Vang, der ungleich bessere Liegemöglichkeiten als Helligpeder und Teglkås bietet. Hinter seinen wuchtigen, aus grauem Granit gebauten Hafenmauern fühlt man sich geborgen und sicher. Der kleine Ort mit seinen langgestreckten Fachwerkhöfen liegt recht malerisch an der steil ansteigenden grünen Küste. Empfehlenswert das Terrassenrestaurant »Le Port« hoch über dem Hafen, elegant und nicht ganz billig. Wer Lust und Zeit hat, kann auf einem Höhenweg (der auf S. 215 beschrieben ist) nach Hammershus wandern.

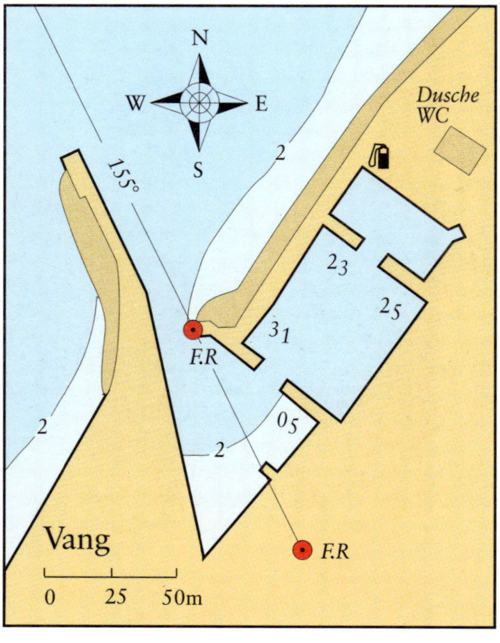

Liegeplatz und Versorgung: *Bis auf Winde aus NW bis N liegt man in dem Hafen mit seiner 3 m hohen Außenmole gut geschützt. Yachten können im äußeren und – besser! – im mittleren Becken festmachen, nicht jedoch im hinteren, das den Fischern vorbehalten ist. Am Hafen Wasser, Treibstoff, WC und Duschen sowie 2-t-Kran.*

Wasserstand und Strom: Tidenhub 0,5 m. Winde aus NE können den Wasserstand um 1 m erhöhen, Winde aus SW ihn um 0,6 m senken. Die Stromverhältnisse entsprechen denen von Teglkås.

Wenn es nur irgend geht, so sollte man in der

Sæne Bugt unterhalb von Hammershus ankern. Nicht möglich ist es an einer Felsenküste wie dieser natürlich bei auflandigem Wind. Die 2-m-Linie verläuft zwischen 50 und 80 m vor dem Ufer (Grund Sand, aber auch Steine). Hier sieht man phantastische Steinformationen, die See und Wind in Millionen von Jahren aus dem rötlichen Granit geschaffen haben. Partien wie Jons Kapel oder hier in der Sæne Bugt *Løvehovederne* und *Kamelhovederne*, zwei bizarr geformte Felsen, blieben stehen, während an anderer Stelle das Wasser aus weicherem Gestein Löcher herausgespült hat wie die Grotte *Våde Ovn*, den »nassen Ofen«, eine 12 m hohe Schlucht, die 38 m tief in den Felsen von Hammershus hineinführt. Kleine Kutter tuckern in die Grotte, die eine Wassertiefe von 4 m hat, um diese Sehenswürdigkeit den Touristen vorzuführen. Wer ein Dingi hat, kann es genauso halten. Besonders gegen Abend, wenn die untergehende Sonne in die Grotte hineinscheint, funkeln die Wände des »nassen Ofens« in allen Farben des Regenbogens.

Der in der Sæne Bugt gelegene

Hammerhavnen, auch Sæne Havn genannt, gehört zwar nicht zu den schönsten Häfen Bornholms, verdient aber aus mehreren Grün-

Hammerhavnen.
Guter Hafen unterhalb der gewaltigen Veste Hammershus. Aber wenn es richtig aus West weht, liegt man fest.

den das Prädikat »ordentlich«. Der Hafen wurde 1891 als Verladeplatz für das Granitwerk Hammeren gebaut, und zwar von Deutschen, die sich von hier den Granit holten, den sie zum Bau des Nord-Ostsee-Kanals brauchten. Nördlich vom Hafen sieht man, an den Berg geschmiegt, noch Reste der alten Kleinspurbahn. Der wertvolle, sehr helle, an seiner rötlichen Farbe kenntliche Stein wurde in Hammerhavnen Richtung Kiel verschifft. 1920 mussten die Deutschen beides, Granitwerk und Hafen, an die Dänen abtreten, die den Betrieb bis 1975 fortführten. Jetzt ist der Hafen als Ladeplatz tot. Segler finden hier einen geschützten und leicht anzulaufenden Hafen, der zuweilen von Fischkuttern und Küstenschiffen angesteuert wird, wenn hartes Wetter sie davon abhält, um Hammeren herumzulaufen. Selbst die Fähre aus Christiansø kommt hierher, wenn sie es nicht riskieren will, in ihren Heimathafen, Allinge, heimzukehren.
Der Hafen liegt zwischen den hohen, mit Gebüsch bewachsenen Felsenhängen an sich sehr geschützt, zur See hin bieten die beiden Molen einen so guten Schutz, dass man auch dann, wenn Starkwind aus W die Gischt über die Hafenmauer treibt, absolut sicher, wenn auch nicht mehr ruhig liegt. Der Strom verhält sich in etwa so wie bei Teglkås und Vang. Tagsüber kann man sich an folgender Peilmarke orientieren: Man bringt das weiße Dreieck oberhalb des Leuchthauses mit dem Leuchthaus in Deckung und fährt auf diesem 075°-Kurs sauber in den Hafen, der sich mit einem Tiefgang bis zu 3 m gut anlaufen lässt.

Wahrschau: Bei starken westlichen Winden kommt man aus dem Hafen nicht mehr heraus.

Liegeplatz und Versorgung: *Man wird zumeist im Päckchen längsseits an der Außenmole liegen; man darf auch mit Heckanker hinter der Quermole festmachen. Ein Hafenkontor gibt es nicht mehr, das wird jetzt von Allinge (s. S. 217) mit erledigt. Der Hafenmeister dort ist unter der Telefonnummer 20 63 17 16 oder 30 54 72 17 zu erreichen. Die Versorgungsmöglichkeiten sind mäßig; nicht ausreichende sanitäre Anlagen, Wasser nur in geringen Mengen. Lebensmittel müsste man sich aus Sandvig oder besser*

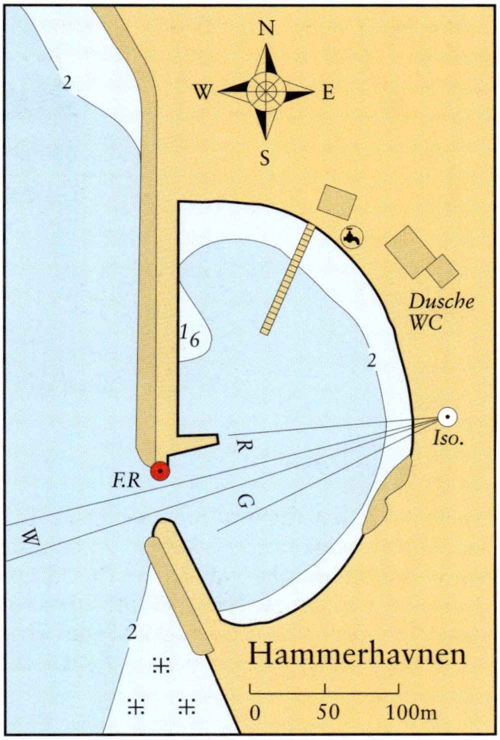

aus Allinge holen: ein etwas weiter, aber schöner Spaziergang am Hammersø entlang.
Hinweis: *Ankern ist in der Hafenbucht verboten.*

Wasserstand: Sturm aus NE kann den Wasserstand um 1 m erhöhen, Wind aus W ihn um 0,4 m senken.

Landgang: Wer nicht schon von Teglkås aus zur Ruine *Hammershus* gewandert ist (s. S. 212), der kann auch (und leichter) von Hammerhavnen zu ihr hochsteigen und, wenn man Lust hat, hoch über der Ostsee durch Wälder und einsame Heide nach *Vang* wandern (und mit dem Bus zurückfahren).
Sehr interessant ist darüber hinaus eine Wanderung über die Halbinsel *Hammerodde*, die in Urzeiten noch eine eigenständige Insel war. Der *Hammersø* zwischen Hammerhavnen und Sandvig blieb als Rest dieses Sunds erhalten. Je weiter man nach Norden kommt, desto kahler wird das Kap. Nur wenn der Ginster blüht, überzieht ein goldener Schimmer das

Hammerhavnen.
Starkwind aus West. Erschreckend, wie die Wellen gegen die Molen anrennen und in den Hafen hineinstürzen.

steinige Land. Überall trifft man auf Reste von Batterien aus der großen Zeit von Hammershus, am Westufer auch auf die Ruine der Salomonskapelle aus dem Mittelalter. Dicht neben der Kapelle findet man ein Gräberfeld aus der Eisenzeit sowie einen Wohnplatz aus der älteren Steinzeit.
Hammeren ist ein wildromantischer Flecken, ein zerklüfteter Felsenberg mit einer üppig wuchernden Vegetation. Am alten Steinbruch fallen die Felsen lotrecht zu einem unheimlichen, dunkelgrünen See ab.

Wenn die Stromverhältnisse um Bornholm im allgemeinen auch nicht gefährlich sind, so sollte man hier bei Hammerodde doch etwas aufmerksam sein. Angeblich sollen hier Schiffe vom Strom gefährlich versetzt werden können; auch Strandungen soll es aus diesem Grund schon gegeben haben. Präzise Angaben über derartige Ströme, insbesondere darüber, unter welchen Bedingungen sie auftreten, gibt es nicht. Man muss sich also an den Gegebenheiten orientieren, die man antrifft, und sich im Zweifel gut von dem Kap freihalten. Da der Landgrund überall sehr schmal ist, ist es aber sicher nicht gefährlich, bei ruhigem Wetter nahe an dem Kap vorbeizusegeln.

Hammeren.
Das Leuchthaus steht auf der nördlichen Spitze des Kaps.

Hammerodde ist nicht nur der nördlichste Punkt der Insel, es bildet auch die Grenze zwischen der steilen Westküste und der nach Osten zu immer flacher werdenden Felsenküste. Auch die Form der Steine wird anders: Waren die Felsen im Westen abgeschliffen und mehr rund, so sind sie hier nun mehr scharfkantig und eckig.

Sandvig, ein winziger, in die Felsen hineingesprengter Hafen, liegt knapp 1 sm südöstlich von Hammerodde. Wenn überhaupt, dann sollte man ihn nur bei ruhigem Wetter ansteuern (maximaler Tiefgang 1,4 m). Bei auflandigem Wind wäre es ohnehin nicht möglich. Das frühere Fischerdorf wird heute vom Tourismus geprägt und rühmt sich zu Recht eines feinen Badestrands. Die großen weißen Hotels entlang der Küste stammen zumeist aus der Zeit um die Jahrhundertwende. Sandvig gilt zusammen mit Allinge als Wiege des Tourismus auf Bornholm, und die meisten Sommerfrischler kamen damals aus Berlin.

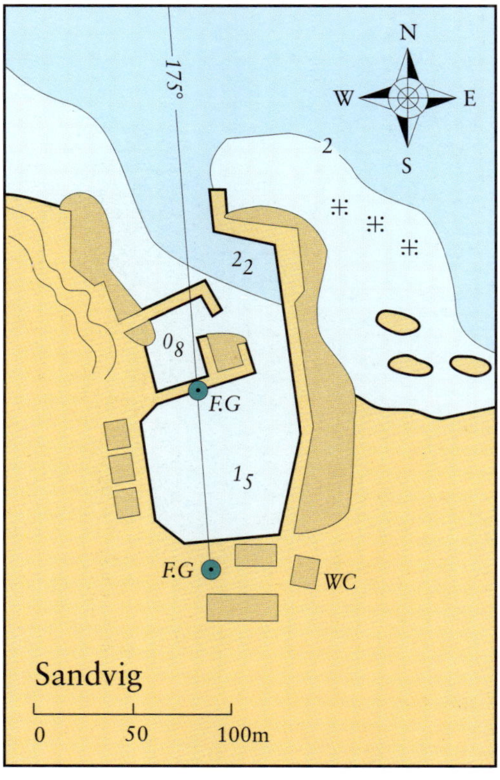

Liegeplatz und Versorgung: *Man geht am besten an der Ostmole längsseits, und zwar im Vorhafen; hier ist es auch noch am tiefsten. Das Hafenkontor befindet sich in Allinge.*

Wasserstand: Winde aus NE können den Wasserstand um 1,0 m erhöhen, Winde aus W ihn um 0,8 m senken.

Bei Winden aus S und bedingt aus W ankert man recht gut in der *Åsand Bugt* westlich von Sandvig (Grund Sand); man muss sich aber darauf einrichten, bei einer Winddrehung rasch den Ankerplatz verlassen zu können.

Allinge und Sandvig, einst zwei selbständige Fischerdörfer, sind heute praktisch ein Ort. Sie hatten früher eine gewisse Bedeutung als Heringsmarkt; selbst Schiffe der Hanse kamen hierher, um den Bornholmer Hering aufzukaufen. Heute lebt der Doppelort in erster Linie vom Tourismus. Ein hübsches Hafenstädtchen mit alten Fachwerkhöfen.

Auf der Straße von Allinge nach Sandvig stößt man auf den Stein Madsebakken mit den schönsten Felszeichnungen (Helleristninger) der Insel: Dargestellt sind zwölf Schiffe und mehrere Radkreuze.

Der Hafen von Allinge ist ebenso wie der von Sandvig in den Felsen gesprengt, nur ungleich größer und deshalb auch sehr viel besser, allerdings meist rammelvoll: viele Schweden, die ja nur einen Katzensprung hierher haben.

Liegeplatz und Versorgung: *Der Innenhafen ist für Yachten reserviert (Plan S. 218). Stromanschlüsse an der Nordkaje. Der Innenhafen wird bei starkem SE mittels Schleusentore geschlossen. Yachten dürfen auch im Außenhafen festmachen, es gibt dort allerdings nur wenige Plätze, wegen der Fähre nach Christiansø und wegen des Lotsenbootes; im Sommer kommt auch noch ein großes Schiff aus Schweden herüber. Treibstoff s. Plan, ebenso WC und Duschen (Münzwasch daneben). Lebensmittel, Fisch, alles ganz nahe am Hafen.*

Wasserstand: Tidenhub 0,3 m. Winde aus N und NE können den Wasserstand um 1 m erhöhen, Winde aus SW ihn um ebenfalls 1 m senken.

Allinge.
Malerisches Handelsstädtchen an der Nordküste Bornholms. Der Hafen ist aus den Felsen herausgesprengt. Bei Sturm kann er mit Toren ganz geschlosssen werden.

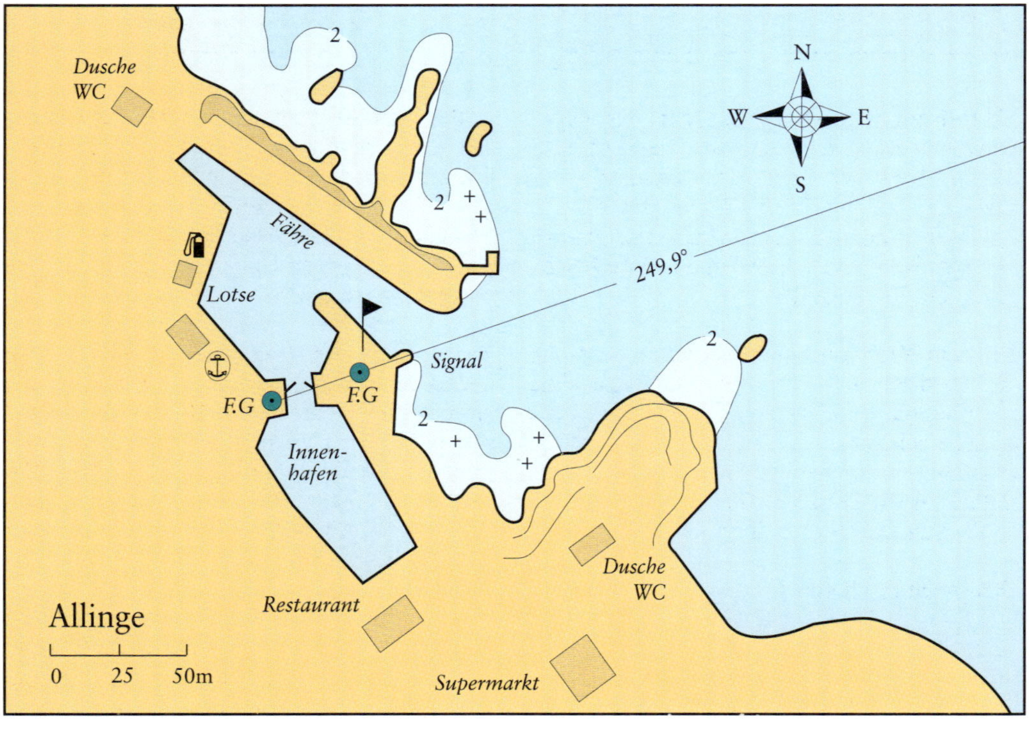

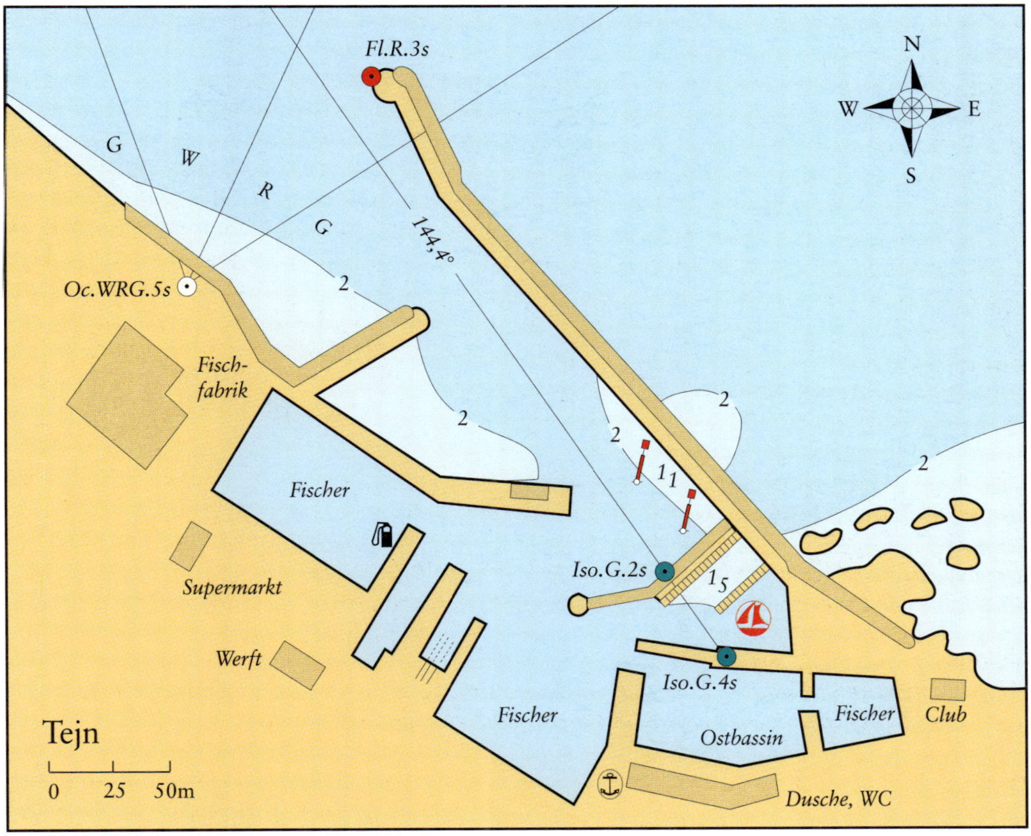

Nautischer Hinweis: Wenn der Hafen nicht angelaufen werden darf, wird am Mast des Unterfeuers bei Tage ein schwarzer Ball gezeigt. Bei Nacht wird das Richtfeuer gelöscht und der Nebelschallsender stillgelegt. Statt dessen brennen am Unterfeuer drei F.R übereinander.

Auf dem Wege von Allinge nach *Tejn* sieht man zwischen den Klippen immer wieder kleine, weißsandige Badebuchten. Die beste ist jene an der flachen Huk *Sandkås*. Wenn das Wetter es zulässt, kann man hier für einen Badenachmittag ankern. Da die Bucht zu ungeschützt ist, sollte man nicht nachts hier liegenbleiben.

Das große Fischerdorf

Tejn wäre an sich völlig uninteressant, gäbe es nicht den großen, vor einigen Jahren umgebauten Hafen. Oft ist er an der Nordküste Bornholms der einzige, wo man noch eine Chance hat, unterzukommen, wenn die – schöneren – Häfen von Gudhjem und Allinge bereits überfüllt sind. Das aber ist es dann auch schon. Ein nüchterner, eher kahler Hafen. Auffallend die riesigen gelben Hallen (Fischfabrik) eben westlich vom Hafen.

Liegeplatz und Versorgung: *Gastyachten sollen in das Ostbassin, wo manchmal die Boote geschichtet wie Sardinen in der Büchse liegen. Wenn man ganz innen liegt und weg will, geht das nur, wenn sich das Ganze auflöst. Dies findet meist morgens nach dem Frühstück statt und geht so reibungslos vor sich, dass man nur staunen kann. In den (kleinen) Yachthafen soll man nicht und ebenso nicht in das kleine Fischerbecken. Bliebe noch die Außenmole, wo man längsseits gar nicht so schlecht liegt, außer bei westlichen Winden. In dem neuen, aus rotem Backstein gemauerten »Servicehus«*

findet man alle sanitären Einrichtungen, auch Proviant. Supermarkt. Tankstelle s. Plan. Große Helling, 10-t-Mobilkran, Werft.

Wasserstand: Tidenhub 0,3 bis 0,6 m. Winde aus E heben den Wasserstand um 0,6 m, Winde aus W bis SW senken ihn um ebenfalls 0,6 m.

Wenige Seemeilen südöstlich von Tejn beginnen die eigenartigen *Helligdomsklipperne*, eine wildzerklüftete Küste mit scharfkantigen Steinen, die sich stellenweise zu schmalen, hohen Säulen auftürmen. Lassen Wetter und Seegang es zu, so sollte man so nahe wie möglich an diese rötlich schimmernden Felsen heranfahren. Man wird dann die schönsten Entdeckungen machen, so den *Sorte Grynde,* den »schwarzen Ofen«, eine enge Höhle, die 55 m weit in die Felsen hineinführt und sich der Sage nach als unterirdischer Gang bis Hammeren fortsetzen und dort als der uns schon bekannte Våde Ovn wieder ans Tageslicht treten soll. Dann die »Öfen« *Tørre Ovn* und *Våde Ovn* – alles Felsspalten, die schluchtartig in die Felsen hineinführen und eine phantastische Welt aus vom Meer geformten Steinen bilden.

Gudhjem, das älteste Handelsstädtchen von Bornholm, streitet mit Svaneke unverdrossen darum, der schönste Ort der Insel zu sein. Die beiden lassen sich jedoch kaum vergleichen. Während Svaneke eher lieblich auf flachem Land liegt, so ist Gudhjem rauer und steigt terrassenförmig und einer Stadt am Mittelmeer ähnlich die Hügel hoch. Klettert man auf den Berg *Bokul*, so sieht man besonders schön die verwinkelten Gassen mit ihren gelb und weiß gekalkten Fachwerkhäuschen, zwischen denen winzige Gärten eingezwängt sind.
Gudhjem war nach Tejn einst der größte Fischerhafen an der Nordküste. Das ist vorbei. Das Geld bringen jetzt die Touristen. Restaurants en masse und in allen Kategorien. Der Hafen ist, wie alle hier an der felsigen Küste, regelrecht aus dem Granit herausgesprengt und ungemein gemütlich, wenn auch wegen der vielen Touristen nicht gerade eine Idylle.
Gudhjem, der Christiansø (s. S. 229) am nächsten gelegene Hafen, diente früher als Versorgungsbasis für die Festung. Daraus entwickelte sich die Heringsräucherei: Die Fischer von Gudhjem hatten beobachtet, wie schottische Söldner auf Christiansø den Hering räucherten, und dann daraus im Laufe der Jahre eine richtige Kunst gemacht, die heute nur noch von den Frauen beherrscht wird. Die silbernen Heringe werden, immer zwei zusammen, mit dem Kopf an langen Spießen über die Glut gehängt. Man muss besonders darauf achten, dass kein Feuer entsteht; züngelt eine Flamme hoch, wird sie sofort mit einem nassen Lappen ausgeschlagen. Allein Erlenholz darf zum Räuchern verwendet werden, und auch nur solches, das auf bestem Waldboden gewachsen ist. Wenn sich die Frauen anschicken, die Heringsspieße aus den Öfen zu holen, dann warten schon in Schlangen die Touristen auf diese Köstlichkeit, aber gemach, zuvor muss der Hering noch mit grobem Salz gesalzen werden. Den »Røgende Bornholmere« isst man am besten aus der Hand, wenn er noch rauchwarm ist. Feinschmecker entgräten und enthäuten ihn, legen ihn auf ein Butterbrot und garnieren ihn mit Eidotter, Zwiebeln, Kapern und Radieschen – eine Delikatesse, die zum Missvergnügen der Gudhjemer »Sonne über Svaneke« genannt wird. Sie haben aber ihr Spezialgericht dagegenzusetzen: »Gudhjemmadyppa«. Was das ist, wird hier nicht verraten, muss jeder selbst ausprobieren, am besten im feinsten Restaurant von Gudhjem, dem »Bokul Hus«.
Wie dem auch sei: Am gemütlichsten hat man es mit dem »Bornholmere«, wenn man sich auf die Klippe über dem Ostbecken setzt, wo man das Gewimmel des Hafens zwar vor sich hat, von der ganzen Unruhe aber weit weg ist. Kenner trinken dazu den »Malurt Bitter«, eine Art Absinth. Dieser mit Kräutern verfeinerte Schnaps soll ein vorzügliches Mittel insbesondere gegen Seekrankheit sein. Die Bornholmer haben dafür das Sprichwort: »Wer diesen Trank trinkt, bevor er an Bord geht, der speit nicht ins Meer.«
Die Idylle von Gudhjem hat – wie könnte es anders sein? – Künstler aller Art angezogen, auch Lebenskünstler. Die Keramiken von Gudhjem sind so bekannt wie die der ganzen Insel; werden sie in Rønne aber mehr fabrikmäßig hergestellt, so hier mit individueller, manchmal auch künstlerischer Note.

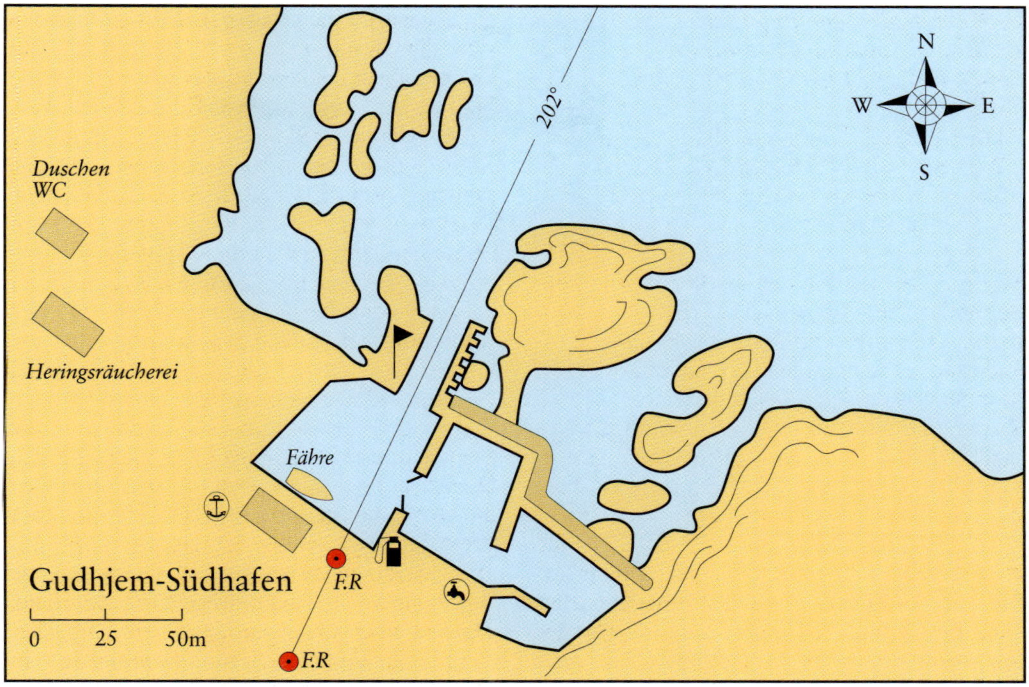

Das Problem dieses einmaligen Hafens: Man muss schon Glück haben oder außerhalb der Saison kommen, wenn man hier einen Platz finden will. Meist ist der Hafen hoffnungslos überfüllt, sodass einen der Hafenmeister gnadenlos wieder wegschickt, auch wenn es draußen ganz gewaltig weht.

Nautische Hinweise

- Der Hafenmeister schließt den Hafen, wenn er überfüllt ist oder wegen schlechten Wetters nicht angelaufen werden kann. Tagsüber wird am Signalmast ein roter Ball gezeigt, nachts das Richtfeuer gelöscht
- Beim Auslaufen muss die Fähre ein kompliziertes Manöver fahren, wobei sie mehr oder weniger den ganzen Vorhafen braucht. Beim Einlaufen macht sie in der Hafeneinfahrt fest, die dann praktisch nicht mehr passierbar ist.

Gudhjem liegt (fast) genau auf 15°E, also auf dem Meridian, auf den die MEZ bezogen ist; sie heißt deshalb auch Gudhjem-Zeit. Punkt 1200 MEZ steht die Sonne in Gudhjem am höchsten und genau im Süden.

Liegeplatz und Versorgung: *Gudhjem hat zwei Häfen. Bei auflandigem Wind ab Bft 4 wird es kritisch, sie anzulaufen, besonders den Südhafen, denn dann bilden sich dort zwischen den Schären Stromwirbel. Unter Segel sollte man in keinen der beiden Häfen einlaufen, einmal weil sie meist so dicht belegt sind, dass kein Platz für Manöver bleibt, zum anderen wegen der Fallwinde, die unberechenbar von den Hängen herunterfegen können. Unter normalen Bedingungen lassen sich sowohl der Nord- als auch der Südhafen mit einem Tiefgang bis zu 3 m ansteuern.*

*Im **Südhafen**, dem zweifellos schöneren und auch geschützteren der beiden, dürfen Yachten sich in alle Becken legen, am besten im mittleren Becken. Bei Sturm können die beiden östlichen Becken durch Tore geschlossen werden; sie werden erst wieder geöffnet, wenn Wind und Welle es zulassen. Die Molenköpfe an der Einfahrt sind leuchtend grün und rot angemalt.*

*Im **Nordhafen** (Nørresand Havn) herrscht nicht soviel Touristenrummel, was beträchtlich für ihn spricht. Bei westlichen Winden liegt man aber sehr unruhig. Liegeplätze für Yachten*

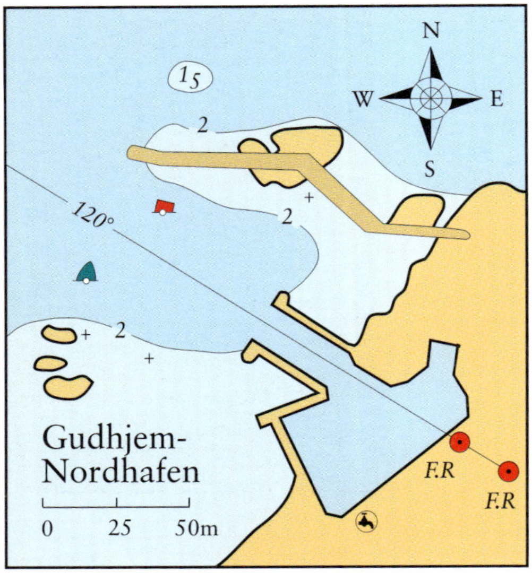

überall, wo freier Platz. Tankstelle im Südhafen, Wasser in beiden Häfen. WC und Duschen im »Servicehus«, neben der Fischräucherei, aber auch in der Hafenmeisterei.

Ankerplatz: *In der Salne Bugt, westlich von Gudhjem, könnte man zur Not ankern (Grund Sand). Man kann relativ dicht ans Ufer heran, liegt aber praktisch nur bei ablandigem Wind ruhig, muss auch darauf gefasst sein, bei einer Winddrehung den Anker zu lichten und einen Hafen aufzusuchen.*

Wasserstand: Tidenhub 1 m. Winde zwischen N und E können den Wasserstand um 0,5 m erhöhen, Winde zwischen S und W ihn um ebenfalls 0,5 m senken.

Landausflug: Eine gute Wegstunde südlich von Gudhjem steht die größte der vier Rundkirchen Bornholms, die *Østerlars Kirke*. Wer sich in Gudhjem ein Fahrrad geliehen hat, fährt von Østerlars noch ein Stückchen weiter nach Süden zu dem großen Waldgebiet *Almindingen*, das ziemlich zentral auf der Insel liegt. Von dem Granitturm *Kongemindet* auf dem mit 162 m höchsten Berg Bornholms, *Rytterknægten*, aus kann man die ganze Insel überblicken. Von dort oben sieht man erst richtig, dass Born-

Gudhjem.
Von hier aus fährt das Versorgungsschiff hinüber nach Christiansø. Wenig Platz hinter den hohen Steinmauern, aber wer unterkommt, liegt so ruhig wie in Abrahams Schoß.

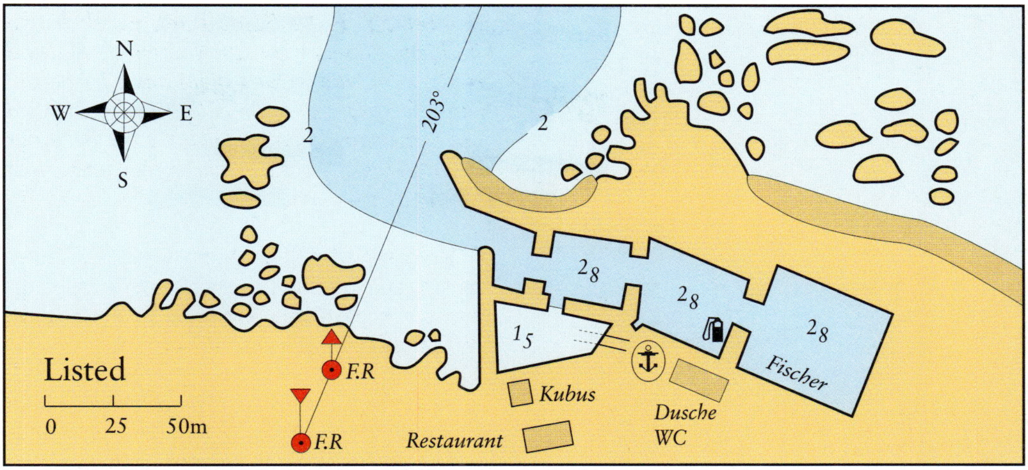

holm auch eine Bauerninsel ist, mit den für sie typischen im Viereck angelegten Höfen. Auf Bornholm hat es nie Rittergüter, aber immer freie Bauern gegeben, einen aufsässigen, harten Menschenschlag, der seine Freiheiten zu wahren verstand und durchaus in der Lage war, sich auf seinen burgähnlichen Höfen gegen Eindringlinge zu verteidigen. Der aus dem Jahre 1856 stammende Turm wurde mit einem Eisengerüst aufgestockt, nachdem die hohen Bäume die Aussicht versperrten.

Die für Bornholms Landschaft typischen Spaltentäler findet man nicht nur im Wald Almindingen, aber hier sind sie besonders ausgeprägt und schön. Das interessanteste ist wohl das *Ekkodalen*, eine Schlucht mit senkrecht aufsteigenden Granitwänden und einer im Schutz des Tales üppig gedeihenden Flora.

Am Nordabhang des Rytterknægten liegt über einem stillen Waldsee das älteste Bauwerk der Insel, die *Lilleborg*, von der man annimmt, dass sie im frühen Mittelalter die Burg des Königs war. Die Anlage wurde in der Mitte des 13. Jahrhunderts von Wenden erstürmt, die dazu vom Bischof von Lund aufgestachelt worden waren. Nach diesem Überfall konnte er ungestört seine mächtige Festung Hammershus bauen. Die Lilleborg-Ruinen über dem dunklen, unergründlichen Børresø gehören zu den idyllischsten Plätzen der Insel, ein verwunschener, ja fast unheimlicher Ort.

Gudhjem gilt als der übliche Ausgangspunkt für einen Törn nach Christiansø (s. S. 229); man kann aber genausogut von Listed aus hinübersegeln, zumal die Entfernung (10 sm gegenüber Gudhjem = 11 sm) praktisch gleich ist. Südostwärts von Gudhjem erstreckt sich mit wenigen Ausnahmen eine flache Schärenküste, sehr schön, sehr idyllisch, mit Schärenhöfen und Salzwiesen dahinter.

Auf dem Weg nach Listed passiert man zwei Häfen – ich rate jedoch davon ab, sie anzulaufen: Dicht hinter Gudhjem findet man den winzigen *Melsted Havn,* der eine Wassertiefe von bestenfalls 1,6 m hat und nur über eine komplizierte Zufahrt zwischen Schären und Untiefen hindurch anzulaufen ist. Noch geringere Wassertiefen (etwa 1 m) weist *Bølshavn* 5 sm südöstlich von Gudhjem auf. Dagegen bietet der kleine, hinter einem Schärengürtel gelegene Fischerhafen

Listed sehr gute Liegeplätze, zumal im Osten ein drittes Becken gebaut wurde. Yachten können sich überall einen Platz suchen, am besten im mittleren Becken. Bei Wind aus NW kommen alle Boote in das neue Ostbecken.

Die Ansteuerung wirkt von außen – zu Recht! – etwas kitzelig wegen der vielen Felsen im Wasser. Am deutlichsten erkennbar – auch von weit draußen – ist ein weißes, kubusförmiges Gebäude, das direkt am Hafen steht. Hilfreich ist, dass die beiden Richtfeuermasten als Toppzeichen jeweils rote Dreiecke tragen. Bringt man sie in Deckung (+/– 203°), so läuft man sicher auf den Hafen zu. Sobald man die

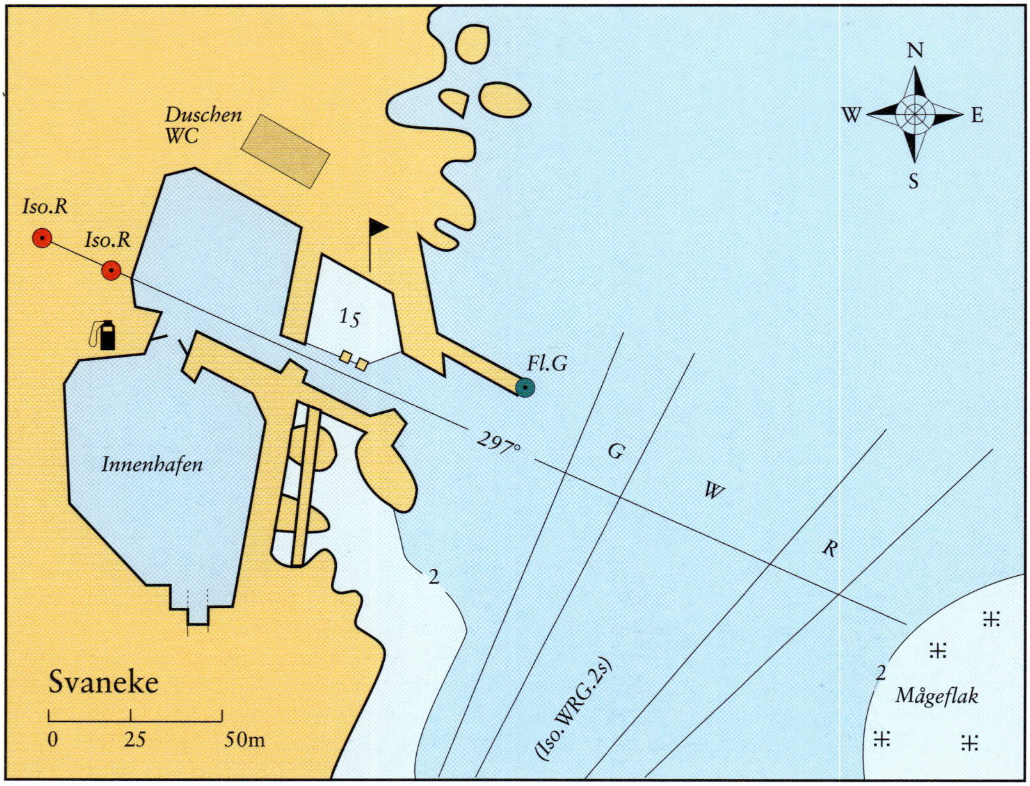

Nordmole querab hat, hinein in die Einfahrt und dabei mehr an die Nordmole halten. Bei Winden aus NE sieht man von der Ansteuerung besser ab; bei Starkwind aus N geht es überhaupt nicht.
Ein behaglicher, kleiner Hafen an der Schärenküste. Nach Svaneke führt ein schöner Fußweg (20 Minuten zu gehen).

Versorgung: *WC und Duschen s. Plan, s.223, Diesel ebenso. Münzwasch. Proviant und Restaurant am Hafen. In dem weißen Gebäude unten ein Antiquariat und hinten ein winziges Fischereimuseum.*

Wasserstand: Winde aus NW bis N und E können den Wasserstand um 0,7 m erhöhen, Winde aus SW über W bis NE ihn um ebenfalls 0,7 m senken.

Svaneke, Dänemarks östlichste und auch kleinste Provinzstadt (1100 Einwohner), liegt auf einer sanft zum Meer hin abfallenden Granitplatte.
Auffallend die pyramidenförmige, graue Bake hoch über dem Städtchen.
Der Ort wirbt mit dem Slogan: »Die Sonne scheint zuerst in Svaneke«, was wohl nicht zu bestreiten ist, denn keine Stadt auf Bornholm liegt der aufgehenden Sonne näher. Svaneke ist aber auch mit einem besonders langen Sommer und vielen Sonnenstunden gesegnet und mit einem für die raue Ostsee ganz unglaublich milden Klima: In den Gärten der Stadt wachsen Maulbeerbäume und Edelkastanien, reifen Feigen, und sogar die Weinstöcke tragen in guten Jahren.
Am schönsten ist die Stadt unten am Hafen, wo große, im Viereck gebaute, knallgelb gekalkte Fachwerkhöfe stehen und die blauen Fischkutter im sicheren Wasser dümpeln.
Svaneke mit seinen rötlichen Granitklippen gilt als die schönste Stadt der Insel; nur eine andere, Gudhjem, könnte ihr wohl diesen Anspruch

Svaneke.
Östlichster Hafen des Landes, weshalb es auch heißt: Die Sonne geht zuerst in Svaneke auf, was wohl nicht zu bestreiten ist.

streitig machen, aber als Fremde wollen wir uns da raushalten.

Liegeplatz und Versorgung: *Wem die Wassertiefe von 1,5 m reicht, der legt sich am besten in das kleine Becken rechter Hand der Einfahrt. Bei auflandigem Wind ist es allerdings hier, wie im ganzen Vorhafen, sehr unruhig. Sonst sucht man sich im Innenhafen einen Platz, am besten längsseits der Außenmole. Allerdings haben ortsansässige Schiffe immer Vorrecht. Die massigen Granitmauern und -molen vermitteln ein Gefühl der Geborgenheit. Bei Sturm werden die Tore des Innenhafens geschlossen. Die Versorgungsmöglichkeiten sind recht ordentlich (s. Plan), auch wenn die sanitären Einrichtungen nicht immer ausreichen. 50-t-Helling, 2-t-Kran. Hafengeld zahlt man im Kiosk.*

Mehrere gute Restaurants: Besonders attraktiv Siemsens Gaard, mit seinem großen Innenhof und der Bierbrauerei. Eine große Fischräucherei findet man etwas außerhalb vom Hafen in Richtung Nordwest. Lebensmittel im Ort. Es gibt sogar ein Kino, einen schönen Marktplatz und einen kleinen Platz mit kunstgewerblichen Werkstätten, unter anderem einer Glasbläserei, wo man bei der Arbeit zugucken darf. Beim Marktplatz ein kurioses Antiquariat, in dem man stundenlang stöbern könnte.

Wasserstand: Lang anhaltende Westwinde mit einem darauf folgenden Ostwind können den Wasserstand um 1 m erhöhen, Winde aus S und E ihn um 1 m senken.

Nautische Hinweise

- Bei der Ansteuerung muss man sehr auf das Mågeflak, südöstlich vom Hafen, achten. Die Richtfeuerlinie (297°) führt über die Klippen! Am sicherstem läuft man den Hafen an, wenn man den Kopf (Fl.G) der Nordmole in West peilt.
- Sperrung des Hafens: Der Hafen kann bei schlechtem Wetter oder wegen Überfüllung geschlossen sein. Auf dem Gelände nördlich der Einfahrt steht ein Signalmast, an dem dies angezeigt wird: tagsüber durch einen schwarzen Ball, nachts durch drei F.R übereinander.
  Ein weißes Festfeuer am Feuerträger des Unterfeuers bedeutet, dass die Tore zum Innenhafen geschlossen sind.

Der knapp 2 sm südlich von Svaneke gelegene Fischerhafen von

Årsdale ist nicht leicht anzusteuern, weil man doch sehr auf Schären und Untiefen achten muss. Dies mag der Grund sein, weshalb so wenig Yachten hierher kommen. Der Ort mit seiner weißen Holländermühle, die sich sogar noch knarrend dreht, erstreckt sich rings um eine halbkreisförmige Bucht. Hier ist eine ansehnliche Fischkutterflotte beheimatet, darunter angeblich die größten Kutter Bornholms überhaupt, die zum Fang bis nach Grönland und sogar Neufundland fahren. Sind die großen Kutter weg, liegt der Hafen verlassen und

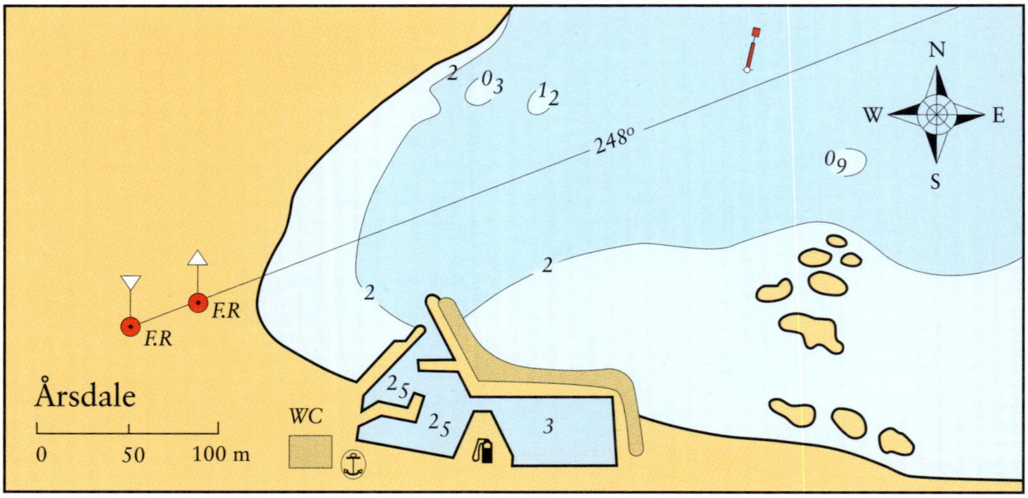

schläfrig da, aber man merkt schon, auf Yachten ist dieser Hafen nicht eingestellt.
Von der rot-weißen Tonne aus läuft man mit Kurs +/– 248° an Schären und Untiefen vorbei in die Bucht. Dabei hält man die zwei weißen Dreiecksbaken in Deckung, die auch das Årsdale-Richtfeuer (U-F. und O-F.: F.R) tragen, das aber nur dann brennt, wenn ein Fischkutter erwartet wird. Der Hafen lässt sich mit einem Tiefgang bis zu 2 m gut ansteuern.

Liegeplatz und Versorgung: *Am besten liegt man im Ostbecken längsseits an der Nordmole. Die Einfahrt ist etwas verquer; man fahre vorsichtig an. Bei stärkerem auflandigem Wind sollte man von einer Ansteuerung des Hafens absehen. Treibstoff (hier auch Wasser) s. Plan. WC und Hafenmeister an der Fischhalle. Lebensmittel im Ort.*

Wasserstand: Tidenhub 0,6 m. Wind aus NE hebt den Wasserstand um 1,0 m, Wind aus SW lässt ihn um 0,5 bis 1,0 m absinken.

Neksø, der mit 3500 Einwohnern zweitgrößte Ort auf Bornholm, wird ganz von seinem Hafen beherrscht. Neksø wurde ebenso wie Rønne zum Schluss des 2. Weltkriegs Opfer schwerer Bombenangriffe, deren Folgen man auf Schritt und Tritt immer noch begegnet, denn Neksø ist doch mehr eine eher moderne, nüchterne Stadt, mit viel Betrieb, besonders am Hafen. Ihr Wappen, ein blauer Bootshaken in einem weißen Feld, zeigt, wovon die Stadt schon immer lebte: von der Seefahrt. Neksø rühmt sich des größten Fischerhafen der Insel, der auch viel von deutschen, schwedischen, polnischen und russischen Fischkuttern angelaufen wird. Der sehr lebendige Ort erinnert etwas an Skagen. Neksø ist der Geburtsort des gleichnamigen Schriftstellers; das Haus seiner Kindheit in der Ferskesøstræde ist als Museum hergerichtet. Im Nordhafen liegt das 1892 buchstäblich aus den Felsen herausgesprengte Trockendock, damals das erste seiner Art in Dänemark.
Der große Hafen mit seinem monströsen Silos ist nicht schwer anzusteuern; man muss nur darauf achten, dass man in der Einfahrt nicht mit Kuttern ins Gedränge kommt. Bringt man die rechte Kante der Ostmole in Deckung mit der linken Kante der Kirche von Neksø, so kommt man sicher in den Hafen. Der Kopf der Südmole ist leuchtend rot angemalt.

Liegeplatz und Versorgung: *Yachten müssen in das Alte Bassin, und zwar in dessen nördlichen Teil (sehr unruhig, Parkplatz), im südlichen Becken feste Liegeplätze. Die drei Becken daneben und südlich sind den Fischern vorbehalten. Beim Alten Bassin WC und Duschen sowie Wasser, ebenfalls Treibstoff. Im Fischerhafen Tankboote. Jede nur denkbare Reparatur kann ausgeführt werden, alle Betriebe am Fischerhafen.*

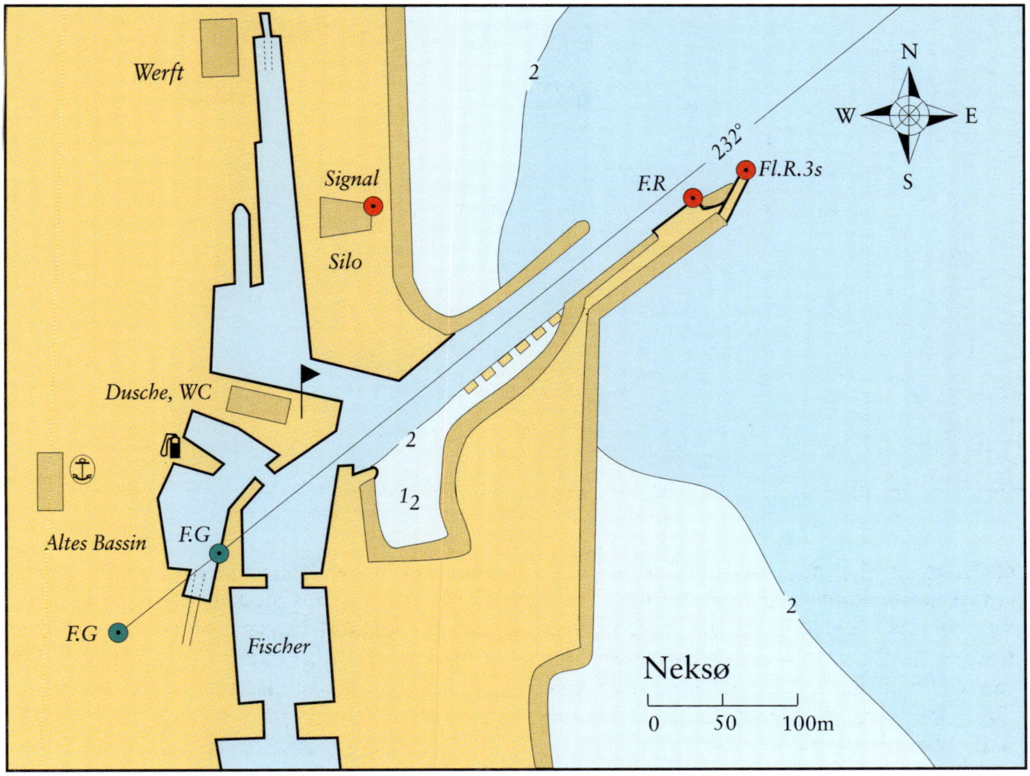

Wasserstand und Strom: Die Wasserstandsveränderungen sind wegen der großen Tiefen im Hafen für ein Sportboot unerheblich. Zu achten hat man bei auflandigem Wind auf den Strom, der dann in nordöstlicher Richtung, also aus dem Hafen heraus, in der Einfahrt läuft, und zwar mit einer Geschwindigkeit bis zu 1,5 kn.

Sperrung des Hafens: Darf der Hafen nicht angelaufen werden, so zieht der Hafenmeister am Flaggenmast einen schwarzen Ball hoch; nachts brennen an dem großen weißen Silo drei F.R übereinander.

Landgang: Lohnenswert ist ein Ausflug zu den nahen *Paradisbakkerne*, wilden, kreuz und quer zwischen Granitfelsen verlaufenden Schluchten, mit der *Gamleborg*, Ruinen einer Bauernburg aus der Wikingerzeit. Da man – wie gleich zu lesen – mit dem Boot nur schlecht nach Snogebæk kommt, lohnt sich von Neksø aus dorthin eine Radtour. Darüber hinaus auch noch nach Dueodde. Man radelt – immer nur auf Radwegen – teils am Wasser entlang, teils durch duftende Kiefernwälder, in die massenhaft Ferienhäuser hineingebaut sind.

Snogebæk, nur 2,5 sm südlich von Neksø gelegen, ist der erste Hafen auf unserem Törn rund Bornholm, der nicht ins Land hineingebaut oder gar aus den Felsen herausgesprengt wurde. Es handelt sich vielmehr um einen Inselhafen, der mittels eines 100 m langen Damms mit dem Land Verbindung hat. Hier beginnt nun die mehr flache, zumeist sandige Küste, die sich bis Rønne hinzieht. Snogebæk ist der Wendepunkt, wo man beides findet, Sand und Stein. Es gibt hier schon den feinen Sand von Dueodde, aber auch noch Sandsteinklippen, vom Wasser eigenartig geformte Bänke aus Balka-Quarzit, wie dieser Sandstein heißt. Er hatte schon bei Neksø den Bornholmer Granit abgelöst und wird nun seiner-

Snogebæk.
Nichts mehr von den Felsen Bornholms. Der winzige Hafen liegt am Sandstrand. Typisch, wenn auch nicht mehr sehr häufig auf Bornholm: Heringsräuchereien.

seits südlich Snogebæk von grünen Schieferplatten überlagert. Das alles kann man hier sehr schön sehen, erst die Sandsteinbänke, dann die Schieferklippen und schließlich den Sand.
Snogebæk, das zeigen schon die weißen, schlanken Schornsteine der Heringsräuchereien, ist zwar immer noch ein Fischerhafen, wie von alters her, aber das Geld bringen die Touristen, die in den unzähligen Sommerhäusern am Strand wohnen. Im weitläufigen Dorf mehrere Kunstgewerbeläden aller Art, auch eine Glasbläserei.
Nach Dueodde, dem südlichsten Punkt der Insel mit seinen Sanddünen, die man so mächtig nur noch an der Westküste Jütlands findet, sind es etwa 5 km. Dueodde rühmt sich eines so feinen, fast mehlstaubfeinen Sands, dass er früher als Streusand in alle Teile Europas exportiert wurde. Den 48 m hohen, weißen Leuchtturm von Dueodde darf man besteigen. Doch wie schon gesagt: Das Problem von Snogebæk ist der Hafen!

Liegeplatz und Versorgung: *Das Becken ist nicht nur voll mit kleinen Booten belegt, sondern teilweise auch recht flach. Hier kommen Boote im allgemeinen nicht unter, von 8 m Länge an überhaupt nicht. Sehr eng, kaum Raum für Manöver. Gastyachten finden Plätze an der Außenwand (Holzsteg) des Hafens, zwischen dem Hafenbecken und dem Wellenbrecher, Heckbojen liegen aus; Platz für 10 bis 12 Boote. Wasser gibt es am Hafen. Sehr ordentliche neue Duschen und WCs in der Hafenmeisterei, die aber nicht immer besetzt ist. Fischräuchereien und ein gutes Fischgeschäft nahe beim Hafen. Fahrräder bei der Pension Strandbo, Turistvej 11.*
Ankerplatz: *Von Broens Rev bis nach Dueodde kann man überall nahe dem Ufer ankern, Grund Sand. Gut für einen kurzen Aufenthalt, um zu baden, aber zu unsicher für die Nacht, denn außer bei ablandigem Wind völlig ungeschützt.*

Wasserstand: Winde aus NE können den Wasserstand um 0,3 m erhöhen, Winde aus SW ihn um ebenfalls 0,3 m senken.

Zurück nach Rønne: Die 20 sm von Snogebæk nach Rønne sind eine ganze Menge, man sollte sie aber – und muss es wahrscheinlich auch – in einem Stück absegeln. Denn an der gesamten Südwestküste von Bornholm gibt es nur noch zwei Häfen, von denen einer, *Bakkerne*, von Yachten mit normalem Tiefgang

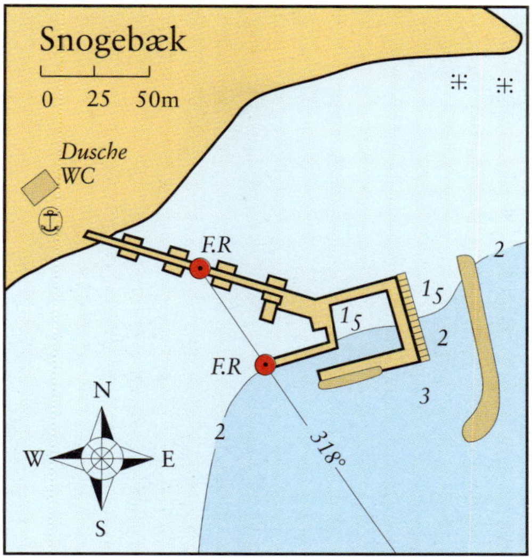

nicht angelaufen werden kann (Wassertiefe im Hafenbecken bestenfalls 1 m). Und der andere, *Arnager*, ein Inselhafen wie Snogebæk, schon so nahe bei Rønne liegt, dass sich ein Aufenthalt nicht mehr lohnt, zumal er wegen des *Arnager Revs* nicht leicht anzulaufen ist. Man müsste bei der Ansteuerung östlich des Revs bleiben und von der gelb-schwarzen Tonne aus mit NW-Kurs auf den Hafen zulaufen (Wassertiefe im Becken 1,5 bis 2,2 m).

Der Südwestküste von Bornholm, zumeist grüne und bewaldete Steilufer, die zum Landesinneren hin immer mehr ansteigen, sind mehrere Bänke vorgelagert, was man bis auf das *Hvideodde Rev* nördlich von Rønne sonst nirgendwo hat. Nicht alle Untiefen sind hinreichend betonnt. Man bleibt stets im tiefen Wasser und läuft keine Gefahr, wenn man sich 1 sm von der Küste freihält.

Zu beachten sind noch die Schießgebiete von *Raghammer* und *Hullebæk* (s. Seekarte).

Bei der Ansteuerung von Rønne von Süden her achte man auf das *Hadderev:* eine der tückischsten Ecken von Bornholm. An seiner SW-Kante liegt zwar eine gelb-schwarze Tonne aus, aber wie Segelkameraden aus Bornholm erzählen, verliert sie immer wieder ihr Toppzeichen, sodass sie schwer auszumachen ist, mit den denkbar schlechtesten Folgen. Also nichts wie weg!

Nach Rønne (s. S. 207) zu fahren und dort das Boot noch einmal gründlich durchzuchecken, würde ich auf alle Fälle raten. Denn hier kann man notfalls jede Reparatur ausführen lassen, bevor man die Leinen für den großen Schlag heimwärts löst.

Bornholm ist ganz sicher eine Dreisterne-Insel – besonders für Segler –, aber für

Ertholmene, die 10 sm nordöstlich von Gudhjem gelegenen »Erbseninseln«, müsste man noch einen vierten Stern hinzufügen. Ertholmene – das sind drei größere Granitinseln und viele kleine Schären mitten in der Ostsee. Zwei der Inseln, *Frederiksø* und *Christiansø*, sind bewohnt, die dritte, *Græsholm*, steht unter Naturschutz und darf nicht betreten werden.

Der schmale, tiefe Sund zwischen den rundgeschliffenen Felsen von Frederiksø und Christiansø bildet den natürlichen Hafen, der im Süden von zwei zangenförmigen Molen geschützt wird.

Bei klarem Wetter kann man schon von Gudhjem aus Christiansø, die mit 22 m höchste Insel, als feinen schwarzen Strich am Horizont liegen sehen. Unverwechselbare Landmarken sind die beiden Festungstürme: der wuchtige Store Tårn auf Christiansø, der auch den weißen Leuchtturm des gleichnamigen Feuers trägt, und dann der von fern wie eine Rundkirche wirkende Lille Tårn auf Frederiksø. Kommt man näher, erkennt man über dem rötlichen Granitfelsen die gelben Kasernen und Offiziershäuser, die grauen Mauern der barocken Festung und das schüttere Grün, das sich auf Christiansø gegen Wind und Wetter behaupten kann.

Das Wasser um die Inseln ist – kommt man von Bornholm und läuft direkt auf den Hafen zu – rein und tief; lediglich vor der Einfahrt in den Südhafen muss man auf die 0,9-m-Schäre *Snarken* achten, die mit einer roten Spiere markiert ist. Da diese Spiere aber nicht selten vertreibt, sollte man sich an den Dreiecksbaken orientieren, deren 103°-Linie südlich an Snarken vorbeiführt.

Bei südlichen oder westlichen Winden ist die Einsteuerung in den üblicherweise gewählten Südhafen nicht ganz einfach. Rechtzeitig die Segel bergen! Denn meist ist der Hafen proppenvoll.

Ertholmene.
Die »Erbseninseln«, vorne der wuchtige Verteidigungsturm auf Frederiksø, dahinter, getrennt durch den Hafensund, Christiansø mit dem Store Tårn.

Liegeplatz und Versorgung: *Die filigrane Eisenbrücke teilt den Hafensund in den südlichen und nördlichen Hafen. Boote mit einem Tiefgang bis zu 1,6 m machen an der Pier von Frederiksø fest **(A)**, mit dem Bug zum Land, Heckbojen liegen aus (Grund Sand, Schlamm, Steine); größere Boote müssten sich einen Platz am Bollwerk vor den langen gelben Kasernengebäuden am Ufer von Christiansø suchen **(B)**; hier meldet man sich beim Hafenmeister auch an. Der Hafenmeister weist ein und kassiert das (hohe) Liegegeld. Wo auch immer, bei Süd liegt man sehr unruhig. Im Jahr besuchen etwa 2500 Yachten Christiansø. Kommt man spät an, wird es schwer werden, einen Platz zu finden; denn in den Nordhafen dürfen Yachten inzwischen nicht mehr. Die Fähre legt im Nordhafen an und hat dabei so wenig Platz hat, dass sie nicht einmal drehen kann, sondern über den Achtersteven (mit beträchtlichem Speed) auslaufen muss. Wenn man von Bornholm aus wissen will, wie es im Hafen aussieht, ruft man den Hafenmeister an (T. 56 46 20 73).*
Man tut gut daran, sich vorher ausreichend zu verproviantieren. Wasser war über Jahrhunderte auf den Inseln knapp und ist es immer noch. Man darf nicht mehr als eine Tagesration fassen, allerdings ein Wasser von besonderer Qualität, was man merkt, wenn man Kaffee oder Tee damit kocht. Treibstoff gibt es in Mini-Mengen beim Købmand (auch Lebensmittel), der sein Geschäft im ehemaligen Stall der Kommandörswohnung hat. Unbedingt sollte man einmal zum Essen gehen, in der Gastgiveri (direkt daneben), nicht unbedingt wegen des Essens, aber wegen der Atmosphäre in diesem schönen Haus aus dem Jahre 1703. Duschen und WCs findet man oben im ehemaligen Großen Magazin.
Hinweis: *Hunde und Katzen dürfen nicht an Land, damit sie nicht die Trinkwasser-Zisternen verunreinigen.*

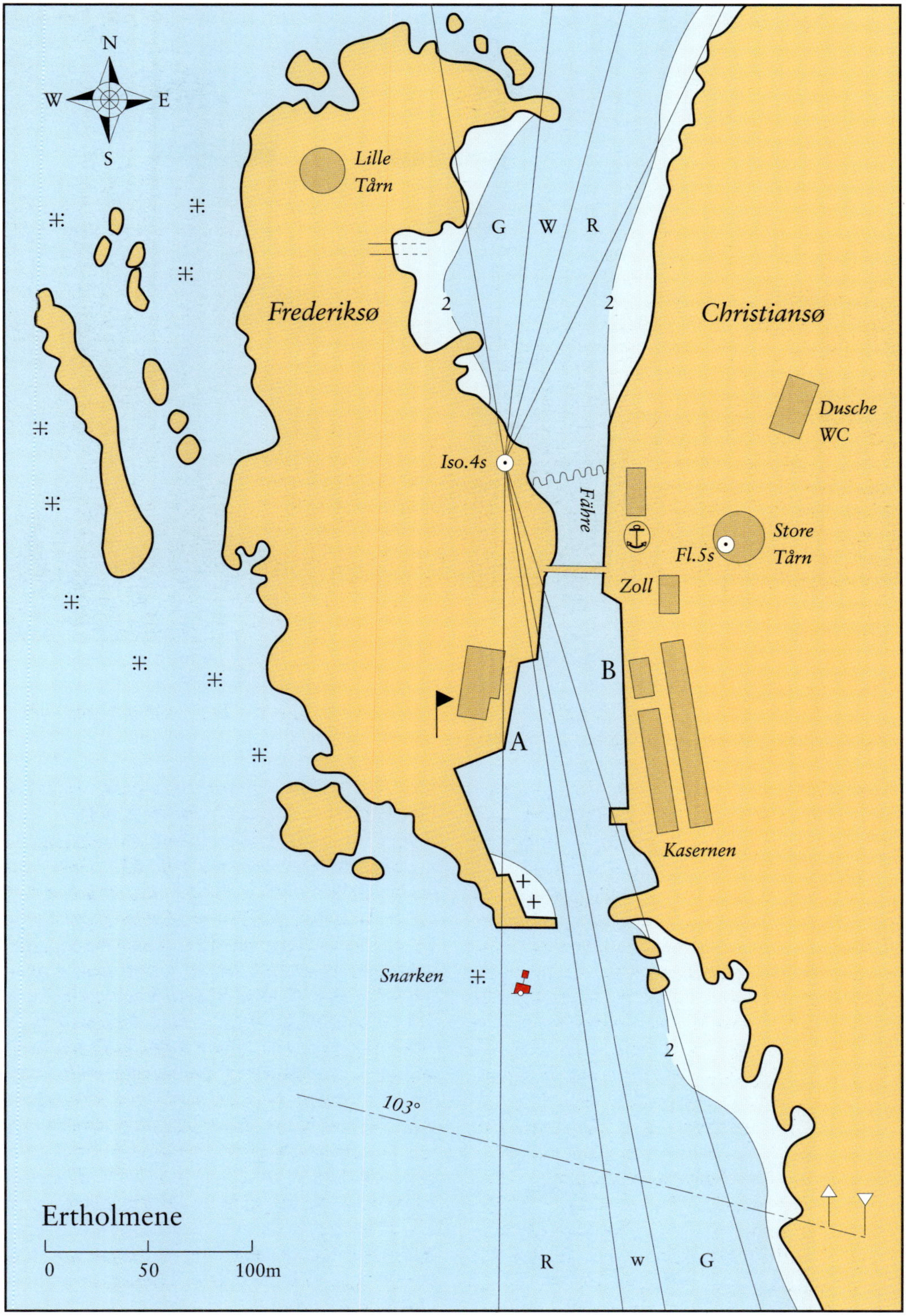
N
W
E
S
Lille Tårn
G
W
R
2
2
Frederiksø
Christiansø
Dusche WC
Iso.4s
Fähre
Store Tårn
Fl.5s
Zoll
B
A
Kasernen
Snarken
2
103°
Ertholmene
0
50
100m
R
W
G

Christiansø.
Die – wenigen – Liegeplätze im südlichen Sund. Der abgetakelte blaue Segler, der vor den früheren Kasernen festgemacht hat, versorgt die Insel mit allem, was sie braucht.

Wasserstand und Strom: Winde aus E und N können den Wasserstand um 0,6 m erhöhen, Winde aus SW und W ihn um ebenfalls 0,6 m senken. Bei frischem und noch mehr bei starkem Wind setzt in Längsrichtung des Hafens ein Strom von beträchtlicher Stärke (bis zu 5 kn). Bei schlechter Sicht ist der Strom so gefährlich, dass man Christiansø dann besser nicht anläuft und sich einen Festlandshafen sucht (was aber auch so seine Tücken hat: Am besten wäre noch Tejn).

Sperrung des Hafens: Sieht man tagsüber an einem Mast über den Kanonenbootsschuppen drei schwarze Bälle übereinander, darf man den Hafen nicht anlaufen; nachts signalisieren das drei F.R übereinander.

Verordnungen: Ankern ist verboten. Im Hafen muss mit mäßiger Geschwindigkeit von 3 kn gefahren werden.

Die Granitinseln Christiansø und Frederiksø mit ihren grauen Mauern und den gelben Festungsbauten haben sich in den letzten hundert Jahren so gut wie nicht verändert. 1863 wurde die 1684 gebaute Festung aufgelöst, aber alles blieb so, wie es war. Die Inseln verblieben im Besitz des Verteidigungsministeriums, und das hat keine Veränderungen zugelassen; nicht ein einziges Haus wurde seither gebaut. Wer hier wohnen will, braucht dazu die Genehmigung aus Kopenhagen, was sicher sein Gutes hat, denn sonst wäre wohl aus den Felseninseln ein »Capri des Nordens« oder eine »Künstlerkolonie« geworden. So aber leben hier etwa 120 Menschen, zumeist Rentner – vor allem ehemalige Angehörige der Marine –, dann viele Fischer, zwei Lehrer, drei Handwerker, ein Arzt, aber kein Pfarrer, denn der kommt nur sonntags von Gudhjem herüber.
Im Sommer werden die Inseln mittags regelmäßig von Touristen überschwemmt – im Jahr sind es zwischen 60000 und 70000 –, die mit Ausflugsschiffen von Gudhjem und Allinge

hierher strömen. Am frühen Nachmittag legen die Schiffe wieder ab, und dann kehrt bald Ruhe ein.
Ertholmene ist erst seit Ende des 17. Jahrhunderts fest besiedelt, von dem Zeitpunkt an, wo die Festung gebaut worden war. Vorher lebten hier nur während der Sommermonate Fischer aus Schweden und Bornholm. Wahrscheinlich diente der Sund zwischen Christiansø und Frederiksø auch Seeräubern als Schlupfwinkel und ganz sicher anständigen Seefahrern als Fluchthafen.
Christian V. (1670–1699) ließ die Inseln zur Festung ausbauen, nachdem die jetzigen schwedischen Südprovinzen an den schwedischen Erbfeind verlorengegangen waren, denn nun hatten die verlassenen Felseninseln zwischen Bornholm und Schweden eine große strategische Bedeutung. Die Festung geriet allerdings viel zu groß. Zu Christians Zeiten waren 114 Mann Besatzung hier, Frauen, Kinder und Gesinde nicht mitgezählt. Das war zu wenig – zehnmal soviel hätten es sein müssen. Und so wurde die Festung in Kriegszeiten personell immer wieder verstärkt.
Die größte Mannschaftszahl hatte sie im Engländerkrieg, wo dem Feind mit Kanonenbooten und anderen Kaperschiffen empfindliche Schäden zugefügt wurden. Das hatte zur Folge, dass die Engländer ein Geschwader aus vier Fregatten und zwei Linienschiffen schickten, um die Festung zu bombardieren. Nehmen konnten sie sie allerdings nicht.
Von 1725 an diente Frederiksø als Gefangeneninsel, und hundert Jahre später wurde eigens ein Staatsgefängnis für politische Häftlinge errichtet: das große helle Haus über den Kanonenbootsschuppen. Als sich Mitte des vorigen Jahrhunderts die politischen Verhältnisse in Skandinavien zum friedlichen Zusammenleben der drei nordischen Völker gewandelt hatten, da wurde 1863 die Festung aufgelöst. Wer von den restlichen 24 Mann der Besatzung bleiben wollte, der konnte sich als Fischer auf der Insel ansiedeln.
Die winzigen Gärtchen überall zwischen den Häusern gehen auf die Festungszeit zurück: Die Marinesoldaten, die wussten, wie wichtig frisches Gemüse zur Vermeidung von Skorbut war, schichteten aus den Steinen der Insel Windmauern auf, guter Boden kam mit dem Schiff aus Bornholm, gedüngt wurde mit Fischabfällen, und das warme Klima der Insel begünstigte das Wachsen von allerlei ganz unnordischen Pflanzen wie Maulbeerbäumen, Feigen, Tomaten und sogar Weintrauben und Melonen.
Der geringe Niederschlag ist denn auch der Grund für die Wasserknappheit auf den Inseln. Das Wasser wird in zehn sogenannten Wasserlöchern gesammelt, doch hat es schon Jahre gegeben, wo Trinkwasser mit dem Schiff herangeschafft werden musste.
Ein ganz eigenartiges Fleckchen Erde, mit stillen Badebuchten zwischen dem braunen Granit, mit unheimlichen Ruinen, verwunschenen, von Efeu überwucherten Häusern und immer wieder den fruchtbaren Gärten, die sich hinter hohen Steinmauern vor dem ewig über die Insel streichenden Wind ducken.

Der Verwalter der Erbseninseln hat einen sehr schönen Prospekt herausgebracht (auch in deutscher Sprache), mit Lageplan aller Gebäude, Batterien usw. samt ihrer Entstehungsgeschichte. Diesen Führer erhält man auch im Touristbüro von Gudhjem.
Im Lille Tårn auf Frederiksø ist ein sehenswertes Museum untergebracht, in dem Erinnerungsstücke aus der Vergangenheit der beiden Felseninseln ausgestellt sind.

Christiansø.
In dem weißen Haus residiert der Inselverwalter.

Register

Bücher für die Küstenfahrt

Bob Bond / D. Pelly / B. Grant /
J. Clark / A. Morgan
Segeln
Boote, Ausrüstung, Segeltechnik, Manöver
Lehrbuch, Nachschlagewerk und
Bildband zugleich.
192 S., 250 Farbf., 197 farb. Zeichn., geb.
ISBN 3-7688-1135-2

Bob Bond / Steve Sleight
Seglers Handbuch
Von den Grundlagen bis zur Küstennavigation.
Viele Bilder und kurze Texte zum
Lernen und Nachschlagen.
288 S., 815 meist farb. Abb., geb.
ISBN 3-7688-0700-2

Dieter Karnetzki
Das Wetter von morgen
Praxis für den Yachtsport
Praxisanleitung für die eigene Wetterprognose
anhand aller Informationsquellen.
216 S., 203 meist farb. Abb.,
ISBN 3-7688-0422-4

Hans Donat
Signaltafeln für die Berufs- und Sportschifffahrt
Alle Tag- und Nachtsignale, Lichter und
Schallsignale der großen Verordnungen auf
Tafeln. Zum Lernen und für den Gebrauch
an Bord.
11 farb. Tafeln, DIN A5 in Klarsichthülle
ISBN 3-7688-0085-7

Hans Donat
Yacht-Bordbuch
Ein Handbuch fürs Cockpit
Alles Wissen, das man im Bedarfsfall schnell
parat haben muss.
256 S., 220 meist farb. Abb., flexibel geb.
ISBN 3-7688-0442-9

Geoffrey Budworth
Knoten
Das große Praxis-Handbuch
Das moderne Standardwerk mit 200 Knoten
für jede Lebenslage in Sport und Alltag.
256 S., 1345 Farbfotos, geb.
ISBN 3-7688-1221-9

Bobby Schenk
Blauwassersegeln
Standardwerk und kompetente Hilfe
für lange Törns. Bobby Schenk behandelt alle
Bereiche praktischer Seemannschaft.
492 S., 295 meist farb. Abb. und Karten, geb.
ISBN 3-7688-0861-0

Seemannschaft
Handbuch für den Yachtsport
Seit Jahrzehnten bewährt: Das Standardwerk
behandelt alle Bereiche des Yachtsports
sachlich und gründlich.
736 S., 557 z. T. farb. Abb., geb.
ISBN 3-7688-0523-9

Don Casey
Pflege rund ums Boot
Eigene Wartung und Pflege von Holz-, Stahl-
und Kunststoffyachten. Viele instruktive
Zeichnungen, knappe Texte.
136 S., 263 Zeichnungen, kart.
ISBN 3-7688-0982-X

Gerti Claußen
Seekrankheit aktiv bewältigen
Seekrankheit vorbeugen und bewältigen mit
allen Mitteln; alternative Heilmethoden und
Psychologie.
232 S., 65 Skizzen, 48 Fotos kart.,
ISBN 3-7688-1047-X

Jürgen Hauert
Medizinischer Ratgeber an Bord
Erste Hilfe und Vorbeugung für Verletzungen
und Erkrankungen an Bord.
96 S., 109 farb. Abb., kart.
ISBN 3-7688-1015-1

Jutta Herrmann / Ulrich von Hintzenstern
Chartern ohne Risiko
Das Boot – die Ausrüstung – der Vertrag – das Revier
Praktische Informationen, die Seglern helfen,
Kosten, Mühe und Ärger zu sparen.
164 S., 15 Zeichnungen, kart.
ISBN 3-87412-124-0

Erhältlich im Buch- und Fachhandel.

DELIUS KLASING